学前儿童家庭教育与活动指导

第3版

李生兰 著

华东师范大学出版社

·上海·

图书在版编目（CIP）数据

学前儿童家庭教育与活动指导/李生兰著. —上海：
华东师范大学出版社，2014.1
学前儿童专业系列教材
ISBN 978－7－5675－1615－1

Ⅰ.①学… Ⅱ.①李… Ⅲ.①学前儿童－家庭教育－
高等院校－教材 Ⅳ.①G78

中国版本图书馆 CIP 数据核字（2014）第 010750 号

学前儿童家庭教育与活动指导

著　　者	李生兰
策划编辑	朱建宝
项目编辑	王瑞安
审读编辑	沈　一
责任校对	时东明
封面设计	高　山

出版发行　华东师范大学出版社
社　　址　上海市中山北路 3663 号　邮编 200062
网　　址　www. ecnupress. com. cn
电　　话　021－60821666　行政传真 021－62572105
客服电话　021－62865537　门市（邮购）电话 021－62869887
地　　址　上海市中山北路 3663 号华东师范大学校内先锋路口
网　　店　http://hdsdcbs. tmall. com /

印 刷 者　浙江临安曙光印务有限公司
开　　本　787 毫米×1092 毫米　1/16 开
印　　张　19
字　　数　457 千字
版　　次　2014 年 5 月第 1 版
印　　次　2023 年 8 月第 20 次
书　　号　ISBN 978－7－5675－1615－1/ G · 7122
定　　价　41.00 元

出版人　王　焰

（如发现本版图书有印订质量问题，请寄回本社客服中心调换或电话 021-62865537 联系）

作者简介

李生兰,教育学博士,华东师范大学学前教育与特殊教育学院学前教育系教授、博士生导师。

主要从事学前儿童家庭和社区教育、学前教育原理、比较学前教育、学前教育法规政策、幼儿园课程、学前儿童英语教育等方面的教学和科研工作。

主持了教育部人文社会科学研究"十五"规划基金课题"幼儿园利用家庭和社区资源对儿童进行德育的研究"、上海市教育科学研究基金课题"推进新郊区新农村幼儿园家长开放日活动改革与发展的研究"、"中外学前儿童社会教育的比较研究"、美国伊利诺伊大学研究学者基金课题"中美幼儿园与家庭、社区合作共育的比较研究"等二十几项省部级和国际合作科研项目。

出版了《学前儿童家庭教育》、《幼儿家庭教育》、《幼儿园与家庭、社区合作共育的研究》、《幼儿园家长开放日活动的研究》、《学前教育学》、《学前教育法规政策的理解与运用》、《比较学前教育》、《儿童的乐园:走进21世纪的美国学前教育》八部著作,主编了《幼儿园英语教育》六本系列教材,在国内外教育核心刊物上公开发表百余篇学术论文。

先后赴美国、英国、澳大利亚、新加坡、日本等国家访学、讲学,进行学前教育领域的学术交流和考察研究活动。

曾获"上海高校优秀青年教师"称号,上海市第八届教育科学研究成果奖,上海市成人高等师范"教育教学优秀奖",华东师范大学"继续教育工作教学奖",中国学前教育研究会"优秀科研工作者"、"优秀论文奖"、"幼儿教育优秀作品奖"以及"中国全国妇女联合会好作品奖"等多项奖励。

第3版说明

《学前儿童家庭教育与活动指导(第3版)》与《学前儿童家庭教育(修订版)》相比,具有以下几个特点:

1. 更加注重实践性。从篇章上讲,新增了两章,即第七章"幼儿园运用家庭和社区资源进行主题教育"、第八章"幼儿园运用家庭和社区资源进行英语教育",以帮助读者理解和开展家园社区共育的活动。

2. 更加注重形象性。从每章的各节上讲,都摆放了一张照片,以激发读者的学习兴趣,提高读者的理解能力。

3. 更加注重新颖性。从每章的"阅读参考书目"上讲,都补充了最近几年出版的图书,以扩大读者的阅读范围,提高读者的阅读能力;从每章的"网上浏览"上看,都添加了网址,以增强读者获取信息的技能,提高读者的学习能力。此外,在第五章"学前教育机构家庭教育的指导"里,还增加了第四节"《全国家庭教育指导大纲》简介",以帮助读者理解和运用家园社区共育的新理念。

4. 更加注重融合性。在每章的后面,还增加了"补充读物"(有的是高等学校教师的育儿心得体会,有的是幼儿园园长和教师的教育经验总结),以帮助读者在理论和实践之间铺路架桥,增强读者解决实际问题的各种能力。

5. 更加注重评价性。从"附录"上讲,完善了学前儿童家庭教育与活动指导课程教学(考试)大纲的内容,增加了学前儿童家庭教育与活动指导课程模拟考试试卷及参考答案的内容,以帮助读者掌握教学的目的和要求,提高读者的自评能力。

衷心感谢国内外许多学者所做的研究,他们的科研成果激发了我不断学习的热情,使《学前儿童家庭教育与活动指导(第3版)》的内容变得更加丰富。

衷心感谢接受我拍照的国内外各个学前教育机构及其家庭,他们的友好相助给了我不断进取的动力,使《学前儿童家庭教育与活动指导(第3版)》的形式变得更加多样。

衷心感谢华东师范大学出版社高等教育分社朱建宝老师的邀请和帮助,使我能顺利地完成《学前儿童家庭教育与活动指导(第3版)》的修订工作。

真诚欢迎广大的读者朋友对《学前儿童家庭教育与活动指导(第3版)》提出宝贵的意见和建议。

李生兰

2013年1月8日于华东师范大学李生兰教授工作室

目 录

第一章

学前儿童家庭教育概述

　　本章首先从广义和狭义的角度略述了学前儿童家庭教育的基本涵义,并对学前儿童的家庭教育与托儿所、幼儿园的教育进行了简单的比较,提出学前儿童的家庭教育具有时代性和社会性、亲情性和感染性、针对性和随机性、连续性和一贯性、权威性和专制性等特点;然后从儿童机体的正常生长发育、智力潜能的最大开发、社会化进程的加速、审美才能的提高、未来发展的走向等方面说明学前儿童家庭教育的重要价值;接着阐明学前儿童家庭教育的目的是促进孩子个性全面和谐地发展,并从健康教育、认知教育、品行教育和审美教育的角度,分析了学前儿童家庭教育的主要任务;最后论述了学前儿童家庭教育的原则体系由科学性原则、理智性原则、指导性原则、渐进性原则、适度性原则、一致性原则等组成,以及运用各条原则时的注意事项;此外,还阐述了学前儿童家庭教育的方法体系由环境熏陶法、兴趣诱导法、暗示提醒法、活动探索法、榜样示范法等构成,以及如何创造性地综合使用这些方法。

第一节　学前儿童家庭教育的特点

一、学前儿童家庭教育的涵义

什么是家庭教育？关于这一概念，我国家庭教育工作者提出了不同的看法，作出了不同的解释。有人认为"家庭教育：家庭成员之间的相互教育。通常多指父母或其他年长者对儿女辈进行的教育"，[①]也有人以为"一般所说的家庭教育，……就是父母对子女、年长者对年幼者实施的教育"，[②]还有人提出"家庭教育是指家庭成员间的互动关系，即父母与子女的双向沟通，相互影响"[③]等等。

什么是学前儿童的家庭教育？中外学前教育工作者对这个概念做出了不同的界定，提出了不同的观点，主要有以下几种：（1）"是实施学前教育的重要组成部分，主要是指在家庭中对学前儿童实施的非正规教育。学前家庭教育一般由儿童的家长——如法定监护人、养护人或其亲属承担"；[④]（2）"父母或家庭里的其他年长者自觉或不自觉地、有意或无意地对儿童施行的教育和影响"；[⑤]（3）"虽称之为'教育'，但并不是要'教'什么之类的特地有所准备的教育。而是亲子、兄弟姐妹之间在感情的'自然流露'中所进行的教育。而且，只有亲子、兄弟姐妹之间感情的'自然流露'才是真正的婴幼儿教育"[⑥]等。

笔者认为，学前儿童的家庭教育有广义和狭义之分。广义的学前儿童的家庭教育，主要是指家庭成员之间的相互影响和教育。在家庭生活中，实际上父母或其他年长者不仅要对学前儿童实施教育、施加影响，而且他们还会受到学前儿童的教育和影响。例如，为了使儿子度过一个愉快而有意义的暑假，做好进入小学的准备，父母省吃俭用在暑假前买回了一台电脑，开始时是6岁的儿子向父亲讨教"如何打开电脑"、"应该怎样使用鼠标"等，但一段时期以后，父亲却可能要向儿子讨教"如何上网"、"怎样给亲朋好友发电子贺卡"等。

狭义的学前儿童的家庭教育，则指的是在家庭生活中，由家长（主要是父母或其他长辈）对学前儿童进行的教育和施加的影响。不论这种教育是有意识的、自觉的，还是无意识的、不自觉的，但都发生在家庭生活之中，并以亲子关系为中心，从体、智、德、美诸方面积极地影响儿童，把儿童培养成为社会所需要的人。人类社会发展的历史就是一部充满了创造和发明的历史，跨入21世纪的今天，社会更需要具有创新能力的人。例如，为了培养孩子的创造意识，提高孩子的思维流畅性，父母经常适时地向孩子提出开放性问题，如"你得到了这么多的压岁钱，准备干什么"，并鼓励孩子说出多种不同的答案，如"买坦克玩具"、"买鞭炮"、"买蛋糕"、"买画笔"、"买围巾"、"存在银行里"、"交学费"等。

在本书中，我们所探讨的学前儿童的家庭教育就是从这种狭义的层面上来进行的。

---

① 顾明远主编：《教育大辞典（1）》，上海教育出版社，1990年版，第11页。

② 赵忠心：《家庭教育学》，人民教育出版社，1994年版，第5页。

③ 邓佐君主编：《家庭教育学》（教育学丛书），福建教育出版社，1995年版，第7页。

④ 卢乐山、林崇德、王德胜主编：《中国学前教育百科全书（教育理论卷）》，沈阳出版社，1995年版，第7页。

⑤ 祝士媛、唐淑主编：《幼儿教育百科辞典》，上海教育出版社，1989年版，第26页。

⑥ ［日］中野佐三著，愚心译：《孩子和家庭成员的关系》（婴幼儿教育丛书），人民教育出版社，1985年版，第1页。

二、学前儿童家庭教育与托幼机构教育的比较

学前儿童的家庭教育与托儿所、幼儿园的教育相比而言,既有一些共同点,如教育目标、教育内容,也有许多不同点,如教育性质、教育环境、教育形式、教育评价等(见表1-1-1)。

表1-1-1 学前儿童家庭教育与托幼机构教育的比较

项目＼场所		托 幼 机 构	家 庭
相同点	教育目的及目标	根据学前教育法规、社会需要和儿童特点,促进儿童身心的健康发展,为入小学做好准备	使为国教子与为家教子、为子教子相统一,把孩子培养成社会所需要的人
	教育任务及内容	对儿童进行体育、智育、德育、美育几方面的教育	对孩子进行健康、认知、品行、审美等方面的教育
不同点	教育性质及功能	专门机构,保育、教育儿童是唯一功能	综合机构,除了有教养孩子的功能以外,还有休闲娱乐等功能
	教育环境及设备	有保育、教育儿童的各种专门设施和设备,具有教育性、艺术性、儿童性	有一些教养孩子的设备和器械,具有生活性、儿童性
	教育者及教育对象	教师受过职前培训,负责教育全班三四十个儿童,有纵向辈分及横向平辈关系	家长在做父母前并不一定都受过培训,一般负责教养一个孩子,主要是纵向辈分关系
	教育途径及形式	园所内、外的各种活动,以集体教育为主、小组教育和个别教育为辅	家庭内、外部生活,以个别教育为主
	教育管理及评价	组织性、计划性很强,依法办事,多向多层评价为主	灵活性、随意性很大,家长主宰,单向单一评价为主

三、学前儿童家庭教育的特点

(一) 时代性和社会性

家庭是社会的细胞,它随着时代和社会的发展而不断变化,作为家庭主要功能之一的教育也不例外。

首先,在不同的历史时期,由于国家政策、经济水平、家庭结构等因素的不同,学前儿童的家庭教育呈现出了不同的特点。例如,在20世纪50—70年代,我国家庭教育的对象是多子女,家庭教育的内容以文明礼貌、艰苦朴素为主,而到了80—90年代,则发生了许多变化,独生子女成为家庭教育的主要对象,创造教育、情感教育成了家庭教育的重要内容。

其次,在不同的国度,由于政治制度、文化观念、教育体制等因素的不同,学前儿童的家庭教育也表现出不同的特征。例如,同样是面对蹒跚学步的孩子,当其走路不小心跌倒时,澳大利亚的家长往往是"视而不见",继续做自己的事情,而我国的家长大都是赶紧放下手中的事情,快步

跑过去,把孩子扶起来,左哄右哄。家长的这种不同的教养方式与其国家的教养传统、价值观念不无关系。

再次,在同一国家的不同区域,由于开放程度、生活水平的不同,学前儿童的家庭教育也展现出不同的特点。例如,在我国沿海经济发达地区,许多家长都非常重视对孩子的教育投资,不惜一切代价让孩子学习英语、弹奏钢琴,但在经济较为落后的内地,众多家长却更为关注对孩子的保育投资,只求孩子能吃得好、穿得好。

(二)亲情性和感染性

家庭是以血缘关系为纽带的,这种天然的情感作用是其他任何教育都不可能具有的特点。"人之情性莫先于父母",我国战国时期思想家韩非的话语道出了人与人之间的感情不可能超过父母与孩子之间的感情。马克思也曾指出:"还有什么比父母心中蕴藏着的情感更为神圣呢?父母的心,是最仁慈的法官,是最贴心的朋友,是爱的太阳,它的光焰照耀着我们心灵深处的意向!"可见,父母之情在家庭教育中具有强大的感染力和号召力。

家庭的这种情感感染作用,首先受到父母与孩子之间的感情亲密程度的制约。父母和孩子的感情越深厚,感化作用就越强,威力就越大;反之,父母和孩子的感情越淡漠,感化作用就越弱,威力就越小。正如我国古代教育家颜之推所说:"同言而信,信其所亲;同命而行,行其所服。"其次还受到孩子年龄特征的制约。孩子年龄越小,情感越多变,对父母就越依赖越依恋,感染作用就越大,效果就越显著,反之亦然。例如,有对夫妇由经常当着年幼孩子的面吵架,发展到天天打仗闹离婚,当幼儿园教师在班级要求幼儿画"我的一家人"的主题画时,这个孩子却画出了这样一幅图:在爸爸(高举着拳头,站立)和妈妈(张大着嘴巴,站立)中间,有个瘦小的女孩躺在地上。教师看了以后,不解地问她:"这个小女孩在干什么?"她说:"这个小女孩快要死了。"教师又问她:"为什么这个小女孩快要死了?"她说:"因为她的爸爸妈妈马上就要离婚了。"透过这幅画,我们可以看出,孩子对于父母情感的变化是非常敏感的,并在情绪上受到了严重的影响,出现了情感上的消极共鸣现象,俗话说"孩子的脸是父母关系的晴雨表",讲的就是这个道理。

(三)针对性和随机性

"知子莫如父"形象地说明了最了解孩子的人不是别人,而是作为一家之长的父母。孩子一来到人间,就和父母朝夕相处。共同的生活,使父母有大量的时间和充足的机会去观察孩子的言行,了解孩子的喜怒哀乐,因人而异地施予教育。今天的学前儿童绝大多数都是独生子女,加上双休日的实行,使得父母有更多的时间、更旺盛的精力去深刻地理解孩子的心理,准确把握孩子的个性,对孩子因势利导,因材施教,长善救失,强化家庭教育针对性的特点。例如,妈妈在和儿子交谈的过程中,发现儿子有口齿不清、发音不准的毛病后,就经常和儿子一起练习绕口令,如"山上有块破布,山下有条破裤,破布补破裤,破裤变成破布。""鼓上画老虎,老虎抓破鼓,不是鼓补虎,而是虎补鼓",及时弥补孩子语言发展上的劣势。

与此同时,家庭教育还表现出了它的随机性。父母究竟应该对孩子进行哪些方面的教育,如何进行这些教育,并没有固定的模式和程序,都是由父母自己决定、自行解决的,其中父母的价值观、职业观、文化观、儿童观和教育观等因素起着关键性作用。例如，为了培养孙子的兴趣爱好和一技之长，爷爷不是把自己的意愿强加给孙子，而是主动征询孙子的意见："你想学弹钢琴吗?"当孙子答"不想学"时，爷爷又问："你想学画画吗?"当得到否定的答案后，爷爷继续询问："那你想学什么?"当孙子答"想学电脑打字"时，爷爷就和他一起上街购买小霸王学习机，并和他一起记忆字符在键盘上的位置，练习打字。

家庭教育的随机性还体现在不受时间和空间的限制，可随时随地对孩子进行教育。"遇物而诲"、"相机而教"是我国家庭教育的优良传统，今天仍应继承发扬。父母既可在家庭的生活活动、交往活动、消费活动等多种活动中对孩子施加相应的影响，也可在家庭生活的其他各个方面、各个层面、各个角度给予孩子及时的教育。例如，当带着孩子去看望外婆时，妈妈就可抓住这一时机，让孩子学习童谣"摇呀摇"(摇呀摇，摇到外婆桥，外婆叫我好宝宝，糖一包，果一包，外婆买条鱼来烧，头不熟，尾巴焦，盛在碗里吱吱叫，吃了肚里"豁虎跳"，跳啊跳，一跳跳到卖鱼桥，宝宝乐得哈哈笑)，使孩子在与亲人欢聚的热烈气氛中丰富词汇，发展语言表达能力。

(四)连续性和一贯性

孩子从托儿所到幼儿园，不论是生活环境、教育内容，还是教师、同伴等都发生了很大的变化，但家庭的生存空间、教养条件、家长等情况，一般来说，不会有什么变化或基本上没有变化。家庭生活的稳定性和连续性本身就是在对孩子进行一致性和一贯性的教育，这种持续不断的、反复进行的教育，有利于孩子形成良好的行为习惯。家庭教育的连续性，使得父母能更好地随着孩子年龄的增长和生理心理特点，逐步提高对孩子的教育期望和要求，由浅入深、循序渐进地促进孩子的发展。例如，在对孩子进行理财教育的整个过程中，美国父母为 3 岁孩子制定的目标是"能够辨认硬币"；为 4 岁孩子制定的目标是"知道每枚硬币是多少美分，认识到他们无法把商品买光，因此必须做出选择"；为 5 岁孩子设立的目标是"知道硬币的等价物，知道钱是怎么来的"；为 6 岁孩子设立的目标是"能够找数目不大的钱，能够数大量硬币"；为 7 岁孩子设立的目标是"能看价格标签"等。[①]

(五)权威性和专制性

家长是家庭生活的领导者和组织者，处于学前阶段的孩子，身心方面各种需求的满足都不得不依附于家长，家长在家庭中的这种独特地位和作用，决定了他们在孩子心目中享有崇高的威望和威信，使孩子能够做到"有令则行，有禁则止"，这是家庭教育的一大优势。家长是否能维护自己的权威，与其是否能严格要求自己，爱岗敬业，时时处处为孩子作表率有关。苏联教育家马卡连柯说得好：家长的权威，主要基础只能建立在父母的生活和工作上，建立在父母的公民面貌和父母的行为上。家长能否正确运用自己的权威，还与其是否能尊重孩子、爱护孩子，对孩子宽严并济，成为孩子的良师益友有关。例如，儿子把邻居小伙伴的脸抓破了，父亲不仅要批评儿子，而且还应带着儿子到人家去赔礼道歉，使儿子对自己的过失行为产生内疚感。

---

① [美]周华薇：《美国人的少儿理财教育——从 3 岁开始实现的幸福人生计划》，中国法制出版社，1998 年版，封底。

此外,家长还要注意不通过"家长制"统治孩子,不滥用"权威"吓唬孩子,不动用"家法"体罚孩子,以免形成对立关系,阻碍孩子的发展。例如,家里来了客人,父母不能不管孩子是否愿意,就命令孩子为客人露几手,背了唐诗以后,还要唱英文歌曲等。

第二节 学前儿童家庭教育的作用

一、家庭教育保证了儿童机体的正常生长发育

(一)胎儿教育为孩子的健康出生提供了保障

学前儿童的家庭教育的作用体现在胎儿的保健和教养上。首先,孕妇注意避免对人体有害的因素,可以控制不健康胚胎的产生。世界卫生组织 1998 年在有关电脑屏幕与工人健康问题的最新修正意见中指出,在电脑屏幕工作环境中,有些因素可能影响妊娠结局。研究表明,孕妇每周在电脑前工作 20 小时以上,流产率增加 80%,畸形儿出生率也会增加。为此,许多胎教专家发出了"孕妇:电脑屏幕前请加强防护"的警告,否则就要自尝苦果。据报道,上海有两位孕妇长期在电脑前工作,尽管医生也提醒注意防范,但由于多种原因,她们仍长时间接触电脑,结果双双产下畸胎。类似的情况在山东、湖北等省市也发生过。可见,孕妇如果不远离电脑屏幕这个"杀手",孩子是不可能健康地来到人间的。

其次,孕妇注意摄取各种有益的营养,能够保证胎儿的正常生长。许多营养专家要求孕妇做到饮食简单而又合理,在一日三餐中,多吃水果(如香蕉、草莓、葡萄)、蔬菜(如西红柿、豌豆、花菜、胡萝卜)、果仁、鱼和瘦肉等,以免妨碍胎儿的发育。美国研究人员布莱恩等人提出,"人的大脑在子宫里就开始生长，……如果在那个时候没有足够的营养以利于它的生长，那么，损伤或者畸形就有可能出现，而这在将来的日子里是无法纠正的"；①英国教授迈克·克劳福德经过十年的研究，也指出"我们发现任何出生时体重轻、头围小或有智力缺陷的婴幼儿，其母亲在以前以及怀孕期间都是营养不良的，她们都没有摄入大量所需的营养"。②

再次，孕妇注意进行适宜的教育，能够促进胎儿更好地发育。我国关心胎教的人士提出胎教主要包括音乐、语言和抚摸三个方面：在对胎儿进行音乐教育时，所听的音乐应该"温和抒情悦耳"，"一天 2 至 3 次，每次 5 分钟至 20 分钟"；在对胎儿进行语言教育时，要给胎儿营造"童话般的意境"，输送"诗一般的语言"，尽可能多说些美好的健康的日常生活用语；在对胎儿进行抚摸教育时，要"隔着腹腔壁抚摸他们的手、脚、头"，边抚摸边说些有趣的话。实践证明，按照此方法实施胎教的孕妇，生下的孩子该"小便时小便，大便时大便，很少换洗尿布"，不仅在卫生习惯上，而且还在语言能力、观察能力上不断出现奇迹。

（二）婴儿教育为孩子身体的健康成长提供了保障

学前儿童家庭教育的作用表现在婴儿的养育和训练上。一方面，母乳为婴儿提供了最好的营养品，保证了儿童的健康生长。澳大利亚珀斯儿童健康研究所温迪·奥迪等人通过对 2 187 名从出生到 6 岁的儿童的观察研究，指出：至少在婴儿出生后的头 4 个月里，完全用母乳喂养，可以增加婴儿对哮喘和其他过敏症状的免疫力，而且孩子不太可能出现肥胖、耳朵感染和腹泻等症状。我国天津市儿童保健所的调查研究显示，4—6 个月婴儿的纯母乳喂养率仅为 50%，妨碍了婴儿身高的增长，导致儿童身材矮小。另据报道，在大别山区，有一位相信佛教的妇女，长期吃斋，就是哺乳期内也不开"荤戒"，使得儿子满周岁时身心各方面的发展水平远不及同龄幼儿，并由于缺乏维生素 B_{12}，而导致了恶性贫血及神经系统发育障碍："面色苍白"、"身材矮小"、"常流涎水"、"呼之不应"、"傻乎乎地发笑"等。由此可见，母亲合理的饮食、充足的乳汁是新生儿健康成长的前提条件。

另一方面，肌体的接触和轻微的运动，提高了婴儿感官的灵敏度和动作的协调性。德国医生玛·克莱认为，父母经常按摩婴儿，能唤起孩子全部的感官机能，提高孩子的健康水平，她要求父母每天至少在家中按摩婴儿"15 分钟"；按摩前，双手抹上"滋润油"，以免刺激婴儿的皮肤；按摩时，让婴儿"裸体"躺在暖和、柔软的被褥上，并使屋内温度"舒适"、环境安静。美国学者露丝·赖思通过控制实验也证明，"花一刻钟的时间用来摇动、抚摸或轻拍婴儿，每天只要 4 次，将会极大地帮助他（她）发展协调运动以及学习的能力"。③ 我国的跟踪研究也表明：2 个月到 2 岁的婴儿如果坚持做操，那么他的情绪、胃口、睡眠都较好，生长发育较快，各项动作都能提前达标。因而一些有识之士提出，应在婴儿家庭中推广和普及婴儿被动操，以促进孩子的健康成长。

---

① ［新西兰］戈登·德莱顿、［美］珍妮特·沃斯著，顾瑞荣等译：《学习的革命——通向 21 世纪的个人护照》，上海三联书店，1997 年版，第 195 页。
② 同上注。
③ 同上书，第 217 页。

二、家庭教育保证了儿童智力潜能的最大开发

（一）有助于儿童智力的迅速发展

学前期是儿童智力飞速发展的时期，中外心理学家、科学家的研究成果都说明了家长从小开发孩子智力的必要性。美国心理学家布卢姆通过对约千名婴幼儿进行的追踪研究，于1964年出版了名著《人类特性的稳定与变化》，提出"5岁前是儿童智力发展最为迅速的时期"的重要假设：如果把儿童在17岁时所达到的普通智力水平看作100％的话，那么，从出生至4岁就获得50％的智力，4—8岁又获得30％的智力，而余下的20％的智力是在8—17岁获得的。这就是说，儿童在学前期的智力发展几乎能达到普通智力水平的80％，而儿童出生后的头4年智力发展的速度更是惊人，几乎等于随后的13年。这项研究成果已日益得到公认，引起各国家长的普遍重视。据美国1975年的调查，布卢姆的研究成果被列为15年来"最有意义"的一项教育研究。[①]

中科院上海生理所一些科研人员通过实验研究，在1999年为教育部门所作的"脑科学与儿童认知能力发展"的咨询报告中提出，要使孩子将来变得更加聪明，家长在学前期对孩子进行智力培养显得尤为重要。初生婴儿的脑神经细胞数量已经超过了成年人的脑神经细胞数量，但脑体积却只有成人的1/4，这就给树突和突触的生长留出了充足的空间；树突和突触在0—4岁期间长得最快，4岁以后，那些没有受到刺激的突触或脑神经细胞就会慢慢地"惨遭淘汰"，永无"卷土重来"的机会。为此，该报告提醒家长：在孩子出生后的最初几年里，要尽量多地与孩子待在一起，每天耐心地与孩子软语呢喃，尽管孩子还听不懂大人说的话，但却能分辨语言与非语言的听觉刺激，有利于语言功能的发育。

（二）取得了事半功倍的教育效果

儿童智能的发展具有关键期，在不同的年龄阶段，各种智力因素成长的速度不同，对儿童的影响也不同。研究表明，"6—9个月左右是形状和大小辨别能力发展的关键期；1—3岁是计数能力发展的关键期，也是口头语言发展的关键期……4—5岁是发展阅读能力的关键期"。[②] 据此，家长给予孩子相应的教育刺激和发展机会，就能大幅度地提高孩子的这些能力。我国一些少年儿童能以优异的成绩提前考入名牌大学深造，十几岁就成了博士研究生，一个重要的原因就是：他们在婴幼儿时期受到了适宜的家庭教育。就拿1979年被中国科技大学录取的少年大学生洪涛来讲吧，1岁时，父母就和他一起看《看图说话》等儿童读物，给他讲生动有趣的童话故事，启发他做一些简单的动作，激发他对周围事物的兴趣，培养他的观察能力；2岁时，父母就教他学习20以内的加减法，培养他对数学的兴趣，此外，祖母还经常给他念一些民间顺口溜和儿歌等。[③]

（三）预防了儿童潜能递减现象的出现

日本儿童教育专家木村久一认为儿童的潜能是按照递减的法则运行的，教育开始得越晚，儿童

① 林崇德、傅安球：《学龄前儿童心理发展与早期教育》，北京出版社，1982年版，第137页。
② 施建农等：《发现天才儿童》，中国世界语出版社，1999年版，第180页。
③ 王修和等编：《零岁方案》，海洋出版社，1993年版，第47页。

潜在的能力发挥出来的比例就越少："生来具备一百度可能能力的儿童,如果从一生下来就给他进行理想的教育,那么就可能成为一个具备一百度能力的成人。如果从 5 岁开始教育,即使是教育得非常出色,那也就只能成为具备八十度能力的人。而如果从 10 岁开始教育的话,教育得再好,也只能达到具备六十度能力的成人。"①他要求家长尽可能早地对孩子进行教育,以充分挖掘孩子的潜力,而不应放任不管,延迟教育,致使孩子潜力的丧失。古今中外家庭教育的成功经验也证明了这一点。伟大的德国诗人歌德之所以在 8 岁时就能阅读法文、德文、英文、意大利文、拉丁文和希腊文等多种文字的书籍,与其父母在学前期对他进行早期教育是密切相关的:当他还是个婴儿的时候,父亲经常抱着他外出散步、逛公园、郊游,焕发了他对大自然的兴趣,丰富了他的自然知识,提高了他的观察能力;当他刚开口讲话时,父亲就教他背诵歌谣,提高了他的口语能力,萌发了他对文学的兴趣;当他 4 岁时,父亲不仅教他识字读书,而且还教他学习法文、英文等多种外语,培养了他的演讲激情,提高他的表达能力。与此同时,母亲还常常给他讲故事,往往一说到关键处就突然停下来,让他按照故事的脉络去思考,想象出故事的结尾,发展他的想象力和思维能力;当他五六岁时,父亲常常带他去旅游,给他讲解当地的风土人情,丰富了他的地理、历史知识,激发了他对祖国的热爱之情。

三、家庭教育加速了儿童社会化的进程

家庭不仅有人口生产的功能,为社会提供生物的人,更重要的是还有教育的功能,为社会培养社会的人。在儿童从生物的人发展成为社会的人的过程中,家庭是第一个教育场所,父母是第一任教师。正如苏联教育家马卡连柯所指出的那样,"家庭是最重要的地方,在家庭里面,人初次向社会生活迈进"。②

(一) 有助于孩子了解社会的规则

儿童在成为社会的人的过程中,社会准则、行为规范和道德意识通过家庭的折射进入儿童的内心世界,其中父母的言行对孩子的行为方式有极大的影响。美国科学家维克勒马等人在访问了 330 名少年儿童及其父母,了解他们在饮食、运动、吸烟、喝酒和睡觉等方面的习惯以后发现:这些孩子不仅在总体上仿效他们父母不健康的生活方式,而且还在性别上有所表现,如"男孩不健康的生活方式常常与父亲的生活方式更为相似,而女孩则更可能效仿其母亲的行为"。

(二) 有助于孩子形成健全的人格

学前期是儿童人格形成的重要时期,家庭教育起着关键作用。我国儿童家庭教育家陈鹤琴先生指出,"幼稚期(自生至 7 岁)是人生最重要的一个时期,什么习惯、言语、技能、思想、态度、情绪都要在此时期打一个基础,若基础打得不稳固,那健全的人格就不容易形成了",③他号召家长要重视孩子性格的养成教育,知难而上。加拿大科学家迈克尔·米尼等人近年来对老鼠进行了

---

① [日] 木村久一著,河北大学日本问题研究所教育组译:《早期教育和天才》,河北人民出版社,1982 年版,第 11 页。
② [苏联] 马卡连柯著,耿济安译:《父母必读》,人民教育出版社,1958 年版,第 303 页。
③ 陈鹤琴:《家庭教育——怎样教小孩》,教育科学出版社,1994 年版,第 9—10 页。

研究,发现：幼鼠是从他们的母亲行为那儿学到某些性格特征的,而不是通过遗传继承的;继而指出：父母的行为对儿童性格特征的影响比遗传基因更大,母亲对婴儿的关怀程度对婴儿人格的形成具有巨大影响,早期干预十分重要。

(三) 有助于孩子养成顽强的意志

意志是困难的磨刀石。在家庭生活中,只要父母注意利用逆境对孩子进行抗挫教育,就能帮助孩子形成顽强的意志和拼搏精神,促使孩子成长。上海"全职"妈妈袁敏娟把女儿培养成"全国十佳残疾少年"、"上海市双十佳少年能手"和"身残志坚好少年"的事实就是最好的说明。为了不让先天少半条手臂的女儿成为只能依附别人的弱者,从女儿刚刚懂事时起,妈妈就要求她记住：别人两只手会做的事情,你要去做,别人两只手不会做的事情,你也要学着去做,使孩子养成了"自己的事情自己做"、"干好每件事"、"有困难就要去克服"的习惯。比如,女儿 3 岁时,学习系鞋带,很不顺利,系了两个小时也未系好,妈妈克制自己不去帮忙,鼓励孩子坚持下去,直至成功。

四、家庭教育提高了儿童的审美才能

在学前期,家长对孩子进行审美教育非常重要,苏联教育家苏霍姆林斯基指出"儿童时代错过了的东西,到了少年时期就无法弥补,到了成年时期就更加无望了。这一规律涉及孩子精神生活的各个领域,特别是美育"。[①]

(一) 陶冶了孩子的性情

孩子对艺术的感情源于父母,一个孩子如果每天都能生活在丰富的家庭艺术环境之中,那么他就会心情愉快,喜欢艺术。国外有人做过一个实验：一对爱好古典音乐的年轻夫妇,在儿子出生后不久,每天都让他听几个小时的巴赫第二组曲;三个月以后,儿子开始时跟着音乐的节奏手舞足蹈,随着乐曲节奏的加快,到达高潮时,儿子的动作也变得更快、更活跃,而音乐一停,儿子就表现出扫兴的样子,且在儿子发脾气时,只要父母一播放这种音乐,儿子马上就会安静下来。

(二) 培养了孩子的兴趣

随着人们生活水平的提高,家长已不满足于让孩子吃饱、穿暖、玩好,他们竭尽全力对孩子进行艺术教育投资,以激发孩子对艺术的兴趣。据上海市统计局城调队 1999 年对本市市区 583 名各类在校生教育费用的调查,发现教育投资起步于幼年时代,幼儿家长最舍得在孩子的教育上投资：25.7%的家长积极让孩子参加幼儿园开办的钢琴、绘画、书法等兴趣班,每个孩子每月的平均学费为 36.89 元;20%的家长为孩子请家教,每个孩子每月平均家教费用为 142.86 元。

(三) 发展了孩子的才能

中外许多艺术家的成长无不凝聚着童年时代父母教育的心血。人民音乐家冼星海自幼受到

---

① [苏联] 苏霍姆林斯基著,唐其慈、毕淑之译：《把整个心灵献给孩子》,天津人民出版社,1981 年版,第 238 页。

母亲的音乐启蒙教育：每当夜深人静时，母亲就拍着怀抱中的儿子，轻轻唱起世代相传的歌谣："杨树叶儿哗啦啦，小孩子睡觉找他妈。乖乖宝贝儿你睡吧，蚂虎子来了我打它……"这动人的摇篮曲在冼星海走上音乐创作之路的过程中立下了汗马功劳。苏联作家高尔基，从小和外祖母生活在一起，每天晚上，外祖母都给他讲民间诗歌和童话故事，幼年时代获取的文学的"蜂蜜"一直"滋养"着高尔基，对他的文学创作产生了重要的作用，正如他在回忆中所说："我满肚子都是外祖母的诗歌，就像蜂房里装满了蜂蜜一样；甚至在我思考问题时，好像也是在用她的诗歌的形式。"莫扎特之所以能在 6 岁时四处进行旅行演出，并轰动了当时的维也纳艺术界，最终成为奥地利的著名音乐家，不仅是由于他出生在一个音乐之家，从小受到家庭的熏陶，更重要的还在于他的父亲善于发现孩子的才华，并给予及时的教育，使他在 3 岁时能在琴上弹简单的和弦，4 岁时能识谱和弹梅奴哀舞曲，5 岁时能作曲……在父亲的正确引导下，莫扎特一步步走进了艺术的殿堂，成为世界级艺术大师。

五、家庭教育为儿童未来的发展奠定了基础

学前儿童的家庭教育是孩子成长的第一个环节，为孩子将来的和谐发展创造了良好的条件。苏联教育家马卡连柯曾对家长讲道："教育的基础主要是在 5 岁以前奠定的，它占整个教育过程的 90％。在这之后，教育还要继续进行，人进一步成长、开花、结果，而您精心培植的花朵在 5 岁以前就已绽蕾。"美国怀特教授也指出，孩子在 2 岁前的这段时期特别重要，因为"四种教育基础中的每一种——语言发展、好奇心、智能和社会化发展——在 8 个月至 2 岁这段时期处于关键的时期"，家长应给予高度的重视，防患于未然。

（一）提高了孩子的发展水平

作为孩子启蒙老师的父母，如果能对孩子施予科学的早期教育，就会促进孩子的全面发展，提高孩子的发展水平。美国在 20 世纪 80 年代初期开始实施的"父母作为老师"计划（PAT）的研究成果就是一明证："该计划中的所有孩子长到 3 岁时，随机抽取一个实验组与对照组作比较，在所有重要的方面——语言、问题解决、健康、智力技能、与别人的关系以及信心——PAT 样组中孩子的得分高出对照组很多。"[①]

正常孩子如此，超常孩子也不例外。美国斯坦福大学特尔曼教授对 1 528 名天才儿童进行 40 年的追踪研究，发现，他们当中 90％的人后来进入了大学，其中 30％为优秀毕业生，在工作中成就卓著；决定他们发展极限的重要因素是良好的家庭教育和文化背景，如家长具有大学文化水平，重视早期教育，家中拥有合适的学习环境等。

哪怕是残疾儿童，只要家长持之以恒地给予关爱和教育，也能让"铁树开花"，使孩子在困难和有限的世界里，取得惊人的成绩。例如，一位名叫马歇尔·斯图尔特·鲍尔的美国儿童，在出生后，体重一直不能正常增加，饱受病魔的折磨，外形令人心碎；3 岁时，不会走路、说话，医生断定

---

① ［新西兰］戈登·德莱顿、［美］珍妮特·沃斯著，顾瑞荣等译：《学习的革命——通向 21 世纪的个人护照》，上海三联书店，1997 年版，第 235—237 页。

他是严重弱智,很可能在 10 岁前夭折,但他的父母"一直设法不把注意力集中在他的身体缺陷上面",而是"相信他会成为一个完美的孩子",从未间断对他的教育:和他讲话,给他读书,教他认识字母表;5 岁时,让他使用字母板;6 岁时接受得克萨斯大学测试,证明他的阅读水平已达到小学三年级的程度;13 岁时出版了自己在字母板上一字一句敲出的著作——《上帝之吻:一名失语孩子的智慧》,优美的语言和丰富的知识,使得该书销售量达到 8 万多册,许多读者都因他的话——"学会聆听的人会得到上帝的教诲",而把他视为教师和先知。

(二) 影响了孩子的职业取向

父母的生育观念、性别偏向、育儿方式、教育期望等都对孩子一生的成长有着直接或间接的影响,制约着孩子对职业的选择和发展的方向。不论是生活在政府要员家庭之中的孩子,还是生活在普通百姓家庭之中的孩子,均不例外。据报道,俄罗斯前总统叶利钦在妻子怀第二胎时,希望能生下个儿子,从不迷信的他也按照当地的传说和风俗,在枕头下面放上了"一把斧子和一顶军帽",结果生出来的还是女儿;叶利钦把幼小的女儿当作儿子一样去关心、爱护、培养和教育,甚至让年幼的女儿穿上了男儿装,长大后女儿的性格像男孩,执拗、倔强;高中毕业后只身去首都报考莫斯科大学工程学系,大学毕业后一直在航天部"礼炮"设计局负责计算飞船在太空的运行轨迹。另据报道,美国众多家长越来越重视孩子的股市启蒙教育,希望孩子长大后能成为一名精明过人的投资者、交易商和华尔街专家,这就使生活在 20 世纪 90 年代的孩子接受华尔街式的股票交易培训比过去任何时候起始得都早,"从 5 岁开始",就让孩子"明白持有股票的基本概念";许多父母还把股票作为给孩子的生日礼物和圣诞礼物,引导孩子对证券投资产生兴趣;还有的父母鼓励孩子参加股票交易大赛,威斯康星州巴拉布一位 16 岁的少女卡西·福克斯在 1998 年夺魁,成了"大户"(拥有 200 股通用电气公司的股票,约 2.5 万美元),获得了非正式家庭投资顾问的地位。

正是由于早期教育的作用被越来越多的家长所认识,所以教育已成为当代中国家庭新兴的消费热点。上海市教育科学研究院 1999 年对一千户家庭的抽样调查表明:在市民家庭"储蓄目的"方面,"教育"高居榜首,远远超过了"养老"和"买房"(见表 1-2-1);在家庭"消费项目"当中,"教育"成为第二大开支,仅次于"吃穿"的基本生活费用(见表1-2-2)。

表 1-2-1 家庭储蓄目的排序(单位:%)

储 蓄	第一位	第二位	第三位
养 老	22.7	22	24.9
教 育	39.4	33.8	11.2
买 房	19.2	16.6	19.2
吃 穿	13.9	14.6	23.8
其 他	4.7	13	20.9

表 1-2-2 家庭消费项目排序(单位:%)

消 费	第一位	第二位	第三位
吃 穿	57	18.1	13.4
住 房	13.4	24.3	30.1
教 育	26.9	41.9	20.8
娱 乐	0.6	4.2	17.1
其 他	20	11.6	18.6

在家长这个群体中,学前儿童的家长又更加重视孩子的教育问题。上海市统计局 1999 年对

583名各类在校生教育费用的调查表明,为了使孩子能进入一个满意的学校,一部分家庭主动向学校提供赞助费,其中幼儿园儿童的家长中支付赞助费用的人数比重要高于中、小学生的家长。另外,中国经济景气监测中心对北京、上海、广州、成都、武汉、西安等6城市1 230户居民的调查也发现:城市教育支出增势强劲,七成居民同意在孩子出生前就准备教育资金;六成居民愿意为子女教育举债。

第三节　学前儿童家庭教育的目的及任务

　　学前儿童家庭教育的目的制约着家庭教育的任务和内容、途径和方法,指导着家庭教育的过程和活动,影响着家庭教育的方向和评价,决定着家庭教育的效果和成败。如果没有目的,学前儿童家庭教育的任务就会陷入盲目状态,杂乱无章;而如果没有任务,学前儿童家庭教育的目的就会落空,无法实现。

一、学前儿童家庭教育的主要目的

　　家庭教育的目的是学前儿童家庭教育活动的出发点和归宿点。有了明确的教育目的,学前儿童的家庭教育就有了前进的方向,就能朝着既定的目标努力。

　　学前儿童家庭教育的目的,是家庭教育中的核心问题,已引起了国际社会的广泛关注。国际21世纪教育委员会提出新世纪教育的宗旨是使儿童"学会认知",善于学习;"学会做事",具有较强的动手能力、解决问题能力、人际交往能力和冒险精神;"学会共同生活",能够了解别人,尊重别人,参与别人的活动,与别人进行合作;"学会生存",发展体力、记忆力、判断推理能力,增强自主性和责任感,提高审美能力,充分展现自己的人格特征。① 联合国第44届大会提出"教育儿童的目的应是:(A) 最充分地发展儿童的个性、才智和身心能力;(B) 培养对人权和基本自由以及《联合国宪章》所载各项原则的尊重;(C) 培养对儿童的父母、儿童自身的文化认同、语言和价值观、儿童所居住国家的民族价值观、其原国籍以及不同于其本国的文明的尊重;(D) 培养儿童本着各国人民、族裔、民族和宗教群体以及原为土著居民的人之间谅解、和平、宽容、男女平等和友好的精神,在自由社会里过有责任感的生活;(E) 培养儿童对自然环境的尊重"。②

我国政府也格外重视学前儿童家庭教育目的这一根本性问题,在不同的历史时期提出了不同的要求。八届人大四次会议通过的《国民经济和社会发展"九五"计划和2010年远景目标纲要》指出:"精神文明建设的根本任务是:培育有理想、有道德、有文化、有纪律的社会主义公民,提高全民族的思想道德素质和科学文化素质。特别要把青少年素质作为工作重点。"1996年9月全国妇联、原国家教委还制定了《全国家庭教育工作"九五"计划》,指出"家庭教育是社会主义教育的组成部分",家长要"面向新的世纪","促进儿童身心健康发展,培养有理想、有道德、有文化、有纪律的社会主义事业的建设者和接班人"。习近平总书记在2018年全国教育大会上提出:家庭是人生的第一所学校,家长是孩子的第一任老师,要给孩子讲好"人生第一课",帮助扣好人生第一粒扣子。

1997年3月原国家教委、全国妇联在颁发的《家长教育行为规范》中,指出家庭教育要"重在教子做人,提高子女思想道德水平,培养子女遵守社会公德习惯,增强子女法律意识和社会责任感";"关心子女的智力开发和科学文化学习,培养良好的学习习惯,要求要适当,方法要正确";"培养和训练子女的良好生活习惯,鼓励子女参加文娱体育和社会交往活动,促进子女身心的健康发展";"培养子女参加力所能及的家务活动,支持子女参加社会公益劳动,培养子女的自理能力及劳动习惯"。2021年,《中华人民共和国家庭教育促进法》已由中华人民共和国第十三届全国人民代表大会常务委员会第三十一次会议通过,自2022年1月1日起施行。作为我国首部以"家庭教育"为名的法律,它印证了我国的家庭教育发展进入了崭新阶段。

家庭教育是未挂牌的学校,也是不发毕业证书的学校,孩子是否合格,要受社会的检验。学前儿童的家庭教育是我国家庭教育事业的有机组成部分,它的目的是使孩子在体、智、德、美等方面健全发展的基础上,个性得到生动活泼地成长,将来能成为有益于国家和社会的合格人才。

二、学前儿童家庭教育的基本任务

学前儿童家庭教育的内容主要由健康教育、认知教育、品行教育和审美教育等部分构成,在各个不同的方面和不同的年龄阶段,家庭教育的具体任务和基本要求也不同。

(一) 健康教育的任务及要求

学前儿童家庭健康教育的主要任务是:教给孩子一些简单的生活常识和卫生常识,培养孩子

---

① 联合国教科文组织总部中文科译:《教育——财富蕴藏其中》(联合国教科文组织教育丛书),教育科学出版社,1996年版,第75—88页。
② 1989年11月第44届联合国大会通过《联合国儿童权利公约》,第29条。

良好的生活习惯和卫生习惯,激发孩子参加户外锻炼的兴趣和愿望,培养孩子独立生活的能力和自我保护的能力,促进孩子身心的健康发展。

孩子的生存是孩子发展的前提,在对孩子进行健康教育的时候,家长要特别注意孩子的人身安全。首先应关注孩子饮食的安全。父母不要给孩子买"吃的与玩的混装的食品",这种食品既不卫生,也会对孩子的生命构成危险。1999年12月11日,美国南加州一名13个月大的女婴被儿童套餐附送的塑胶玩具球"宠物小精灵"盖住口鼻后窒息死亡。

其次,应关注孩子游玩的安全。父母在带领孩子到动物园等地游览时,不要让孩子靠近危险动物等,以免对孩子的身体造成伤害。据报道,1999年在巴基斯坦拉合尔的动物园里发生了一起15个月大的男孩"命丧熊吻"的悲惨事件:为了让孩子看清楚关在笼子里的熊,父亲将孩子抱举到笼子的上边。结果熊一跃而起,从父亲的手中夺过孩子,用力地撕扯孩子。父亲跃过兽笼前的栏杆,拼命抓住孩子的上半身,结果孩子被活活地撕成两截。

再次,应关注孩子脑部的安全。在夏季时,父母不要因为担心孩子怕热就给孩子剃光头,使孩子的头部皮肤暴露出来,直接受到阳光的照射,发生日射病,造成脑部损伤。实际上,头发能够散热,帮助孩子调节体温。

最后,应关注孩子看电视的安全。父母不要让孩子看恐怖电视剧、录像带及广告片,以免孩子啼哭不止,情绪不定,睡眠紊乱,产生焦虑感和恐惧症。

(二)认知教育的任务及要求

学前儿童家庭认知教育的主要任务是:丰富孩子的知识经验,激发孩子的学习兴趣,培养孩子的动手、动口、动脑习惯,促进孩子智力、能力的发展。

语言是思维的外衣和交往的工具,家长在对孩子进行认知教育的时候,要格外重视语言能力的培养。首先,应发展孩子倾听语言的能力。面对怀抱中的婴孩,家长可边做面部表情边和孩子说话,日积月累,孩子就能在情感和语言之间建立牢固的神经联系,较早进入牙牙学语阶段,更多地接触词汇,更易掌握语言表达的技巧。

其次,应发展孩子理解语言的能力。家长若是由不同国籍、省籍的人组成,在日常生活中,可用自己的语种或方言和孩子交流。例如,在一个扩大家庭里,爷爷和奶奶是东北人,爸爸是上海人,妈妈是四川人,成人经常用不同的方言和孩子交谈,就能使孩子轻而易举地学会这三种方言,提高对语言的理解能力。

再次,应发展孩子运用语言的能力。家长不仅要让孩子记忆、背诵一些词汇和句子,更重要的是要让孩子在适当的场合能够加以运用。比如,在节假日带领孩子观看上海的十佳夜景时,可启发孩子讲一讲"人民广场"、"外滩"有什么特点,引导孩子说一说"南京东路步行街"与"南京西路街景"、"淮海路'灯光隧道'"有什么相同点,"新客站不夜城"与"徐家汇商业城"、"豫园景区"有什么不同点,鼓励孩子想一想未来的"东方明珠电视塔及陆家嘴金融中心区"、"虹桥贸易开发区"将会是什么样子,等等。

最后,应发展孩子识别语言的能力。家长可通过和孩子一起玩字谜,来激发孩子的识字兴趣,提高孩子的识字能力。比如,在教孩子学习汉字"压"、"秩"时,父母可分别将"一撇下面十一点"和"一撇一画小,一撇一画大"的谜面讲给孩子听;当孩子学过"平"、"坟"汉字时,父母给孩子提供"八十多一画,六十少一点"和"只差一小点,加减乘除全"的谜面,要求孩子说出谜底。

(三) 品行教育的任务及要求

学前儿童家庭品行教育的主要任务是:培养孩子良好的品德,塑造孩子文明的行为,陶冶孩子积极的情感,提高孩子社会交往的能力,形成孩子活泼开朗的性格。

孩子与人交流和合作的能力,对其今后的发展至关重要,家长在对孩子进行品行教育的时候,应给予特别的重视。首先,应培养孩子的同情心。父母使孩子学会关心别人,站在别人的角度考虑问题,已成为我国幼儿家庭教育的一个十分紧迫的现实问题。北京东方之星幼儿教育研究所 1999 年对北京、上海、广州、重庆四大城市 5000 名 3—7 岁儿童所作的调查表明,当大人生病或有困难时,35.6%的孩子能主动关心并给予帮助,29.7%的孩子知道后有较多关心,其余孩子知道后能有"一点关心"或没什么表示。

其次,应培养孩子的合群性。据调查,在 3—7 岁儿童中,约有 35%的儿童"只和一两个孩子玩或喜欢独处",孩子缺乏与人合作的意识、交往能力薄弱应引起家长的高度重视,巴西心理学家马加·雷斯认为,"孩子具有非凡的智力但不知道如何同别人交往,也是无济于事的"。

再次,应培养孩子的抗挫力。"曲折和磨难是人生宝贵的财富",孩子在成长的过程中不可能一帆风顺,总会遇到这样或那样的困难甚至挫折,家长应舍得让孩子经风雨,见世面,使孩子既能在顺境中也能在逆境中得到发展,以顽强的意志和坚韧不拔的毅力去面对人生和社会。

(四) 审美教育的任务及要求

学前儿童家庭审美教育的主要任务是:引导孩子感受美,启发孩子表现美,鼓励孩子创造美,塑造孩子心灵美。

在对孩子进行审美教育的时候,家长尤其要重视让孩子用自己的眼睛去发现美,用自己的心灵去体会美,用自己的双手去创造美。

首先,应加大孩子的艺术投资。在调查中,我们发现:许多家长经常带孩子吃价格不菲的大餐,买数百元的名牌服装,但却很少给孩子买几盘儿童音带或 CD,致使小小年纪的孩子初入幼儿园"面试"时,唱的不是儿童歌曲,而是《你是风儿我是沙》、《心太软》等流行歌曲。孩子的成长既需要物质食粮,也离不开精神食粮,随着孩子年龄的增长,家长更要关注后者,并加大投资的力度。

其次,应尊重孩子的艺术爱好。艺术的天地十分广阔,不同的孩子,对艺术形式的喜爱也不同,家长要予以尊重,只要是发自孩子内心的感受,不论是画画、唱歌、弹琴、跳舞,还是吟诗、下棋、折纸、泥塑,家长都要认可、接受,使孩子在体验独特艺术的过程中,性情变得美好起来。

再次,应鼓励孩子的艺术创造。童年期的孩子无拘无束,思维极其活跃,家长要解放孩子的双手和大脑,让孩子自己想象、自由创造,而不要把成人的意志强加给孩子,限制孩子的活动,强求孩子在技能技巧上的完善,而轻视孩子创造火花的激发。

"全世界的所有最重要的教育方案都由那些能兼顾孩子身体与精神两方面发展的要素组成"，[1]家庭教育也不例外，为了"使每个儿童均享有足以促进其生理、心理、精神、道德和社会发展的生活水平"，[2]学前儿童家长要担负起孩子身心健康发展的教育任务，全面关心孩子、教育孩子。

第四节 学前儿童家庭教育的原则与方法

一、学前儿童家庭教育的基本原则

学前儿童家庭教育的原则是根据教育目的、孩子身心发展特点、家庭教育优良传统以及国外家庭教育成功经验提炼出来的，是提高家庭教育质量的重要保证。学前儿童家庭教育原则体系主要由科学性、理智性、指导性、渐进性、适度性、一致性等原则组成，遵循各条原则，就能完成家庭教育的任务，促进孩子的成长发展。

（一）科学性原则

学前儿童家庭教育的科学性原则，主要是指在家庭教育中，家长要用正确的价值观、科学的养育观对儿童施加影响，使孩子能够朝着社会所期望的目标成长。

在贯彻科学性原则时，家长要注意以下几点：

---

① ［新西兰］戈登·德莱顿、［美］珍妮特·沃斯著，顾瑞荣等译：《学习的革命——通向 21 世纪的个人护照》，上海三联书店，1997 年版，第 205 页。
② 1989 年 11 月第 44 届联合国大会通过，《联合国儿童权利公约》，第 27 条。

1. 更新价值观念

什么样的家庭才是幸福的家庭？什么样的孩子才是有出息的孩子？家长的家庭观、子女观和价值观都对孩子的发展有着重要的影响，家长应抛弃传统的世俗偏见，不与人攀比物质上的享受，以把家庭改造成为培养社会栋梁的摇篮作为自己的价值取向。陕西省礼泉县烽火镇西庄子村有 73 户家庭 321 个人口，从恢复高考制度以来，已为国家输送了 50 名大、中专学生，平均 1 户半就培养出 1 名大、中专学生；这个"秀才村"家长们的价值观是"不比谁家盖洋房、红白喜事有排场，只比谁家娃娃强"。

2. 树立开放意识

当代社会需要的是具有独立能力和创新精神的人，为了使孩子能被社会所接纳，家长要摆脱世俗偏见，以开放的心态，给孩子提供自由、快乐、信任和支持的环境，让孩子用独特的方式去尝试各种事物，大胆发表自己的见解，使个人的潜能得到充分的发挥。学前儿童家庭教育的现状应引起我们的警戒：山东省济南市少年宫在组织 40 名 6 岁左右的儿童到柴家村进行"手拉手捐助活动"时，曾出现了众多家长"围追堵截"、设下重重"封锁线"，以求陪同孩子的现象：在少年宫里的大客车上，20 多位家长抱着孩子坐在座位上，不肯下来；组织者将他们"赶"下车以后，又有 5 位家长拍打车窗，说是幼儿园的老师让他们帮忙拿道具，后经同意让他们在少年宫大门上车；当车子行到少年宫门口时，一大群家长围拢过来，使车门无法打开；车子突围以后，带着道具的那几位家长很快乘着黄面的赶到了，没开多远，又一辆黄面的载着 7 位家长堵在了前面；在捐助活动刚刚结束时，又有 4 位家长赶来了，他们说："刚才下了雨，孩子没带雨衣，来看看。"据组织者反映，孩子们在整个活动过程中都表现得很出色，家长们该给孩子"松绑"了。

3. 构建学习环境

今天的社会是学习化社会，国际 21 世纪教育委员会提出"终身学习是打开 21 世纪光明之门的钥匙"，终身教育不仅有利于"适应工作和职业变化"，而且还有助于"铸造人格和发展个性"，家长要注意通过家庭环境、生活方式、自己的言行去影响孩子，从小培养孩子热爱学习的精神，提高孩子获得知识、更新知识和应用知识的学习能力。太行山革命老区山西省盂县家长"富了口袋富脑袋"的做法，值得提倡：现在重视文化教育、崇尚科学知识、追求精神富有的家庭越来越多，形成个人藏书、读书、著书的热潮，据报道，1999 年全县个人藏书量已达到 600 万册，人均 20 余册。

（二）理智性原则

在家庭教育中，家长既要关心热爱孩子，又要严格要求孩子，做到情感与理智相结合，理性施爱，促进孩子健康发展。

在运用理智性原则时，家长要注意如下几点：

1. 调节情绪

这是教育孩子的前提，家长只有时刻注意调节自己的情绪，克制无益的冲动，才能在教育孩子的过程中，不感情用事走上极端，把消极因素化解为积极因素。例如，正在厨房忙碌着的父亲，突然发现了地上的玻璃瓶碎片，他强忍住心中的怒火，轻声地问儿子："你怎么把瓶子给弄碎了？"儿子答道："我喝果汁时，嘴里含着吸管，两只手一松开，瓶子就掉在地上，打碎了。"父亲继续问道："你为什么要把两只手松开呢？"儿子说："我想看看瓶子能不能也被我吸住。"父亲听了以后，高兴地告诉他："你可以把瓶子放在沙发旁的小茶几上,做这个小实验,看一看是否能同时吸住瓶子。"可见,父亲的耐心、宽容和指导,使他能够更好地了解孩子的内心世界,保护了孩子的好奇心,增强了孩子的探索精神。

2. 规定限度

这是教育孩子的基础,家长只有客观分析孩子的需要,满足合理的要求,拒绝不当的要求,才能使孩子明辨是非,体验各种情感,不断取得进步。英国学者阿莎·菲利普斯指出:父母对孩子说"不"非常重要,即便是对出生几个月的婴儿也应该明确规定一些界限,父母如果只说"行",就会剥夺孩子表达情感的能力,造成"脱离现实生活的幻想和危险的形势",因为"与从父母那里得到爱、亲昵和友情一样,孩子应该学习的还包括失望、愤怒、仇恨、争论和放弃";父母在说"不"时候,还要选择好适当的时机和方式,并解释说"不"的理由。

3. 全面整合

这是教育孩子的关键,家长只有全面关心孩子、爱护孩子,晓之以理,动之以情,导之以行,才能帮助孩子形成良好的习惯,促进孩子个性的完美发展。例如,有位 4 岁小女孩在寒冷的冬天洗完澡后,妈妈要她快点穿上衣服,她却不听,因为"小猫小狗也没穿衣服";妈妈顺势问道:"那小动物们不是要被冻坏了吗?"女儿说:"不会的,它们都长着长长的厚厚的毛。"妈妈以征询的口气说道:"等你也全身长满了厚厚的毛的时候,我也不要你穿衣服,好吗?"孩子在高兴应允的同时,穿上了衣服。可见,这位母亲从孩子喜欢的小动物入手,以孩子已掌握的简单知识为线索,一步步把孩子引进暗设的"陷阱"之中,实现了自己的教育期望。

4. 杜绝溺爱

这是教育孩子的体现,家长只有将亲情和师情融为一体,不娇惯孩子、袒护孩子,才能使家庭教育取得实效。苏联教育家马卡连柯就告诫过家长,"溺爱虽是一种伟大的感情,却会使子女遭到毁灭","慈母败子"的古训应当记取。

(三) 指导性原则

在家庭教育中,家长要承认孩子的主动地位,尊重孩子的独立人格,调动孩子的积极性、主动性和自觉性,引导孩子更好地发展。

在遵循指导性原则的时候,家长应注意以下几点:

1. 树立正确的儿童观念

这是家长指导孩子的基础。家长要认识到儿童是独立的个体,不仅有着与同龄孩子相似的一些年龄特征,而且还有着与同龄孩子不同的个性特征,并予以尊重。例如,家长不能看到邻居请家教来教孩子学绘画,也给自己的孩子找家教学画画;也不能听说同事的孩子钢琴考了四级,就强迫自己的孩子也要达到这一标准。

2. 给予恰如其分的帮助

这是家长指导孩子的关键。游戏是儿童的生命,玩具是儿童的伴侣,家长在处理孩子与玩具之间的关系时,应从孩子的实际情况出发,给予帮助和指点。比如,孩子有不珍惜玩具、追求高消费的毛病,父母可提示孩子把零用钱存起来自己购买玩具,使孩子能体会到玩具的来之不易,学会爱惜玩具和使用金钱,做个明智的消费者;孩子玩厌了某个玩具,父母可建议孩子将玩具借给别的小朋友玩,或与其他小朋友交换着玩,也可以作为礼物送给其他小朋友玩。

3. 重视孩子的自我教育

这是家长指导孩子的目标。家长对孩子进行指导的目的就是为了今后不对孩子进行指导,帮助孩子甩掉"拐杖",使孩子能够学会自我教育。意大利儿童教育专家蒙台梭利指出:儿童有自我教育的能力,儿童能够自己教育自己,儿童的能力能够通过自己的努力得到发展。[1] 诚然,有时候,家长直接告诉孩子做什么和怎样做,比让孩子自己去做要更迅速、有效、节时、省力,但这只是近期效果,并不能带来远期效果。为了使孩子终身受益,家长要给孩子提供自我教育的机会。比如,孩子的房间该如何布置,父母应让孩子自己动脑设计、动手装扮。

(四) 渐进性原则

在家庭教育中,家长要循序渐进地对孩子施予影响,由浅入深,从易到难,逐步提高对孩子的要求,让孩子不断体验成功的快乐,最终达到身心健康发展的目标。

在实行渐进性原则时,家长需注意如下几点:

1. 明确具体

家长对孩子提出的要求不能抽象笼统,而要具体明确、简单明了,便于孩子理解和执行。例如,为了不让电视拴住孩子的心,家长不仅要把电视从孩子的房间里搬出,放在客厅里,增进家人之间的交流,鼓励孩子和其他孩子一起活动,而且还要规定孩子"每天看电视的时间累计起来不能超过 1 个小时"。

2. 适当合理

家长对孩子提出的要求应是孩子经过自己的努力能够达到的,符合孩子的最近发展区和心理承受能力;既不能过高,以免孩子力所不及,无法实现,失去信心,也不能过低,以免孩子不需付出,故步自封,失去兴趣。例如,父母和孩子玩数学游戏(急口令)"一只青蛙一张嘴,二只眼睛四条腿,扑通跳下水。二只青蛙二张嘴,四只眼睛八条腿,扑通扑通跳下水。三只青蛙三张嘴,六只眼睛十二条腿,扑通扑通扑通跳下水。四只青蛙……"时,先允许孩子慢点讲,然后再要求孩子加快语速,且青蛙的数目越数越多。

3. 螺旋上升

家长对孩子提出的要求应做到横向有序,纵向有列,环环相扣,层层递进,螺旋式地上升,有计划有步骤地增加教育难度,提高孩子的发展水平。例如,为了培养孩子的阅读能力,家长可和 1 岁以下的孩子一起阅读,每次读书的时间控制在 10 分钟以内,图书要反复使用;孩子 1 岁以后,家长可采用一问一答的形式和孩子边看边讲,随着孩子年龄的增长,阅读知识的丰富,家长可让孩子自己阅读图书、管理图书。

---

[1] George S. Morrison, Early Childhood Education Today, 7th edition, Prentice-Hall, Inc. Simon & Schuster/A Viacom Company, 1998, p. 100 - 101.

（五）适度性原则

在家庭教育中，家长对孩子要该奖则奖，该罚则罚，奖惩并用，奖惩分明，奖惩适度，以强化孩子的良好行为，抑制孩子的不良行为。

在执行适度性原则时，家长要注意以下几点：

1. 称赞孩子的努力

家长在表扬孩子时，与其空洞地夸奖孩子的"聪明"，不如言之有物地称赞孩子的"努力"。研究表明，父母经常夸奖孩子"聪明"，孩子的挫折容忍度就会变得较低，由于害怕失败，这些孩子往往选择较有把握的事情去做；父母经常称赞孩子的努力，孩子的自信心就会逐渐增强，由于不担心失败，这些孩子往往选择有价值的事情去做。因此，父母在赞美孩子时，要具体地指出孩子在哪些方面表现得"聪明"及不断尝试的努力过程，比如"我发现你搭积木时，先找出了长方形的红色木块，然后又找出了三角形的绿色木块，没有随便乱搭"。

2. 惩罚孩子的过失

家长要牢记惩罚的对象不是孩子，而是其过失行为。在动用惩罚之前，要冷静地分析孩子过失行为产生的原因，使孩子知道自己为什么遭受惩罚、怎样改正错误；在运用惩罚时，要使禁止孩子所做的事与他所犯的错误之间有直接的联系，以发挥惩罚的教育作用，而不应使惩罚变成了体罚；在实施惩罚以后，要给孩子铺设取得进步的"台阶"，以激发孩子的上进心。据报道，1999年7月7日，在S省发生了一起母亲打死5岁养女的惨剧：母亲要求女儿学写1—10的阿拉伯数字，自己在旁边看着电视；女儿一边写数字一边偷看几眼电视；母亲发现后，用苍蝇拍打女儿，并责令女儿背对电视机写数字；女儿写不好"8"和"9"，母亲就用擀面杖使劲地打她；母亲后将女儿送到医院急救，但最终因抢救无效而死亡。家庭教育要尽快远离拳脚，棍棒是打不出人才的，这就是"幼女惨死恶母棍下"给我们留下的血的教训。

3. 奖惩结合

研究表明，从孩子良好行为的形成和不良行为的纠正来讲，有奖励及惩罚的效果比没有奖励及惩罚的效果要好一些；奖励与惩罚相比而言，奖励的效果又比惩罚的效果要好一些；在奖励和惩罚的运用中，奖惩并用的效果又比只奖励或只惩罚的效果要好一些。所以，在家庭教育的实践中，家长要抓住时机，掌握分寸，以奖为主，奖惩结合，促进孩子行为的发展。

（六）一致性原则

在家庭教育中，家长应把来自各方面的教育影响加以协调，使教育内容与要求、手段与方法等能前后一致，左右贯通，保证孩子个性品质的健康发展。

在实施一致性原则时，家长需注意如下几点：

1. 互通信息

家庭成员之间要经常联系，及时交流信息，一起商讨孩子的教育问题，特别是对孩子不与双亲同吃同住的家庭来讲更为重要。例如，一个上全日制托儿所的孩子，由于多种原因，从周一到周四的晚上都住在外公外婆家里，周五至周日的晚上才住在父母家里，四位大人只有及时保持联系,频频交流信息,才能全面、准确地了解孩子的情况,为教育的一致性提供条件。

2. 相互配合

家庭成员之间要团结一致,密切合作,彼此树立威信,建立牢固的"统一战线",反之,相互拆台,互不协调,有人管得严,有人管得松,就会使孩子觉得有机可乘,有缝可钻,导致人格的扭曲。例如,孩子一得不到自己想要的东西就大哭大闹,父亲见状,严加斥责;母亲见状,左哄右劝,长此以往,孩子就会在父亲面前显得较为拘谨,而在母亲面前会变得更加放肆,父母"一个唱白脸,一个唱红脸"的做法应该抛弃。

3. 共同教育

家庭成员要心往一处想,劲往一处使,形成一股强大的教育合力,强化对孩子的教育,提高教育的效益。例如,父亲带着孩子去看望爷爷奶奶时,要求孩子:见到两位老人要主动问好,给老人捶捶腰,帮助扫地、擦桌椅等;母亲带着孩子去探望外公外婆时,也要求孩子如此去做,这样一来,就容易形成家庭教育的合力,有助于培养孩子尊敬老人、关心老人的情感。反之,父母如果"一人一把号,各吹各的调",那就会使孩子手足无措,抵消对孩子教育的效果。

二、学前儿童家庭教育的主要方法

家庭教育方法是家长在对孩子进行教育时所选择和运用的策略及措施,直接关系到家庭教育的成功与失败,法国教育家爱尔维修认为,"即使是普通的孩子,只要教育得法,也会成为不平凡的人"。家庭教育的方法体系主要由环境熏陶法、兴趣诱导法、暗示提醒法、活动探索法、榜样示范法等组成,父母要创造性地加以综合使用。

(一) 环境熏陶法

环境熏陶法是指在家庭教育中,家长有意识地创设一个和谐的家庭生活环境,使孩子受到潜移默化的影响,以培养孩子良好的道德品质的一种方法。

许多教育家都很重视这种方法在孩子成长中的作用。朱庆澜先生把家庭的生活环境比喻为"家庭的气象",认为"家庭的气象教育"十分重要,他指出,"气象就是这个样子,家里是个什么样子,小孩子一定变成那个样子。家庭气象,好比立个木头,小孩子好比木头的影子,木是直的,影子一定直,木是弯的,影子一定曲",他强调全家人要形成一个"好样子",让小孩子学好。陈鹤琴先生也指出,"小孩子生来大概都是好的。到了后来,或者是好,或者变坏,这是环境的关系。环境好,小孩子就容易变好,环境坏,小孩子就容易变坏"。[1] 他要求父母给孩子提供良好的环境,把孩子培养成才。

家长在使用环境熏陶法时,应注意以下事项:

1. 组织相应的家庭生活

国外教育家多萝茜·洛·诺尔特先生认为"孩子们从生活中学习",他指出:"如果一个孩子生活在批评之中,他就学会了谴责。如果一个孩子生活在敌意之中,他就学会了争斗。如果一个

---

① 陈鹤琴:《家庭教育——怎样教小孩》,教育科学出版社,1994 年版,第 187 页。

孩子生活在恐惧之中,他就学会了忧虑。如果一个孩子生活在怜悯之中,他就学会了自责。如果一个孩子生活在讽刺之中,他就学会了害羞。如果一个孩子生活在妒忌之中,他就学会了妒忌。如果一个孩子生活在耻辱之中,他就学会了负罪感。如果一个孩子生活在鼓励之中,他就学会了自信。如果一个孩子生活在忍耐之中,他就学会了耐心。如果一个孩子生活在表扬之中,他就学会了感激。如果一个孩子生活在接受之中,他就学会了爱。如果一个孩子生活在认可之中,他就学会了自爱。如果一个孩子生活在承认之中,他就学会了要有一个目标。如果一个孩子生活在分享之中,他就学会了慷慨。如果一个孩子生活在诚实和正直之中,他就学会了什么是真理和公正。如果一个孩子生活在安全之中,他就学会了相信自己和周围的人。如果一个孩子生活在友爱之中,他就认为这世界是好地方。如果一个孩子生活在真诚之中,他就会头脑平静地生活。"[①]可见,家长要组织好家庭生活,使孩子生活在理想的环境之中,把孩子培养成为自己所期望的人。

2. 建立融洽的家庭关系

家庭成员之间要构建和谐的人际关系,尤其是父母之间要相敬如宾,相亲相爱,以形成教育孩子的最重要的精神力量。联合国《儿童权利公约》指出,"为了充分而和谐地发展个性,应让儿童在家庭环境里,在幸福、亲爱和谅解的气氛中成长"。美国一些研究人员于 1999 年对 1021 名1—3 岁发育迟缓的儿童所进行的家庭情况分析以后,发现:有一半以上(621 名)患儿在哺乳期内,父母争吵闹离婚,母亲情绪不佳,身体经常分泌出有害物质,并通过乳汁进入婴儿体内,使婴儿各个脏器、神经等各个系统都受到不同程度的毒害,免疫功能下降,致使发育迟缓落后。因此,为了使孩子长得结实又聪明,父母要互敬互爱,用积极的情绪影响孩子,给孩子营造出良好的身心发展的空间。

(二) 兴趣诱导法

兴趣诱导法指的是在家庭教育中,家长要通过各种机会了解孩子的特点,发现孩子的需要,捕捉孩子的兴趣,因势利导,使孩子的个性得到生动活泼的发展的一种方法。

许多杰出人物对社会作出的巨大贡献都说明了一个道理:兴趣十分重要。数学家伽利略从小对数学拥有浓厚的兴趣,经过自己不懈的努力,终于成为一位胜过父亲的数学家;诺贝尔小时候也受到父亲的影响,对研究炸药产生了极大的兴趣,以至于不畏生命危险,在引爆雷管的研究上取得成功。

家长在使用兴趣诱导法时,要注意如下事项:

1. 了解孩子的喜好

孩子天生好奇、好动,对自己的身体和周围的世界都充满了惊奇和兴奋,家长只要多和孩子一起活动,用心观察,就能发现孩子的兴趣点。例如,通过玩亲子游戏,父母就能了解到孩子喜欢的是体育游戏还是结构游戏;通过和孩子进行艺术活动,父母就能知晓孩子是否喜欢画画和唱歌,或者是更喜欢画画还是更喜欢唱歌等。

[①] ［新西兰］戈登·德莱顿、［美］珍妮特·沃斯著,顾瑞荣等译:《学习的革命——通向 21 世纪的个人护照》,上海三联书店,1997 年版,第 76 页。

2. 提供新异的刺激

孩子的兴趣不稳定，会随着环境的变化而变化，家长给孩子提供新异刺激，能引发孩子的探究心理，拓宽孩子的兴趣面。被称为"昆虫世界的荷马"的法国著名昆虫学家法布尔，小时候非常喜欢昆虫，天天对昆虫进行观察研究，已达到了入迷的程度。正是大自然千奇百怪的奥秘才引起了他浓厚的兴趣，使他成为名扬四海的"昆虫通"。所以，家长不仅要在家庭内部，而且还要在家庭外部，如海滩、森林、球场、公园等处，鼓励孩子运用自己的感官进行探究活动。

3. 激发孩子的欲望

举世闻名的"铃木教育法"之所以能训练出30多万名杰出的"铃木儿童"，其中不少人成了世界各地的音乐大学教授、著名乐团指挥和第一小提琴手，[①]其主要原因就在于铃木镇一先生非常重视兴趣在孩子学习中的作用，注意慢慢引起孩子的学习兴趣，再给予孩子发展的契机，使孩子的兴趣之火花越烧越旺，无法熄灭。

铃木镇一认为，两三岁的孩子起初对拉小提琴并不一定感兴趣，为了使孩子爱拉小提琴，妈妈首先不要强迫孩子去拉小提琴，而要让孩子接触小提琴；然后妈妈自己在家里拉小提琴，孩子可能会边抢妈妈手中的小提琴边央求妈妈："让我也拉拉嘛。"妈妈就问孩子："你也想学拉小提琴吗？"当孩子说"我也想拉"时，妈妈再问他："你是真的想拉吗？"直至孩子说"是真的想拉"时，妈妈才带他到教师那里去学习；到了教室里以后，虽然孩子想马上就拉小提琴，但是妈妈却不叫他拉，而是让他"先到那边去玩玩"，这样，孩子就一边玩一边听、看大家的演奏；等到孩子把要学的曲子全部记在脑子里了，总想把它表现出来的愿望逐渐强烈的时候，妈妈才给他选择适当的小提琴，让他学拉。

铃木镇一强调家长循循善诱，创造条件激发孩子的学习热情，并耐心等待孩子涌现出自发的跃跃欲试的强烈愿望以后，再进行教育的做法是值得我们今天希望孩子有一技之长的家长们学习借鉴的。

4. 趣味盎然地施教

要使孩子对学习产生兴趣，取得预期的效果，家长就要饶有兴趣的去施教。"现在几乎所有的进步教育家都强调早期学习有必要重新引入充满娱乐的愉悦式教学。"[②]例如，在对孩子进行识字教育时，父母要动脑筋想办法，利用汉字的特点，生动风趣地给孩子讲解，就会使之乐于学。如在教"闻"字时，可对孩子说："门"里有了"耳"，便是"闻"；在教"穷"字时，可对孩子说：由于"力"被困在"穴"里而无法施展出来就很"穷"了；在教"韵"字时，可对孩子说：声"音"均"匀"地表现出来，"韵"律就产生了；在教"恩"字时，可对孩子说：无论施"恩"，还是报"恩"，都"因"有颗善良的"心"；在教"出"字时，可对孩子说：翻越高山两座，就能找到"出"路，"有志者事竟成"；在教"路"字时，可对孩子说：路本是无所谓有，无所谓无的，因为"各"种人都在此留下了"足"迹，便有了路；在教"贵"与"贱"时，可对孩子说：一个人的贵与贱，不在于有没有钱（贝）财，而在于他是否把钱财放对

---

① 刘泽先编：《早期教育——使每个孩子成才》，知识出版社，1987年版，第110页。

② ［新西兰］戈登·德莱顿、［美］珍妮特·沃斯著，顾瑞荣等译：《学习的革命——通向21世纪的个人护照》，上海三联书店，1997年版，第154页。

了位置;在教"庆"与"厌"时,可对孩子讲:可"庆"的事情只要偏差"一点",就变得可"厌"了。

(三)暗示提醒法

暗示提醒法是指在家庭教育中,家长用间接而含蓄的方式对孩子的心理施加影响,从言语上去提示孩子,从感情上去感染孩子,从行为上去引导孩子的一种方法。

家长在运用暗示提醒法时,需注意以下几个方面:

1. 多与孩子沟通

暗示提醒法的使用是有条件的,即暗示者和被暗示者之间要比较熟悉,关系较为密切,彼此能对对方发出的某种"信号",迅速觉察,心领神会。所以,在家庭教育的过程中,父母要增加与孩子沟通的机会,使双方能够理解对方的心态,看懂对方的动作、手势、表情、眼神所暗藏的含义,听懂对方的话外之音。例如,家里来了小客人,父亲向孩子递了一个眼神,孩子就知道是该给小客人让座、递茶,还是该和小客人看图书、玩玩具。

2. 多种方式暗示

暗示提醒法可以分为多种不同的类别:根据暗示者对被暗示者是否具有明确的目的,可将其分为有意暗示和无意暗示;根据暗示者使用的手段,可将其分为言语暗示和非言语暗示;根据暗示后的效果,可将其分为积极暗示和消极暗示等,因此,在家庭教育的过程中,父母要综合使用,以获得最佳的教育效益。例如,为了帮助儿子改正挑食的坏毛病,爸爸、妈妈不仅总是津津有味地进餐,而且还经常邀请亲朋好友的孩子来家与孩子同吃,此外,有时还选择电影、电视、文学作品,和孩子边看边讨论。

3. 巧妙使用反暗示

暗示提醒法作用的大小和好坏,不仅要受到暗示者本人的地位和威信等因素的制约,而且还受到被暗示者的年龄特征和个性特点等因素的制约。在家庭教育的过程中,家长可利用孩子争强好胜的心理特点,巧妙使用反暗示,从事物的反面去刺激孩子,激励孩子萌生不达到目的决不罢休的决心,并按照自己的愿望采取行动。例如,带孩子到乡村踏青时,为了鼓励孩子自己背着物品继续向前走,而不要父母抱着和背着走,父亲可与母亲交换一下眼色,故意对孩子说:"我知道,走不了多远,你就会觉得又累又苦的,到乡下来一点意思也没有。"随即母亲也附和:"是的,不一会儿,你就要投降了,就会提出要爸爸背着走的,不信,咱们走着瞧。"

(四)活动探索法

活动探索法指的是在家庭教育中,家长通过丰富多彩的活动,让孩子尝试探索,经受磨难,掌握多种技能,培养顽强意志的一种方法。

"幼儿借助于活动而学习。他借助爬行的活动学习爬行,借助走路的活动学习走路,借助说话而学习说话。"①美国哈佛大学一项历时 50 年的研究表明:童年时代的活动与其成年后的情况

---

① [新西兰]戈登·德莱顿、[美]珍妮特·沃斯著,顾瑞荣等译:《学习的革命——通向 21 世纪的个人护照》,上海三联书店,1997 年版,第 213 页。

有着十分密切的关系,如适量的劳动活动可使孩子感到快乐,因为在劳动中,不仅使孩子的才干得到了锻炼,而且还能使孩子意识到自己的社会价值。联合国提出"儿童有权享有休息和闲暇,从事与儿童年龄相宜的游戏和娱乐活动,以及自由参加文化生活和艺术活动"。[①] 因此,家长要给孩子提供进行多种多样活动的机会,以保障儿童的各种权利。

家长在运用这种方法时,应从以下几个方面着手:

1. 开展体育活动

父母每天都要让孩子参加适合其年龄特征和生理水平的体育活动,如行走、做操、跳绳、转圈、打滚、攀爬、滑行、翻滚、跳跃、翻筋斗等,鼓励孩子在安全的环境中自由探究,保证孩子获得所需要的活动,促进身体的发育和心理的发展。例如,当孩子能行走或奔跑时,父母可启发让孩子"像直升机的旋翼一样旋转":伸开双臂保持平衡——尽快旋转,站立——闭眼,别动——再反方向旋转,依次循环往复,既能提高孩子的协调运动能力,又能增强孩子的学习能力。

2. 组织游戏活动

游戏是孩子最喜欢的活动,孩子通过游戏进行学习。美国心理学家桑德拉·鲁斯等人通过长期的跟踪研究,得出成人能力源于儿时游戏的结论:小时候有机会玩一些独创性游戏的孩子,长大以后有更强的解决问题的能力,能更好地解决日常生活问题和其他复杂问题。

家长要为孩子开辟游戏的空间,给孩子提供游戏的材料,保证孩子游戏的时间,使孩子能按照自己的意愿进行各种游戏,如玩橡皮泥、猜谜语、开"银行"、搭"高楼"等。例如,在和孩子玩开"银行"的游戏时,家长先让孩子挑选角色——是扮演"保安"、"工作人员",还是扮演"储户"——以后,自己再扮演其余的角色;服从孩子对自己的安排,根据孩子的意图进行游戏。

3. 倡导劳动活动

过分庇护孩子的父母,容易在孩子成长的道路上挖下许多温柔的陷阱,使孩子一不小心就掉了进去,丧失诸多尝试错误的时机和长大成人的经验积累过程。据北京东方之星幼儿教育研究所1999年6月前夕对北京、上海、广州、重庆四大城市5 000多名3—7岁幼儿的调查发现:只有57.8%的孩子能自己穿衣服,在6岁孩子中,仍有16.3%的孩子自己不会穿衣服;15%的孩子一遇到困难就停下不干,33.1%的孩子一遇到困难就要父母帮忙。可见,孩子缺乏自理能力和克服困难的精神。所以,家长要重视家庭的劳动活动,利用日常生活对孩子进行教育。例如,外出购物前,让孩子帮忙看一看冰箱里还有哪些食品,家庭各成员及孩子还需要购买哪些东西;购物时,和孩子一起搜索,比一比看谁先找到所需的物品,讨论这些物品来自何方;购物后,让孩子帮助把东西放到适当的地方储存起来等。

4. 鼓励探索活动

孩子喜欢冒险和探索,在成功与失败的大量尝试中,会积累丰富的经验,自信心、进取心得到增强。美国巨富洛克菲勒十分重视从小培养孩子发现、尝试各种危险事物的精神,使孩子养成了不在父母的保护伞下生活的习惯。家长应向洛克菲勒学习,对孩子放心放手,鼓励孩子多试一试,多做一做,而不要对孩子的探险行为"大惊小怪",轻率否认甚至干涉阻止,总是说"不能干,太

---

① 1989年第44届联合国大会通过,《儿童权利公约》,第31条。

危险啦"、"快停下来，吓死人了"。例如，在游乐场里，孩子想玩"碰碰车"，妈妈就应允许孩子坐到车子上，驾车飞跑，勇敢碰撞。

（五）榜样示范法

榜样示范法是指在家庭教育中，家长以自己和别人的好思想、好言语、好行为，形象生动地影响孩子的一种方法。

中外教育家都注重榜样示范，躬行身教。我国古代教育家孔子认为："其身正，不令而行；其身不正，虽令不从。"苏联教育家马卡连柯指出："父母对自己的要求，父母对自己家庭的尊敬，父母对自己一举一动的检点，这是首要的和最基本的教育方法。"[①]以身作则，身教重于言教，既是家庭教育的优良传统，也是家庭教育的重要方法，对于思维发展处在具体形象阶段的年幼孩子来讲，这一方法则更为重要。

家长在运用这种方法时，应注意如下几个事项：

1. 树立父母自身榜样

这是最重要的榜样。孩子来到人间以后，接触的第一个对象就是父母，父母是孩子最直接、最经常的模仿对象。父母要发挥自身榜样的示范作用，就应严格要求自己，希望孩子做到的，自己首先要做到。例如，要求孩子不撒谎，自己就要诚实，讲信用，不说假话；要求孩子爱学习，自己就要天天看书、读报，而不能日日沉溺于打麻将、打游戏。

2. 借助文学作品榜样

这是不可忽视的榜样。许多优秀的儿童文学作品都蕴藏着教育孩子的巨大资源，家长应适时加以开发，利用正面典型形象，感化孩子的思想，引导孩子的行为。例如，儿子爱捣麻雀窝、爱掏燕子窝，为了激发孩子爱护鸟类、热爱大自然的美好情感，父母就可和孩子一起欣赏童话《好朋友》（茶壶对水杯说："我们是一对好朋友。"水杯说："对！"桌子对椅子说："我们是一对好朋友。"椅子说："对！"钥匙对锁说："我们是一对好朋友。"锁说："对！"雨伞对雨鞋说："我们是一对好朋友。"雨鞋说："对！"鸟笼对小鸟说："我们是一对好朋友。"小鸟说："不对！ 不对！"小鸟说："我的朋友是蓝天、白云、大森林和绿草地。"小鸟还说："爱鸟的孩子也是我的好朋友。"），并启发孩子思考：如何做一个爱鸟的好孩子？

3. 利用孩子同伴榜样

这是最有效的榜样。孩子与伙伴的年龄、经历、特点、兴趣等都较为相似，同伴的榜样对孩子有较强的吸引力和感染力，易于为孩子接受和模仿，家长如能正确加以利用，定能达到事半功倍的效果；反之，则事与愿违。例如，女儿胆量比较小，在儿童公园里，看到一些小朋友在玩滑滑梯，自己想玩，但又不敢上去玩，这时，妈妈如对女儿说："你看那些小朋友玩得多开心呀，他们真勇敢！我想你也会像他们一样大胆地从上面往下面滑的。"这样就能对孩子产生积极的影响，引导孩子效仿同伴的勇敢行为。相反，如果妈妈对女儿说："你看人家小朋友多能干呀，你再看看你自己，一点出息也没有，连滑滑梯都不敢玩！"这样就会对孩子造成消极的影响，使孩子更加胆小，且

---

① ［苏联］马卡连柯著，许磊然译：《马卡连柯全集》（第4集），人民教育出版社，1957年版，第783页。

会憎恶那些小伙伴。

补充读物

幼儿园家长开放日活动：教师与家长沟通、合作和分享的平台

李生兰

幼儿园家长开放日活动是教师与家长沟通、合作、分享的坚实平台，是促进教师与家长、幼儿共同成长的重要形式。早在1996年国家教育委员会就在《幼儿园工作规程》中明确指出，"幼儿园可实行对家长开放日的制度"。为了充分发挥家长开放日活动的作用，幼儿园需要注意以下几点：

1. **开放日活动的期望：要适当。** 在开放日活动中，家长表现出了不同的状态（如"心急"、"甩手"、"唠叨"、"电话"、"淡定"），这很正常，因为每个家庭的结构不同（如扩大家庭或核心家庭）、生活方式不同，每位家长的性别不同、辈分不同（如祖辈或父辈）、性格不同（如外向或内向）、文化程度不同、退休与就业情况不同、职业与工种不同（如工作时间固定或弹性）、教养方式不同（如民主型或严厉型、放任型、溺爱型），所以，幼儿园不能用"同一把尺子"去衡量、要求所有家长，而要考虑到家庭之间、家长之间的各种差异，尊重家长参与园教的不同水平、不同程度，并加以积极的鼓励和正确的引导。

2. **开放日活动的次数：要增加。** 现行幼儿园大都是一学期向家长开放一次活动，所以这次活动就格外受到教师和家长的关注；出于对幼儿安全的考虑，许多幼儿园平时（甚至在接送孩子时）都不允许家长进园进班，这样一来，家长直接跟老师沟通的机会就更少；许多家庭都是双职工，家长的工作很忙，开放日这一天的时间又是幼儿园确定的，可单位又不给"公假"，这就很容易使家长陷入"两难"的境地：来园的话，怕耽误工作；不来园的话，既怕以后没机会看到孩子的活动，又怕拉下了班级的"家长签到率"，导致教师的不愉快，因而"电话爸爸"就"应运而生"了，他们"身在曹营，心在汉"，试图做到"工作"和"来园"两不误，这种"一心二用"的做法很难实现"一举两得"的初衷。在美国、英国、澳大利亚等世界幼教发达国家，幼儿园实行的都是"天天向家长开放，欢迎家长随时来访"的政策。因此，增加开放日活动的次数是幼儿园真正为家长服务的需要，也是我国幼教与国际接轨的必然。我们要逐渐增加开放日活动的次数，由一学期1次发展到2次、3次、4次，甚至更多的次数，使家长有机会选择适合自己的时间，全心全意地来园观看孩子的活动，这样就不会出现"电话爸爸"的现象了。

3. **开放日活动的指导：要加强。** 在开放日活动举办之前，幼儿园要通过多种形式（如家长学校、家长讲座、网站、电子邮件、家长园地、家园小报、手机信息、接送交流）给予家长具体的指导，帮助家长树立正确的儿童观和科学的教养观：（1）使家长知道来园主要是观看孩子的各种活动，了解孩子的特点和进步，一定要让孩子自己的事情自己做，而家长绝不"包办代替"，不在孩子之间搞"攀比"，不在大人之间搞"拼杀"，这样就会减少"心急姥姥"的现象；（2）使家长意识到自己的到来对孩子非常重要，要与孩子亲密接触，做孩子的忠实观众、有力的后援团，为孩子的表演喝彩、加油，这样就会避免"甩手姥爷"的现象；（3）使家长明白孩子不是"小大人"，好奇、好问、好动

是孩子的天性,孩子的身心正处在迅速发展的时期,自尊心很强,需要家长的关爱和呵护,家长不能在别人面前"贬低"孩子,要给孩子留着"面子",让孩子体会到"隔辈爱,爱不够"的温暖,强化对亲人的依恋之情,这样就会削减"唠叨奶奶"的现象;(4)使家长认识到自己要有一颗童心,成为孩子的"玩伴",给予孩子必要的鼓励和适当的指导,帮助孩子克服面临的困难,和孩子一起分享成功的喜悦,这样就能杜绝"淡定妈妈"的现象。

4. **开放日活动的评价:要及时。** 在开放日活动结束之时,幼儿园可召开一个简短的家长会议,对活动中的各种现象(如"心急"的、"甩手"的、"唠叨"的、"电话"的、"淡定"的现象)进行评价,及时表扬"好人好事",指出不当的言行(但不要提及家长或幼儿的名字)和今后改进的建议;也可组织一个家长沙龙,鼓励家长畅所欲言,发表自己的感想和看法,针对存在的问题,研讨协商相应的对策;此外还可通过其他形式(如家长园地、网站)进行全面分析,大力表彰"好家长"的参与和支持,"好幼儿"的表现和进步。

阅读参考书目

1. 林崇德、傅安球:《学龄前儿童心理发展与早期教育》,北京出版社,1982年版。

2. 张驰:《我国古代家庭教育浅谈》,宁夏人民出版社,1984年版。

3. 潘益大:《家庭美育》,知识出版社,1985年版。

4. 刘泽先编:《早期教育——使每个孩子成才》,知识出版社,1987年版。

5. 罗恒星等主编:《家庭教育心理》,成都科技大学出版社,1991年版。

6. 陈鹤琴:《家庭教育——怎样教小孩》,教育科学出版社,1994年版。

7. 赵忠心:《家庭教育学》,人民教育出版社,1994年版。

8. 邓佐君主编:《家庭教育学》(教育学丛书),福建教育出版社,1997年版。

9. 李生兰:《幼儿家庭教育》,上海教育出版社,2000年版。

10. 李生兰:《儿童的乐园:走进21世纪的美国学前教育》,南京师范大学出版社,2011年版。

11. 李生兰等:《学前教育法规政策的理解与运用》,南京师范大学出版社,2012年版。

12. [日]木村久一著,河北大学日本问题研究所教育组译:《早期教育和天才》,河北人民出版社,1982年版。

13. [日]佐藤正著,李永连等译:《身体的发育和指导》(婴幼儿教育丛书),人民教育出版社,1983年版。

14. [日]角尾稔著,李永连等译:《智慧和才能的发掘方法》(婴幼儿教育丛书),人民教育出版社,1984年版。

15. [苏联]瓦·阿·苏霍姆林斯基著,杜志英等译:《家长教育学》,中国妇女出版社,1982年版。

16. [新西兰]戈登·德莱顿、[美]珍妮特·沃斯著,顾瑞荣等译:《学习的革命——通向21世纪的个人护照》,上海三联书店,1997年版。

17. [美]克劳蒂娅著,胡慧译:《美国人的家庭教育》,专利文献出版社,1997年版。

网上浏览

1. http://www.age06.com
2. http://jtjy.china.com.cn
3. http://www.zhjtjyw.com
4. http://www.jiaj.org

复习思考题

1. 什么是学前儿童的家庭教育？你是如何理解这个概念的？
2. 学前儿童家庭教育的特点有哪些？它与学前教育机构相比有什么不同？
3. 学前儿童家庭教育的主要作用是什么？试联系实际加以思考。
4. 学前儿童家庭教育的主要任务是什么？
5. 家长在实施学前儿童家庭教育的时候，应如何贯彻教育原则？
6. 学前儿童家庭教育的方法主要有哪些？家长应怎样加以运用？

案例试评

先阅读下列案例，再查看评价表（见下表），并在你认为是恰当的答案的序号上打"√"。

一、案例

星期五傍晚，当妈妈去接女儿燕子时，燕子一边高兴地说"妈妈，告诉你一个好消息，下星期一，我们大(1)班的小朋友要表演节目，老师要我穿这双红色的长筒袜子"，一边指着自己脚上的袜子。到家以后，妈妈对女儿说："你要把这双袜子脱下来洗一洗，下星期一就能穿上干净的袜子了。"燕子请求妈妈代她洗一洗，妈妈说："不行，我们俩一人洗一只。"燕子哀求道："我不会洗。"妈妈说："你照着我的样子洗，我怎么做，你也怎么做。"正当母女俩开心地洗袜子时，爸爸下班回来了，他惊喜地说道："哟，我们的女儿真能干，会自己洗袜子了。"姥姥买菜回来了，她心疼地说道："这么点大的孩子，却叫她洗那么长的袜子，真是懒妈养了个勤快女儿。"

二、评价表

编号	项　目	答　案
1	妈妈的特点	(1)关心女儿　(2)讲究卫生　(3)比较懒散　(4)苛求女儿
2	爸爸的特点	(1)及时强化女儿的好行为　(2)能与妻子配合　(3)观察力较强　(4)判断力较强
3	女儿的特点	(1)能歌善舞　(2)记忆力较好　(3)语言表达能力较强　(4)活泼开朗

续 表

编 号	项 目	答 案
4	姥姥的特点	（1）关心孙女 （2）溺爱孙女 （3）不喜欢女儿 （4）不喜欢女婿
5	妈妈的优点	（1）讲解说理与榜样示范相结合 （2）重视培养女儿卫生习惯 （3）注意提高女儿自我服务能力 （4）配合幼儿园工作
6	女儿的优点	（1）听话 （2）能自己做事 （3）爱劳动 （4）乐于助人
7	对妈妈的建议	（1）及时表扬女儿 （2）和丈夫呼应 （3）帮助母亲转变观念 （4）不让女儿做力所不及的事
8	对爸爸的建议	（1）给岳母讲道理 （2）要求妻子顺从母亲的意愿 （3）指导女儿做事 （4）代替女儿做事
9	对姥姥的建议	（1）与女儿合作 （2）坚持自己的观点 （3）参与洗袜 （4）代替外孙女洗袜
10	对女儿的建议	（1）向姥姥告状 （2）要姥姥代洗 （3）哭闹不洗 （4）做更多的力所能及的事情

第二章

学前儿童家庭的创造教育

　　本章略述了学前儿童创造力的模仿性、自发性、灵活性、发展性和差异性等主要特点,并从学前儿童自身发展和时代需要等方面论述了家长对学前儿童进行创造教育的重要作用;阐述了学前儿童家庭创造教育的主要任务是培养儿童的创造精神、创造想象、创造思维和创造行为;提出了要实现学前儿童家庭创造教育的目标,应遵循个别性、活动性、宽松性、赞赏性等原则,开展游戏、科技、绘画、劳动、制作等多种活动的观点;论述了如何以言语、行为、意识等为指标,客观公正地评价学前儿童创造力发展的水平。

第一节　学前儿童家庭创造教育的价值

一、学前儿童创造力的概念及特点

什么是创造力? 中外许多学者对这个问题都作出了不同的回答。梅斯基等人提出,创造力

"是思维活动的方式,是制作具有独创性的受到自己或别人赞赏的东西的方法";①史密斯认为,创造力是"回忆过去的经验,并对这些经验进行选择、重新组合,以加工成新的模式、新的思想或新的产品的过程";罗洛·梅指出,创造力是"产生新事物的过程";②藤永保认为,创造力是"发现意想不到的可能性的能力","能够在常见的事物中发现意外的用途或性质的能力";③潘洁指出,创造力是"扩散思维的能力,即对规定的刺激产生大量的、变化的、独特的、反应的能力";④董奇认为,创造力是"根据一定目的,运用一切已知信息,产生出某种新颖、独特、有社会或个人价值的产品的能力"等。⑤

这些关于创造力的概念虽然表述的有所不同,重视"方式"、"过程"或注重"能力",但都强调新颖性和独特性。

学前儿童有无创造力? 学前儿童的创造力有什么特点? 这些问题一直是学前教育界的热门话题。教育实践和研究都已证明,学前儿童具有创造力,"皇帝的新装"之所以能被儿童识破,实际上就是儿童创造力的写照。学前儿童的创造力不同于成人,它是一种异想天开、别出心裁、求异思维的能力,是创造欲望和创造意识、创造素质、创造行为的有机统一体,具体来讲,表现为以下几个特点:

(1)模仿性。创造与模仿是一对孪生姐妹,既有区别,又有联系。学前儿童年幼无知,最初的创造有相当一部分是建立在模仿基础之上的。

(2)自发性。学前儿童的创造活动大多是自发进行的,没有特定的目的和目标,计划性、针对性不强。

(3)灵活性。学前儿童不喜欢完全依样画葫芦,机械照搬照抄,而乐于独立探索,接受新事物,自己想办法,解决一些问题。

(4)发展性。学前儿童的创造性是随着年龄的增长、生活范围的扩大,而逐步增强的。国外一些研究也表明:儿童从婴儿到幼儿,幻想中创造性想象的成分渐多,精确性上升。玛克在一项研究中,曾给幼儿一些积木、木偶、厨房餐具等玩具,让他们尽可能多地搭建物体,结果发现,年长幼儿不仅活动的时间长于年幼儿童,而且发散思维、创造想象的成分也多于年幼儿童。

(5)差异性。学前儿童的创造力是有差异的,不同性别的儿童,创造性不同;不同个体的儿童,创造性也不同;有的儿童创造性较强,而有的儿童创造性则较弱;有的儿童创造性显露得较早,而有的儿童则显露得较迟;有的儿童在这一方面的创造性较高,而有的儿童则在另一方面的创造性较高。

---

① [美]M·梅斯基、D·纽曼、R·J·伍沃德考斯基著,林崇德、傅安球、宫铁刚译:《幼儿创造性活动》,北京出版社,1983年版,第4—5页。

② Joanne Hendrick, The Whole Child — Developmental Education for The Early Years, Merrill Publishing Company, 1988, p. 285.

③ [日]藤永保编,莫伽译:《创造性幼儿教育》,吉林人民出版社,1984年版,第46—47页。

④ 潘洁:《创造性与教育——从幼儿创造性的研究谈幼儿教育改革》,《学前教育》,1986年第1—3期。

⑤ 董奇:《儿童创造力发展心理》,浙江教育出版社,1998年版,第2页。

（6）无价性。学前儿童的创造性一般不像成人那样，能直接转化为发明创造，为世界带来可观的社会效益和经济利益。

二、学前儿童家庭创造教育的价值

学前儿童创造力的发展，有赖于家长的重视和培养。家庭的创造教育是一种开放式的教育，它以日常生活为基本途径、尊重儿童独创性为前提、训练儿童发散性思维为核心、培养创造型人才为目标。家长从孩子一出生开始，就应对其进行创造教育，以便促进孩子身心的健康成长，把孩子造就成为社会所需要的人。

（一）有助于提高儿童的创造能力

"儿童天生具有创造力，然而，创造力是种脆弱的技能，很容易在早期夭折。"[1]"儿童创造性思维水平可以通过教育和训练得到发展。"[2]家长注意从小激发孩子的创造意识，训练孩子的创新素质，提高孩子的创造水平，强化孩子的创造欲望，能够促进孩子创造能力的进一步发展。爱迪生之所以能成为拥有两千多项发明创造的伟大科学家，是与其母亲重视其童年期的创造教育分不开的：对于孩子的独特想法和创新行为，母亲给予的是保护和支持，在家里的地窖里，为孩子辟出一小块地方，使孩子能进行尝试和实验。反之，家长如果漠视孩子创造素质的培养，强求孩子按照非自然的模式成长，要求孩子循规蹈矩、老实听话、不越雷池半步，那就会阻碍孩子创造行为的产生，损害孩子心理的发展。例如，有位女孩子，在听到了关于"蚯蚓断成两节以后，还能成活，变成两条蚯蚓"的信息时，感到非常奇怪，便在家里的阳台上开展了自己的实验研究，母亲发现后，边责骂她是"神经病"，"把阳台搞得乱糟糟的"，边狠狠地打了她一巴掌，把女儿的实验品丢到垃圾箱里去了。母亲的这种做法，无疑会扼杀孩子好奇的心理和探究的精神，一个未来的女发明家可能就此夭折。

（二）有利于造就知识经济时代所需要的人才

知识经济时代是一个充满创造力的时代，创新是经济发展和社会进步的关键，"是一个民族进步的灵魂，是国家兴旺发达的不竭动力"，知识经济的核心就是要发挥人的创造性。21世纪的激烈竞争，实际上是世界各国创造力的竞争，是创造型人才的创造速度和创造效率的竞争，在知识经济时代评价人才的一个最重要的指标就是"创造力"，否则，就会失去生存与发展的起码条件。1998年，国家教育部、共青团中央、中国科协对全国31个省、区、市约1.2万名青少年进行的随机抽样调查表明，我国青少年创造能力培养现状令人担忧：虽然有60％的青少年认为创造发明对社会、个人有极其重要的意义，但大多数青少年对创造性思维的认识却仍停留在感性基础上；具有初步创造人格特征的青少年只占4.7％，而受到思维定势的影响，过于拘谨、尊崇权威的

---

[1] ［美］M·梅斯基、D·纽曼、R·J·伍沃德考斯基著，林崇德、傅安球、宫铁刚译：《幼儿创造性活动》，北京出版社，1983年版，序言第1页。
[2] 刘汉波、金玉芝、毕佳：《4—6岁儿童创造性思维特征及培养的调查研究》，《普教研究》，1987年第1期。

青少年却占到 78.1％。因而我国提出每年 10 月的最后一周为国家科技创新周的建议，以从国家前途和命运的战略高度上，来重视少年儿童创造力的培养工程，在全社会掀起少年儿童创造教育的热潮，为儿童营造良好的家庭教育环境。

1998 年 12 月在辽宁省沈阳市召开的"全国中小幼创造教育典型经验专题研讨会"表明，重视从学前期开始对儿童进行科学的创造教育，就能取得良好的效果。"教育既有培养创造精神的力量，也有压抑创造精神的力量"。① 所以，家长应注意通过适宜的教育，开发孩子的创造潜能，培养孩子的创造素质，促进孩子创造性的发展，使孩子能成为时代和社会所需要的人。

（三）有益于我国学前儿童的家庭教育与国际接轨

进入 20 世纪后半期以来，世界各国都日益重视儿童创造能力的培养。日本 60 年代初开始注意培养儿童的创造力，进入 80 年代后更加重视，例如，1982 年成立了创造学会和创造开发研究所，对儿童的创造教育进行了一系列的研究，教育家乾侑认为培养创造型的人才要经历三个阶段，第一个阶段为启蒙时期，即 3—9 岁，这是人的创造力发展的基础阶段，要求成人注意激发儿童对自然现象和社会现象的好奇心，指导儿童学习、掌握发现问题的方法。德国把培养儿童的创造能力作为学前教育的一个重要目标。美国设有"创造教育基金会"，大力资助培养儿童创造力的各种研究；1993 年《美国 2000 年教育目标法》中专设了培养儿童创造力的内容，增加了思维技艺、创造技艺、创造活动等课程。教育不仅要使儿童学会生存、学会学习，而且还要使儿童学会创造的观念已经成为世界各国学前教育界的共识。创造是人类生存和发展的手段，如果只会重复模仿而不会创造，人类就不可能进步，就不可能有更好的生存条件和更高的生活质量。

国外专家们的研究表明，儿童在学前期学习创造性思维技巧的效果比进入小学以后再来学习同样东西的效果要好。美国学者的研究表明，经过创造能力训练的儿童和未经过创造能力训练的儿童相比，在接受需要运用创造能力才能完成的任务时，前者的成功率比后者高出 3 倍。加德纳通过采用超常规思维、重构、复合等方法，对发展较为落后的儿童进行了实验研究，发现创造性思维训练能够大大提高这些儿童在创造性思维测试中的成绩。

因为学前儿童的家庭教育是整个学前教育的有机组成部分，所以家长尽早开发孩子的创造潜能，教给孩子创造的方法，培养孩子创造性思维的技巧，具有十分重要的意义，它也有利于我国的家庭教育与世界接轨。

---

① 联合国教科文组织国际教育发展委员会编：《学会生存——教育世界的今天和明天》（联合国教科文组织教育丛书），教育科学出版社，1998 年版，第 188 页。

第二节 学前儿童家庭创造教育的任务

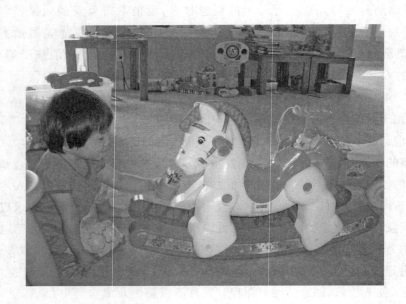

学前儿童家庭创造教育的任务不在于苛求孩子去发明什么、创造什么,而是要求家长应着力于培养孩子的创造欲望、活力和创新行为。这主要表现在以下几个方面:

一、激发儿童创造的兴趣和好奇心

兴趣和好奇心是儿童进行创造性学习的基础,是儿童进行发明创造的推动力。家长要注意引发孩子对周围事物的好奇和探究,萌发孩子的首创精神和创造热情,培养孩子的创造意识和创造力量,而不用任何外界的因素去压抑它,使孩子能更好地成长。例如,家长可向孩子提出"看一看金鱼缸里有哪些东西"、"除了有金鱼以外,你还看到了什么"、"金鱼是怎样游泳的"、"金鱼是怎样吃东西的"等问题,以激起孩子广泛观察的兴趣。

二、丰富儿童创造的知识和技能

知识和技能,对儿童创造能力的发展虽然没有直接的作用,但却具有间接的影响。"创造能力的促进与知识的获得是不矛盾的,两者是相互补充的。"[1]家长在培养孩子创造能力的时候,要根据孩子的具体情况,丰富孩子的知识,培养孩子的技能,使孩子学会处理信息,掌握相应的技巧。比如,为了开阔儿童的视野,家长可定期带孩子去美术馆看画展,指导孩子如何欣赏世界

---

[1] [德]迪克·施韦尔特著,李其龙译,《外国教育丛书》编辑组:《学前教育》分册,人民教育出版社,1980年版。

名画。

三、鼓励儿童创造性想象与实践

"创造力的培养既有实践技能和知识的硬件部分，又有想象力、直觉能力组成的软件部分，从本质上讲，创造力是想象力与实践技能的统一。"[①]家长在开发孩子创造力的时候，一方面要鼓励孩子动脑畅想，以发展创造想象力；另一方面还要为孩子提供动手活动的机会，以增强孩子的创造行为。例如，为了加大孩子自由联想的力度，家长可启发孩子想象："未来的鞋子可能会是什么样子的?"鼓励孩子说出"会随着季节的变化而变化"，如在冬天，这双鞋子能变成保暖鞋，在夏天，这双鞋子能变成凉鞋，而在春天、秋天，这双鞋子又能变成皮鞋；"会随着目的的变化而变化"，如去旅游时，这双鞋子能变成旅游鞋，去溜冰时，这双鞋子能变成溜冰鞋，而去跳芭蕾时，这双鞋子又能变成舞鞋。

四、培养儿童创造性思维

儿童创造力的核心是创造性思维，而创造性思维主要又是由发散思维所构成的。家长在培养孩子发散思维的时候，要重视发展孩子思维的流畅性、变通性和独特性，使孩子对某个问题能想出多种答案，用不同的方法去解决同一个问题，并对这些答案、方法进行比较，找出最恰当的答案或方法。例如，天空突然下起了小雨，而父女俩外出又未携带雨伞，这时，父亲可问女儿："该怎么办?"引导女儿说出可用"在商店里买一把伞"、"到书店里借一把伞"、"在超市里避一下雨"、"用刚买来的报纸遮雨"、"赶快叫辆出租车回家"等不同的办法来解决面对的难题。

五、塑造儿童创造的个性

儿童的个体特征对其创造性的发展有着重要的影响，家长要注意孩子与众不同的特点，"鼓励他发挥他的天才、能力和个人的表达方式"，[②]培养孩子基本的创造素质，抑制孩子懒惰、胆怯、从众、刻板、狭隘、自傲等消极的人格因素的滋生，使孩子能创造性地表达自己的思想和情感。例如，父母要鼓励孩子不惧怕陌生人，主动和新邻居的孩子游玩。

六、培养儿童创造的品德

儿童创造的品德是创造力发展的支柱，家长要注意增强孩子的自尊心和自信心，提高孩子的自我意识水平和自我判断能力，使孩子养成理解别人和尊重别人的习惯，提升合作能力和交往能力。例如，家长让孩子自己挑选衣服进行打扮，使孩子学会装饰自己，对自己的外表形象有好感。

[①] ［美］查佩尔·希尔著，刘鸣镝译：《早期儿童教育——创造性学习活动》（学前教育学参考资料），人民教育出版社，1991年版。

[②] 联合国教科文组织国际教育发展委员会编：《学会生存——教育世界的今天和明天》（联合国教科文组织教育丛书），教育科学出版社，1998年版，第188页。

七、增强儿童的冒险精神

冒险是创造行为的一个自然组成部分,当儿童表现出创造性的时候,通常总是带有某种程度的冒险性。家长要在相对安全的环境中,允许孩子去冒险,进行不同的尝试,以培养孩子创造的勇气。例如,父母要允许孩子从地上往床上跳,从沙发上往地板上跳。

八、提高儿童的抗挫能力

创造活动不可能一次就取得成功,很可能要经过多次的尝试,因此,家长要培养孩子的耐心和毅力,使孩子能持之以恒地去做事;创造活动并非总会获得成功,不可避免地要遇到失败,所以,家长要帮助孩子正确对待失败,提高孩子的心理承受能力。例如,为了培养孩子"不获全胜决不罢休"的精神,家长可用激将法,如"我敢打赌,你遇到困难时,不能坚持下去",来向孩子发出挑战。

第三节　学前儿童家庭创造教育的原则

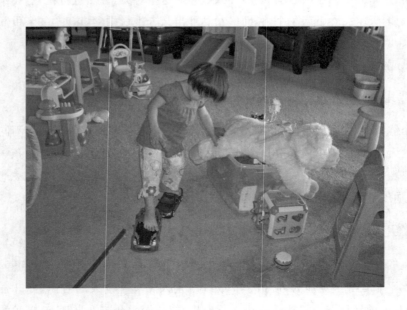

在完成创造教育的任务的过程中,学前儿童家长应遵循以下几条原则:

一、全面性原则

家长对孩子进行的创造教育,应是全方位的,既要培养孩子的创新意识,也要训练孩子的创新行为;既要诱发孩子的创造火花,又要强化孩子的创造方式;既要开展科学技术方面的创新活动,也要组织文学艺术方面的创新活动;既要有全家合作的创造活动,又要有孩子独立的创造活动;既要利用家庭内部的优势,也要利用家庭外部的优势;既要运用物产资源,又要运用人文资源,以树立多元创造力观,发展孩子各方面的创造才能。

二、个别性原则

不同的儿童具有不同的先天生理特点和后天成长环境,在创造能力的发展上也表现出个别差异。我国学者的一些研究表明,幼儿独创性的个别差异极其显著。"有些幼儿发散性思维能力强,他们能在 5 分钟内迅速地、灵活地发散出相当数量的思维产品(观念、表象、图形、建造物),而有些幼儿对测试题,一筹莫展,甚至想不出一个合适的答案。"[1]笔者向一所幼儿园中(1)班 33 名儿童分别提供 10 个豆腐盒、10 个易拉罐,让他们自由搭建物体,结果,2 名儿童(占 6.1%)搭出了一个物体,如"火车";9 名儿童(占 27.3%)拼搭了 2 个物体,如"公交车"、"医院";11 名儿童(占 33.3%)构建了 3 个物体,如"停车场"、"东方明珠电视塔"、"新村大楼";8 名儿童(占 24.2%)建出了 4 个物体,如"地铁"、"运动场"、"喷水池"、"火花";3 名儿童(占 9.1%)拼搭了 5 个物体,如"保龄球馆"、"机器人"、"南京路步行街"、"肯德基店"、"超市"。由此可见,儿童在创造性上是存在着较大的差异的。所以,家庭的创造教育,应从儿童个体的实际情况出发,考虑儿童创造的兴趣、需要、能力和水平,因材施教。

三、活动性原则

家长不要总是试图保持环境的安静和富有秩序,"儿童的创造性行为是与对客观事物的接触密切联系的",[2]触觉在儿童创造力的发展中起着重要的作用。因此,家长不仅要关心孩子与人的交往活动,而且还要重视孩子与物的操作活动,并注意不断变换孩子活动的内容和方式。诺贝尔物理奖获得者理查德·费曼对此有深刻的体会,他在回忆自己童年的生活时写道:"一天我正坐在婴儿椅上,父亲回来时,带着一小堆装修卫生间的瓷片;当父亲把这些瓷片堆积起来时,我先把它们推倒,然后再把它们堆积起来;父亲指导我用不同的方式,如两白一蓝、两白一蓝地来堆叠它们,这不仅引起了我对堆积的极大兴趣,而且还萌发了我对模式的强烈探索欲。"

四、宽松性原则

孩子的创造活动受到周围环境的影响,无拘无束情境的设置,能使孩子的创造性思维活动处于最佳的心理状态,而迸发出创造的火花;家长的宽容大度,是诱发孩子创造的重要因素,家长和孩子亲和、融洽的关系,能给孩子带来敢于创造的勇气,乐于创造的热情,能够创造的自信,成功创造的快乐。

为此,家长首先要为孩子创设一个安全自由、轻松愉快的创造气氛,鼓励孩子主动参与,积极

① 潘洁:《创造性与教育——从幼儿创造性的研究谈幼儿教育改革》,《学前教育》,1986 年第 1—3 期。
② 〔德〕迪克·施韦尔特著,李其龙译,《外国教育丛书》编辑组;《学前教育》分册,人民教育出版社,1980 年版。

思维,大胆想象,而不强迫孩子顺从成人的意志,使孩子能按照自己的步调进行活动,没有任何心理压力。

其次,家长要为孩子提供一个能够激发创造力的环境布置,让孩子能在自己的活动天地里,自由探索,发明创造。这已被美国学者格兹尔斯和杰克逊的研究所证明:儿童创造力的强弱与其在家庭生活中是否具有独立自由地解决问题的机会相关。

再次,家长要允许孩子在探索尝试过程中出现过失和错误。只有当孩子不需担忧必须做得完美无缺时,他才会把全部的精力用在创造上。

五、赞赏性原则

家长要对儿童的新奇想法和独特行为抱有期望、予以重视,并加以积极的引导。国外一些学者的研究表明,即便孩子最初的创造性不强,但家长如果对孩子拥有较高的期望,就会积极给孩子营造条件,增强孩子的创造力。

家长要对儿童的奇思妙想加以表扬称赞,促使儿童走上创造发明之路。瑞士心理学家荣格说得好:"若没有胡思乱想,就没有创造性的成就出现。"生物进化学家达尔文,童年时代喜欢幻想,他曾宣称自己收集到的几块化石是价值连城的奇珍异宝,其中有一块还是来自罗马的;别人认为这是达尔文在撒谎,希望他父亲能对他严加批评,但老达尔文却不然,他为儿子丰富的想象力而感到高兴和自豪,相信孩子终有一天会把这种才能用到正经事情上去。所以,在家庭生活中,家长对孩子所说的一些"假话"、"大话"、"空话",要给予适度的赞赏。

家长还要对孩子的鲜活想法给予物质上及情感上的支持,以开发儿童的创造潜能。例如,孩子对科学小实验很感兴趣,想自己动手做一做,家长可给他买一些科普读物、实验插图,让孩子进行试验。

六、示范性原则

家长自身的一些因素对孩子创造力的发展有着重要的影响。美国学者麦金农通过对创造型建筑家进行的回溯性研究,发现他们的父母都具有一个共同的特征:对艺术很感兴趣,母亲的兴趣十分广泛。美国学者韦斯伯格和斯普林格的研究表明,创造水平较高的儿童都喜欢模仿父母,特别是男孩子好以父亲为榜样。达尔文的祖父晚年致力于研究植物学,发表过《动物生理学——有机生命的规律》的著名论文,这对达尔文后来研究进化论产生过极大的影响,正如达尔文所说的那样:"我要踏着祖父的足迹走,而且我觉得,可能我命里注定要把他留下的工作继续下去。"[1]因此,要培养孩子的创造素养和对科学的追求精神,不论是父辈家长还是祖父辈家长,首先都应注意从自身做起,以成为孩子仿效的楷模。

学前儿童家长遵循了上述各条原则,并注意灵活地、综合性地加以运用,就能保证家庭的创造教育取得成功。

---

[1] 余心言编:《名人家庭教育故事》,上海人民出版社,1982年版,第117页。

第四节　学前儿童家庭创造教育的活动

　　儿童对丰富多彩的活动非常感兴趣,父母要想把孩子培养成一个充满创造力的人,就应该鼓励孩子多运用想象力,发表独特见解,提高独立思考的能力;多尝试事物,开展各种活动,运用独特的方法进行实验研究,发展创新能力。

一、游戏活动

　　游戏是孩子最喜欢的活动,孩子越年幼,家庭创造教育的活动就越应有游戏的成分。家长和孩子一起玩的游戏活动多种多样,常见的有以下几种:

（一）角色游戏

　　在游戏前,家长先鼓励孩子说出想玩什么主题的游戏,是"图书馆"还是"超市";再让孩子先挑选自己想扮演的角色,是"图书管理员"还是"读者",是"收银员"还是"顾客"。在游戏过程中,当出现问题时,要引导孩子自己想办法去解决。例如,在"超市"游戏中,当妈妈这个"顾客"向孩子这个"收银员"提出要买"袋装花茶"而"超市"里又无货时,孩子这个"收银员"便去问爸爸这个"值班经理":"怎么办?""值班经理"告诉"收银员":你很聪明,只要自己开动脑筋,就能找到许多办法。在游戏结束后,家长要表扬孩子独立解决问题的精神。比如,"顾客"高兴地对"值班经理"说:"今天的收银员真能为顾客着想,他记下我家的电话号码和地址后,要我先回家,在家里等着,一会儿,他就让速递员给我送来。"

（二）结构游戏

家长和孩子一起拼拼搭搭,用不同的材料和方式进行平铺、堆叠、架空、围合等,组成不同的物体。例如,全家人面对一堆废旧物品,爸爸用几个牛奶盒、几节旧电池搭成一座"南浦大桥",妈妈用几个饮料罐、几根吸管搭出一个"水果花篮"以后,先鼓励孩子用自己选择材料拼搭喜欢的东西,如用几个牙膏盒和果冻盒搭建"虹桥机场";再要求孩子用爸爸、妈妈的材料建构出其他不同的物体,如"外滩"、"人民广场"等,或用其他不同的材料,搭建出与爸爸、妈妈相同的物体。

（三）表演游戏

家长和孩子一同对有趣的童话、故事、诗歌进行改编、创编、表演,按照一定的角色和内容进行游戏。例如,在表演诗歌《小石榴》(石榴娃娃怎么啦? 紧闭嘴巴不说话。太阳公公吻一吻呀,露出了红牙笑哈哈)时,爸爸、妈妈和孩子一起制作"石榴"、"太阳公公"的头饰,由孩子扮演"石榴娃娃",妈妈扮演"太阳公公",爸爸担任"报幕员"和"讲解员"。通过表演,发展孩子用不同的动作和体姿来表现思想和情感的能力。

（四）智力游戏

通过生动有趣的游戏,丰富孩子的知识,发展孩子的创造力。家长可以和孩子一道猜谜语,既可以是家长讲谜面,孩子猜谜底,也可以是孩子讲谜面,家长猜谜底。例如,外公说出"抓住它的尾巴,伸进我的嘴巴,刷出泡沫白花花,牙齿干净乐哈哈"的谜面以后,启发外孙猜出它的谜底是"牙刷"。家长还可和孩子一同下棋,既可是买来的现成的棋,也可以是孩子自己设计的棋。例如,笔者的一个跟踪研究对象是名5岁的小男孩,他自己制造了一套交通棋,棋纸是从家到幼儿园的线路图,棋点是公交车所要停靠的站名、十字路口的红绿灯,棋子是酸奶瓶,色子是在果冻盒上贴上数字1—4,棋规是：当掷出数字的目的地是站名时,就可前进,而掷出数字的目的地是红绿灯时,则要后退。

（五）音乐游戏

在音乐和歌曲的伴奏、伴唱下,家长和孩子一起游戏,以提高孩子的音乐感受能力。例如,在演唱《绿色的家》(小树是绿色的家,住进了小鸟娃娃,小鸟唱歌给小树听,小树笑啦,小树笑啦。沙沙沙,沙沙沙)这首歌曲时,可由妈妈弹琴,孩子唱歌,也可由孩子边唱边弹。

（六）体育游戏

家长通过和孩子一起游戏,使孩子的动作得到发展,体力得以增强。例如,妈妈做"老鹰",爸爸做"鸡妈妈",孩子做"鸡宝宝",全家人一起玩老鹰捉小鸡的游戏。

二、科技活动

1998年底,中国科普研究所对公众科学素养进行了调查,发现达到基本科学素养水平的公众的比例仅占0.2%,绝大多数人都没达标,远远落后于欧美发达国家,据统计,欧共体国家1989年已为 4.4％,是我国的 22 倍,美国 1990 年为 6.9％,是我国的 33.5 倍。公众科学素养是一个国家参与综合国力竞争的基础,在国家经济、文化、科学技术迅速发展的今天,家长注意通过科学活动,从小培养孩子的科学素养和创造精神就显得十分重要。

在孩子的眼里,世界充满了神奇,家长要尊重孩子,理解孩子,认识到孩子充满的稚气可能是创新的萌芽。家长首先要为孩子创设开展科技活动的条件:保证活动的时间,不使"背唐诗"、"认汉字"、"学外语"、"弹钢琴"、"练书法"填满孩子的整个生活;开辟活动的空间,让孩子有一席之地做自己想做的事情;提供活动的材料,比如,给孩子一些边角木料、废纸、胶水、尺子、线圈、线笔、钉子、小锤子、锯子,使孩子有可能敲敲打打、钉钉粘粘,制作"飞机"、"火车"、"火箭"、"风筝"等。

其次,家长要引导孩子进行科学小实验。例如,双休日的早晨,父母让孩子把自己的小袜子洗一洗,分别晾晒在不同的地方:一只晾放在卫生间里,另一只晾放在阳台上,到晚上时,要求孩子看一看、摸一摸两只袜子是否都干了,比一比、想一想,为什么晾在卫生间里的那只袜子未干,而晒在阳台上的那只袜子却干了。

再次,家长要支持孩子的独立实验。随着孩子的日益长大,独立性逐渐增强,会自发进行一些科学实验,对此,家长应给予关心和爱护。例如,孩子打开水龙头,使浴缸里盛满水,然后把肥皂、肥皂盆、纸船、海绵、卫生纸、明信片、盆菜盒、筷子、饭勺、盘子、鞋子等众多不同的物体置入其中,想看看它们在水中会有什么样的表现时,父母不应责怪孩子,而要肯定孩子的探索行为,使孩子能自己发现筷子等物体会一直浮在水上,肥皂等物体会很快沉入水底,而纸船等物体则是先浮在水面上,然后才沉到水底下。

最后,家长要和孩子一起开展科学研究。父母参与科学实验,成为孩子伙伴,会强化孩子对科学活动的兴趣。例如,选择一个有风的日子,带领孩子外出放风筝、推风车,让孩子感受到风使风筝飞上了天,使风车转得更快,冬天的风使人觉得寒冷,夏天的风使人觉得凉快,明白风既能给人们带来好处,同时也能带来不利影响的道理。

三、绘画活动

绘画活动是学前儿童从事创造的重要活动。在孩子进行绘画之前,家长尽可能不要为孩子提供各种范例,或硬性要求孩子画得和范例一样,以免阻碍孩子创造想象的迸发;在孩子进行绘画的过程中,家长要有耐心,注意观察,不要指手画脚,急于询问孩子"画的是什么",更不能要求孩子按照家长的意愿来画,以免干涉孩子绘画的过程;在孩子绘画活动结束以后,家长应让孩子讲一讲自己的作品,要从孩子的画面是否有新意而不仅仅是清晰度、整洁度上来评价作品的优劣。例如,孩子画好了一棵站立的青菜以后,又在旁边加了一团黑色,妈妈觉得这团黑色把画面搞得脏兮兮的,她压住火气,在要求儿子用修正液把它覆盖掉之前,指着这团黑色,问道:"这是什么?"儿子答:"这是青菜的影子。"妈妈听后恍然大悟,庆幸自己差一点就要把儿子的创造性给扼杀掉了。

此外,家长还要尽量多地带孩子去美术馆参观,去画廊看画展,到街头、公园、乡村去写生,拓宽孩子的视野,引发孩子的创作灵感;在家里为孩子举办画展,用孩子的作品来装扮孩子的居室和家庭的客厅,强化孩子艺术创作的行为,形成孩子创造的习惯。

四、体育活动

家长鼓励孩子运用头部、肩部、臂部、臀部、腿部等部位的大肌肉动作,进行创造性活动。例如,让孩子在家里的沙发垫子上往下跳,在阳台上举纸板箱,在庭院里扔皮球;在小区里骑三轮车,在草地上奔跑,在土地上挖隧道;在儿童乐园里荡秋千,滑滑梯,爬攀登架;在动物园里,模仿动物的动作和姿势等。

家长还可鼓励孩子利用手指、手掌等部位的小肌肉动作,进行创造性活动。例如,让孩子捏包水果的泡沫网套,剪吸管,搓塑料绳,编包装带,折纸,缝扣子,给瓶子盖盖子,替玩具娃娃穿衣服等。

五、劳动活动

学前儿童家庭创造性的劳动活动包括孩子的自我服务、为父母服务和为家庭服务等方面的活动。在孩子的自我服务活动中,凡是孩子力所能及的事情,家长都要让孩子自己的事情自己做,解放孩子的手脚,并鼓励孩子想出不同的办法去做。例如,吃冰激凌时,父母启发孩子可用手端着吃,也可放在桌上吃;可用小勺和筷子吃,用吸管吸,也可直接张开嘴巴去吃。

在为父母服务的活动中,家长要培养孩子基本的劳动技能和爱心,鼓励孩子开动脑筋,寻找出不同的劳动办法。例如,带四五岁的孩子到公共浴室去洗澡,父母在请孩子为自己搓背的时候,要指导孩子总结出搓背的各种方式:从上往下搓,从下往上搓;从左往右搓,从右往左搓;从中间往外围搓,从外围往中间搓等。

在为家庭服务的活动中,家长要帮助孩子建立全局观念,提高孩子与人合作的能力,探寻劳动的最佳办法,达到事半功倍的效果。例如,在擦玻璃门、玻璃窗时,父母可先让孩子思考:如何使玻璃变得更明亮? 然后再让孩子分别用手掌、塑料袋、报纸、卫生纸、毛线、抹布等去擦门与窗,有的地方用水去擦,有的地方用清洁剂去擦,而有的地方实行干擦,最后要求孩子进行比较,看看哪一种擦法最干净,且耗时最少。

六、想象活动

家长经常和孩子一起开展想象活动,让孩子展开想象的翅膀,自由地去翱翔。孩子的创造设想来自日常的生活和学习,家长要以此为基础,去引导孩子的想象活动。例如,带孩子去菜场买菜,当看到黄瓜时,父母可鼓励孩子说一说黄瓜看上去像什么,当孩子说出"像鳄鱼"以后,父母不要以此为足,还应激励孩子继续往下说,说得越多越好,"除了像鳄鱼以外,它还像什么?""除了像茄子以外,它还像什么?""除了像蟒蛇以外,它还像什么?"等等,使孩子能从不同的角度去看黄瓜,说黄瓜。

家长要有计划地为孩子提供一定的材料,让孩子"见物思情",发展孩子的想象力。例如,给孩子一块肥皂以后,父母可问孩子:能用这块肥皂干什么? 引导孩子说出:作为生日礼物,送给爷爷;作为画笔,在地上画画;作为材料,在上面雕刻;作为空气清香剂,挂在卫生间里等。

家长还要利用偶发事件,培养孩子的创造想象。例如,电话铃响的时候,可先让孩子猜一猜:这个电话可能是谁打进来的? 然后再接通电话。还可让孩子按免提键,一边听着人们的谈话,一边猜测打电话的人现在可能穿什么式样、什么颜色、什么质地的衣服,面部表情如何,体姿又怎样等。

七、制作活动

家长要让孩子运用各种感官,了解制作活动,为孩子创造力的发展提供丰富的感性经验。例如,在制作面食的过程中,奶奶和面前,可让孙子观察面粉的颜色是什么样的(为白色),看上去像什么(如像盐、糖、雪),闻起来是什么味道(无味),摸上去有什么感觉(光滑、软细);加入水以后,可让孙子观看面粉有无变化,是否改变了原来的样子(变了,粘在一起了);团面时,再让孙子注视不同的动作如搓、捏、拉,对面团产生的影响是否相同(不同),面团能做出哪些食物(蛋糕、面包、馒头、包子、饺子、馄饨、面条等)。

家长要让孩子亲自动手,参加制作活动,为孩子创造力的发展提供操作的技能技巧。比如,在烹饪蔬菜时,父母可让孩子参与整个过程:带孩子一道去买菜,让孩子挑拣质量好的蔬菜,使孩子认识到有的蔬菜的皮又硬又厚,有的蔬菜的皮又软又薄;和孩子一起理菜,使孩子体会到蔬菜是由根、茎、叶等不同的部分所组成的;和孩子一同洗菜,使孩子感受到清洁的水能使蔬菜变得干净;让孩子看父母切菜,使孩子知道蔬菜的形状、大小是会改变的,有的蔬菜好握好切,有的蔬菜则难握难切,有的蔬菜水分多,有的蔬菜水分少,有的蔬菜是空心,有的蔬菜是实心;进餐时,可让孩子找一找自己参与买、洗的菜,增强孩子的食欲及对蔬菜的喜好。

八、编讲活动

编讲活动能够使儿童的创造性迅速发展起来,家长应和孩子一起进行各种创编活动,培养儿童的创意。

(一)看图说话

家长要求孩子既能面对不同的图,说出不同的话,也能面对相同的或相似的图,说出不同的话,此外,还要能面对不同的图,说出相同的或相似的话。例如,给孩子呈现这样一幅图画(小白兔在开公共汽车,里面坐着小熊、小猴、小鸡、青蛙、山羊和老虎)时,父母可让孩子说一说,图上有哪些小动物?他们在什么地方?他们要干什么?哪个小动物坐在前面?哪个小动物坐在后面?哪个小动物坐在左边?哪个小动物坐在右边?他们看到了什么?他们在说什么?他们要到哪里去?他们为什么要到那里去?

(二)创编故事

家长在给孩子讲故事的时候,要考虑孩子的年龄特点。为3岁以下的孩子讲故事时,情节要简单,并可反复讲解,并提出适当的问题,引发孩子思考。例如,父母在给孩子讲"小鸡过河"〔(1)小鸡要过河去看外婆;(2)小鸡脚下的大石头忽然说起话来,把他吓了一跳;(3)奇怪,真奇怪,石头怎么会说话?怎么能当船?(4)咦,大石头怎么伸出脚来了?(5)哟,大石头怎么还伸出尾巴来了?(6)哇,大石头还有个大脑袋哩!(7)哈哈,原来不是大石头,而是一只大乌龟!(8)乌龟船开呀开,把小鸡送到了外婆家〕的故事时,可向孩子提出如下问题:"小鸡为什么要去看外婆?"在讲到"不是大石头"时,可问孩子:"它可能是什么?故事的名字是什么?"

为 3 岁以上的孩子讲故事,情节可渐趋复杂,并要让孩子参与编造。父母可先讲故事的前半段,让孩子自编故事的结尾;也可先讲故事的后半段,让孩子想象故事的开头;还可先讲故事的开头和结尾部分,让孩子创编故事的中间环节;此外,还可先讲故事的中间部分,让孩子自创故事的开头和结尾。例如,在给孩子讲"飞船"的故事时,父母只给孩子讲其中的一小部分内容(飞船在空中滑翔……不好了,前面有块大石头……安全带又将飞船拉了回来……滑板又飞向空中……),鼓励孩子自由联想故事的开头和结尾。

(三)设想未来

家长要鼓励孩子畅想未来:"长大了干什么?"即使孩子说的不符合客观现实,父母也不应责怪,而要加以呵护。例如,孩子看了有关环境污染、影响动植物生长、危害人类健康的新闻报道以后,告诉爸爸、妈妈:长大以后,要办个环保奶牛场,用地球上的各种污染物来饲养奶牛,当需要汽油时,奶牛就产汽油;当需要鲜奶时,奶牛就产鲜奶;当需要衣服时,奶牛就做衣服;当需要房子时,奶牛就造房子,变废为宝,为人们服务。

(四)扩展词汇

家长要注意丰富孩子的词汇,鼓励孩子用不同的词语来描述事物,表达自己的思想和情感。例如,妈妈带孩子到花店买花时,面对五颜六色的花,可让孩子用各种各样的词语来形容一下花的美丽,如"漂亮"、"鲜艳"、"秀丽"、"艳丽"、"芬芳"等。

第五节 学前儿童家庭创造教育的评价

学前儿童家庭创造教育的评价者是家长,如父母、祖父母、外祖父母等;评价的对象是孩子;评价的指标主要是发散思维的流畅性、灵活性和独特性;评价的等级可以分为好、较好、一般、较差、差等几个级别;评价的内容有操作、语义、符号和想象等方面。

一、观察孩子的动作

儿童的创造性是通过行动和动作来表现的,为了发现孩子创造力水平的高低,家长首先要注意观察孩子某一动作或一系列动作产生的前因后果。例如,孩子在玩积木的时候,如果喜欢按自己的主意搭积木,表明孩子的创造性较强;如果喜爱按照别人的样子进行搭建,则说明孩子的创造性较弱。

其次,家长要注意观看孩子喜欢使用何种活动材料,是成品材料还是半成品材料,抑或是自然材料。比如,孩子对买来的玩具"娃娃"、"炊具"情有独钟,而对纸盒、雪碧瓶等废旧物品不感兴趣,则可初步断定孩子的创造欲不足。

再次,家长要注意考察孩子是如何使用活动材料的,能否把一种活动材料当作多种玩具来使用。例如,孩子有时能把半圆形的积木当作"炒菜的锅"、"娃娃的床",有时又把它当作"湖面上的桥梁"、"天空中的彩虹";有时能用装八宝粥的空罐子替代"狮子"、"蝴蝶",有时又能用它来代替"手机"、"电视",这就证明孩子的创造力发展较好。

最后,家长还要注意观察孩子的模拟动作,即兴表演的能力。比如,让孩子想象、表现某种动物在不同情景中的动作:猴子在假山上"休息"、"抓握"、"吃喝"的动作,在钢丝上"攀爬"、"搔痒"、"行走"的动作等,孩子若能进行惟妙惟肖的表演,则说明孩子的创造性较强。

二、观看孩子的作品

儿童的作品是其创造力的一种体现,家长应注意观看孩子的各类作品,全面了解、评价孩子创造的力度。

第一,家长要看孩子的绘画作品。对于年幼的孩子,父母可和其一起完成绘画作品,既可由大人先画一幅不完整的画,再让孩子添加其余部分,也可让孩子先画一部分,再由成人完成图画。例如,奶奶先画一个圆,要求孩子以此为基点画画,孩子如能画出"眼镜"、"太阳"、"烧饼"、"饭碗"、"娃娃脸"、"苹果"、"时钟"等,则表明孩子创造水平较高。对于年长的孩子,父母既可让孩子以任何事物为主题,进行创作,画出自己想画的东西,如"海底世界"、"星球大战";也可让孩子围绕某一主题,自由创作,如画"动物园"、"加油站",以此来衡量孩子的创意。

第二,家长要看孩子的纸工作品。例如,父母给孩子提供一些包装纸和胶水,让孩子自由撕碎、粘贴,孩子如能贴出"小猫"、"花朵"、"汽车"等多种图案,就表明孩子有较好的创造性。

第三,家长要看孩子的泥工作品。例如,父母给孩子一团泥巴,让孩子自由雕塑,孩子如能做出"电脑"、"冰箱"、"书桌"等物体,就说明孩子创造性较好。

第四,家长要看孩子的制作作品。例如,父母给婴儿提供一些开心果壳,让其自由玩弄,摆放成不同的物体,孩子如能摆出"气球"、"太阳"、"苹果"等多种造型,则说明孩子具有较强的创造性;父母给幼儿提供一些简单的几何图形,让孩子自己摆放,组成不同的图画,孩子如能迅速利用三角形和长方形组合出"松树"及"帆船"、用长方形和圆形组合出"汽车"、"电视机"等的话,则表明孩子的创造性较高。

三、倾听孩子的声音

语言是思维的外衣,儿童的创造性也能通过其语言表现出来。家长通过家庭内、外部的生活,与孩子谈话,向孩子提出问题,和孩子玩词语游戏等,来倾听儿童的心声,评估孩子的创造性。

首先,父母可根据日常生活和学习用品,询问孩子"……有什么用途"的问题。例如,走在书报亭前,爷爷问孙女:"报纸有什么用处?"孙女若能回答出"能长知识"、"当帽子"、"当乐谱"、"当话筒"、"当扇子"等,则说明孙女较有创造性;在文具店里,奶奶问孙子:"铅笔有什么作用?"孙子如能回答出"能绘画"、"能写字"、"当梳子"、"当胸花"、"当听筒"、"当手机"等,则表明孙子较有创造性。

其次,父母可针对自然界和社会生活中的现象,向孩子提出"……看上去,像什么"的问题。例如,在阳台上纳凉时,妈妈指着天上的白云,问女儿:"这一朵白云看上去,像什么?"孩子如能说出"像一匹奔跑的骏马"、"像顶球的海豚"、"像买菜的猪妈妈"等,则表明女儿的创造力发展较好;冬天下乡探亲时,爸爸指着屋檐下的冰柱,问儿子:"这一根冰柱看上去像什么?"儿子如能说出"像冬爷爷的胡子"、"像老奶奶的拐杖"、"像大象伯伯的鼻子"等,则表明儿子的创造性较强。

再次,父母和孩子可就有关问题进行谈论,谈话的主题可由父母引发,也可由孩子提出。例如,周五的晚上,成人可问孩子:"这个星期六,你想怎么过?"孩子若能连续说出"想去儿童乐园"、"还想去服饰城"、"电脑屋"等,则说明孩子的创造力发展较好。

最后,父母和孩子一起玩词语游戏。在玩组词的游戏时,爸爸先说一个常用的字,如"火"字以后,孩子如能自己组出或在妈妈的提示下组出"火花"、"火苗"、"火警"、"火柴"、"火光"、"火炬"、"火烧"、"火炮"等,则表明孩子的创造能力极强;在玩词语接龙的游戏时,爷爷说出"朋友",奶奶说出"友爱",爸爸说出"爱心",妈妈说出"心灵"以后,要求孩子接下去说,依次循环往复,孩子如能接得既对又快,则说明孩子的创造性较好。

此外,父母还要了解孩子遇到问题时,是否能利用自己的口才加以解决。比如,孩子和邻居小朋友想玩"黑猫警长"的游戏,当大家都在争论谁做"黑猫警长"最适合这个问题时,孩子能据理力争,用"我的皮肤比你们黑,我当黑猫警长最像"、"我家有猫,我应当是黑猫警长"、"我养过猫,我能当好黑猫警长"等多种理由说服同伴,使同伴相信他是最合适的人选,理应由他来做"黑猫警长",则表明孩子有很高的创造力。

四、洞察孩子的心理

儿童的创造力由外显和内隐两个部分组成,上述三个方面基本上都属于外显部分,容易衡量,而创造意念、创造设想、创造精神则属于内隐部分,较难评判,更应引起家长的重视,家长不能以胜败论"英雄",不能过分看重创造的结果,而忽视创造的源头和过程。孩子对周围事物的惊奇、疑虑和理解,正是其创造的过程,家长要利用孩子身边的人、事、物和境,考察孩子是否经常释放内在的创造冲动,拥有独特的想法,进行扩散思维和逆向思维。例如,孩子喝麦片汤时,能把里面的一小片一小片的麦片想象成一条一条的"小鱼";看到钟点工阿姨擦地板累得满头大汗时,能想到要发明一个"抹布按摩器",边擦地板边起到按摩的作用;听到报道空气污染的消息时,能想出要制造一个"机器人吸尘器",当地面上有垃圾时,能站在地上吸尘,当天上有垃圾时,能飞到空中吸尘,当海里有垃圾时,能潜入水中吸尘等,则表明孩子的创造潜能巨大。

五、透视孩子的个性

在评价儿童创造力的时候,儿童的个性特点也应加以考虑,因为它对儿童创造力的发展有至关重要的影响,制约着儿童创造力发展的深度和广度。亨特认为儿童人格中与创造力发展紧密相连的一些因素是:(1)活跃,热情开朗,自信心强;(2)独立,能自己思考问题和解决问题;(3)情感丰富,兴趣广泛,争强好胜,淘气顽皮。董奇认为创造型儿童具有的人格特征是:(1)浓厚的认知兴趣;(2)情感丰富,富有幽默感;(3)勇敢,甘愿冒险;(4)坚持不懈,百折不挠;(5)独立性强;(6)自信,勤奋,进取心强;(7)自我意识发展迅速;(8)一丝不苟。[①] 可见,家长在评价孩子创造力的高低时,应注意从孩子的兴趣是否广泛、反应是否敏捷、思维是否严密、自信心是否强等个性特点出发,把握孩子创造力发展的另一侧面。

家长不论采取什么样的方式方法去鉴别儿童的创造力,都要力争做到延迟评价。只有当儿童把想说的话全部说出来,想做的事情全都做出来以后,家长才能全面深刻地评估儿童的创造力水平。奥斯本提出"大脑风暴法",旨在告诫成人要先向儿童提出问题,再鼓励儿童说出各种答案,当儿童把所有的答案全部讲出来以后,成人再给予评论。这种延缓评估,能促使儿童毫无顾忌地表达自己的心理,发展想象力和创造力。例如,孩子说他是个烹调大师,能给人们做出各种可口的菜肴,其中有一种叫"蔬菜汤",把青辣椒、红胡椒、黄瓜、洋葱、白萝卜、胡萝卜、卷心菜、花菜、芹菜等同时放进水里,烧煮后食用,这种汤五颜六色,五味俱全,营养丰富。父母在听孩子陈述时,要有耐心,要站在孩子的立场上看问题,虽然在日常生活中,有些菜主要是用来炒的,而不是用来做汤的,但也不应打断孩子的话。实际上,炒菜时多加水,炒菜也就变成了烧汤;今天不用来做汤的蔬菜,到孩子长大时,却可能用来做汤。事物是在不断变化的,是人们所难以预测的,家长对孩子的独特见解应给予接受和赞扬。

补充读物

"小兔找太阳"亲子活动方案
吴晓兰　张妮娜[②]

一、活动目标

(1)鼓励幼儿根据相关的线索,进行大胆想象与表达,在比较中筛选出符合线索的物品。

---

① 董奇:《儿童创造力发展心理》,浙江教育出版社,1993年版,第199—200页。
② 吴晓兰,上海市优秀园丁、一级园长、中学高级教师,上海市宝山区小鸽子幼儿园园长。张妮娜,上海市宝山区小鸽子幼儿园教师。

(2) 帮助幼儿在与家长交流的过程中,简单了解太阳的作用,并体验到与家长一起参与活动的乐趣。

二、活动准备

(1) 人员准备:邀请一位奶奶、一位爸爸和一位妈妈来园参与活动。

(2) 教具准备:小兔图片、信封、线索卡片、"太阳"文字、9 格记录表、勾线笔一支、电脑及 PPT。

三、活动过程

(一) 欢迎家长

教师向幼儿介绍 3 位家长,并和幼儿一起向他们表示欢迎。

(二) 出示兔子,引出故事

猜小兔(露出兔子尾巴):今天老师带来了特别的动物朋友,你们找到它了吗? 是谁?(兔子);说说你的理由;和它打个招呼。

(三) 观察线索,帮助寻找

1. 拆信封

今天小兔子带来了一封信,谁能帮小兔子一个忙把信拿出来(可请能力较弱的幼儿)?

2. 线索一:圆

(1) 教师假装看信:我来看看信里面都写了些什么? 噢,原来小兔子要找一样东西,它要找什么呢?

(2) 教师陈述:小兔子要找的东西是圆圆的;什么东西是圆圆的?(将幼儿所猜测的内容用添画的方式记录到表格里)

(3) 教师小结:小朋友你们太棒了,你们帮小兔子找了这么多的圆;我们一共找到了多少个圆圆的东西? 我们一起来数一数。一共有多少?

3. 线索二:红色的圆

(1) 教师陈述:小兔子说,你们找得真不错! 可是我要找的圆是这样的——又圆又红(播放PPT 线索卡片)。

(2) 教师提问:在我们找到的这些东西里面,有哪些东西是又圆又红的?(把红色贴纸贴在红色东西上)

(3) 教师总结:我们找到了这么多又圆又红的东西,让我们来数一数,一共找到了几个?

4. 线索三:天上的红圆

(1) 教师陈述:小兔子说,你们好棒! 可是它要找的东西还要是这样的(播放 PPT 线索卡片),这是什么意思呢?

(2) 教师陈述:原来小兔子要找的东西不仅是又圆又红的,还要是在天上的? 我们一起来看一看,有哪些东西是在天上的呢? 数一数,现在还剩下几个?

5. 线索四:天上的会发光的红圆

(1) 教师提问:小兔子说还有最后一个要点,哪个东西会闪光?

(2) 教师提问:原来小兔子要找的东西是什么呢? 我们终于找到了! 原来小兔子要找的是

"太阳"(出示字卡)。现在开心妈妈带来了一个故事,我们一边听,一边想:小兔子为什么要找太阳呢?

(3)教师提问:小兔子为什么要找太阳呢?

(四)延伸讨论,感受阳光

(1)除了小兔子,还有谁在找太阳?我们来看一看(播放 PPT)。

找太阳,找太阳,谁在找太阳?

奶奶在找太阳。奶奶为什么要找太阳呢?我们来请"瑶瑶奶奶"说说。

妈妈在找太阳。妈妈拿着什么找太阳呢(被子)?我们来请"芳芳妈妈"说说。

(2)还有一样东西在找太阳(太阳能热水器)?你见过吗?

我们来请"强强爸爸"介绍一下吧,他是个了不起的工程师。

(3)找太阳,找太阳,谁在找太阳(小苗苗)?

是小苗苗要找太阳吗?我们快点围到"爸爸"、"妈妈"、"奶奶"身边,去问一问吧。

(五)感谢家长

教师和幼儿一起向 3 位家长表示感谢。

阅读参考书目

1. 陈帼眉主编:《学前儿童发展与教育评价手册》,北京师范大学出版社,1994 年版。

2. 董奇:《儿童创造力发展心理》,浙江教育出版社,1998 年版。

3. 联合国教科文组织国际教育发展委员会编:《学会生存——教育世界的今天和明天》(联合国教科文组织教育丛书),教育科学出版社,1998 年版。

4. 谭小宏主编:《创造教育学导论》,北京师范大学出版社,2012 年版。

5. [美]M·梅斯基、D·纽曼、R·J·伍沃德考斯基著,林崇德、傅安球、宫铁刚译:《幼儿创造性活动》,北京出版社,1983 年版。

6. [日]藤永保编,莫伽译:《创造性幼儿教育》,吉林人民出版社,1984 年版。

网上浏览

1. http://www. age06. com
2. http://www. preschool. net. cn
3. http://www. cnsece. com

复习思考题

1. 什么是创造力?学前儿童创造力的特点主要有哪些?
2. 家长为什么要对学前儿童进行创造教育?

3. 学前儿童家庭创造教育的主要任务是什么？

4. 在对学前儿童进行创造教育时，家长应遵循哪些原则？

5. 学前儿童家庭可以开展哪些活动来提高孩子的创造性？

6. 你认为可以从哪些方面来评价学前儿童的创造力？

案例试评

先阅读下列案例，再查看评价表（见下表），并在你认为恰当的答案的序号上打"√"。

一、案例

妈妈喜欢插"花"，不论是什么样的蔬菜、水果，只要一到她的手里，就能变成一个个美丽的"花篮"、"花环"、"花束"，儿子羡慕极了；妈妈每次插"花"时，儿子都嚷着要和妈妈一起插，"想看看妈妈究竟是怎么插的"，但妈妈总是不耐烦地回答他："别给我添乱，玩你的积木去吧。"

二、评价表

编号	项　　目	答　　　　案
1	妈妈创造性发展的特点	(1) 高　(2) 较高　(3) 一般　(4) 较低　(5) 低
2	妈妈创造水平的成因	(1) 喜欢插花　(2) 经常插花　(3) 善于思考
3	儿子的特点	(1) 好奇　(2) 爱心　(3) 热心　(4) 爱动手　(5) 帮倒忙
4	妈妈的优点	(1) 让儿子玩积木　(2) 严格要求儿子，防止儿子出乱子
5	妈妈的不足	(1) 压制儿子的好奇心　(2) 不让儿子接触真实材料　(3) 不让儿子参与艺术活动
6	对妈妈的建议	(1) 保护孩子探究的热情　(2) 满足孩子合理的需要　(3) 给孩子提供各种不同的活动材料　(4) 让孩子适当参与大人的活动　(5) 发挥榜样的作用

第三章

学前儿童家庭的情商教育

本章从情商这一基本概念入手,指出了学前期是家长培养孩子情商的重要时期,提出了关注孩子情商的提升将会使孩子终身受益无穷的论点;简述了学前儿童家庭情商教育的主要任务是培养道德情感和自主意识、训练情感技能和社交能力;论述了家长在提高学前儿童情商时,应针对具体情况,适当选用示范、谈话、讨论、体验、头脑风暴、评价等方法,灵活开展游戏、说笑、扮演、艺体、合作、训练等活动。

第一节　学前儿童家庭情商教育的价值

童年期是孩子情商发展的关键期,情商对学前儿童成长的影响不仅有明显的近期效应,而且还具有鲜明的远期效应。

一、学前儿童情商的基本涵义

儿童的情商(Emotion Quotient)这一概念最早是由美国两位心理学家彼得·萨洛瓦里和约翰·梅耶于 1990 年提出的,1995 年开始变得家喻户晓,这与丹尼尔·古尔曼的畅销书《情感智力》有着密切的关系,"克林顿总统竞选时,在丹佛一家书店作非正式停留时,曾对记者说:'我要把一本非常好的书介绍给你们,她就是《情感智力》'。"①近几年来,这一概念也传入我国,受到了学前教育工作者和家长的广泛关注。

儿童的情商虽然是针对智商(Intelligence Quotient)提出来的,但它并不像智商那样能够通过韦氏智力测量量表等标准的智力测验,轻而易举地对儿童的智力商数进行鉴定,作定量分析,因而中外人士对儿童情商的认识五花八门也就不足为奇。例如,彼得·萨洛瓦里和约翰·梅耶认为,儿童的情商是"社会智慧的子集,而社会智慧则包含控制自己和他人感情的能力,对这种能力进行鉴别并指导思想和行为的能力";②劳伦斯·沙皮罗以为,儿童情商就是情感智力,"我们在潜意识中理解情感智力的蕴涵及重要性,也认同情商就是它的同义词简称,就像智商是认知智力的同义词一样",③情感智力主要由"与道德行为相关的技能、思考能力、解决问题的能力、人与人的相互影响、学术和工作成就及情感"六个部分组成,每个部分又由特殊的情商技能构成,如"自我激励、交友、情感共鸣、现实地思考等";④也有人提出,儿童情商"是良好的道德情操,是乐观幽默的品性,是面对并克服困难的勇气,是自我激励,持之以恒的韧性,是同情和关心他人的善良,是善于与人相处,把握自己和他人情感的能力等";⑤笔者认为,儿童的情商是非智力因素,主要指的是儿童情感和社会技能的综合特性,包括儿童的情绪的愉悦性、反应性、表达性和交往的礼仪性、幽默性、融洽性以及意志的果断性、自制性、坚持性等。

二、提升学前儿童情商的价值

"情感智力最初为人们所接受,是因为它在教育和培养孩子方面极大的实用性。"⑥家长对孩子进行情商教育的意义主要表现在以下几个方面:

(一) 学前期是培养孩子情商的黄金时期

在学前期培养孩子的情商很有必要。心理学家认为儿童的"情商与智商相比,遗传成分要少得多"。⑦ 所以,家长在孩子出生以后,抓紧时机对孩子进行情商教育就显得非常紧迫。另外,儿童情商的成长具有阶段性,各种情商技能的发展就像身体和认知能力等方面的发展一样,还有自己特定的时间表,一旦错过,相应的技能就会变得难于掌握。比如,交友这种情商技能和游泳技

---

① ［美］劳伦斯·沙皮罗著,施美华译:《EQ之门:如何培养高情商的孩子》,经济日报出版社,1997 年版,第 5 页。
② 同上书,第 8 页。
③ 同上注。
④ 同上书,第 22 页。
⑤ 同上书,译者序。
⑥ 同上书,第 5 页。
⑦ 同上书,第 9 页。

能一样,对蹒跚学步的儿童来讲都是易于学会的,但如果在童年时代失去学习的机会,等到长大成人以后再来补习,就难于学会了。因此,家长在学前期对儿童大脑情感部分的发育予以关注和刺激是极其重要的。

在学前期培养孩子的情商很有可能。美国儿童问题专家黛博拉·斯蒂派克曾做过研究:在和 4 岁儿童玩游戏的时候,他在一张桌子上放了一座玩具塔,塔边连着一个平台,平台的上面有一只金属球;他告诉这些儿童:"这就像小电梯,你得把平台拉到塔顶,又不让小球落下来。"尽管这些儿童每次的努力都以失败而告终,但他们仍然乐观自信,相信自己最终能完成这个任务,当被问及"你觉得自己能行吗"时,他们普遍认为自己能行。由此可见,处于学前期的"孩子们对自己的能力都是充满信心的","他们不能区分能力与努力",他们"相信只要坚持试下去,最终会成功的"。[①] 年幼儿童的这种强烈的成功欲望和自信心为家庭的情商教育提供了良好的心理条件。

在学前期培养孩子的情商极有成效。家庭教育实践证明,父母重视对孩子的情商教育,孩子的发展就会变得较为理想,反之亦然。例如,在婴儿期,同样是胆怯内向的两个孩子——文文和洋洋,到了幼儿期时,却有了不同的结果:文文变得热情大方,而洋洋则依然如故。造成这种差异的主要原因是这两个孩子所受到的家庭教育完全不同:文文的妈妈注意让孩子身临困境时自己处理不顺心的事情,如文文哭时,妈妈虽然心里也很难受,但却控制住自己而不去安慰孩子,且还为孩子定出家规,要求孩子遵守;洋洋的妈妈则不然,她舍不得让孩子面对挑战,当孩子遭到烦心事的侵扰,如洋洋一哭闹,她就赶紧去哄抱,不忍心让孩子受一点委屈。

(二)情商是儿童人格教育的必要成分

国际社会对儿童人格教育与家庭情商教育的兴趣和关注与日俱增。国际教育基金会认为,为了应对这个极具挑战性的时代,各国必须重视公民的人格教育:使人心充满真爱,为别人付出,而不求回报;让人人具有高尚的品德、正确的价值观和健康有益的生活方式,并能为祖国、为世界努力奋斗。国际 21 世纪教育委员会也提出现代人要具有交往能力、与他人共同生活的能力和解决问题的能力,成人要帮助儿童了解人类的多样性、相似性及依存性,且使儿童在认识他人之前学会认识自己,所以,"无论是在家庭、社会还是在学校进行的教育,都应首先使他们认识自己。只有在这个时候,他们才能真正设身处地去理解他人的反应"。[②] 家长在学前期培养孩子的情感同化态度,定能对孩子完整人格的发展产生积极的影响。

(三)情商对儿童一生的成长至关重要

情商对儿童成长发展的影响,在某种程度上要大于智商。据一些小学一年级教师反映,有爱心、责任感和能力较强的儿童进入小学以后,能较快地适应小学生活,在校表现更佳。在现实生

---

① [美]劳伦斯·沙皮罗著,施美华译:《EQ 之门:如何培养高情商的孩子》,经济日报出版社,1997 年版,第 21 页。
② 联合国教科文组织总部中文科译:《教育——财富蕴藏其中》(联合国教科文组织教育丛书),教育科学出版社,1996 年版,第 83 页。

活中我们不难发现这样的事实：一个儿童尽管智力平平，但却能在未来的生活中不断走向辉煌；相反，一个绝顶聪明的儿童，在未来的岁月中却难逃失败的魔掌。有的研究人员通过对"成功因素"的分析，指出：智力因素在一个人的成功中只起到 20％的作用，在其余的因素中（如情商、社会背景、健康、运气等）情商最为重要，"智商决定一个人是否被录用，而情商则决定一个人是否被提升"。还有的研究人员通过对科学家的 E-mail 模式的研究，发现：科学家们排斥情感和社会技能较差的同事，与孩子们游戏时排斥讨厌的小伙伴的方式非常相似；低情商导致这些科学家业绩平平，尽管他们的智力水平和学术水平都不低于同事。此外，还有的研究也证明，"孩提时代专心听课，与同伴友好相处的孩子，20 年后，同样的情商技能仍能帮助他事业成功，婚姻幸福"。[1] 由此可知，高情商比高智商的儿童更容易获得成功，情商技能的高低关系到人生的成功与失败，家长重视提高儿童的情商，就能为儿童铺设一条通往成功之路。

第二节　学前儿童家庭情商教育的任务

　　心理学家们认为对儿童成功至关重要的情感特征主要是："同情和关心他人、表达和理解感情、控制情绪、独立性、适应性、受人喜欢、解决人与人之间关系的能力、坚持不懈、友爱、善良、尊重他人等。"[2]家长在对学前儿童进行情商教育时，既要涉及情感道德和情商技能，又要关联到自主意识和社会技能。

---

① ［美］劳伦斯·沙皮罗著，施美华译：《EQ 之门：如何培养高情商的孩子》，经济日报出版社，1997 年版，第 5 页。
② 同上书，第 4 页。

一、陶冶儿童的道德情感

家长要让孩子全面体验各种感情,以丰富孩子的情感世界,帮助孩子掌握基本的社会道德规范。

首先,家长要注意培养孩子讲究礼节、尊敬长辈、关心父母的道德情感。家长重视孩子的礼貌教育,就会使孩子增加对周围亲人的尊重和关爱的程度,而成为一个谈吐文明、举止优雅的人,在将来获取一种价值颇高的竞争优势;反之,如果家长不注意对孩子进行礼仪教育,就会使孩子成为不懂道理、不讲礼节的人,那"就像沙子硌脚一样,会破坏正常的社会交往"。"在社会规范内,为了能自如地互相合作",父母应要求孩子"发自内心地学习"见面与问候、人际交往、打电话、进餐等"良好的礼貌以及各项礼仪规范",①使孩子成为一名小绅士。例如,父亲把儿歌《早晚》(早上,我醒了。妈妈,早安。爸爸,早安。太阳,早安。晚上,我要睡了。爸爸,晚安。妈妈,晚安。星星月亮,晚安)教给幼小的孩子,就是在培养孩子的礼貌行为。

其次,家长要重视培养孩子诚实、正直、善良、友爱的道德情感。在培养孩子诚实的品质时,要考虑孩子的年龄特点:2—3 岁时,孩子的认知和语言能力的发育不成熟,看不出自己言行之间的直接关系,误认为行为比语言更重要,语言模糊且有多重含义;4 岁时,孩子开始明白故意说谎是不对的;5 岁时,孩子已能意识到说谎永远不对。例如,当 3 岁的儿子嘴上沾满了奶油巧克力,却还硬说自己"没有吃"时,父母不要去责骂孩子,因为孩子已经认识到自己的行为不对,尽管他还没意识到撒谎也不对。此外,家长还要帮助孩子区分对错,鼓励孩子去做正确的事情,要求孩子待人宽容豁达、与小伙伴合作分享、团结友好。比如,奶奶教孙子学习儿歌《一人一半吃得欢》(苹果圆圆,香蕉弯弯,你一半,我一半,一人一半吃得欢。心里甜甜,笑声甜甜,嘴巴笑成弯香蕉,脸儿更比苹果艳),不仅能规范孙子的行为,而且还能使孩子品尝到分享的甜蜜。

再次,家长还要让孩子体验恐惧、担心、失落、羞耻、内疚等负面情感。例如,孩子与母亲分离后,会萌生焦虑感;孩子做了错事以后,会产生羞愧感等,这些负面的情感,也是孩子道德行为和良好性格形成的重要养料,所以,家长要给孩子提供体验负面情感的机会,以促进孩子情感发育的进程。例如,妈妈让儿子学习儿歌《唉,这样的"宝"》(分糖果,不用叫,一蹦一跳早来到。要洗澡,装睡觉,三遍两遍听不到。这样的"宝"谁愿要?狐狸大婶把头摇),就能使孩子产生不讲卫生将可能不被喜爱的担忧。

二、训练儿童的社会技能

家长要培养孩子的愉悦感和幽默感,增强孩子的交往技巧,使孩子成为一个乐观向上的人。

首先,家长要帮助孩子学会放松自己。一些治疗专家指出,放松是孩子必须掌握的重要的情商技能,它既有助于孩子控制情感,又能刺激免疫系统,保护孩子的身心健康。例如,父母和孩子

---

① [美]琼·海因斯·莫尔著,张炳飞等译:《培养小绅士——如何培养一个有礼貌的孩子》,专利文献出版社,1998 年版,第 63 页。

一起模仿东倒西歪的小树、波涛汹涌的海浪、暴风雨中的闪电等简单动作,有利于孩子表达喜怒哀乐的情绪。

其次,家长要提高孩子交往的能力。"在孩子的所有情商技能中,和人相处的能力与日后的成功和生活质量关系最为重大",①为此,父母要教会孩子了解自己的同伴、熟悉周围的环境,使孩子的言行不仅有利于自己,而且还有益于别人,以培养孩子在未来的社会生活中的人际交往能力。比如,爸爸鼓励儿子从家里拿着邻居小孩子所喜欢的消防车玩具,到邻居家去玩,就能使儿子被邻居的小孩子所接受。

再次,家长要萌发孩子风趣幽默的意识。幽默是孩子的一项重要的社交技能,它和社交能力的发展相辅相成。研究表明,"四五岁的孩子,社交能力强就比较容易与同伴幽默地交往,而且更容易被别人的幽默逗得大笑",②因此,家长应及早开发孩子的幽默潜能,使幽默成为孩子成功社交的润滑剂。在家庭日常生活中,全家人彼此开个善意的玩笑、讲个笑话、猜个谜语等,都是在营造幽默的氛围。例如,在洗漱时,爷爷给孙女出个谜语(你就是他,他就是你,一样的小脸笑嘻嘻。伸出手来握一握,哟,隔着玻璃干着急),要求孙女揭出谜底"镜子",就是在培养孩子的幽默感。

最后,家长要帮助孩子形成乐观的心境。有识之士提出"我不愿孩子特殊却忧伤,我宁愿他平庸但快乐"。快乐是无价之宝,乐观主义精神能使孩子多从事物的有利一面考虑问题,看到事情的积极因素,期待良好的结果,给孩子带来真正的幸福。父母要把孩子培养成一个快乐的人,就要在与孩子朝夕相处的过程中,时时处处用自己愉快的情绪来感染孩子,即便是家境不佳的家长,也不应整天唉声叹气,而应积极进取,以饱满的精神状态出现在孩子面前。父母还要通过欢快的儿童文学作品如儿歌《小石榴》(石榴娃娃怎么啦? 紧闭嘴巴不说话。太阳公公吻一吻呀,露出了红牙笑哈哈),来丰富孩子的情感词汇,培养孩子的喜悦心情。

三、提高儿童的情感技能

家长要培养孩子的同情心,使孩子能与别人产生情感上的共鸣,提高孩子理解情感和表达情感的能力,学会控制自己的冲动,坚持不懈地完成任务。

第一,家长要发展孩子的情感共鸣能力。而这是以同情心为基础的。同情心是学前儿童对别人情感的反应能力,处于婴儿期的孩子,虽能对别人的情感作出反应,但还不能区别自己和周围世界,常常把别人的痛苦当作自己的痛苦,他的同情心具有"全球性",比如,听到身旁孩子的哭声,他就会和其一起哭;处于幼儿期的孩子,已能清楚地分辨自己的痛苦和他人的痛苦,拥有了减轻他人痛苦的愿望,并能用言行加以表达。据我们在幼儿园的观察,发现:同情心很强的孩子,往往不霸道,乐于助人,能分担同伴的痛苦,做出对集体有益的事,更受同伴和教师的喜爱。因此,父母要根据孩子的年龄特点,发展孩子的同情心,使孩子成为人见人爱的人。

---

① [美]劳伦斯·沙皮罗著,施美华译:《EQ之门:如何培养高情商的孩子》,经济日报出版社,1997年版,第165页。
② 同上书,第174页。

第二，家长要培养孩子的情感倾听能力。鉴别情感、表达情感对孩子进行情感交流来讲固然重要，但引导孩子讨论情感、欣赏情感也应成为其必不可少的组成部分，理所当然地要引起家长的重视。父母要有意识地引导孩子当个好听众，耐心听取别人的想法，及时调整自己的心态，学会处理自己的情感。例如，外婆给孙子念《外婆笑了》(裤子短了，鞋子小了，我长高了，外婆笑了)这首儿歌时，先要求孙子仔细听，然后再要求孙子讲一讲"外婆为什么笑了"、"你的心情如何"等。

第三，家长要培养孩子的情感抗挫能力。责任心、坚持性、不怕挫折的精神和自我激励的技能都是孩子汲取教训、争取成功的情感良药，家长要使孩子明白"失败乃成功之母"的道理，舍得让孩子直面困难，激励孩子努力工作，自己去战胜困难。在培养孩子责任感的时候，家长要认识到"孩子应该是家庭中作贡献的成员"，让孩子分担一些家务劳动，这样"孩子学会做家务，他们就会觉得自己是能为整个家庭带来好处的家庭一员。这一点会使他们在情感上更加成熟一些"。①比如，在教孩子学习儿歌《虾仁》(剥，剥，剥虾仁，剥出来是白的。炒，炒，炒虾仁，炒出来是红的。吃，吃，吃虾仁，吃起来是鲜的)以后，父母可让孩子参与烹调准备和制作过程，使孩子感受到劳动的艰辛和快乐。

四、培养儿童的自主精神

父母不可能陪伴孩子一辈子，孩子终究要离开父母的怀抱，自己思考问题与解决问题，独立自主，成为自食其力的人。

第一，家长要培养孩子的独立性。在适当的时候，让孩子从精神上"断奶"，割断孩子对父母的依赖情结，使孩子从照顾自己开始，发展到学会生活中的更多事情，而不至于变成缺乏独立性的温室里的花朵。例如，孩子两三岁时，要让其自己穿脱衣服、叠被、刷牙、洗脸、倒牛奶、整理玩具、收拾餐具等；孩子四五岁时，应让其自己整理衣服、布置餐桌，把脏碗筷放入洗涤槽中、把脏衣服放进洗衣机里等。

第二，家长要培养孩子的自主性。在恰当的时机，让孩子出谋划策，自己可以决定的事情自己决定，自己能够做的事情自己做，树立孩子的小主人意识。比如，带领孩子去看爷爷、奶奶时，孩子提出自己选择服饰进行穿戴，父母应予以支持。

第三，家长要培养孩子的适应性。人和动物一样，生来就具适应环境的能力，国外许多家长重视让孩子从两三个月大时开始学游泳，通过在水中挣扎，锻炼拼搏精神。世界的变化越来越迅猛、多样，"适者生存"，在锻炼孩子生存、应对能力的时候，父母应充分发挥孩子的潜能，促使孩子在身心全面发展的基础上形成自己独特的优势，将来为社会多作贡献。

① ［美］帕特丽夏·斯普林科著，胡春玲等译：《造就小主人——教导孩子在做家务中养成勤劳、负责的美德》，专利文献出版社，1998年版，第9页。

第三节 学前儿童家庭情商教育的方法

为了完成情商教育的任务，学前儿童的家长应根据家庭的实际情况，综合运用示范法、谈话法、讨论法、体验法、想象法、风暴法、记录法、评价法等多种方法。

一、示范法

这种方法有立竿见影之功效，对情绪不稳定、模仿性较强、知识经验较少、辨别是非能力较弱的孩子来讲，影响力更大。

研究表明父母的情绪对孩子有很大的影响。爱华·楚尼克在实验室里，要求母亲在她们3个月大的婴儿面前装作"有点难过或沮丧"，结果发现：婴儿的情绪也变得"比较消极、退缩及没有反应"；蒂芬妮·菲德的研究也表明："忧虑母亲的婴儿有反映他们母亲伤心、无力、不热衷、愤怒及暴躁的倾向"，母亲的忧郁对3—6个月婴儿的"神经系统的发展最具影响力"，"假如母亲的忧郁持续1年以上，婴孩的成长与发展也开始变缓慢，受到永久的影响"。[①] 可见，出生3个月的婴儿的眼睛是"明亮的"，他能通过观察和模仿，学习解读及表达情绪，所以，父母从小就应关注孩子的情绪反应，及早对孩子进行积极的情绪暗示和辅导。例如，家长可经常采用"儿语"与婴孩说话，这种高音、缓慢、重复的说话声调，再加上夸张、滑稽的面部表情，会吸引孩子的注意力，使孩子变得活跃起来。

---

① 李仁伟：《如何帮助情绪困扰的孩子》，青海人民出版社，1998年版，第44—45页。

实践证明父母的言行对孩子有极大的影响。孩子的人际关系首先开始于与父母的相处,父母的一言一行、一举一动都会对孩子产生巨大的作用,苏联教育家马卡连柯就指出:父母怎样穿衣服,怎样跟别人谈话,怎样谈论其他人,怎样表示欢欣和不快,怎样对待朋友和仇敌,怎样笑,怎样读报等都对孩子有极其重要的影响。所以,父母的言传身教,能为孩子树立完美的人格形象,使孩子潜移默化地掌握立身处世之道。在家庭生活中,父母要善于利用各个环节,择机而教,对孩子施加积极的影响。比如,朋友聚会时,可带上孩子,使孩子意识到父母也有很多好朋友,这些好朋友给父母带来了诸多欢乐;使孩子耳濡目染,从父母身上直接学会与小伙伴交往的技能技巧。

二、谈话法

这种方法简便易行,特别有助于提高孩子的会话技能。家长通过和孩子谈论彼此的情感,能使孩子逐步学会理解别人的情感,恰当表达自己的情感,得到社交的门票,为他人和社会所接纳。1岁前的孩子虽然还不能运用语言表达自己的情感,但他已能了解大人语言中所含有的情感涵义,家长通过与其建立情感联结,对孩子所表现出来的情绪及时做出反应,并适时地帮助孩子将自己的感受转化为语言,就能提高孩子的情商。例如,妈妈在询问孩子:"你现在感到很快乐,不是吗?""你现在感到有些害怕,对吗?"或"你现在觉得有点累,想坐在我的膝盖上,是吗?"等问题时,如配上自己的面部表情,就能强化孩子在言辞和情绪之间建立的联系。

进入3岁以后,孩子的语言能力得到了迅速的发展,家长既可在床铺前、饭桌上和孩子进行随机交谈,也可在特定的活动中和孩子展开有意识的谈话;既可自己出话题,引导谈话的方向,也可让孩子找话题,将谈话持续下去,真实地坦露自己的思想,分享彼此的感情。比如,外公到幼儿园去接外孙时,发现外孙显得不太高兴,在回家的路上,就可问:"你今天的心情好像不太好,能不能告诉我?""什么事情使你不开心,说给外公听听好不好?"这样,外公就巧妙地引出了与外孙谈论的话题。

家长在与孩子谈话时,应处理好说和听之间的关系,做到一半时间自己说,让孩子当听众;另一半时间由孩子去说,自己做听众。只有这种交换式地相互倾听,才能达到谈话的最高境界,否则,自己滔滔不绝地说个不停,就会使孩子丧失表达情感的兴趣和机会。

三、讨论法

这种方法比较民主、宽松,适用于年龄稍大的学前儿童,有益于培养孩子的独立意识和自主精神。

家长可就家庭中的重要规则,如看电视有哪些规则?进餐的规则是什么?睡觉的规则有哪些等,吸引孩子参加讨论,鼓励孩子发表自己的见解。事实证明,孩子参与讨论后作出的家庭规则的决定,更易于为孩子所遵守。例如,在讨论"看电视的规则"时,孩子提出应由他来当"电视总裁",掌握遥控器;父母提出"电视总裁"必须以身作则,每天只能看属于自己的"少儿节目",且将时间控制在"1小时以内"才行;结果孩子成了称职的"电视总裁"。

家长还可就家庭中的重大事情,邀请孩子参与讨论。比如,要不要召开家庭会议?多长时间召开一次？在什么地方举行？会议持续的时间有多长？哪些人参加？由谁主持等。一旦决定家庭的重要事件都要通过家庭会议来讨论时，家长就要给孩子平等的会员权利，让孩子和其他家庭成员一样，有机会扮演不同的角色，从会议的听众到会议的准备者、主持人和评价者。例如，在讨论"孩子的生日"这一问题时，可由孩子担任主持人，向大家提问："到哪里去过？""怎么过？""邀请哪些人参加？"既让孩子说出自己的想法，也要孩子尊重长辈，当别人讲话时，不随便插嘴。此外，还要集中大家的意见，选择最佳方案。这不仅能增强家庭的凝聚力，而且还能促进孩子情感智力的发展。

另外，还有的学者认为讨论法是缓解儿童愤怒情绪的最佳办法之一。家长要直接与孩子讨论，了解他的气愤，"允许孩子以他们自己的语汇和方式同我们交流"，[1]并提出愿意帮助他面对问题。例如，当孩子发怒时，父母可走近他，心平气和地问道："怎么回事？""你想要什么东西？"如果孩子要求父母"走开"，父母可以说："好吧，我走开。不过我很想过去在你旁边坐下。"这就使孩子感受到父母想帮助他的诚意，进而学会摆脱不良情绪。

四、体验法

这种方法见效慢、费时多，对孩子有渗透、渐进的作用。家长要促进孩子情感大脑的发育，帮助孩子解决人际关系问题，就必须使孩子有许多情感上的亲身体验。"越来越多的证据证明，社会经历和对问题的熟悉程度才是解决问题能力的关键因素"，"孩子是否成功地解决问题，更多地决定于他们的经历而非聪明程度"，所以，父母要给孩子建立事实和经验的宝库，使孩子能以此为中介，走向成功解决情感问题之路，而不要"误认为孩子遇到的问题越少，才越幸福，越成功"，[2]从而削减孩子体验问题解决后的快感。例如，寒冷的冬天，孩子和邻居小伙伴在新村的垃圾箱旁边，寻找游戏材料，当他们用装修房屋的一些废弃边角木料搭建出"儿童公园"，而忘记回家吃饭时，父母也不应责怪孩子，以免减少孩子的体验，阻碍孩子成长的步伐。

五、想象法

这种方法简单有趣，特别适合于喜欢幻想、乐于与小动物做朋友的学前儿童。家长巧妙地利用孩子的这些心理特征，就能治疗孩子的一些情感和行为问题。比如，孩子有较强的攻击性，在发现孩子欲打同伴的时候，父母马上要求孩子：把自己想象成一只缩头乌龟——下巴收缩，双臂侧垂，双脚并拢，作深呼吸状，并从 1 慢慢地数到 10，这样，孩子就看不到要打的对象，四肢受到了约束，且在数到 10 时，情绪已有所平静，打斗欲望也就随之消失。

六、风暴法

这种方法思辨性较强，通过儿童的发散思维，帮助儿童从心理上战胜对手，寻求心理平衡。

---

① ［美］帕蒂·惠芙乐著，陈平俊等编译：《倾听孩子——家庭中的心理调适》，北京大学出版社，1998 年版，第 65 页。
② ［美国］劳伦斯·沙皮罗著，施美华译：《EQ 之门：如何培养高情商的孩子》，经济日报出版社，1997 年版，第 132—133 页。

家长要鼓励孩子面对各种现实问题,尽可能多地想出不同的解决办法,然后从中择优录用。年龄越大的孩子,应要求其想出的办法越多,从多种角度解决问题,掌握情感技能。例如,孩子经常遭到小伙伴的取笑,父母就可引导孩子思考:"你可以做哪些事情来制止他们?"启发孩子想出"取笑他"、"责骂他"、"告诉他爸爸妈妈"、"不和他玩"、"和别的小朋友一起玩"、"问他为什么要取笑我"等办法,帮助孩子分析各种办法的优劣之处,鼓励孩子自己获取解决问题的金钥匙。

七、记录法

这种方法精确性较强,通过对儿童生活中有关情商事件的记录,能看到儿童成长的轨迹。父母要引导孩子随时随地做好事,并用笔记本把孩子每天做的各种各样的好事如为爸爸妈妈开门,给爷爷奶奶拿拖鞋,为亲朋好友生病的孩子制作玩具,参加楼道大扫除等全部记载下来,以利于孩子形成助人为乐的行为、拥有善良体贴之心。

父母要关注孩子在不同时间不同地点出现的特殊行为,并加以记录,作为日后分析孩子情感特点的原始素材。例如,孩子夜晚经常做噩梦,惊醒的次数较多,但当孩子白天与玩具熊、长毛兔等在一起,晚上又拥着它们睡觉时,情绪就较为宽松、宁静。家长对观察到的这一现象进行详细记录,并坚持多年,最终得出结论:玩具动物陪睡,能培养孩子的爱心,使孩子长大成人后,家庭观念较重,爱情专一,没有变态心理,不会像有些的孩子那样,在外边追猫踢狗,长大后出现心理问题,暴力行为严重,给家庭和社会增添许多麻烦。

父母要设计有关的图表、表格,重点进行记录。例如,为了了解别人对儿子树树行为举止的看法,父母可设计如下一张表格(见表3-3-1),让家庭中所有的成人都进行填写。

表3-3-1　儿子树树行为举止测试表

填表人:＿＿＿＿＿＿　　填表时间:＿＿＿＿＿＿　　填表地点:＿＿＿＿＿＿

编号	项　　目	评　价　等　第				
		总是	基本是	有时是	很少是	从不
1	待人有礼貌	(　)	(　)	(　)	(　)	(　)
2	喜欢说请和谢谢	(　)	(　)	(　)	(　)	(　)
3	能说对不起和请原谅	(　)	(　)	(　)	(　)	(　)
4	不顶嘴	(　)	(　)	(　)	(　)	(　)
5	不打断别人说话	(　)	(　)	(　)	(　)	(　)
6	尊敬别人	(　)	(　)	(　)	(　)	(　)
7	关心别人	(　)	(　)	(　)	(　)	(　)
8	照顾别人	(　)	(　)	(　)	(　)	(　)

八、评价法

这种方法生效很快,具有强化作用,有助于培养孩子积极的情感技能,抑制孩子不当的情感态度。"如果想培养出高情商的孩子,那么太严格总比太宽容要好得多","要想提高孩子的情商水平,不对孩子采取一致有效的纪律约束,是不可能达到目的的"。[①] 家长应严格要求孩子,该奖则奖,该罚则罚。当孩子做出了适当的情感反应时,家长应给予表扬、鼓励,以强化孩子的情感模式,塑造良好的行为习惯。例如,清明节时,全家人去扫墓,当孩子看到爸爸、妈妈、叔叔、姑姑、奶奶向爷爷的石碑鞠躬时,也跟着鞠躬,大人就应夸奖孩子"长大了,真懂事"等。当孩子做出了不适当的情感反应时,家长就给予批评、矫正,让孩子体验不良行为所带来的恶果,以防止孩子形成消极的情感模式。比如,孩子从幼儿园回到家中,看到爷爷、奶奶时,不主动打招呼,父母可要求孩子重新进门 3 次,每次都要热情地招呼"爷爷、奶奶,我回来了"。

家长在选用上述各种方法的时候,不仅要考虑孩子的年龄特征,而且还要考虑孩子的个性特征和性别特征。例如,幼小的男孩虽然和女孩一样,也乐于帮助别人,但比较而言,男孩子更喜欢给人以动作上、体力上的支持,如教同伴学骑童车;而女孩子则更喜欢给人以心理上、精神上的安慰,如劝说同伴不要哭泣等。据此,父母在发扬孩子性别优势的同时,还要注意对孩子性别上的劣势进行补救,以促使孩子情商的健全发展。

第四节　学前儿童家庭情商教育的活动

心理学家告诫家长:"培养情商和智商俱佳的孩子的一个关键因素,就是你的时间。"[②]家长要

---

① [美]劳伦斯·沙皮罗著,施美华译:《EQ之门:如何培养高情商的孩子》,经济日报出版社,1997 年版,第 28—31 页。
② 同上书,第 89 页。

"每天花 20 分钟时间和孩子待在一起",以使孩子得到"肯定性的关怀";①要根据家庭和孩子的具体情况,开展交流活动、游戏活动、说笑活动、同伴活动、体育活动、合作活动、扮演活动、艺术活动、训练活动等,以全方位地提高孩子的情商。

一、交流活动

家长和孩子进行双向交流,使孩子能够在公开表达和讨论情感的家庭环境下,学会思考和交流情感的语言,敢于表达自己的情感,不要压制情感和避免交流,使孩子成为感情哑巴。

家长要帮助幼小的孩子进行交流。一般来讲,孩子在 3 岁以前还难于用语言正确地表达自己的情感,这就需要父母提供"拐杖",支撑孩子表现各种各样的情绪反应。例如,妈妈把孩子抱在胸前,她先在自己的五个手指头上,分别画着不同表情的脸谱图:大拇指上是一张生气的脸,食指上是一张忧郁的脸,中指上是一张恐惧的脸,无名指上是一张惊奇的脸,小指上是一张快乐的脸。然后,她掰着各个手指头问道:"你今天过得怎样?"如大拇指说"我今天很难受"……接着,她问孩子"你今天过得怎样?"孩子马上抓住了最像他此时心情的那个小指头,妈妈便帮他描述"我今天过得很高兴"。这样,孩子的情感语言就会渐渐地丰富起来。

家长要向孩子主动谈论自己的情感。这既能为孩子提供学习情感语言的机会,又能为孩子提供与同伴交往的范例。比如,每天抽出一点时间,全家人聚在一起,各自谈谈当天的感受;遇到特殊情况时,应把自己的感受直接告诉孩子,如"你不好好吃饭,我要生气了",而不应闷在心里不说出来,或用武力来表示。

家长不要伤害孩子的情感。在与孩子交流的过程中,父母应意识到孩子的情绪承受力和认知能力一样是有限度的,羞愧和内疚等负面情感能对孩子的健康成长产生有益的影响,但必须恰当适度;如果偏激过度,就会使孩子在情感上受到创伤,这种伤害比肉体伤害更残忍。例如,父母面对孩子的错误言行勃然大怒时,也不应说出"我怎么会生出你这个白痴"、"你是我见到过的最愚蠢的孩子"等话语。

二、游戏活动

家长参与孩子的游戏,和孩子一起玩,有利于培养孩子轻松愉快的心境。在亲子游戏中,父母的角色要随着孩子需要的改变而改变,使孩子能不断受到挑战,产生更浓的兴趣,释放出更多的笑声。

首先,要考虑孩子的年龄特征。家长应根据孩子的不同年龄特点,诱发不同的游戏活动。比如,孩子出生后 6 个星期时,和他玩躲藏猫猫的游戏,培养孩子欣赏身体的幽默的能力和感官反应的幽默的能力;孩子 2 岁时,和他玩身体的不和谐性的游戏,如让蹒跚学步的孩子把鞋子当帽子戴在头上;孩子 3 岁时,和他玩纯粹语言的游戏,如故意叫错名,让其觉得可笑,把手说成脚,看电视节目如《芝麻街》大鸟的笨手笨脚的行为等;孩子 4 岁时,可和他玩身体语言的不和谐性及概念的不和谐性的游戏,使孩子在区分什么时候什么事可笑,什么时候什么事则不可笑的过程中进行游

---

① ［美］劳伦斯·沙皮罗著,施美华译:《EQ 之门:如何培养高情商的孩子》,经济日报出版社,1997 年版,第 26 页。

戏,如爸爸把瓶子放进嘴里逗孩子发笑;孩子5—6岁时,语言能力增强,明白许多词语有多种不同的含义,父母可讲有双重含义的谜语。

其次,要支持孩子的情感表现。家长应仔细观察孩子的言语行为,客观反映孩子的情感表现,如"我看得出,你很喜欢玩沙子",适时表扬孩子的正当行为,如"你搭的塔真高! 我为你感到高兴",而不要控制孩子的活动。

再次,要让孩子当主角。家长自己当配角,通过"扮演一个毫无威胁性的但又有趣的弱者",以"确保孩子在游戏中担任强有力的角色来体现出你期望了解他的想法和感受的诚意",并"抓住时机,在玩耍中帮助孩子通过大笑来松弛某种特定情况所引起的紧张情绪"。① 例如,在玩"医院"游戏时,父亲让孩子当"护士",自己当"病人";当"护士"要给"病人"打针时,"病人"佯装怕痛,转身逃跑,滑稽地喊道:"求求你了,我不要打针。""护士"听后哈哈大笑。在这一过程中,孩子过去被迫接受打针时的恐惧情绪得到了化解。

最后,要让孩子做赢家。家长自己做输家,通过"亲昵、活泼地与孩子接触",使"孩子在游戏中占上风",尽情地大笑,"用笑声培养孩子的自信心和开朗性格"。② 比如,在玩"捉迷藏"游戏的过程中,妈妈找孩子时,要慢慢地大声喧哗到处找,即使发现了孩子的藏身之处,甚至摸到了孩子的手脚,也要装着没看见他。这样,就会引出孩子阵阵的笑声,使他感到很快活,产生优胜感。

三、说笑活动

家长和孩子在一起随意地说说、讲讲、笑笑,以减轻孩子的压力,培养孩子的幽默感。

在说说活动中,父母可关掉电视的声音,让孩子看着屏幕上画面的情景,描述主人公的情绪状态;父母可让孩子看着亲朋好友的风景照片,描绘出主人公的感受感觉,提高孩子说话的能力。

在讲讲活动中,父母可根据孩子的兴趣和在生活中存在的问题,编些有趣的故事,充满感情地讲给孩子听,并与孩子进行目光接触,鼓励孩子对故事进行评论,以起到隐喻的作用。

在笑笑活动中,父母可结合孩子的行为,讲个笑话,猜个谜语,开个玩笑。例如,当孩子不小心把杯子弄到地上摔坏时,成人通过使用"碎碎(岁岁)平安"或"杯子怎么跌倒了"的玩笑口吻,来帮助孩子走出窘境;父母可在带领孩子购物时,给孩子讲个谜语,如"有个娃娃惹人爱,秋天常把笑口开;越看觉得越好看,露出红牙一排排",要求孩子猜出谜底"石榴",来焕发孩子对说笑的喜爱。再如,当把女儿清清介绍给陌生人,女儿吓得躲在妈妈的裙子后边时,妈妈可弯下腰,用裙子裹住她,引以为豪地说:"这就是我的宝贝女儿清清,她就在这里边的什么地方。"边说边用手去摸索,装出急切找到她的样子,孩子就会大笑起来,驱除恐惧感。

四、同伴活动

"(学前)儿童……从大人那儿学到的社交技能远比与同伴交往中所能学到的要少。他们会从错误和考验中学会取舍,并且自觉地根据经验做出反应","无数次研究证明,遭同伴厌恶会直

---

① [美]帕蒂·惠芙乐著,陈平俊等编译:《倾听孩子——家庭中的心理调适》,北京大学出版社,1998年版,第7—8页。
② 同上书,第12页。

接导致学习成绩差、情感问题、少年犯罪率高等"。① 随着孩子年龄的增长,家长要为孩子多提供与同伴交往的机会,以增加孩子的社交经历,发展孩子的社会性。

家长要激发孩子交往的兴趣。通过文学作品,家长能唤起孩子与同伴交往的欲望,并使孩子体会到友谊的乐趣。例如,父母教孩子学习儿歌《小鸡》(小公鸡,小母鸡,身上带着小手机,要是找到小虫子,就给朋友发信息——叽叽叽,叽叽叽,大家快来吃东西)以后,孩子就可能产生交友的愿望。

家长要引导孩子结交朋友。年幼的孩子经常把一起玩或离得比较近的孩子当成自己的朋友,在他们看来,最好的朋友往往就是住得最近的小伙伴。据此,父母要鼓励孩子邀请有共同兴趣的小伙伴,到家里来看图书、听音乐;启发孩子与周围邻居孩子友好相处,彼此成为好朋友。

家长要帮助孩子掌握说话技巧。俗话说:"一句话说得好,能让人笑;一句话说得不好,能让人跳。"父母应让孩子做到在表达自己需要的时候,注意从对方利益出发,调整自己的情绪反应。例如,孩子想加入同伴的游戏,爸爸可教他用"这个游戏看上去很有趣"、"你怎么学会的"等语句来赢得小伙伴的认可,而不是用"我知道怎么玩这个游戏"、"我玩得比你好,让我玩会儿"等令人不快的语句来开头。

家长要指导孩子理解同伴的感情。当孩子与同伴发生矛盾时,家长不要急于批评孩子,而应引导孩子从同伴的角度思考问题,从自己的经历中推断同伴的感情。例如,孩子抢了丁丁小朋友的玩具,父母可先问孩子:"你还记得丁丁抢走你的小汽车时,你有多生气吗?"然后再告诉孩子:"这就是丁丁现在的感觉。"

五、体育活动

生理学研究表明,儿童大脑的情绪中枢和运动中枢是紧密相联的,家长通过让孩子进行四肢和躯干的全身运动,就能促进孩子情感的升华。

通过游泳活动,培养孩子的求生精神。例如,孩子两三个月大时,父母可把他赤身裸体地直接扔进水里,让孩子在几次反复翻动以后,自己浮出水面,掌握游泳的要领,增强生存的能力。

通过搀扶活动,提高孩子的信任感。例如,爸爸、妈妈和孩子轮流做盲人:眼睛被围巾蒙上,由别人牵着手,在屋子里走来走去,一会儿绕过家具,一会儿又要躲开障碍物。在此过程中,孩子的信任感和助人为乐的精神都得到了发展。

通过剧烈运动,发泄孩子的消极情绪。例如,爸爸和孩子在地板上摔跤、在草地上打滚、在雪地里打雪仗、在土地上锤钉子、在操场上掷豆袋等,都能帮助孩子释放紧张的情绪。

通过轻缓运动,控制孩子的情感冲动。例如,父母和孩子利用收集到的冰激凌小木棒开展比赛活动:握住这些小木棒,用力撒开,一根一根地将其移走,但不能碰到其他小木棒,得棒多者为胜。这样孩子就能认识到情感在身体上的反应,学会控制自己的情感。

---

① [美]劳伦斯·沙皮罗著,施美华译:《EQ之门:如何培养高情商的孩子》,经济日报出版社,1997年版,第167页。

六、合作活动

孩子 18 个月以后,已出现了亲社会行为,能与人合作和分享。许多研究表明,"孩子的合作行为是得到社会接受的最重要性格特征",加里·拉德等人通过每个学年的开始、中间和结束这三个不同时期,对学前儿童在操场上玩耍的情况所作的观察发现,"合作性格的孩子社会地位会得到提高,而缺乏合作性的孩子不太受人喜欢,不太经常被人选做玩伴"。① 为了使孩子为同伴接受的可能性转变成现实性,提高孩子与人共享的能力,家长要适时地开展合作活动。比如,全家 3 人合作成为一个机器人,手拉着手,站成一排;孩子站在中间,起到"大脑"的调控作用,爸爸站在孩子的左边,起到"左手"的作用,妈妈站在孩子的右边,起到"右手"的作用;在"大脑"的命令下,"左手"和"右手"时而去擦窗、扫地,时而又去写字、作画。

七、扮演活动

阿尔伯特·麦拉宾经过研究发现,"在面对面交流中,55％的情感内容是由非语言的暗示表达的,比如面部表情、姿势、体态等,38％的内容由语调表达,只有 7％的内容是用语言说出来的"。② 为了帮助孩子掌握非语言交流的情感技能,提高孩子正确理解他人情感、做出恰当反应的能力,家长要开展多种扮演活动。

目光活动。父母要注意控制与孩子之间的距离和眼光接触。例如,当孩子生气、面无表情时,父母应从侧面走近他,避免目光直接相遇,这样孩子方能平静下来;反之,父母眼睛盯着孩子,面对面地走过去,就会被孩子视为一种威胁,从而爆发出更大的冲突。

表情活动。孩子 3 个月大时,父母就可和他进行面对面、非语言的"对话",轮流做一些表情,拉开情感交流的序幕。例如,婴儿扬起眉毛,妈妈也跟着扬起眉毛;妈妈吐舌头,婴儿也吐舌头。

姿势活动。父母可做出不同的姿势,让孩子用情感词汇加以描述,也可描绘一定的情感特点,让孩子用不同的姿势来表现,以培养孩子活泼开朗的性格。例如,让孩子摆出熊猫憨厚可爱的状态、老虎凶猛可怕的状态。

体态活动。父母和孩子制作一些面具,鼓励孩子选出自己喜欢的面具戴上,对人"张牙舞爪"一番,或回敬一声别人的"怒吼",以帮助孩子克服恐惧心理。

八、艺术活动

世界著名小提琴家梅纽因呼吁家长要重视孩子的音乐、歌唱和舞蹈等方面的艺术活动,他认为在艺术世界里,没有"犯罪"这个词,孩子们只要接受了更多的艺术教育,过剩的精力就得到了宣泄,不切实际的愿望就会被消除,社会上的犯罪现象就会被减少;让每个孩子学会演奏一种乐器虽然不太现实,但是,让他们都学会唱歌、跳舞却是可行的,因为每个孩子都有嗓子、眼睛和心灵;当孩子学会唱歌、跳舞以后,他们会更善于思考、理解问题和相互沟通。

---

① [美]劳伦斯·沙皮罗著,施美华译:《EQ之门:如何培养高情商的孩子》,经济日报出版社,1997 年版,第 246 页。
② 同上书,第 263 页。

音乐活动。孩子年龄很小时,在日常生活中,父母可教他唱一些简单的儿童歌曲,培养孩子愉快的情绪。例如,《快乐小鼓手》(嗒嗒嗒嗒嘀,嗒嗒嗒嗒嘀,我是快乐的小鼓手,嗒嗒嗒!吹着喇叭朝前走。嗒嗒嗒,一切困难都不怕,达达达,胜利的曙光在前头)就可教给 3 岁前的孩子。孩子年龄较大时,父母可结合家庭活动内容,和孩子一起唱些复杂的儿童歌曲,培养孩子活泼的情绪。例如,外出坐火车旅行时,和孩子唱一唱《开心火车》(呜……轰隆轰隆,轰隆轰隆,来来来,来来来!开心火车开心火车,爬呀爬山坡。美妙故事多又多,甜在心窝窝。阵阵风儿追彩云,追彩云哟,那是我们欢乐的歌,欢乐的歌。呀拉里哎,呀拉里哎,欢乐的歌。轰隆轰隆,轰隆轰隆,来来来,来来来!开心火车开心火车,穿呀穿山过。神奇故事多又多,笑在心窝窝。一声响来众山和,众山和哟,那是我们欢乐的歌,欢乐的歌。呀拉里哎,呀拉里哎,欢乐的歌)这首歌。

舞蹈活动。父母可通过收音机、电视机里的儿童音乐,鼓励孩子随音乐即兴起舞;播放买来的儿童歌曲磁带,引导孩子按其节奏有意识地跳舞;准备服装道具,启发孩子自由选择尽兴跳舞;举办舞会,指导孩子和亲朋好友的孩子一起跳舞,如在跳"华尔兹"时,要求儿子抓住小妹妹的手转圈子。

九、训练活动

学前儿童的情商能通过专门的训练得以提高。早在 20 世纪 70 年代初,美国心理学家大卫·斯皮瓦克和默娜·舒尔就建构了"我能解决问题"这一培训工程,对儿童解决问题的技巧教育问题进行长达 25 年的临床研究,结果发现:"即使是三四岁好冲动的孩子,也能学会用推理而非行动去解决问题。他们学会了用请求而非直接动手的办法分享其他孩子的玩具,学会了告诉别人自己生气了,而非动手打架;站出来为自己说话而非离群索居、郁郁寡欢。"该研究还表明:接受过这种训练的孩子,在"进入幼儿园以后,就会比没有接受过训练的孩子问题少,不太容易冲动、霸道、麻木或干出反社会的举动,而且在学习上表现更好"。[①]

学习单词活动。家长要让孩子在生活中,从学习基础单词入手,"这就好比弹钢琴前学习音阶一样"。"是/不是,和/或,有些/全部,之前/之后,现在/以后、同样/不同",以及"如果/那么,可能/或许,为什么/因为,公平/不公平"等都是孩子所必须学习的。[②] 例如,奶奶带孩子在超市购物时,可指着纸盒牛奶对孩子说:"这是我们早晨要喝的牛奶,不是我们中午要吃的米饭。"

掌握单词活动。年幼的孩子不可能一次就学会了这些单词,家长只有让孩子多听、反复练习,才能帮助孩子牢牢地记住。比如,快要吃晚饭时,孙女要爷爷给她讲故事,爷爷就可对她说:"现在讲故事不是好时间,吃完饭就是好时间了。"画画时,孙女要爷爷让她吃苹果,爷爷就可对她说:"现在吃苹果不是好时间,画完画就是好时间了。"这就有助于孩子在某些行为之间建立起因果关系。

运用单词活动。家长要随时随地给孩子提供使用单词的机会,以帮助孩子真正掌握;当孩子能自如地运用这些单词的时候,他们就能快速地思考,较好地解决情感问题。不论和孩子乘坐公

① 〔美〕劳伦斯·沙皮罗著,施美华译:《EQ 之门:如何培养高情商的孩子》,经济日报出版社,1997 年版,第 141 页。
② 同上书,第 142—146 页。

交车,还是带孩子到饭店去吃饭等,父母都要注意适时强化孩子对单词的使用情况,使孩子能从中得到乐趣,并能迁移到解决人际关系的问题中去。

补充读物 ——————————————————————————————●

"兜兜共康路"亲子活动方案
吴晓兰　顾月雯①

一、活动目标

(1) 帮助幼儿进一步熟悉幼儿园附近的"共康路",并尝试着用沪语念儿歌。

(2) 促使幼儿体验和家长(妈妈、奶奶、外婆)一起学说沪语的乐趣,萌发爱沪语的情感。

二、活动准备

(1) 拍摄幼儿园附近的几个社区场所(新亚大包店、文峰理发店、新华书店、鲜德宝超市)。

(2) 制作 PPT、图谱、模拟超市场景。

(3) 准备录音机、电脑、响板。

三、活动过程

(一) 律动导入,激发兴趣

(1) 教师播放音乐,对小朋友说:让我们一起坐公共汽车去兜马路,你们准备好了吗?听着音乐我们出发咯。

(2) 教师提示:共康路到啰,请小朋友们坐下。

(3) 教师致辞:欢迎今天 3 位特殊的老师——3 位家长闪亮出场。

(4) 教师提问:小朋友,你们逛过共康路吗?共康路上有什么店呀?

(二) 观察讨论,学念儿歌

1. 通过 PPT 观察了解共康路

教师播放 PPT,提醒幼儿注意观察:咦,这几家店你们认识哦?让我们一家一家去逛逛吧。

(1) 引导语:先去逛逛"新亚大包店"吧。重点提问:你们去"新亚大包店"都吃过什么点心啊?小结:哇,"新亚大包店"里的点心有油条、馄饨、豆浆、包子,还有小笼等,品种真多。儿歌小结:"新亚大包点心多,大人小孩都喜欢。"

(2) 引导语:接下来我们去哪家店看看?这是什么店?"理发店",你们知道这家理发店叫什么?对,叫"文峰理发店"。让我们一起走进去看看。重点提问:刚才在录像里,阿姨和叔叔都说了什么呀?儿歌小结:"文峰理发店名气响,头发造型做得赞。"

(3) 引导语:接下来我们要去逛的这个店啊,如果你们经常去的话,会使你们变得更聪明,这会是什么店呢?对,是"新华书店"?重点提问:"新华书店"里的书多哇?你们去买过什么书呀?儿歌小结:"新华书店书真多,多看书本领大。"

————————————

① 吴晓兰,上海市优秀园丁、一级园长、中学高级教师,上海市宝山区小鸽子幼儿园园长。顾月雯,上海市宝山区小鸽子幼儿园教师。

（4）引导语：我们现在去逛逛最后一家店哦。请你们仔细看这是什么店？你们是从哪里看出来的？对，是"鲜德宝超市"。重点说明：幼儿在"超市小筐"里选择物品后，用沪语向3位家长介绍。儿歌小结："鲜德宝超市样样有，想买啥就有啥。"

（5）引导语：我们的共康路有新亚大包店、文峰理发店、新华书店，还有鲜德宝超市，各种商店都有。共康路灵哇？儿歌小结："共康路真的老灵额，老灵额。"

2. 欣赏妈妈念沪语儿歌

（1）教师提问和总结。

教师提问：今天"妈妈"要请你们听一首好听的儿歌，名字叫《兜兜共康路》，你们要仔细听哦，看看和我们平时念的儿歌有什么不一样？

教师总结：刚才"妈妈"、"奶奶"、"外婆"分别念了儿歌；他们都是用上海话念的，这是一首沪语儿歌。

（2）教师提问和示范。

教师提问：用上海话念儿歌，听起来感觉怎么样呀？

教师示范：我很喜欢这首沪语儿歌，我先来向"妈妈"学一学，你们也可以和我一起来学一学。

3. 大家一起学沪语儿歌

（1）集体练习。

教师和幼儿一起念儿歌，并询问幼儿：你们觉得哪一句说起来有点难呀？

（2）分组练习。

教师把幼儿分成3组，每组有4位幼儿、1位家长，请家长指导幼儿学说沪语儿歌。

（3）同伴示范。

教师鼓励邻座幼儿相互学习，练习儿歌，轮流说说儿歌；教师表扬幼儿不但会说普通话，而且还会说很嗲的上海话。

（三）共同表演，巩固儿歌

1. 教师和幼儿共同表演

教师给每位幼儿1个响板，指导幼儿边打响板，边念儿歌。

2. 幼儿和家长共同表演

教师启发幼儿邀请家长共同表演，边打响板，边念儿歌。

3. 教师和幼儿、家长共同表演

教师邀请家长、幼儿共同表演，大家一起打响板，念儿歌。

4. 教师向家长致谢

教师和幼儿一起用上海话向3位家长表示感谢。

附
兜兜共康路

新亚大包点心多，大人小孩都喜欢。

文峰理发店名气响，头发造型做得赞。

新华书店书真多，多看书本领大。

鲜德宝超市样样有,想买啥就有啥。

共康路真的老灵额,老灵额!

阅读参考书目

1. 李仁伟编:《如何帮助情绪困扰的孩子》,青海人民出版社,1998年版。

2. 李仁伟编:《如何教养负责任的孩子》,青海人民出版社,1998年版。

3. 李仁伟编:《如何培养孩子的坚强意志》,青海人民出版社,1998年版。

4. 林丽慧编著:《如何培养孩子的独立能力》,珠海出版社,1998年版。

5. 鲁鹏程编著:《给孩子最棒的情商教育》,青岛出版社,2012年版。

6. 联合国教科文组织总部中文科译:《财富——教育蕴藏其中》(联合国教科文组织教育丛书),教育科学出版社,1996年版。

7. [美]劳伦斯·沙皮罗著,施美华译:《EQ之门:如何培养高情商的孩子》,经济日报出版社,1997年版。

8. [美]帕蒂·惠芙乐著,陈平俊等编译:《倾听孩子——家庭中的心理调适》,北京大学出版社,1998年版。

9. [美]帕特丽夏·斯普林科著,胡春玲等译:《造就小主人——教导孩子在做家务中养成勤劳、负责的美德》,专利文献出版社,1998年版。

10. [美]琼·海因斯·莫尔著,张炳飞等译:《培养小绅士——如何培养一个有礼貌的孩子》,专利文献出版社,1998年版。

11. [意大利]弗兰西卡·切萨文/图,方素珍编译:《影响孩子一生的情商故事》,湖北美术出版社,2009年版。

网上浏览

1. http://www. jtjy. china. com. cn

2. http://www. zhjtjyw. com

3. http://www. age06. com

4. http://www. naeyc. org

复习思考题

1. 什么是情商?

2. 父母对学前儿童进行情商教育有何意义?

3. 学前儿童家庭情商教育的基本任务是什么?

4. 学前儿童家庭情商教育的主要方法有哪些?

5. 学前儿童家庭可以开展哪些情商教育活动？
6. 如何培养孩子的幽默感？

先阅读下列案例,再查看评价表(见下表),并在你认为恰当的答案的序号上打"√"。

一、案例

爸爸把儿子从幼儿园接回家以后,自顾自地看起了报纸;儿子把跳棋拿出来,对爸爸说:"你和我下一会儿棋,好吗?"爸爸应声同意了,并放下了手中的报纸;眼看着儿子就要先到终点取胜了,爸爸便佯装拉住孩子的胳膊,苦苦哀求道:"让我多掷一次,好吗?"孩子听了,捂嘴偷笑;妈妈开门进来,见此状,便斥责爸爸:"你这么大人了,还求孩子让你多掷一次,这么经不起失败? 你不觉得有失身份吗?"爸爸听罢,不予理睬,继续央求孩子让他多掷一次,并装出生气的样子,大声说道:"谁敢笑话我?"儿子看着父亲的样子,咯咯地大笑起来;儿子邀请妈妈也来参战,妈妈边说"我没有时间,我要做晚饭",边走进了厨房。

二、评价表

编号	项　目	答　　案
1	爸爸的特点	(1) 害怕失败　(2) 自尊心强　(3) 风趣幽默　(4) 有童心
2	妈妈的特点	(1) 喜欢训人　(2) 重视榜样作用　(3) 思维敏捷　(4) 缺乏幽默
3	儿子的特点	(1) 爱好下棋　(2) 棋艺较高　(3) 活泼愉快　(4) 聪明可爱
4	爸爸的优点	(1) 及时满足孩子的需要　(2) 讲究教育艺术　(3) 理解孩子的情感 (4) 强化孩子的情感
5	妈妈的优点	(1) 讲究尊严　(2) 热爱劳动　(3) 对爸爸严格要求　(4) 拒绝孩子不合理要求
6	儿子的优点	(1) 理解幽默　(2) 意志坚强　(3) 有主见　(4) 礼貌热情
7	爸爸的不足	(1) 对孩子有求必应　(2) 在孩子面前无威信　(3) 未和妈妈配合 (4) 没给孩子树立榜样
8	妈妈的不足	(1) 主观武断　(2) 没有童心　(3) 未参加游戏　(4) 偏袒孩子
9	儿子的不足	(1) 嘲笑爸爸　(2) 不体贴妈妈　(3) 不尊重爸爸　(4) 不听话
10	对妈妈的建议	(1) 培养幽默感　(2) 理解孩子情感　(3) 参与父子游戏　(4) 做游戏裁判

第四章

学前儿童家长的教育素质及能力

　　本章首先论证了学前儿童家长必须具备良好的身体素养、科学的文化素养、崇高的道德素养、健全的心理素养和丰富的教育素养的意义,并指出家长不断提高自身教育素质对家庭教育具体实施的重要性;接着介绍了国内外对学前儿童家长教养态度进行划分的几种比较典型的研究,分析了不同教养态度对孩子性格特征、道德品质、行为方式、智力能力等方面发展所产生的正面及负面效应,然后论述了家长要通过研究孩子的行为模式、重视孩子的个性特点、建立理想的亲子关系、形成民主的教养作风、拥有一致的教养态度等多种策略,来调整自己的教养态度,优化孩子的成长环境;最后阐述了学前儿童家长应该具有了解与认识孩子、观察与记录孩子、分析与评价孩子、指导与发展孩子等方面的能力,以及增强这些能力的具体措施。

第一节　学前儿童家长的教育素质

在对学前儿童实施家庭教育的过程中,家长处于重要地位,起着主导作用,家长的教育素质如何,直接关系到家庭教育的效果和质量,决定着家庭教育的优劣成败,正如马克思和恩格斯所指出的那样,"孩子的发展能力取决于父母的发展"。我国教育家陈鹤琴先生早在 20 世纪三四十年代就抨击了某些家庭教育存在的弊端,指出其根源在于父母,"有许多小孩子教养的不好,这不是小孩子的过失,完全是父母的过失",[1]并从多方面对父母提出了要求。面对新世纪,广大家长只有不断提高自己的身体、文化、道德、心理和教育等方面的素养,才会使孩子将来能适应 21 世纪国际化、全球化激烈竞争的发展需要。

一、学前儿童家长的身体素养

家长的身体素养是影响孩子成长的首要因素。在制约孩子发展的遗传、环境、教育及主观能动性这四个因素当中,遗传是孩子发展的物质前提。通过遗传,父母把机体的形态和功能等各种生物基因传递给孩子,为孩子今后身心的发展打下了基础。

首先,父母遗传对孩子身体的影响要大于对孩子心理的影响。国外学者牛曼通过把孪生子放在相同的家庭环境里或放在不同的家庭环境里进行养育的比较研究,发现:不论是处在同一家庭还是分离的家庭中成长的孩子,在"身高"上都较为类似(相关系数分别为 0.98 和 0.97),相似性均高于"智能"(相关系数为 0.91 和 0.67)和"学习成绩"(相关系数为 0.96 和 0.51)(见表 4-1-1)。

表 4-1-1　一对孪生子的相关系数(牛曼)[2]

	同一家庭	分　离
身　高	0.98	0.97
智　能	0.91	0.67
学习成绩	0.96	0.51

其次,父母身体的健康状况制约着孩子的健康水平。父母如果体魄健壮,无疾病,就可能为孩子身体的健康生长提供良好的条件;反之,父母如果身体不佳,体弱多病,就可能为孩子身体的正常生长发育留下隐患。美国研究人员玛格丽塔·卡泽尔布兰特等人,在对 135 对同性双胞胎和 5 组同性三胞胎进行两年多的研究以后,得出了"幼儿耳疾与遗传有关"的结论。他们发现:在幼儿中耳耳液容易积聚的病例中,有 73% 是由遗传造成的;在同卵双胞胎和同卵三胞胎幼儿中,如果一个孩子患上耳疾,其他孩子患上耳疾的可能性高达 60%,而在非同卵双胞胎或三胞胎幼儿中,这一可能性仅为 30%。可见,父母不良的遗传基因对孩子的健康成长产生了消极的作用。

再次,父母的生活习性制约着孩子的健康水平。父母如果拥有健康的生活方式,就能对孩子产生良好的影响,相反,父母特别是母亲如果具有不良的生活习性,如抽烟、酗酒、吸毒等,则会对孩子造成严重的伤害。美国华盛顿大学研究员约翰·奥尔尼经过研究,发现:有饮酒习惯的母

① 陈鹤琴:《家庭教育——怎样教小孩》,教育科学出版社,1994 年版,第 205 页。
② [日]佐藤正著,李永连等译:《身体的发育和指导》(婴幼儿教育丛书),人民教育出版社,1983 年版,第 25 页。

亲,所生的孩子大脑会出现机能障碍,造成学习困难;母亲在怀孕期间,只要有一次大量饮酒,或持续饮酒时间长达 4 小时以上,就能杀死胎儿大量的脑细胞,对孩子的大脑造成永久性损害。"孕妇饮酒,伤及胎儿"的教训应当吸取。

二、学前儿童家长的文化素养

家长的文化素养是影响孩子成长的精神因素。父母掌握知识的深度与广度、父母的文化水平,直接关系到孩子各方面的发展程度。国外学者贝莱的研究表明,孩子的智能与父母的学历有着一定的关系,随着孩子年龄的增长,这种关系越来越密切,例如,孩子 1 岁时,相关系数为 0.02;3 岁时,相关系数为 0.47;5 岁时,相关系数为 0.58(见表4-1-2)。

表 4-1-2 双亲的学历和孩子的智能(贝莱)[①]

孩子的年龄	与双亲的学历的关系	孩子的年龄	与双亲的学历的关系
1—3 个月	−0.14	2 岁	0.50
4—6 个月	−0.29	3 岁	0.47
7—9 个月	−0.08	4 岁	0.50
10—12 个月	0.02	5 岁	0.58
13—15 个月	−0.01	6 岁	0.57
18—24 个月	0.29		

(一) 文化科学素养好的家长有利于孩子的发展

家长文化科学素养好,就会不断进取,主动追求新知识,重视文化知识的学习,在家庭教育中,容易对孩子产生积极的影响,促进孩子的发展,这主要表现在以下几个方面:

首先,父母热爱学习,就能为孩子树立模仿的榜样,对孩子产生示范作用。调查表明,父母爱看书、读报,对孩子具有耳濡目染的功效,一位大班幼儿在谈话中就告诉笔者:"我爸爸、妈妈每天晚上都坐在沙发上看报,坐在书桌前看书,我觉得奇怪,书、报里有什么好看的呢? 我自己也就找本书看看。"

其次,父母重视学习,就能为孩子营造浓郁的文化气息,激发孩子的学习兴趣。在家访中,我们发现:在幼儿园喜欢参加图书区活动的孩子,他们的家庭大多设有书架,上面陈列着各种图书,孩子在书堆里长大,自然会对图书产生兴趣,走进寻求知识的宫殿;他们的父母重视孩子的智力投资,在交谈中,有的父母还说道:"我们每个周末,都带孩子去书店或图书馆,让他自己挑选几本图书,买或借回家来看。"

再次,父母善于学习,就能为孩子安排丰富多彩的活动,提高孩子的学习效率。这些家长在要求孩子认真学习的同时,还注意让孩子参加休闲娱乐活动和游戏活动,使孩子做到动静交替,

---

[①] [日]佐藤正著,李永连等译:《身体的发育和指导》(婴幼儿教育丛书),人民教育出版社,1983 年版,第 26 页。

劳逸结合,提高学习效率;在孩子进行学习活动的时候,家长十分关注让孩子通过各种不同的形式来取得好的效果。例如,为了让孩子学会使用"过去"和"现在"这两个词语,有的父母不仅让孩子通过看照片,造出"过去我只会爬,现在我会走路了"的句子,而且还和孩子一起画画、讲故事、玩游戏,引导孩子把自己的过去和现在进行比较,说出不同之处,如"过去我只能在纸上乱涂乱画,现在我能按照要求画画了"。

(二) 文化科学素养差的家长有碍于孩子的发展

家长文化科学素养差,受教育程度较低,知识有限、贫乏,容易对孩子产生消极影响,甚至对孩子造成不必要的伤害,危及孩子的生存发展。

首先,父母缺少生育知识,就可能出现性别歧视现象,危及孩子的生命。据《法制日报》报道,有一位妇女连生三胎女孩以后,认为自己无能,生不了男孩,想一死了之;为了不让女儿跟她一样过着幼年丧母的悲惨生活,就用一条三米多长的背带把小女儿绑在胸前,把大女儿、二女儿的一只手分别与自己的左、右手绑在一起,跳入河中以脱离苦海;三个女儿均溺水当场死亡,幸存的母亲正在等待着法律的制裁。

其次,父母不崇尚科学,而相信迷信,就可能虐待孩子,摧残孩子,置孩子于死地。《新民晚报》曾经作过这样的报道:有一位年轻母亲非常迷信,在儿子出生前,专门去找算命先生算卦;当算命先生说她命中注定应该生个女儿,而事实上她却生下了一男孩以后,心理上便布满了阴影;她把生意失败、经济拮据、夫妻感情不和等遭遇全都归罪于儿子这个祸胎,便举刀砍死了不满 2 岁的儿子,自己也因故意杀人而被捕。"虎毒"尚"不食子",作为母亲的人性又体现在何方?

再次,父母受教育程度低,可能会使孩子陷入危险境地,前途渺茫。美国 1999 年 5 月 18 日公布的《1999 儿童问题》调查报告显示:全美国约有 920 万名儿童正面临着诸多不利家庭环境因素的影响,他们越来越受到成年后很难融入未来社会的威胁;每 7 名儿童中就有 1 名儿童在走向成功之路时,至少要受到来自家庭方面 6 个危险因素的影响,其中一个因素就是父母未受过中学教育;这些身处"高危"家庭环境中的儿童,成功的几率相对于生长在正常家庭环境中的孩子来讲,要小得多。

家长的文化素养对孩子各个方面的影响是不同的,相比而言,对孩子智力的作用可能要大些,而对于孩子社会化等方面的作用则不尽然,其中涉及家长是否能充分发挥文化素养潜在的价值。《广州日报》曾作过"高知家庭孩子易患孤独症"的报道:在广州医学院儿童训练基地的接待统计中,约 80%孤独症孩子都来自知识分子家庭,孩子的父母都是高学历人士;这些孩子大都在 3 岁以前就患上了孤独症,他们的智力发展很正常,有些孩子还非常聪敏,但却不能与周围环境相融合;这些孩子的父母往往误认为:这么点大的孩子懂什么,等他上小学以后,天天给他补课,保证他将来能考上大学,所以,平时只注意让孩子吃饱、穿好,而忽略了孩子的精神需要和对亲情的渴望。

在科学技术不断发展的今天,家长不断提高自己文化素养,对孩子肯定会有百利而无一害。世界上越是发达的国家,越重视读书,根据有关人士对新加坡、日本和美国所作的比较研究(1983年),发现:新加坡人平均每年读 8.3 本书,日本人平均每年读 18 本书,而美国人平均每年则读到

25 本书;新加坡人已意识到这个问题,在 90 年代初期提出了要把新加坡建成一个"善于学习的国家",通过学习来提升国民的文化素养。2000 年是儿童读书年,21 世纪是学习的世纪,广大家长更需要通过学习来充实和提高自己,把优良的文化素养作为送给新世纪孩子们的最佳礼物。

三、学前儿童家长的道德素养

家长的道德素养是影响孩子成长的关键因素。家庭教育实践证明,家长的思想道德是孩子道德品质形成的基础,制约着孩子道德认识的提高、道德情感的陶冶、道德意志的锻炼和道德行为的养成,关系到是否能教会孩子做人、要把孩子培养成什么样的人的根本问题。

首先,父母的婚姻道德影响着孩子的心灵健康。调查表明,父母结婚几年以后,为了家庭琐事或情感纠葛,双方矛盾加剧,相互争吵打架,闹到离婚的地步,在这种父母身边长大的孩子容易走上犯罪的道路。因此,父母树立正确的婚姻道德观,既是社会的福音,也是孩子的福音。据报载,湖北省、上海市等有关省市为提出离婚申诉的夫妻创办"为孩子父母学校",要求父母"为了孩子,请慎重做出你的选择;为了孩子,请切实履行你的职责",经过学习,有一半的夫妻撤诉和好,决心为孩子的健康成长提供温暖的家庭环境。

其次,父母的育儿道德影响着孩子的言谈举止。在孩子成长的过程中,父母是否用道德行径去教养孩子,让孩子学好变好,越来越受到世界各国的关注。据《参考消息》记载,美国一位年轻父亲在康涅狄格州的一家饭馆里让 2 岁的儿子抽烟。这位父亲因允许他年幼的儿子吸烟而受到指控,被判有罪,并被处以罚款。

再次,父母的传统美德影响着孩子的行为习惯。文明礼貌、敬老爱幼、团结友爱、知恩图报、勤劳勇敢、先人后己等都是我们中华民族的传统美德,在日常生活中,父母如能对孩子言传身教,就会使这些美德在孩子身上有所体现。上海普通家庭的孩子朱钟鸣之所以能成为第二届《小鬼当家》颁奖仪式上全场注视的焦点,令人赞不绝口,就是由于受到了父母的良好熏陶,"从小朱钟鸣的爸爸、妈妈就给他灌输尊老爱幼的思想,现在人人都夸他是个懂事的孩子","比一些大人还能干":每次和爸爸、妈妈一起吃东西时,他总是挑小的,把大的留给爸爸、妈妈;4 岁就学会了包馄饨,因觉得爸爸、妈妈上班很辛苦,很想帮帮他们的忙;6 岁时,一次家里来了很多客人,看到外婆忙着烧菜,饭桌上每上一样菜时,他就给外婆留下一份,并给外婆剥了一盘瓜子仁。

最后,父母的社会道德影响着孩子的文明意识。父母与邻居友好相处,讲究社会规范,遵守交通规则,爱护环境,就会形成对孩子成长的有利因素,否则,就会形成对孩子成长的不利因素。例如,父母利用假期带领孩子游玩居庸关长城时,不乱扔废弃物,把垃圾装进随身携带的清洁袋里,带下山来,有助于培养孩子"爱我长城,保护居庸关环境"意识,提高孩子的公德水平。

此外,父母的道德水准影响着孩子的性格特征。年幼的孩子道德认识较为模糊,辨别是非能力较差,模仿能力又强,父母如果遵纪守法,作风正派,行为规范,就会对孩子产生良好的影响,例如,父母热爱劳动,乐于助人,孩子也会加以效仿,喜欢做小帮手,与小伙伴和睦相处;反之,就会对孩子产生不良的影响,"有其父必有其子"、"老子偷瓜盗果,儿子杀人放火"等俗语说的就是这个意思。

四、学前儿童家长的心理素养

家长的心理素养是影响孩子成长的重要因素。家长的心理修养水平、所掌握的心理学知识都会通过各种渠道，有意识或无意识地对孩子的心理产生极大的效应，制约着孩子的心理倾向和情感态度。

首先，家长的情感特征影响孩子的发展。家庭成员之间的关系既是孩子认识社会的开始，也是孩子情感生活的源泉。在家庭生活中，父母与祖父母之间如果能相敬如宾、父亲与母亲之间如果能相亲相爱、父母与孩子之间如果能相互尊重，那么，就会为孩子积极情感的建立提供许多有利的条件。现代心理学研究表明，人的情绪有两个关键时间，一是早晨就餐前，二是晚上就寝前。所以，在这两个关键时间里，每一个家庭成员都要尽量保持良好的心境，避免引起情绪污染，如不对家务琐事耿耿于怀，不把不良情绪带进家门，不迁怒于人，不对孩子乱发泄，为孩子情感的健康发展营造良好的空间。

其次，父母的个性特征影响孩子的发展。父母的个性特征在孩子心理特性的发展中具有十分重要的意义，它凭借直接控制父母的行为，来间接制约孩子的行为，使孩子的行为方式带上父母的烙印。例如，如果父母本人喜欢挑战，好冒险，常创造，那么他们就会允许孩子也这样去做；如果父母本人喜欢成为小组的一员，不断寻找合作伙伴，那么他们就会鼓励孩子也这样去做；如果父母本人兴趣广泛，上进心强，成就动机高，那么他们就会引导孩子也这样去做。

再次，父母的心理知识影响孩子的智力发展。心理学知识表明，学前儿童好奇多问，思维具体形象，意义识记的效果要好于机械记忆，熟知这些观点的家长，就会对孩子提出的"为什么打雷？它的力量有多大？""小鸟为什么会飞？飞机为什么比小鸟飞得还要高，还要快"等诸多问题，深入浅出地加以说明，而不是嘲讽训斥；在培养孩子记忆力的时候，就会选择"让孩子去买10种他喜欢的糖果"的方式，而不是采取"让孩子去死记硬背10个对他没有实际重要性的词"的手段。

最后，父母的心理知识影响孩子的情商提升。处在学前期的孩子，手眼协调能力不强，注意分配能力较弱，坚持性较差，他们十分好动，可塑性较大，期盼成人赞扬，家长如能意识到孩子的这些特点，就会给孩子提供多种活动的机会，让孩子在挫折中成长，培养孩子不屈不挠的精神。而家长如果不了解孩子的这些特征，那么在孩子第一次系鞋带打了个死结以后，就不再会给孩子买带鞋带的鞋子；在孩子第一次洗碗弄湿了衣服以后，就不会再让孩子走近洗碗池；在孩子第一次整理床铺用了1个小时以后，就不会让孩子再做下去。

五、学前儿童家长的教育素养

家长的教育素养是影响孩子成长的直接因素。儿童的健康成长关系到祖国的前途和命运，近十几年来，我国政府出台了一系列教育法规，强调通过法制的渠道，提高家长的教育素养：1986年第六届全国人大第四次会议通过了《中华人民共和国义务教育法》，规定"父母或者其他监护人应当依法履行对未成年人监护职责和抚养义务"，"应当尊重未成年人接受教育的权利"，"应当以健康的思想、品行和适当的方法教育未成年人，引导未成年人进行有益于身心健康的活动"；1992年国务院颁布了《九十年代中国儿童发展规划纲要》，提出"九五"期间家庭教育工作的总目标，是到 2000 年"使 90%儿童(14 岁以下)的家长不同程度地掌握保育、教育儿童的知识";1997 年国家教委、全国妇联颁发了《家长教育行为规范》,要求家长"树立为国教子思想,自觉履行教育子女的职责","学习和掌握教育子女的科学知识及方法,针对子女的年龄特征、个性特点实施教育"等。

第一,家长的教育职责对孩子发展的影响。"父母身份是一种负有责任的,要求见多识广的身份",①在家庭里,父母扮演着教师的角色,只有"愿意无条件地提供温暖家庭,并且用充满感情的母爱之心去这样做,才是一个良好的父亲或母亲的真正标志"。② 家庭教育实践证明,父母双方联合起来,共同关心、教育孩子,发挥各自不同的作用,成为孩子的生活顾问和良师益友,就能为孩子建立和谐的家庭关系,增强孩子的责任感,促进孩子的社会化;反之,父母双方或其中一方推卸教育责任,管教孩子失职,就会使孩子的健康成长受到严重伤害。美国儿童精神病专家维斯曼认为,父母失职与年幼孩子的大脑发育损伤、智力低下、营养失调、心理缺陷等都有直接的关系;由失职父母一手养大的孩子,往往又早早地做了下一代的失职父母,如此代代相传,危及社会安定和经济发展。如何从根本上解决这些问题呢? 中外有识之士都献出了良计妙策,维斯曼提出要通过法制,建立父母执照制,确立称职父母的行为标准,经过严格的教育和考试,给合格的公民发执照,允许他们教养子女。湖北省司法工作者提出要对在管教孩子方面严重失职、未成年孩子有违法乱纪行为的家长,追究法律责任,把不履行职责、不称职的家长送上法庭被告席,接受法律的制裁。

第二,家长的教育知识对孩子的影响。陈鹤琴先生早就指出:"'做父母'是一桩不容易的事情","实在要有一种专门的技能,专门的学问"。③ 父母如果拥有关于教育孩子某方面的知识,就会有利于孩子这方面的发展。例如,当父母获悉这些信息:"阅读能力的提高比数学和自然学科更取决于家庭的活动"、"如果 1 至 9 岁孩子的父母每天都为他们读书的话,孩子可提高理解力、阅读能力和创造性",每天就可能在静静的夜晚给孩子读书,或讲优美的故事、念有趣的诗歌,以此取代昔日的电视催眠。同样,当父母知晓这些知识:"如果不给孩子玩具,2—4 个月的孩子在一起时,就会相互观察,7—8 个月的孩子就会一同玩耍;如果给孩子玩具,他们就会把全部的精力集中在手里的玩具上,而对周围的世界不感兴趣",就会对孩子玩玩具的时间加以控制,在开发孩子智力的同时,不忘提高孩子的社会性。因此,为了孩子的全面发展,父母要不断学习,获取广泛而深刻的育儿知识。

第三,家长的教育行为对孩子的影响。家长教育行为的作用是通过家庭的交往活动折射出来的,它对孩子具有示范和导向的功能。父母与孩子进行有效的交往,不仅能更好地了解孩子、指教孩子,而且还能为孩子与同龄人、异龄人的交往活动提供范例。例如,父母在与孩子交往的过程中,注意"心与心的交流",十分尊重孩子,处处维护孩子的权利,心平气和地与孩子商讨,从不对孩子发号施令,强迫孩子接受自己的意见;久而久之,孩子在与同龄小伙伴交往时,就会更多地出现正面的"共鸣效应",即使发生矛盾,孩子也会学着父母的样子,要么说服对方,接受自己的

① 〔美〕克米·普玲著,张虹云等译:《满足儿童需要秘诀》,知识出版社,1991 年版,第 169 页。
② 同上注。
③ 陈鹤琴:《家庭教育——怎样教小孩》,教育科学出版社,1994 年版,第 203 页。

意见;要么顺从对方,放弃自己的意见;抑或将双方的观点综合起来,"合二为一","皆大欢喜"。

第四,家长的教育艺术对孩子的影响。不同的家长,实施家庭教育的效果不同,有的卓有成效,有的收效甚微,这就和家长是否懂得、是否会运用教育艺术有关。家长若能从孩子的实际情况出发,创造性地运用教育策略,就能取得预想的效果。比如,有个4岁小男孩,事事都依赖爷爷、奶奶,自己的事情一点也不肯自己做,为了培养孩子自立、自强的精神,爷爷就从孩子自尊心很强、对事物很敏感的特点出发,让孩子欣赏《下楼去》的故事(康康住在五楼,妈妈对康康说:"康康,到楼下报箱去看看有没有信,顺便将报纸拿上来。"康康想:这么晚了,到楼下去多累呀! 他看到家里的花猫刚吃了鱼,在舔嘴巴,就说:"花猫,到楼下报箱去看看有没有信,顺便将报纸拿上来。"花猫心里不愿意,可是不知道怎么回答康康,只好答应了。它一抬头,看到鱼缸里的小乌龟正闭着眼睛在假山上休息,心想有办法了,就说:"乌龟,到楼下报箱去看看有没有信,顺便将报纸拿上来。"小乌龟心里不愿意,可是想不出用什么话来回答,只好爬出鱼缸,慢慢地向楼下爬去。刚爬了几步,它看到一只蚂蚁,心想有办法了,就说:"蚂蚁,到楼下我家报箱去看看有没有信,顺便将报纸拿上来。"蚂蚁看了看小乌龟:"对不起,自己的事自己做,要拿你自己去拿。"说完很快就爬走了。小乌龟想:"对,我也可以这样回答花猫。"它马上跑回屋子,对花猫说:"对不起,自己的事自己做,要拿你自己去拿。"花猫愣了愣,刚想发脾气,忽然笑了:"对呀,我也可以这样回答康康。"它就跑到康康面前说:"对不起,自己的事自己做,要拿你自己去拿。"康康一愣,刚想发脾气,忽然笑了:"对呀,我也可以这样回答妈妈。"他就跑到妈妈那儿,妈妈正在拖地板,拖得汗水直冒。康康愣了一会儿,一声不响地下楼去了……),使孩子受到潜移默化的影响,学会关心大人、做点力所能及的小事。

家长的教育艺术不是天生的,也不是自然形成的,而是在家庭教育的实践中,不断尝试、大胆探索,逐步锻炼出来的。例如,有个3岁的小女孩,每到吃饭时,总磨磨蹭蹭,不肯吃,父母就引导劝说:"多吃饭才能长得高,多吃菜才能长得漂亮。"但孩子碗里的饭菜没什么动静;数日以后,父母又想出一招,对孩子进行忆苦思甜:"我们像你现在这么大的时候,爸爸、妈妈根本没钱给我们买肉吃,我们都很嘴馋,想吃肉,不像你,让你吃肉,你还不肯吃。"孩子仍然如故;过了几日,父母又心生一计,让孩子和自己一起买菜、理菜、洗菜,饭前帮助摆桌子、拿碗筷、端饭菜,结果奇迹出现了,孩子吃饭时,再不用大人说教,自己吃得又香又多,厌食、挑食的毛病终于改正过来了。所以,在教育孩子的过程中,家长要不怕失败,勇于实践,形成自己的教子风格。

第五,家长的教育机智对孩子的影响。家庭教育是个极其复杂的工程,有许多事件是始料不及的,面对新的情况、突如其来的事情,家长是否能快速做出反应,抓住有利时机,采取正确措施,对症下药,就涉及家长的教育机智。例如,有个6岁小男孩,家住在高层大楼的15层,平时都是乘电梯上下楼的,但今天停电,父亲想这正是锻炼儿子腿力和毅力的好机会,就和儿子一起比赛着往楼梯上走;走了几节以后,孩子提出要父亲背着走;父亲忽然想起今天接孩子回来时,在班级的"家长园地"上看到王老师贴在上面的一首儿歌《上高楼》(一层楼,二层楼,三层、四层、五层楼,站在楼上看街头,人来人往乐悠悠。六层楼,七层楼,八层、九层、十层楼,站在楼上看街头,大人小孩变小喽。十一层楼,十二层楼,十三、十四、十五楼,站在楼上看街头,只见"蚂蚁"满地走),就问孩子:"王老师今天教你们学了什么新儿歌?"儿子说是《上高楼》,爸爸又问:"现在你做王老师,我做小朋友,你教爸爸学这首儿歌,好不好?"儿子高兴地应允;爸爸在前面走,儿子一边跟在后面走,一边开心地教着爸爸学儿歌,不知不觉已走到家门口了。可见,这位父亲善于把教育意图隐蔽在"比赛"和"做小朋友"上,使自己的教育要求转化为孩子的自身需要,有效地实现了教育的目的。

第二节　学前儿童家长的教养态度

家长的教养态度对学前儿童身心的发展有着重要的影响。美国学者斯特拉·切斯和亚历山大·托马斯通过对135名儿童从婴儿期直到成年进行追踪研究发现,有两种力量在塑造孩子的个性:一是孩子的气质,二是父母对孩子做出的反应,孩子成为什么样的人是其天性和父母的养育相互作用的结果。家长不同的教养态度在孩子成长的过程中,会产生不同的作用,为了促进孩子的健康发展,家长要根据孩子的特点,调整自己的心态和愿望,用科学而又正确的教养态度去助子成才。

一、家长教养态度的类型及影响

中外学者从不同的角度对家长的教养态度进行了研究,划分出了不同的类型,剖析了对孩子全面发展的不同作用及对孩子某一方面的发展可能产生的正面及负面效应,比较典型的研究有以下几个:

(一)对孩子性格特征的影响

日本学者奥平洋子通过对201名4—5岁幼儿及其中的129名母亲进行研究,把母亲的"育儿态度"分为"细微干预"、"垂直亲爱"、"情动"、"水平亲和"四种类型，[1]指出了各种类型的特点及对孩子性格发展的作用。

1. 细微干预的母亲

这类母亲在养育孩子时，通常表现出郁郁寡欢、悲观失望、罪恶感强、情绪不稳、惊慌失措、反思自省、对孩子刨根问底、啰啰嗦嗦等特点；由她们培养出来的孩子，一般来讲，情绪比较安定，喜欢冥思苦想，反省自己、分析别人等。但当这种教养态度过于强烈时，就会使孩子丧失孩子气，变得少年老成。

2. 垂直亲爱的母亲

这种母亲在扶养孩子时，往往表现出不善交际、不拘小节、开朗爽快、无忧无虑、对孩子温和慈祥、采纳孩子意见等特征；经她们培养出来的孩子，大体来讲，容易与别人和睦相处，能适应社会生活等。但当这种教养态度走向极端时，就会溺爱孩子，对孩子百依百顺，助长孩子的依赖性，导致孩子的自卑感。

3. 情动的母亲

这类母亲在抚养孩子时，一般呈现出多愁善感、自卑忧郁、主观武断、马马虎虎、感情用事、打骂训斥孩子等特点；由她们培育出来的孩子，大致而言，喜欢抛头露面、与人交往，胆大妄为，不信任别人，合作性较差等。当这种教养态度过于强硬时，孩子虽然不一定会成为问题儿童，但却极有可能沦为棘手的孩子，浮躁冲动，攻击性强，难于适应社会生活。

4. 水平亲和的母亲

这种母亲在教育孩子时，大都具有民主平等、尊重孩子、热爱孩子、与孩子和睦相处、成为孩子游戏伙伴的特征；经她们培养出来的孩子，基本上讲，都充满了自信，好幻想，有较强的主动性和适应能力，能正确地评价自己等。但当这种教养态度过于偏激时，可能会使孩子变得好高骛远，拥有不切实际的想法，也可能会使孩子受到溺爱。

(二) 对孩子劳动品质的影响

美国学者帕特丽夏·斯普林科等人通过对数十位祖辈、父辈家长的调查研究，指出家长的教养态度有"完美型"、"仆人型"、"圣人型"、"殉道型"、"补偿型"、"庇护型"、"旺盛型"、"退却型"、"懒惰型"、"特权型"等类型，[2]对孩子自我服务能力的提高、自食其力精神的培养、责任感的形成具有不同的功效。

1. 完美型家长

这些家长知道什么时候该去做家务事，做什么家务事，如何把家务事做好，他们做事时有条不紊，彻底利落，恰到好处；由于他们对做事的条理性、完美性有很高的要求，所以他们总是担心孩子做不好事，对孩子所做的事又常感到不满意，往往在孩子做了以后，自己再重做一遍，觉得自己做比让孩子帮忙容易得多；他们苛求孩子，不让孩子劳动，使孩子的劳动技能得不到应有的锻炼。

---

① ［日］森重敏著，愚心译：《孩子和家庭环境》(婴幼儿教育丛书)，人民教育出版社，1984年版，第120—126页。
② ［美］帕特丽夏·H·斯普林科著，胡春玲等译：《造就小主人》，专利文献出版社，1998年版，第28—41页。

2. 仆人型家长

这类家长承担了家庭中的全部家务劳动,觉得根本没必要训练孩子的做事技能,让孩子帮助大人做事,他们没有意识到让孩子学会做家务也是家庭教育的重要组成部分,因而失去了通过家务劳动来培养孩子的机会。

3. 圣人型家长

这种家长认为童年十分短暂,应让孩子过着幸福美好、无忧无虑的生活,而不应让他们在劳动中度过,这会使他们变得早熟,过早地面对生活的压力,因而不让孩子做家务,使孩子缺少必要的训练,没有责任感和义务感。

4. 殉道型家长

这些家长拒绝请求孩子等家庭成员的帮助,他们虽然在思想上也希望孩子去做一些家务事,但从不用语言表达出来,向孩子提出具体的要求,因而孩子不可能意识到自己是家庭的一员、应当承担一定的义务。

5. 补偿型家长

这类家长由于某种原因而觉得自己愧疚于孩子,并试图通过不让孩子做家务这种方式来弥补孩子生活中的缺憾,使孩子的生活变得完美起来,尽管自己精疲力竭也在所不惜,所以,孩子没有时机学会自己照顾自己,安全感、责任感也就难以形成。

6. 庇护型家长

这种家长从童年起就对做家务耿耿于怀,他们害怕做事、怨恨劳动,至今仍然用孩子的眼光来看待自己过去的生活,认为父母让幼小的孩子劳动是极不公平的,而没有认识到自己今天的幸福生活是建立在昔日艰苦劳作的基础上的,因此,他们把孩子全面地保护起来,不让孩子面对任何困难,使孩子不会产生和自己相同的感受。

7. 旺盛型家长

这些家长做事迅速高效,井井有条,他们并不认为孩子需要学会如何劳动、全家人一起劳动能提高工作效率,教孩子做家务虽然要花费更多的时间,但却是值得的,所以,他们不愿意让孩子承担任何家务劳动。

8. 退却型家长

这种家长自认为是一个失败者,不能持之以恒地做好每件事,虽然有过教会孩子做家务的打算,但尝试几次以后,却又很快放弃了;他们喜欢自责,缺少勇气和始终如一的精神,没有教会孩子什么时候该去做什么事,他们希望孩子在成长的过程中,能够自己克服困难。

9. 懒惰型家长

这类家长十分懒散,宁愿看书读报、看电视、睡觉,而不愿做家务,他们认为教孩子去做事,会遇到很多麻烦,因而没有耐心和热情帮助孩子掌握劳动技能。

10. 特权型家长

这些家长认为没有什么事情需要孩子去做,应该帮助孩子掌握一些成人所不具备的生活技能,培养孩子的责任感。

（三）对孩子行为方式的影响

美国学者查尔斯·F·博伊德等人通过长期研究,指出:父母的教养态度可以分为"指挥型"、"交往型"、"支持型"、"纠错型",[①]不同的类型具有不同的特征,对孩子的行为方式也产生不同的效力。

1. 指挥型父母

这类父母往往具有自信、勇敢、坦率、冒险、竞争、创新、责任心、上进心、发号施令等特点;他们希望把孩子培养成一个领袖式的人物,为此制定了严格的家规,不向孩子作出任何解释,却要求孩子无条件地服从,否则就予以惩罚;他们要求孩子听话,承担一定的家庭职责,否则就严加处理;他们通过让孩子承担必要的责任,鼓励孩子努力工作,来表达自己对孩子的关爱;他们为孩子树立了一个无比强大的形象,使孩子对父母的成就感到自豪;他们善于指导孩子,帮助孩子完成任务。这类父母由于担心被孩子利用,失去控制权,而容易演变成专制型的父母。

2. 交往型父母

这种父母一般具有善解人意、乐观热情、外露好动、风趣健谈、喜欢赞赏等特征;他们很容易和孩子打成一片,一起讲故事、做游戏、谈话、进行娱乐活动;他们通过和孩子一起度过美好的时光,来表达自己对孩子的热爱;他们在任何场合下都不愿意以严肃的面庞出现在孩子面前,对孩子进行惩罚;他们希望自己能成为孩子的朋友,因而不拒绝孩子提出的各种要求,以使家庭成为一个温暖而又有趣的地方。这种父母由于担心孩子不喜欢自己,而可能转变成放任型的父母。

3. 支持型父母

这些父母主要具有为人忠诚、谦逊可靠、脚踏实地、坚定不移、乐于助人、易于合作、循规蹈矩等特点;他们关心孩子,真诚地对待孩子,重视为孩子营造温暖、舒适、相互支持的家庭气氛;他们对孩子充满了爱心,细致入微地照顾孩子;他们为了满足孩子的需要,而不惜牺牲自己的利益,以帮助孩子建立强烈的安全感。这些父母因为害怕失去密切的亲子关系,而极易形成迁就型的父母。

4. 纠错型父母

这类父母大致具有小心谨慎、自我约束、注意细节、善于分析、独立可靠、持之以恒、严格要求、正确行事等特征;他们认为自己的任务就是确保孩子行为的正确,要求孩子充分发挥出潜能,竭尽全力地做好事情;他们鼓励孩子好奇好问,发展兴趣爱好;他们和孩子一起讨论问题,启发孩子三思而后行;他们试图用讲道理的方式帮助孩子纠正不良行为,在平静的气氛中履行教养职责,而不是大发脾气,与孩子形成对立;他们喜欢运用让孩子暂停活动、限制孩子权利等方法,引导孩子对自己的行为进行反思。这类父母因为害怕荒唐行为和犯错误,而可能发展为尽善尽美型的父母。

（四）对孩子智力能力的影响

中国科学院心理研究所王极盛教授通过对北京1 800多名家长进行三年的跟踪调查研究,得

① ［美］查尔斯·F·博伊德等著,易进等译:《按照天性养育孩子——灵活而有效的教子艺术》,专利文献出版社,1998年版,第51—108页。

出了北京有 2/3 的家长教养态度不当的结论,他把家长的教养态度归纳为"过分保护"、"过分干涉"、"严厉惩罚"、"温暖民主"四种,指出了各类家长所占的比例及对孩子智能发展的功能。

1. 过分保护的家长

这种家长约占总体的 30%,他们对孩子事事包办代替,使孩子时刻处在家长的帮助之下,缺少通过自身实践获取有益经验的锻炼机会,不仅抑制了孩子自信心、独立性、责任感的形成,而且还阻碍了孩子创新意识的萌芽和智力水平的提高。

2. 过分干涉的家长

这类家长占总数的 30% 左右,他们制定各种"规章制度",严格限制孩子的言行,要求孩子按照自己的旨意去活动,不能越雷池半步,致使孩子思维呆板、想象贫乏,缺乏主动性、积极性和创造性。

3. 严厉惩罚的家长

这种家长占总体的 7%—10%,他们对孩子实行高压政策、奉行棍棒教育,孩子稍有不妥之处,就动"家法"加以惩治,既容易导致孩子的自卑、逆反心理,也不利于孩子独创欲望的萌发。

4. 温暖民主的家长

这些家长约占总数的 30%,他们注意给孩子创设理解、民主、平等、宽松的家庭环境,给孩子智力能力的发展提供广阔的心理空间;他们十分尊重孩子的兴趣爱好,鼓励孩子按照自己的意愿去尝试,促进了孩子探索精神和创造行为的发展。

二、家长教养态度的调整与矫正

教养态度是个纷繁复杂的问题,在家庭教育的过程中,家长要了解各种教养态度的利弊得失,从孩子的特点出发,调整自己的教养态度,矫正不当之处,以促进孩子由自然人发展成为合格的社会人。

(一) 研究孩子的行为模式

家长在了解孩子个性特点的时候,要研究孩子的行为模式,看其中融进了哪几种行为方式、各种行为方式的强度如何。首先,家长要在不同情境中,仔细观察和倾听。例如,孩子更关心的是与小伙伴相处,还是玩玩具? 孩子在什么情况下能与小伙伴友好相处,在什么情况下又不能与小伙伴友好相处? 孩子经常提出哪些问题? 孩子喜欢谈论什么话题?

其次,家长可就重要的问题,和孩子一起讨论。例如,在幼儿园里发生的事情中,哪些是令人高兴的,哪些是令人伤心的? 再次,家长要向孩子提出开放式问题,鼓励孩子大胆回答。例如,启发孩子说一说什么会令他害怕? 什么会令他激动?

通过反复观察和思考,家长可以判断出孩子是属于坚决型的孩子(如极有主见,意志坚强;不论进行什么样的活动,都喜欢当头领;我行我素,刚愎自用),还是属于能言善辩型的孩子(如思维活跃,想象丰富,富于创造;信任别人,积极与人交往,屈从别人;情绪不稳定,注意力不集中,不喜欢独处),或是属于软心肠型的孩子(如安静随和,胆小怕事,心理脆弱;能有选择地结交朋友,乐于与人合作、受他人指挥,常取悦他人、迁就他人;遵守规则,墨守成规,缺少创新精神)、谨慎型的孩子(如做事认真有条理,能把玩具等物品放在适当的地方;观察事物仔细、全面;喜欢独立、反省自己,不与人发生冲突;用高标准要求自己,自尊心较强;心理负担较重,难于接受别人的批评,希望得到别人的认可等)。

(二)重视孩子的个性特点

在掌握孩子行为模式的基础上,家长还要按照孩子的个性特点去教育孩子,调整自己的教养态度和养育方式,以适应孩子的发展,促进孩子的成长。美国教育家伊丽莎白·奥康内尔指出:"每个孩子的生活都以某种线索或符号标志出他应该发展的方向。有头脑的父母,会抓住孩子身上的这些线索或符号,反复加以思考。这些线索和符号为我们提示了孩子的未来发展道路,为此,我们必须重视它们,以免无意之间给孩子的发展道路设置障碍;我们要帮助孩子完成他先天既定的发展路程。"[①]孩子随着年龄的增长,对自己的了解越来越多,如果他的个性特点得到承认和尊重,那么,他的自信心和自尊心也就能得到培养;家长如果能不断调整对孩子的期望和要求,使之与孩子的气质、能力和性格更相适应,那么,孩子就会觉得舒适开心,形成良好的自我意识,增进优点和长处,克服弱点和不足。反之,则对孩子的身心健康有百害而无一益。

因此,家长的育儿态度和方式要与孩子的特点和需要相适宜,对不同类型的孩子应采取不同的策略。例如,在和能言善辩型孩子互动时,父母要热情洋溢地倾听孩子的话语,给孩子创造活动的机会,为孩子提供行为的榜样,帮助孩子把语言落实到行动上,使孩子不至于成为"语言的巨人,行动的矮子";在和谨慎型孩子互动时,父母要有耐心,不催逼孩子,给孩子提供充足的时间,让孩子进行思考和活动,接纳孩子的严谨作风,尽可能少地批评惩罚孩子。家长不应从自己的个性特点和主观意愿出发,漠视孩子的独特个性,强行孩子按照自己的行为模式运转,复制、克隆自己。既不能因自己喜欢冒险,就对安静、被动的孩子提出过多过高的要求;也不能因自己小心谨慎,就对活泼、好动的孩子做出过多过分的限制。

(三)建立理想的亲子关系

美国学者萨蒙兹认为"接受——拒绝"、"支配——服从"是制约亲子关系的两个基本要素,它们的结合会派生出"无视"、"残忍"、"溺爱"和"放任"等几种不同的育儿态度和方式,若用坐标表示的话,可得到如图4-2-1所示的亲子关系。[②]

从图4-2-1可知,这个坐标上的0点所代表的亲子关系则是最为理想的亲子关系。因为在X轴上的"接受"即是父母给孩子以爱,如走向极端,就是对孩子娇生惯养,屈从于孩子,满足孩子的任何要求;"拒绝"即是父母不给孩子以爱,如走向极端,就是

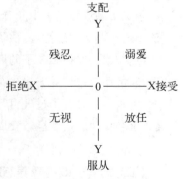

图4-2-1 亲子关系的图式
(萨蒙兹)

---

① [美]查尔斯·F·博伊德等著,易进等译:《按照天性养育孩子——灵活而有效的教子艺术》,专利文献出版社,1998年版,第15页。

② [日]森重敏著,愚心译,张玺恩校:《孩子和家庭环境》(婴幼儿教育丛书),人民教育出版社,1984年版,第49—50页。

对孩子要求过高，严厉处罚孩子。在 Y 轴上的"支配"即是父母对孩子非常严格，如走到极端，就是随心所欲地指挥孩子，丝毫不考虑孩子的特点，动不动就处罚孩子；"服从"即是父母给孩子很大的自由，如走向极端，就是对孩子百依百顺，任凭孩子摆布。在 X 轴和 Y 轴的区间里还存在着"无视"、"残忍"、"溺爱"、"放任"等极端行为。而只有 0 点才是父母向孩子倾注的非常适中的爱，这种育儿态度对孩子人格的形成有着重大的积极影响。

为了矫正不良的教养态度，父母要注意建立理想的亲子关系，对孩子，既不能爱护有余，也不能过于严厉；既不能随心所欲地去支配他们，也不能完全服从他们，而要走中庸之道，为孩子提供必要的环境和适宜的照顾，以促进孩子自主精神和社会性的发展。

(四) 形成民主的教养作风

美国心理学家曾就"专断"、"强横"、"民主"、"平等"、"自由"、"回避"六种育儿态度，征询了7 000 名孩子的看法，结果是"民主型"受到普遍而热烈的拥护。[①] 学前儿童家庭教育实践证明，民主型的教养模式是一种最完美、最有效的家庭教养模式，为了提高科学育儿的质量，家长要增强民主意识，平等对待孩子，修正、完善自己的教养方式。

首先，家长要尊重孩子的人格，承认孩子的独立地位，接纳孩子的个性特点。在对孩子提出严格要求的时候，家长还要尽可能多地尊重孩子，考虑孩子的年龄特点和个性特征，给孩子一定的发言权和决定权，以此赢得孩子的爱戴，提高自己在孩子心目中的威信。

其次，家长要强化孩子的自尊心，引导孩子积极向上，鼓励孩子自我教育。自尊心是促进孩子心理发展的内在动力，美国科学家通过对儿童进行实验研究发现，自尊心较强的孩子，往往比较活泼自信，善于表达和交际，积极主动发言，兴趣广泛，创造性较强；而缺乏自尊心的孩子，则常常情绪低落，害怕与人交往，不善表达，不喜欢发言等。[②] 美国学者凯瑟琳·克塞等人认为，孩子每天都要照父母"这面镜子"，父母对孩子的反馈决定着孩子对自己的看法，孩子是否有自尊依赖于孩子从父母这面镜子中所看到的反映。因此，父母要爱护孩子的自尊心，并加以适时强化，保护孩子这一可贵的感情，使孩子能抬起头来走路，成为一个自尊自强的人。

再次，家长要指导孩子的活动，多从正面感化孩子，少从反面影响孩子。对孩子，要摆事实讲道理，以情动情；当"双方想法有异"时，"长者一方要懂得保留意见，不要强行干涉"，命令孩子服从，特别是当自己有了过失言行以后，要敢于承认，"孩子错了要认错，大人错了也一样"。[③] 在这方面，著名相声演员姜昆教女成才的经验值得推广。

(五) 拥有一致的教养态度

家长对孩子的教养态度要一致。日本教育家山下俊郎等人通过研究"父母的育儿态度与孩子的品质和操行"，指出：当孩子处在幼儿阶段时，"父亲帮助孩子独立成长的态度与母亲帮助孩

---

① 罗恒星等主编：《家庭教育心理》，成都科技大学出版社，1991 年版，第 6—7 页。
② 林丽慧编：《如何培养孩子的独立能力》，珠海出版社，1998 年版，第 51—52 页。
③ 林华：《笑星爸爸和女儿的故事》，《为了孩子》，2000 年第 3 期，第 12 页。

子独立成长的态度在程度上没有差异,孩子的品质和操行就好";"父母对孩子接触的程度越是一样,就越有利于培养孩子的良好品质和操行";"父亲的作用和母亲的作用差别越小,就越有利于培养孩子的良好品质和操行",[①]孩子的品质和操行对其人格的发展具有重大的影响。

因此,在日常生活中,要做到教养态度一致,父母都应注意多与孩子沟通交流。无论自己多么爱孩子,但只将爱藏在心里是远远不够的,父母还必须把这种爱表达出来,让孩子亲身感受到,使情感电池在充电的同时,也能放电,以加深亲子关系的密切程度。一方面,父母要拓宽交流的广度,全方位地与孩子接触。例如,每天挤出时间和孩子在一起,今天做游戏、看电视,明天讲故事、说笑话,后天谈心、画画,大后天郊游、远足等。另一方面,父母还要增强交流的深度,提高与孩子沟通的质量。例如,父母在和孩子进行情感交流时,应采用移情的方式:倾听孩子的诉说,体察、接纳、对孩子的感受作出适当的反应,引导孩子讨论自己的感受,给孩子提供必要的帮助和鼓励。

此外,还要注意充分发挥孩子自身行为的教育价值。"数子十过,不如奖子一长"是父母必须掌握的教子艺术,在家庭教育中,应多加使用赞扬奖励这类正强化,以便对孩子产生激励作用。例如,发现孩子的一些优点时,父母可运用描述性赞扬:将看到的一切描述出来(如我看到你一直在看画报),使孩子能了解到自己的行为;把感受全部描述出来(如当我看到你在看画报时,我感到很高兴),使孩子能意识到自己的行为给别人带来的益处或快乐;用一句话或一分钟肯定表扬孩子(如你总是努力把事情做得更好),使孩子能将自己的行为持续下去。

第三节　学前儿童家长的教育能力

---

① [日]森重敏著,愚心译:《孩子和家庭环境》(婴幼儿教育丛书),人民教育出版社,1984年版,第71、74、75页。

马克思曾经指出，"家长的行业，就是教育子女"，但怎样才能使孩子成才呢？这就需要家长具有很强的教育能力。家长教育孩子的能力主要是指家长运用教育孩子的科学知识，解决家庭教育实践中遇到的各种问题，促使孩子身心健康发展的技能、策略和艺术，既包括了解认识孩子、观察记录孩子的能力，也包括分析评价孩子、指导发展孩子的能力。

一、学前儿童家长了解、认识孩子的能力

了解孩子是家长教育孩子的前提，"要教养儿童，我们非要懂得儿童的生理和心理不可"，[①]家长关于儿童心理的知识和理论制约着家庭教育的成败；了解孩子的心理、钻到孩子的肺腑中去、解读孩子的特点，是当代家长的必修课，"做父母在某一方面来说，也就是要做心理学家与教师"。

家长在深化理解孩子能力的时候，需要注意如下几点：

第一，要了解孩子的年龄特征。家长应意识到学前期的孩子，各种心理过程都带有具体形象和不随意的特点，抽象概括和随意思维刚刚开始发展；在不同的年龄阶段，孩子在身心发展上表现出不同的特点，前一阶段的发展是后一阶段发展的基础。例如，孩子一出生，就会关注人的脸，喜欢看人的面孔，能模仿人的表情；9 个月时，能区别高兴与生气等不同的表情；12 个月时，能模仿别人的举动和反应；14 个月时，能明了人与人的相同之处；18 个月时，能区分人与人的不同；24 个月时，已萌生了解别人、与别人友好相处的需要。

第二，要了解孩子的各种权利。家长应认识到孩子从出生之时起，就已享有生存和发展、娱乐和游戏、参与和受教育等各项权利，在维护孩子固有的生命权和健康权、保护孩子不受到任何伤害的前提下，还要关心孩子的成长、充分发展孩子的全部体能和智能、把孩子当作权利主体、鼓励孩子参与家庭活动和社会生活。

第三，要了解孩子的活动形式。家长应意识到学前期的孩子已出现了参加劳动和学习活动的需要，游戏就是满足孩子需要的最好的活动形式。只有寓教于游戏活动之中，才能取得预期的教育效果。

第四，要了解孩子的个人特点。家长应认识到学前期是孩子个性倾向开始萌芽的时期，由于父母遗传、家庭环境等多种因素的影响，孩子在感知动作、学习方式、智力能力、兴趣爱好、气质性格等方面的发展上都会表现出不同的特点，产生出个体差异。美国学者通过对美国、中国香港和日本 5 300 名儿童的学习方式偏好进行测试以后，发现：擅长以移动、触摸、行动来进行学习的儿童即触觉学习者，约占总体的 37%；擅长以图片来进行学习的儿童即视觉学习者，约占总体的 29%；擅长以声音、音乐来进行学习的儿童即听觉学习者，约占总体的 34%。因此，家长把握孩子在学习上的特点，有助于提高孩子的学习质量。

二、学前儿童家长观察、记录孩子的能力

为了全面、深刻的理解孩子，家长就必须有目的、有计划地观察孩子，通过自己亲自看和听，获得关于孩子身心发展的各种真实材料，并加以记录，为分析、评价孩子提供重要的依据。

---

① 陈鹤琴：《家庭教育——怎样教小孩子》，教育科学出版社，1994 年版，第 204 页。

家长在拓宽洞察孩子能力的时候,应该注意以下几个事项:

首先,观察要经常化。家长应做观察孩子的有心人,每天挤出一点时间,观看孩子的活动,使重点观察与普遍观察相结合,察言观色,听话听音,把握孩子的心理脉搏。

其次,观察要全面化。家长应对孩子身心各个方面的情况进行观察,不论是孩子体力、认知、语言的发展,还是孩子情感、社会性、美感的发展,都要予以关注,而不能成为被遗忘的角落。此外,在对孩子某一方面的发展情况进行观察时,还要做到细致、周全。例如,在观看孩子动作的发展水平时,家长既要考察孩子大肌肉动作的发展水平,也要考察孩子小肌肉动作的发展水平;在察看孩子语言的发展水平时,家长既要倾听孩子语言的发音、对词汇和语句的运用情况,也要留心孩子对语言的兴趣、理解和自信心等方面的信息。

再次,记录要简洁化。家长应把在孩子身上发现的典型行为、主要特点及时加以记录,表格、图表、图画、速写、日记等都是可以运用的便捷形式,费时少,见效快;家长还应随着孩子年龄的增长,不断对记录表加以归类、整理,以看出孩子成长的轨迹。例如,家长可设计如下一张表格(见表4-3-1),来系统记录孩子手部动作的发展过程。

表4-3-1 女儿茵茵"小手真能干"记录表

(在适当的地方打"√"或填充内容)

记录人:爸爸(　) 妈妈(　) 爷爷(　) 奶奶(　) 其他人(　)

记录时间:　　年　月　日　星期　　上午(　) 下午(　)

记录地点:自家(　) 亲朋好友家(　) 其他地方(　)

年　　龄	女儿表现出的典型行为	备　　注
不足1岁	堆积木,玩弄塑料杯子	
1—1.5岁	玩小钉板游戏	
1.5—2岁	用线穿大珠子	
2岁	拼较复杂的图案	
2.5岁	折纸	
3岁	玩大拼板游戏	
4岁	写自己的名字	
5岁	擦鞋子	

最后,记录要多样化。家长除了可以利用文字来记录孩子的发展情况以外,还能够通过收录机、照相机、摄像机、手机等多种器具来记录孩子的成长历程,以获取立体的、动态的信息,并做到量多质优。例如,利用收录机,家长可录下孩子说讲的故事、演唱的歌曲、弹奏的乐曲;利用照相机,家长能拍下孩子的绘画作品、手工作品、书法作品;利用摄像机,家长可摄下孩子的生日晚会、同伴活动、外出游玩的情景等。

三、学前儿童家长分析、评价孩子的能力

家长要对已了解到的孩子的情况进行分析、综合、抽象和概括,做出切合实际、恰如其分的判

断和评价,为行之有效地指导孩子、促进孩子的发展创造条件。

家长在提高评析孩子能力的时候,必须注意如下几个问题:

第一,全面分析孩子。孩子的发展水平受到许多因素的制约,这就要求家长在掌握各种信息的基础上进行分析,不挂一漏万、随意取舍、以偏概全、片面行事。例如,孩子做错了事情,总是不肯承认,父母就要冷静分析:究竟是什么因素导致的?是孩子害怕受到惩罚、失去看电视的权利,还是孩子担心大人不喜欢他,抑或是孩子觉得没面子等。

第二,正确判断孩子。影响孩子个体发展的原因既有主观的也有客观的,既有直接的也有间接的,因此,家长要保持清醒的头脑,审时度势、实事求是地做出判断,具体情况具体分析,而不主观臆断。例如,爸爸带着孩子到爷爷奶奶家做客,父亲不在场时,孩子无法无天,谁的话也不肯听;父亲在场时,孩子则规规矩矩,老实听话,叫他干什么他就干什么。据此,我们可以看出这个孩子在人格的发展上不够健全,具有性格的两面性。

第三,科学评价孩子。家长既要对孩子体、智、德、美诸方面发展的总体水平进行评价,又要对孩子每一方面发展的具体情况做出鉴定,而不能偏向或轻视某一方面,以保证结论的科学性。例如,家长可利用如下表格(见表4-3-2),来评估孩子的自我服务能力。

表4-3-2 儿子刚刚"自我服务能力"评估表

(在适当的地方打"√")

评估者:爸爸(　) 妈妈(　) 爷爷(　) 奶奶(　) 外公(　) 外婆(　) 其他人(　)

评估时间:　　年　月　日　　星期(　)

编号	评估项目	评估指标				
		总是	经常	一般	有时	很少
1	自己穿衣	(　)	(　)	(　)	(　)	(　)
2	自己如厕	(　)	(　)	(　)	(　)	(　)
3	自己洗脸	(　)	(　)	(　)	(　)	(　)
4	自己吃饭	(　)	(　)	(　)	(　)	(　)
5	自己洗脚	(　)	(　)	(　)	(　)	(　)
6	自己铺床	(　)	(　)	(　)	(　)	(　)
7	自己睡觉	(　)	(　)	(　)	(　)	(　)
8	自己脱衣	(　)	(　)	(　)	(　)	(　)
9	自己洗手帕	(　)	(　)	(　)	(　)	(　)
10	自己洗袜子	(　)	(　)	(　)	(　)	(　)

第四,纵向比较孩子。在对孩子进行评价时,家长应以孩子为参照系,实行纵向比较,把孩子的今天与其过去相比,看其是否有进步,而不要把孩子与同伴进行横向比较,更不能拿孩子的缺点与同伴的优点相提并论,唯有这样,家长才会越比越高兴,而不是越比越生气;孩子才会不断增强自尊心和自信心,而不是嫉妒和厌恶同伴。例如,母亲在孩子面前呈现两个盘子,一盘装有饼

干,另一盘盛着椰菜,当孩子表示要饼干时,母亲就向孩子示意她喜欢椰菜而讨厌饼干,并伸手问孩子:"能给我一点儿吗?"孩子在 14 个月大时,如把饼干递给母亲,就说明他仅对别人与自己的爱好相同有意识;孩子在 18 个月大时,如能把椰菜递给母亲,就说明他已认识到别人的意愿与自己的不同。由此可见,在孩子发展的不同年龄阶段,父母向孩子提供同一材料,能看出孩子的心理发展水平伴随着年龄的增长而得到了提高。

四、学前儿童家长指导、发展孩子的能力

家长在评价孩子的基础上,还要针对孩子的实际情况,采取相应的教育措施,给予孩子具体的指导,帮助孩子长善救失、扬长补短,以促进孩子更好地发展。国外许多教育家都强调家长拥有这种能力的重要性,美国学者克米·普玲认为,"父母的最佳指南是他的理解力加上他的有关发展需要的知识,然后是把这两方面运用于每个孩子的具体成长过程中",[1]还有的学者也指出父母要"满怀爱心与关切,利用所有科学上所搜集的有关儿童心理的知识来培养快乐、智慧的人"。

家长在增强培养孩子能力的时候,应当注意以下几个方面:

首先是指导的早期性。家长对孩子的指教要尽可能早地开始,不要等出现了令人不满的现象以后再来进行教育,"亡羊补牢"的事情应该少做、不做。例如,从孩子出生时起,父母可在家里开辟"宝宝天地",张贴色彩鲜艳的图片、画报,供孩子观赏;当孩子手部小肌肉有所发展时,父母可把使用剪刀及胶水的方法、绘画的技能教给孩子,鼓励孩子自己制作"宝宝天地"中墙报的花边,为墙报配制插图,并定期更换等,以培养孩子对美术活动的兴趣,发展孩子的动手能力。

其次是指导的针对性。家庭教育过程极其错综复杂,有许多事情是始料不及的,出现了什么样的问题,家长就要进行什么样的指导,对症下药,而不能"张冠李戴"。例如,外婆来做客时,因着凉感冒、吐痰不止,女儿就露出厌恶的表情,妈妈见状,拿出了女儿的"百日照",开导女儿:你小时候,外婆可喜欢你啦;你不会走路时,外婆经常抱你、背你、帮你洗澡;有一次洗到一半时,你突然开始大便,外婆一点也没嫌你脏,她帮你擦掉大便后,又托着你,替你洗澡;外婆现在老了,我们要回报她,关心她,照顾她。母亲适时的忆苦思甜,有利于激发孩子的同情心。

再次是指导的艺术性。家长对孩子的教导要想使孩子乐于接受,实现教育的最优化,就必须注意方式方法,讲究策略和艺术,否则,说破嘴皮,也不一定奏效,孩子依然我行我素。例如,5 岁的儿子,做事时总粗心大意,为了帮助孩子改掉这一毛病,爸爸在发现孩子绘画作品中的不足之后,没有像平时那样立即指出,帮助孩子订正,而是把绘画作品拿起来,看了又看,贴在耳边,听了又听;儿子觉得奇怪,就问爸爸:"你在干什么?"爸爸答道:"我在看小鸡、小鸭,听他们说话。"儿子又问:"小鸡、小鸭说了什么?""小鸡、小鸭好像都生气了:小鸡说,有人把它的脚接错了,它没办法再跳舞了;小鸭说,有人把它的脚安错了,它没办法再游泳了。"这样,孩子就很容易在惊喜之中,受到启发,听从教诲。

最后是发展的全面性。家长要立足今天,面向未来,树立现代人才观,全面奠定孩子做现代

---

[1] [美] 克米·普玲著,张虹云等译:《满足儿童需要秘诀》,知识出版社,1991 年版,第 170 页。

人的素质,使孩子在体力、智力、品行、审美各个方面都得到发展,为将来的学习、工作、生活打好基础。美国哈佛大学教育学教授霍华德·加德纳经过十几年的研究,指出每个孩子至少有七种不同的"智力中心",因此,家长在促进孩子智力发展的时候,不仅要通过讲故事、猜谜语、玩拼写游戏等来提高孩子的"语言的智力",通过鼓励孩子尝试、探索和实验等来加强孩子的"逻辑数学的智力";而且要通过观察图片、想象绘画、模拟表演等来增强孩子的"视觉空间的智力",通过舞蹈、运动、表演、操作等来提高孩子的"身体动觉的智力";此外还要通过唱歌、演奏乐器、在音乐伴随下画画和锻炼身体等来加强孩子的"音乐的智力",通过开展合作分享活动、与同伴交往交谈活动等来强化孩子的"人际交往的智力",通过创设独立活动、自由活动等来培养孩子的"进入内心的智力"。①

此外是发展的多样性。社会需要大批人才,不同职业需要不同的人,同一职业不同的分工也需要不同的人,家长应从孩子的个体差异出发,尊重孩子的个性特点,充分挖掘孩子的潜力,使孩子在全面发展的基础上,个性得到生动活泼地发展,将来能适应社会的需要,而不能人云亦云,盲目攀比,照抄照搬别人的做法。例如,看到人家的儿子打高尔夫球,就想着法子让自己的孩子也学高尔夫球;发现别人的女儿拉手风琴,也让自己的孩子学拉手风琴;察觉别人家的孩子画水墨画,也让自己的孩子学画水墨画等。

补充读物

我与幼女共同成长

赵 瑜②

"你能走多远,那么你的孩子就能走多远。"我认为要想让孩子怎么样,家长首先应该怎么样。我有一个宝贝女儿叫明珠,由于家中住房紧张,她在上幼儿园阶段,主要是生活在一个大家庭里的,家中有奶奶、姑姑、叔叔、爸爸、妈妈,家庭气氛和谐,这使得她性格活泼开朗,但由于她受到的宠爱过多,因而也有一些自我中心的倾向。

1. 让孩子受到一致的教育

在教育孩子的态度上,家庭成员之间必须保持一致,只有这样,才能有助于孩子形成良好的规则意识和行为习惯。为此,我首先统一家里人的看法,并且确定了"以我为主"的教育方式,对于我对女儿做出的各种教育措施,家庭其他成员可以事后提出意见,但不能当着孩子的面提出异议。

2. 让孩子学会反思

我在家里设立了"反思角",给女儿一个独处的空间来反省错误。平日里家里人多,她表现得

① [新西兰]戈登·德莱、[美]珍妮特·沃斯著,顾瑞荣等译:《学习的革命——通向21世纪的个人护照》,上海三联书店,1997年版,第330—342页。
② 赵瑜,山东省淄博师范高等专科学校学前教育学院副教授、副书记,华东师范大学学前教育与特殊教育学院 2012—2013 学年高级访问学者。

很活跃,经常跑来跑去,跟家人嬉闹,会把玩具弄得一团糟,还经常打碎碗碟、碰翻器具,每每出现这种状况时,她又会察言观色,还没等我开口,她就先向奶奶、姑姑求救,用"哭"来争得同情,求得原谅,因为她知道这时候奶奶、姑姑都会最先忍不住而原谅她,并替她求情。后来我郑重其事地跟女儿谈:不论在什么时候,也不论是在什么情况下,"哭"都是没有用的,是解决不了问题的,也是改变不了事实的,犯了错误不要紧,但要知道错在哪里了,然后跟妈妈说说;她瞪着眼睛,认真地听着,并点头。有一次,她又打翻了一只茶杯,她看着我,刚要哭,我就淡淡地告诉她:哭是没有用的,去找个地方想一想,再来跟妈妈说。我和家人达成一致,各忙各的,谁也不理她。她刚走到墙根前,就立马跑回来说:妈妈,我想好了,但接下来没词了;我说:没想好继续去想。一来二去,她每次犯了错误,自己都能主动去面壁思过,然后跑来跟妈妈说错在哪里了,以后不再犯了。还有一次,女儿跟邻居家的小男孩闹翻了,把人家的脸给抓破了,爷爷领着孙子来找我,我安抚好祖孙俩以后,叫她先思考,这次她站在墙根前,咬着上嘴唇,忍着泪水,就是不过来认错,我们俩僵持着。这时我看到下班时从路边买来的一只小椅子,便有了主意。我告诉她,我猜你肯定不是故意抓破小朋友脸的,但事实已经是这样了,万一小朋友的脸上留下疤痕多难看啊,他家人多难过啊,如果以后你能跟小朋友好好玩,今天你可以坐在小椅子上思考。她眼睛一亮,坐到小椅子上了,想了一会儿,然后告诉我是怎么回事,并表示明天就拿着好吃的东西去跟他说"对不起"。于是我们就把这把小椅子叫作"思考小椅子"。很多好习惯,比如,自己叠衣服,把家人和自己的鞋子在鞋柜里放好,收拾玩具,与人分享等等都是通过"坐在小椅子上反思"以后慢慢形成的。女儿上小学后我们搬家,看到已闲置多年的小椅子,我刚要扔掉它,却被女儿拦了下来,说是要留着作纪念。

3. 让孩子学会敬重长辈

我们生活的大家庭正好有利于培养女儿尊敬长辈的品质。每次吃饭时,我们都等着家人到齐了以后一块吃,奶奶先动手动口,我们把好吃的菜都先夹到奶奶的碗里,而不是先给她。给家里的每个成员过生日,每次生日宴会也是我们出去聚餐的好时机:我们买蛋糕,送生日礼物,点蜡烛,唱祝福的生日歌,敬酒,送祝福的话语,简朴而隆重;切了蛋糕,让女儿挨个送到每个人的手里,每次都是先给奶奶、外公、外婆,然后给叔叔、姑姑、爸爸、妈妈,最后是给她自己;敬酒的时候,每次我们先示范,然后她再学样,这样,她就学会了祝福每个人生日快乐、健康长寿等话语。她自己的生日也是这样的流程,我们是想让她知道不能搞特殊化,自己的生日也要先祝福长辈。

4. 让孩子学会与人分享

女儿刚会吃东西的时候,大家都宠着她,有好吃的都先给她,这样就造成了她不愿意与人分享的坏毛病,问她为什么,她就说:她知道大人跟她要东西不是真的要,而是假装要的;后来我告诉家人:不论有什么好吃的东西,也不论有多少,大家都有份,都要分享一点,我们还放大了这种分享的欢乐。每次家人出差都要带回点特产,这也是女儿最高兴最期盼的时候。刚开始时,她实在不舍得分给大家,这时我们就说说笑笑,都不理她,她发觉一个人吃没有什么意思,后来就主动分给大家了;我们先向她表示感谢,然后大家一块吃,高高兴兴,有说有笑,还不停地夸赞她几句,她也就乐在其中了。

5. 让孩子的语言得到发展

从女儿出生的第一天起,我和她爸爸,包括其他家人,就一直很认真地和她对话,把她当成一个大孩子,对她诉说着身边的各种各样的事情,这使得女儿的语言表达能力发展得还不错。我每次在厨房做饭时,她都很好奇,都愿意掺和,于是我就边做边把每个程序说给她听,还经常变换说的方式,有时候是歌曲改词的形式,有时候是快板的语调,有时是三句半,比如:"加点盐,有点咸,再加水,正好!"这使女儿觉得做饭是一件很有意思的事情。我还让女儿帮助递递铲子,拿拿筷子和碗,这样,当饭菜端上桌的时候,她也就有了一种成功感。我每天送女儿去上幼儿园之前,都要叫她跟家里的每个人"道别";每次接女儿回到家时,都要她跟家中的每个人"问好",这样不仅帮助女儿形成了良好的行为习惯,而且还发展了女儿的语言表达能力。

阅读参考书目

1. 陈鹤琴:《家庭教育——怎样教小孩》,教育科学出版社,1984 年版。

2. 赵忠心:《家庭教育学》,人民教育出版社,1994 年版。

3. 邓佐君主编:《家庭教育学》(教育学丛书),福建教育出版社,1995 年版。

4. 李生兰:《幼儿家庭教育》,上海教育出版社,2000 年版。

5. 李生兰:《儿童的乐园:走进 21 世纪的美国学前教育》,南京师范大学出版社,2011 年版。

6. 李生兰等:《学前教育法规政策的理解与运用》,南京师范大学出版社,2012 年版。

7. [捷克]兹·玛罗娃等著,杨春华等译:《家庭关系与子女教育》,新华出版社,1982 年版。

8. [苏联]瓦·阿·苏霍姆林斯基著,杜志英等译:《家长教育学》,中国妇女出版社,1982 年版。

9. [苏联]T·B·巴什基洛娃著,刘玲译:《怎样理解孩子的心灵》,中国青年出版社,1983 年版。

10. [日]森重敏著,愚心译:《孩子和家庭环境》(婴幼儿教育丛书),人民教育出版社,1984 年版。

11. [日]中野佐三著,愚心译:《孩子和家庭成员的关系》(婴幼儿教育丛书),人民教育出版社,1985 年版。

12. [日]内山喜久雄著,李秀英译:《顽习固癖及其矫正方法》(婴幼儿教育丛书),人民教育出版社,1985 年版。

13. [美]克米·普玲著,张虹云等译:《满足儿童需要秘诀》,知识出版社,1991 年版。

14. [美]查尔斯·F·博伊德等著,易进等译:《按照天性养育孩子——灵活而有效的教子艺术》,专利文献出版社,1998 年版。

15. [美]克劳蒂亚:《父亲之爱》,远方出版社,1998 年版。

16. [美]帕特丽夏·H·斯普林科著,胡春玲等译:《造就小主人》,专利文献出版社,1998 年版。

网上浏览

1. http://www.age06.com
2. http://jtjy.china.com.cn
3. http://www.zhjtjyw.com
4. http://www.jiaj.org

复习思考题

1. 学前儿童家长的教育素质由哪些要素构成?
2. 学前儿童家长的各种素养对孩子的发展有什么影响?
3. 你认为学前儿童家长的教养态度主要有哪几种?
4. 学前儿童家长的教养态度对孩子有哪些正面或负面作用?
5. 学前儿童家长应该如何调整自己的教养态度?
6. 学前儿童家长应该具备哪些教育能力?
7. 学前儿童家长如何提高解读孩子的能力?
8. 学前儿童家长如何增强评析孩子的能力?
9. 学前儿童家长如何强化指导孩子的能力?
10. 设计一份记录表,记录孩子某一方面发展的情况。
11. 设计一份评价表,评价孩子某一方面的发展水平。

案例试评

先阅读下面案例,再查看评价表(见下表),并在你认为恰当的答案的序号上打"✓"。

一、案例

星期天早晨,儿子赖在床上不肯起来,妈妈叫了几次,他也只是嘴上答应,而没有行动;妈妈忽然想到儿子喜欢玩雪,就灵机一动,对儿子说:"昨天晚上下了一场大雪,现在地上已经积了厚厚的一层雪,你快起来,妈妈带你到雪地上去玩。"儿子听后,高兴地一骨碌爬了起来。当儿子从床上自己穿好衣服下来以后,他便迅速地跑到窗前,想看个究竟,妈妈担心儿子看出自己的破绽,就阻挡道:"现在别看,等吃过早饭以后再看。"儿子不愿意,当他发现外面根本没下雪时,他生气地质问道:"妈妈,你怎么能骗人呢?"妈妈怒气冲天:"谁叫你不肯起床?你还敢讲妈妈,真是不得了!看妈妈怎么收拾你。"妈妈找来了鸡毛掸子,要打儿子,儿子就站在"全家福"的照片下面,对妈妈说:"你打吧,打死我算了。"爸爸下夜班回来了,问清缘由以后,先是批评妈妈一通:"你不记得'曾子杀猪'的故事了?对孩子要言而有信。"接着又转身安慰儿子:"别哭了,爸爸带你到外面去拍皮球,好吗?"儿子破涕为笑,点头称"好"。

二、评价表

编 号	项 目	答 案
1	妈妈的特点	(1) 处事灵活 (2) 了解儿子 (3) 情绪冲动 (4) 言行不一
2	爸爸的特点	(1) 勤劳公正 (2) 知识丰富 (3) 娇惯儿子 (4) 不爱妻子
3	儿子的特点	(1) 自理能力强 (2) 好睡懒觉 (3) 喜欢玩雪 (4) 不怕挨打
4	妈妈的缺点	(1) 维护自身权威 (2) 体罚儿子 (3) 没有耐心 (4) 说谎
5	爸爸的优点	(1) 对孩子循循善诱 (2) 对妻子晓之以理 (3) 理解儿子 (4) 先人后己
6	儿子的缺点	(1) 不听话 (2) 对妈妈没礼貌 (3) 惹妈妈生气 (4) 有恃无恐
7	对妈妈的建议	(1) 不欺骗孩子 (2) 给儿子讲道理 (3) 向孩子承认错误 (4) 改正错误
8	对爸爸的建议	(1) 不在孩子面前批评妻子 (2) 批评儿子的错误 (3) 要儿子原谅妈妈 (4) 要妻子向儿子道歉
9	对儿子的建议	(1) 听妈妈话 (2) 要关心爸爸 (3) 对妈妈要有礼貌 (4) 妈妈打时要躲避

第五章

学前教育机构家庭教育的指导

本章首先通过调查研究论证了新中国成立 50 年来,学前教育机构在各个不同的历史时期所涌现出来的家庭教育指导的具体形式以及发展的主要特点,分析了产生这些形式的一些基本原因,并从知识经济、世界学前教育改革、托幼一体化的角度推测了学前教育机构家庭教育指导形式发展的趋向。其次,详细阐述了学前教育机构如何利用家长的听觉、视觉、运动觉等多种感官通道,开展生动活泼的家庭教育指导活动,对家长进行卓有成效的指导,以全面提高家长的教育素质和教育能力。再次,深入论述了社会互动的几个主要理论以及对学前教育机构家庭教育指导的多种启示;最后,还简单介绍了《全国家庭教育指导大纲》的主要内容。

第一节 学前教育机构家庭教育指导形式的衍变

学前儿童家庭教育的指导形式在各个不同的历史时期具有不同的地位和作用、规律和特点,除了与社会发展、经济变革、学前教育政策密切相关以外,还直接受到托幼园所办园(所)条件、教

师经验、家长素质、儿童发展水平等多种因素的综合影响。

一、20 世纪 50—90 年代学前教育机构家庭教育的指导形式及成因

（一）50 年代幼儿家庭教育指导的形式及影响因素

指导家庭教育的形式比较集中于"家庭访问"、"来园接待"、"家园联系册"等。对上海市幼儿园家庭教育指导形式的抽样调查结果表明，[1]"家庭访问"被 41 所幼儿园采用，占总体的 93％；"来园接待"有 37 所幼儿园采用，占总体的 84％；"家园联系册"有 22 所幼儿园采用，占总体的 50％。

这一时期，家园双方建立了深厚的感情，家长和教师关系很密切，因为许多家庭的几个孩子都是在同一个幼儿园长大的；家长很尊敬老师，对教师的来访很感动，认为教师没有看不起他们，因为家庭的居住条件、卫生设施比较差，家里没有什么像样的家什，不少为"滚地龙"、棚户区；家长对幼儿园的教育也没什么要求，认为只要能让孩子吃得饱、吃得好就行了，很容易满足；教师全心全意地义务为家长服务。特别是在 1958 年大跃进时期，创办寄宿制幼儿园，教师每日 24 小时为工农子女服务，家长需要什么，教师就做什么，有的教师甚至住在幼儿园里，把家长的困难全包下来，替孩子洗头、洗澡、缝补衣服等；家长与教师没有任何金钱关系，教师在平凡的岗位上，做出不平凡的事情，"阿姨像妈妈，宝宝听你话"的倡议鼓舞着教师做到"教养合一"；半日制幼儿园的教师，上午带班，下午"家访"。

此期幼儿家庭教育的指导，不论运用什么样的形式，都是围绕着幼儿养育的内容来进行的，家长对孩子关注的焦点集中在生活上，能满足孩子的饮食需要就行了，而别无他求。此期重视家庭教育指导的原因主要有：

一是国家政府重视幼教，制定各种幼教政策，使幼儿园的家长工作指导有据可依。例如，1949 年 12 月在北京召开了第一次全国教育会议，指出，"教育必须为国家建设服务，教育必须向工农开门"；提出要对幼儿园进行改革，优先录取劳动人民的子女，将过去的半日制逐渐改为全日制，取消寒暑假制度，方便家长工作。1952 年中央教育部颁布《幼儿园暂行规程》（草案），规定：幼儿园的任务是根据新民主主义教育方针教养幼儿，使他们的身心在入小学前获得健全的发育；同时减轻母亲对幼儿的负担，使母亲有时间参加政治生活、生产劳动、文化教育活动等；对幼儿进行初步的全面发展的教养工作。

二是幼教界学习苏联的经验，使幼儿园的家长工作有了效仿的范例。1951 年以后，全国掀起学习苏联幼教经验的热潮，中央教育部聘请苏联马努依连柯幼教专家指导，参照苏联《幼儿园教养员工作指南》，通过实验研究，于 1956 年编写、发布了《幼儿园教育工作指南》。这都对上海幼儿家庭教育的指导产生了积极的影响，使教师树立了为家长服务的服务观，为幼儿发展的教养观。如当时的南京西路幼儿园积极为产业工人，特别是双产业、多子女、无人照顾孩子的工人家庭服务。

---

① 本调查由李洪曾先生负责，参加本研究的人员除了笔者以外，还有谢光庭、陈东珍、黄娟娟以及各区县幼儿家庭教育干部和联络员、部分幼儿园园长及园长助理、骨干教师和幼教干部。

（二）60 年代初至"文革"前幼儿家庭教育指导的形式及影响因素

指导家庭教育的形式比较集中于"家庭访问"、"来园接待"、"家长会"。比如，"家庭访问"有42 所幼儿园运用，占总体的 95%，比前期的地位略有上升；"来园接待"有 36 所幼儿园运用，占总体的 82%，比前期稍有下降；"家长会"有 28 所幼儿园运用，占总体的 64%，比前期有了明显的增长。

这个时期强调幼儿园为生产服务，为家长服务，重视教养工作，关注照顾、护理幼儿，实行全包。家长如果是三班制或是双职工，教师就利用业余时间进行"家访"，帮助家长替孩子梳洗，接送孩子，不计时间，不讲报酬，无私奉献；除了召开"家长会"，请家长提意见，注重双方交流和实际效果以外，还成立了"家长委员会"，请有文化、有知识、热心园教的家长参与，讨论幼儿园的重大事情，帮助幼儿园做好事。

这一时期重视家庭教育的指导与社会的大环境有关。1960 年全国妇联在哈尔滨主持召开了全国城市儿童保育工作现场会，指出养育和教育共产主义接班人的劳动是崇高的劳动；1961 年又在哈尔滨召开了全国儿童保健会议和卫生厅、局长会议，讨论、制定了《儿童一日生活细则》要求全国各地贯彻执行，上海也不例外。

（三）"文革"时期幼儿家庭教育指导的形式及影响因素

家庭教育指导的形式比较集中于"家庭访问"、"来园接待"、"家长会"。调查发现，"家庭访问"有 33 所幼儿园使用，占总体的 75%，比前两个时期明显下降；"来园接待"有 30 所幼儿园使用，占总体的 68%，也比前两个时期有所下降；"家长会"有 24 所幼儿园采用，占总体的 55%，比前期有大幅度的下降。

1965 年的四清、1966—1976 年的"文化大革命"，都对幼儿教育事业造成极大的混乱和损失，家长工作的指导也在所难免。在极左思潮的影响下，具有爱心和责任心的教师受到错误的批判和不公正的对待，"慈母心"被诬为是错误的，"母爱"是反动的，这是在拉拢工农家长，腐蚀家长。幼儿在园的作息时间、饮食结构也更改了，例如，一天一粒糖果、两块饼干；进餐时不使用餐具；不坐小椅子，以免受到毒害，助长资产阶级的坏思想。教师与保育员大换位，教师进厨房，保育员进课堂，课堂上"放羊"，家长对幼儿园也无什么要求。但是，广大幼儿教师仍然忠于职守，园长、教师与家长的关系依然纯洁、紧密，白天或表面上，虽然遭到红卫兵的批判，是个"当权派"，但晚上或暗地里，却常常能得到家长的同情、支持；教师仍然全心全意地为幼儿服务，幼儿病了不是打电话请家长来，而是赶快把他送到医院去看病，和家长是以情换情，以心换心。

这一时期幼儿家庭教育指导的多种形式，被迫服从当时社会"阶级斗争"的需要；与前两个时期相比，"家庭访问"、"来园接待"、"家长会"这些基本的家庭教育指导形式运用的频率都在下降。

（四）在"文革"后及 80 年代幼儿家庭教育指导的形式及影响因素

家庭出身教育指导的形式比较集中于"家庭访问"、"来园接待"、"家长会"。调查显示，"家庭访问"有 40 个幼儿园采用，占总体的 91%，比"文革"期间有所上升，但仍不及五六十年代；"来园接待"有 31 个幼儿园采用，占总体的 70%，比"文革"期间有些上升，但与五六十年代相比仍有较大距离;"家长会"有 25 个幼儿园采用,占总体的 57%,比"文革"期间有了提高,但仍不及 60 年代。

1976 年粉碎"四人帮"、拨乱反正以后,幼儿教育开始恢复,家庭教育的指导也纳入正常轨道,指导形式多种多样。"家庭访问"是这个时期的主要形式,教师意识到幼儿的发展水平是由幼儿园和家庭两个教育场所共同决定的,注意了解幼儿的家庭环境,并做到经常化,自觉化,比如,上午带班,下午就去"家访",帮助家长配合园教,因家施教,因孩子施教。"来园接待"有全园接待和班级接待,园长、教师注意对家长进行微笑服务,既满足家长的需要,又对家长提出合理的要求,如穿戴应整齐。"家长会"每学期约 4 次,有新生家长会、大班毕业典礼家长会,也有学期开始和结束时的家长会。

这一时期重视幼儿家庭教育的指导与五六十年代大不相同,它已开始被作为一门科学来研究,市妇联、教育局都投入了很多的人力、物力和财力,成立了家庭教育研究会,专门研究科学育儿的理论和实践。幼儿园注意通过多种多样的家庭教育指导形式,要求家长配合园教,向家长宣传幼儿教育的目标、内容和途径,比如,如何培养孩子的语言能力,如何科学地养育孩子;但由于整个社会教育观念的转变尚处于启动过程,幼儿园也没有意识到家长这一教育主体的作用,以及家长自身教育能力的局限,使此期家庭教育的指导仍然是家长处于被动参与的状态。

促使这一时期幼儿家庭教育指导形式多样化的因素主要有:

一是国家幼教改革政策的出台,要求幼儿园必须对家长进行指导。1979 年教育部、卫生部、国家劳动总局、全国总工会、全国妇联在北京召开了"全国托幼工作会议",提出要恢复、整顿、发展、提高幼儿教育;1980 年卫生部和教育部在联合颁布的《托儿所、幼儿园卫生保健制度》中,对"家长联系制度"等方面的内容做出了详细、具体的规定;1981 年教育部颁发了《幼儿园教育纲要》(试行草案),提出:"为了教育好幼儿,幼儿园必须和家庭取得密切的联系与配合。特别是在独生子女越来越普遍的情况下,幼儿园和家庭联系与配合显得更加重要。必须使家长了解幼儿园对幼儿进行教育的情况与要求,使双方教育取得一致,以利于幼儿的成长。幼儿园要主动争取社会、家庭对幼儿园工作的支持,听取他们的意见,共同培育好革命后代。"

二是社会上重视知识、重视人才的风气日盛,促使家长重视孩子的教育工作。1985 年《中共中央关于教育体制改革的决定》指出:教育体制改革的根本目的是提高民族素质,多出人才,出好人才。《决定》的颁布,推动幼教、家教进入一个新的历史发展阶段,全社会对教育工作的高度重视,家长萌发从小要教育孩子的积极性和自觉性,这就为幼儿园与家庭的配合创造了必要的前提条件。

三是独生子女政策的实施,增强家长教育孩子的紧迫感和优越感。人民生活水平的日益提高以及家庭结构的改变,一个家庭只生一个孩子,既使得家长对孩子的要求比前几个时期高又多,"望子成龙"、"望女成凤",也使家长有时间、精力、财力、物力来为孩子的教育创造良好的物质条件,这就使幼儿园与家庭的多方面配合成为可能。

(五) 90 年代幼儿家庭教育指导的形式及影响因素

家庭教育指导的形式不同于过去各个时期的比较集中,而是相对分散。以使用频率较高的

"来园接待"、"家长会"、"家庭访问"来讲："来园接待"有 28 个幼儿园采用,占总体的 64%,低于前面各个时期;"家长会"有 22 个幼儿园采用,占总体的 50%,低于第二、三、四个时期;"家庭访问"有 18 个幼儿园采用,占总体的 41%,远远低于前述各个时期,并从前面四个时期始终保持的第一位降至第三位。此外,家庭教育专题讲座、家庭教育专题讨论会、半日开放活动、亲子同乐活动、班级家庭教育黑板报与墙报、家庭教育学报、家庭教育小品、家园信息窗与联系箱、家庭教育点评及辨析、家庭教育竞赛活动、家长参与园教、邻里友好小组等各种指导形式几乎都被幼儿园采用。

幼儿园能从幼儿、家长的实际情况出发,开展各种形式的家庭教育指导活动。定期召开"家长会",有全园性的家长会(如新生家长会、毕业生家长会)和班级家长会、部分家长会(如体质弱的幼儿的家长会,行为习惯差的幼儿的家长会);请部分家长来座谈,发表自己的感想及对幼儿园的看法,评价教师的工作等,这种双向沟通的形式,不同于过去大都是单向的由园方向家长发出信息,而是很重视听取家长的反馈意见。通过"家庭教育专题讲座",向家长系统传授幼儿卫生学、幼儿心理学、幼儿教育学的理论知识,并注意操作性,比如,如何为孩子选择玩具。"召开家庭教育专题讨论会",根据教育目标和园务计划、幼儿年龄特点、家庭教育中的问题,设计不同的专题,组织家长在园交流,讨论对策。有的幼儿园每学期由大、中、小班各教研组分别负责组织家长,讨论如何帮助孩子摆脱自我中心、如何培养幼儿良好的行为习惯等。在幼儿园"半日开放活动"中,请家长进课堂,进一步了解教育目标,参与教育活动,增进理解,加强友谊。有的幼儿园还专门邀请男性家长进课堂,以弥补女教师对幼儿发展的性别影响的不足;有的幼儿园在新生入园前后开放保教活动、大班毕业典礼活动、六一节活动,帮助家长为自觉配合幼儿园的工作做好准备。在"亲子同乐活动"中,家长、幼儿、教师一起活动,如体育同乐活动、歌舞同乐活动,形成各种信息能传输、交换、接收、反馈的通道,强化家庭与幼儿园的合作关系。通过办好班级"家庭教育黑板报"、墙报,在每班门口设立"家园联系窗",登些家长喜欢看的内容、幼儿提出的各种"怪"问题,以引起更多家长关注;公布教养工作的周计划、月计划;对家长提出的要求,如让孩子把各种种子带到幼儿园来,开展种植活动;向家长提出的教育建议,如星期天让孩子在家做值日生,满足孩子热爱劳动的需要;并注意定期更换,如向家长介绍家庭教育的主要方法和方式。许多幼儿园办有幼儿园"幼儿家庭教育学报",教师轮流做编辑,按周、按月出版发行,或请幼儿担任"报童"卖报,向家长介绍幼儿园的大事、教学计划、教养笔记、教研成果和家长教子困惑、经验及教训。

此外,幼儿园还表演"家庭教育小品",生动形象地向家长宣传家园合作的重要性(如一幼儿在幼儿园过生日,老师要求每个幼儿都带一种食品来,有的家长不让孩子带,怕孩子吃亏,别人占便宜;未带食品的幼儿也得到了老师同等的待遇,家长观看后深受启发,表示今后一定配合老师的工作),取得较好的效果。设立家园信息窗、联系箱,经常向家长发布幼儿园重要活动信息,进行家园对话,表彰参赛获奖的幼儿;通过反馈表,家园及时沟通,听取家长的意见,接受家长的合理化建议。开展家教点评、辨析活动。教师描述某一家教现象,请家长就此发表自己的观点,进行分析、评论,以引导家长树立正确的儿童观和教育观。举办竞赛活动,如抢答各种家庭教育知识竞赛题,制作家园花式菜肴评比活动。家长参与幼儿园的保教活动,如和教师一起美化幼儿园的环境,和幼儿一道开展种植饲养活动,实现家园教育的同向同步。充分发挥"家委会"的作用,组织家长自由讨论,自由结伴,成立友好小组,定期、轮流在各个地方开展活动,让家长教育家长。

有的幼儿园还制定了教师上门指导制度、组织观看家庭教育的录像带、召开家庭教育经验交流会、创办育儿茶座、家教沙龙等。

这一时期,幼儿家庭教育指导的形式与以前几个时期相比有以下几个不同点:(1)多样性。与前几期相比,此期家庭教育指导的形式最多。(2)独特性。幼儿园从自身实际出发,选用指导形式。由于不同的幼儿园由不同的家长所构成,家长的价值观、家庭观不同,所以,幼儿园采用的指导家庭教育的具体形式也就不同。例如,有的幼儿园依然把"家庭访问"放在首位,倡导上门指导,而有的幼儿园则明确提出不该再沿用此种形式,因为家长不欢迎教师上门家访。(3)民主性。在具体运用某种指导形式的时候,幼儿园比较注意调动家长的积极性,发挥家长的主动性,家园双方协商进行。比如,同样是召开"家长会",已不再完全是教师讲,家长听,而是有了家长、教师共同讨论的形式。(4)全面性。幼儿园不论选用哪种形式来指导家庭教育,其内容已不像前几期那样狭窄,偏重于幼儿的身体养护,增强幼儿的体质,而是变得十分宽广,强调幼儿的体力、智力、社会性、审美等多方面的和谐发展。(5)新颖性。这一时期出现了过去所没有的一些家庭教育指导的形式,如家庭教育点评、辨析活动。(6)活动性。过去的活动注重通过家长的视觉、听觉来提高帮助其获取教育信息,提高教育技能,现在已发展为注重通过家长的运动觉来增强家长的教育能力。(7)实效性。不同的幼儿发展水平不同,不同的家长职业、文化程度、教育素养不同,不同的家庭结构、教育环境不同,幼儿园能根据指导对象的不同特点,运用不同的形式来进行指导,提高了指导形式的效果。

此期多姿多彩的幼儿家庭教育指导形式可能受到下面几个因素的影响:

一是幼儿家庭教育指导的法规日趋健全,从法律上保证了家庭教育指导的实施。1990年国家教委颁布《幼儿园工作规程》(试行),规定幼儿园要为"家长安心参加社会主义建设提供便利条件",并提出了开展家庭教育指导的主要内容和形式:主动与家庭配合,"帮助家长创设良好的家庭教育环境,向家长宣传科学保育、教育幼儿的知识,共同担负教育幼儿的任务";可采取多种形式,建立与家长联系的制度,指导家长正确了解幼儿园保育和教育的内容、方法。同年我国政府正式签署了《儿童权利公约》,提出为了充分而和谐地发展幼儿的个性,就应使他们在幸福、亲爱和谅解的家庭气氛中成长,要尊重幼儿及其父母,保护幼儿的"隐私、家庭、住宅或通信"、"荣誉和名誉"不受干扰和攻击,确保父母双方把孩子的最大利益当作是自己主要关心的事情,担负起养育和发展幼儿的责任。1991年颁布的《中华人民共和国未成年人保护法》做出了"家庭保护"的规定,要求父母依法履行对孩子的监护职责和抚养义务。1992年国务院颁布《九十年代中国儿童发展规划纲要》,提出了幼儿家庭教育指导的目标:到本世纪末,要"使百分之九十儿童(十四岁以下)的家长不同程度地掌握保育、教育儿童的知识",要"发展社区教育,建立起学校(托幼园所)教育、社会教育、家庭教育相结合的育人机制,创造有利于儿童身心健康和谐发展的社会和家庭环境","因地制宜,采取多种形式,通过多种渠道,广泛深入地宣传、普及家庭优生、优育、优教的基本知识"。此后,上海根据家庭教育指导工作的实际情况,制定了《上海市中小学、幼儿园家庭教育指导大纲(试行)》,要求"幼儿园通过多种途径、多种形式,对家长进行家庭教育指导",充分发挥"家长学校"、"家长委员会"、"家庭教育咨询"、"家庭教育经验交流会"、"学生和家长座谈"、"家庭教育指导刊物"、"影视和录像"、"参与学校的活动"、"社区"、"家访"等多种形式对家长的指导作用。1997年国家教委、全国妇联联合颁发《家长教育行为规范(试行)》,对家长做出了10项要求,规定家长"要和学校、社会密切联系,互相配合,保持教育的一致性"。

二是幼儿家庭教育指导的组织逐步建立,从管理上保证了家庭教育指导的进行。各区县相应建立了指导家庭教育的网络,利用教育局的行政管理力量、教育学院或教师进修学校的教研科研优势,对所辖地区的幼儿园家庭教育指导形式进行调查研究、实验试验、普及推广;把家庭教育指导工作列入评估、督导的重要内容,使得幼儿园视之为经常性的工作,注意通过"家长委员会"和"家长学校"这些纽带,发挥家长的主人翁作用。

三是幼儿家庭教育指导的培训提高工作,从师资上保证了家庭教育指导的开展。教师自身的素质直接关系到幼儿家庭教育指导的成效,上海市家庭教育与指导中心和中国学前教育研究会学前社会教育专业委员会联合举办了多期培训班,为本市培养了许多幼儿家庭教育指导的骨干教师,激发了他们的兴趣,提高了他们的能力;上海市教委把"幼儿家庭教育"列入幼儿园教师在职学历进修的必修课,加强了幼儿家庭教育师资队伍的建设。

二、20世纪50—90年代学前教育机构家庭教育指导形式的发展特点

新中国成立50年来学前教育机构在家庭教育指导形式的发展上,表现出以下几个特点:

(一)普遍性和稳定性

学前教育机构家庭教育指导的一些形式,比如,家庭访问、来园接待、家长会、家园联系册、个别咨询等,被各个时期的托幼园所普遍采用。

(二)灵活性和变化性

学前教育机构家庭教育指导的形式虽然有许多共性,但在不同的历史时期,也表现出了个性,并随着时代的发展而发展变化。例如,同样是"来园接待",在不同的时期被幼儿园使用的比例却大不相同,50年代为84%,60年代至"文革"前为82%,"文革"期间为68%,"文革"后至80年代为70%,90年代为64%。再如,电话已成为90年代人们进行交往的重要媒体,所以,"电话联系"也成为这一时期家庭教育指导的"一道独特风景线"。

(三)多样性和创造性

随着时代的发展,学前教育机构家庭教育指导的形式,也日渐增多,派生出了各种形式。例如,在50年代,幼儿园指导家庭教育的主要形式只有9种,而到了90年代,则增加到14种以上。

(四)个体性和区域性

不同区县的学前教育机构,同一区县不同的学前教育机构,在家庭教育指导的形式上,也存在差异。例如,市区的一些幼儿园认为"家访"很受家长欢迎,所以,经常采用;而郊县的一些幼儿园则认为家长不喜欢教师"家访",因而很少使用。

（五）科学性和规范性

学前教育机构家庭教育的指导究竟应该采用哪些形式？如何运用这些形式？这些问题已受到了学前教育界越来越多的关注，许多托儿所、幼儿园都在尝试通过研究，寻求符合本园（所）需要的家庭教育指导形式，以提高指导的质量。

三、学前教育机构家庭教育指导形式的未来走向

面向 21 世纪，学前教育机构家庭教育指导的形式将会朝着以下几个方向发展：

（一）与知识经济的时代相适应

知识经济是以知识的生产、分配、传播和使用为基础的经济形态，21 世纪是知识经济迅速发展并逐渐占据世界经济主导地位的时代。

第一，知识经济时代是一个充满创造力的时代，创新是发展经济的关键，"是一个民族进步的灵魂，是国家兴旺发达的不竭动力"，知识经济的核心就是要发挥人的创造性，学前教育机构在家庭教育的指导上，必然会不断创造出新的形式。

第二，知识经济时代强调的是系统性，社会是个大系统，学前教育机构是个子系统，每种指导形式都是这个子系统中的一部分，不论其处于系统的哪个环节，也不论其具有多么强的优越性，都需要与其他形式相互补充，否则就不能全面地对家长进行指导。

第三，随着知识的专门化、多样化，经济的市场化、国际化，科技发展的高速化、复合化，学前教育综合化、个性化的趋势日益增强，作为一个托儿所、幼儿园，在全面使用各种家庭教育指导形式的同时，还应具有自己的特色，兼顾托幼园所的条件、教师的专长、家长的实际和儿童的发展，在某种形式的指导上有独特的做法和经验。例如，在不同的区县、同一区县不同的幼儿园、同一幼儿园的不同班级、同一班级不同的家长，使用的家庭教育的指导形式也会不同，就是同一种形式，在具体的操作上也会显出不同点。

（二）与世界学前教育的发展相适应

世界各国都很重视对儿童家庭教育的指导，倡导家园合作共育。国际组织伯拉德·范·利尔基金会在总结资助世界各国发展儿童教育的经验时，指出家长参与园教是提高幼教质量的一个重要条件。巴西政府在制定的《全国全面关心儿童和青少年计划》中指出：家庭和社区直接参与满足儿童和青少年的基本要求、促进儿童发展是家庭、社会和国家的共同责任。

在对儿童家庭教育进行指导的形式上，各国学前教育机构都有自己的特色。美国采用的主要形式一是"会谈"，教师每学期要与每个幼儿的家长，至少进行一次系统性谈话，全面介绍幼儿的在园表现情况；二是"参与"，教师鼓励家长积极参与幼儿园的日常教育活动和教育管理。英国与家庭建立了交流网络系统，要求教师：经常与家长讨论孩子的进步情况、交流对幼教问题的看法；每个月给家长发一封"致家长的信"；每学期有一天"家长日"，全面向家长开放；定期召开家庭教育专题研讨会，邀请家长和教师一起就某些问题进行讨论，此外，还鼓励父母参与幼教机构的管理。澳大利亚根据家长的兴趣和特长，启发他们参与园教，义务给教师当助手，帮助收拾、整理

环境、组织教育活动,为幼儿讲故事,教幼儿绘画、唱歌、跳舞等。日本运用的主要形式一是"小报",向家长介绍本周、本月的教育目标、教育活动、需要家长配合的事情、家庭保教小常识。小报分为幼稚园通讯、年级通讯和班级通讯;二是"家长后援会",家长按照自己的专长,自由分工、协作,帮助幼儿园策划、准备、组织、评价各种不同的大型活动。

学前教育要与国际接轨,家庭教育指导的形式也理所当然。在继续运用现有的指导形式的同时,还应学习、借鉴国外有效的家庭教育指导形式,注重发挥家长的主体作用,探索适合本地家庭教育指导的新形式,提高家长的参与水平,促进学前教育的国际化,为培养21世纪的"国际人"奠定基础。

(三)与学前教育的一体化相适应

学前教育机构家庭教育的指导,既不应局限于托幼园所的内部,也不应限制在家庭的小天地里。在儿童成长的过程中,必然会受到来自托儿所、幼儿园及家庭和社会的各种因素的影响,要促进儿童的发展,托幼机构就必须发挥各种因素潜在的教育价值,广开门路,对家长进行因时、因地、因事、因人的具体指导,实现学前教育的一体化。上海市教委在《上海市学前教育纲要》中,明确指出,要"确立大教育意识。充分利用学前教育机构、家庭、社区的教育资源,开展家庭教育指导,使家长成为学前教育机构的合作伙伴。努力实现学前教育机构的教育与家庭社区生活一体化"。学前教育机构在选择和利用家庭教育指导形式的时候,不仅要考虑幼儿园教育的特色,而且还要注意幼儿家庭的实际情况,此外,还要兼顾社区的物产与人文资源,真正做到因区、因园、因教师施行,因幼儿、因家庭、因家长施行,以创造出各种不同的指导形式和同一指导形式的不同风格。

第二节 学前教育机构家庭教育指导的内容及渠道

学前教育机构在对家庭进行指导时,不仅要从学前教育的目标、任务出发,确定家庭教育指导的主要内容,而且还要从家长的实际情况出发,选择家庭教育指导的具体形式。家庭教育的指导可通过家长的听觉、视觉、运动觉等多种感官通道来实施。实践证明,"家庭教育讲座"、"家长会"、"辨析评论会"、"父母沙龙"和"家长园地"、"家园小报"以及"开放日活动"、"家长执教活动"等在其中都占有重要的地位,起着独特的作用。

一、家庭教育讲座

学前教育机构应有计划、有步骤地为家长举办各种科学育儿的讲座和报告,系统地向家长介绍学前教育的知识,提高家长的教育能力;定期请儿童保健专家、心理专家、教育专家开设讲座,也可由园所长、教师、家长自己承担讲座任务;把重点放在儿童的全面发展上,或放在家长素质的整体提高上;采用讲授为主、答疑为辅、先讲授后答疑的形式,或采用讲授和答疑并重、边讲授边答疑的形式;讲座人可与家长坐成秧田式,也可坐成半圆式、圆圈式。

(一)讲座前

在开办讲座之前,学前教育机构要向家长公布详细的计划,如表5-2-1,便于家长适时参加。

表5-2-1 家庭教育讲座安排表(《家长教育能力结构的优化》系列讲座)

系列讲座题目	报告人	时　间	地点	形式	出席人数	效果分析
系列一:家长如何增强了解孩子的能力	LLL	9月6日 星期一 下午4—5点	园内大活动室	讲授、讨论、答疑	大班(　)人 中班(　)人 小班(　)人	较好(　) 一般(　) 较差(　)
系列二:家长如何提高观察孩子的能力	SSS	10月5日 星期二 下午4—5点	园内大活动室	讲授、讨论、答疑	大班(　)人 中班(　)人 小班(　)人	较好(　) 一般(　) 较差(　)
系列三:家长如何培养记录孩子的能力	KKK	11月10日 星期三 下午4—5点	园内大活动室	讲授、讨论、答疑	大班(　)人 中班(　)人 小班(　)人	较好(　) 一般(　) 较差(　)
系列四:家长如何训练评价孩子的能力	MM	12月9日 星期四 下午4—5点	园内大活动室	讲授、讨论、答疑	大班(　)人 中班(　)人 小班(　)人	较好(　) 一般(　) 较差(　)
系列五:家长如何加强发展孩子的能力	PPP	1月7日 星期五 下午4—5点	园内大活动室	讲授、讨论、答疑	大班(　)人 中班(　)人 小班(　)人	较好(　) 一般(　) 较差(　)

(二)讲座中

在进行讲座的时候,学前教育机构除了要求报告人做到时代性、系统性、针对性以外,还要提请他们做到家庭性、实践性和通俗性；不仅要讲家庭教育的理论、原则，而且还要讲家庭教育的途径、方法，注意理论联系实际；对家庭教育的基本概念、基础知识，既要科学地讲解，又要深入浅出，易于为家长所接受。现以系列讲座一至三为例加以说明如下：

系列一：家长如何增强了解孩子的能力

影响学前儿童家庭教育成败的因素很多，其中一个重要的因素就是家长的教育能力。家长的教育能力主要是指家长运用教育原则和教育媒体，灵活解决在家庭教育过程中所遇到的各种问题，帮助年幼孩子全面成长发展的教育技能和教育艺术的综合。家长教育能力结构虽然是动态的、变化的，但它却由一些基本的要素所组成：了解孩子的能力、观察孩子的能力、记录孩子的能力、评价孩子的能力、发展孩子的能力等。

了解孩子的能力是家长教育能力结构中的首要因素。当孩子一来到人间的时候，家长就应做了解孩子的有心人，这是教育孩子的先决条件。家长只有深入地了解孩子的个性特点、全面地把握孩子的年龄特征，才能制定出适当的教育目标，确立合适的教育内容，选择恰当的教育方法，因"孩子"施教，提高家庭教育的有效性。

家长在增强了解孩子能力的时候，应注意以下几点：

1. 正确吸纳亲朋好友的教子经验

即将做父母的人，大都会处在热心的亲朋好友和同事、邻居不断地把他们的教子感想、育儿经验传递给自己的境地，这是获得间接了解孩子知识的一种重要信息源。这种信息源往往具有历史性、情感性和个体性，未来的爸爸、妈妈应慎重吸取，不可全盘照搬，以免走弯路。例如，50—70年代的家长，教育孩子的数量多于90年代的家长，他们一般不会认为孩子会在与同伴交往上出现问题，兄弟姐妹之间的"斜向"关系，有助于孩子建立同伴之间的"横向"关系；但90年代的家庭则不然，孩子只有与父母的"纵向"关系，要使这种关系较好地迁移、转化为与同伴友好相处的"横向"关系，坡度较大，家长必须意识到这一点，重视了解孩子与同伴相处的理论知识和有效做法。

2. 主动学习科学育儿的理论知识

有关学前儿童家庭教育的图书、杂志、报刊很多，如浙江的《家庭教育》、北京的《父母必读》、上海的《为了孩子》、天津的《启蒙》等刊物。家长可以通过自学，了解孩子身心发展的基本特点和促进孩子健康成长所需要的物质营养和精神营养。这种信息源一般具有理论性、普遍性、时代性，家长应注意理论联系实际，从家庭具体情况出发，来解析孩子。例如，家长在学习了儿童心理学知识以后，就能认识到儿童模仿性很强，父母亲打孩子、电视上的武打片都为孩子提供了一个打人的坏榜样，而孩子的辨别是非能力差，会效仿别人的样子去做。众多的文字资料，家长可以自己订购，也可以向孩子所在的托儿所、幼儿园借阅，如周五傍晚接孩子回家时借出，周一上午送孩子来园时归还，在阅读过程中可适当加以摘录，以加深对孩子年龄特点的认识。

有的托儿所、幼儿园还办有家所小报、家园小报，定期出版发行，家长要舍得购买，用心阅读各专栏的内容，以了解孩子所在园所的教育近况、孩子与同伴的关系、孩子的发展水平等。

此外，广播、电视、录音带、录像带、VCD、DVD、电脑多媒体、互联网等也是家长了解孩子的途径。有条件的家庭，可通过上网，了解孩子发展的主要特点。

3. 积极利用学前教育机构的资源

学前教育机构是家长了解孩子最有效、最直接的信息源，家长可通过下列各种途径来获取孩子的信息。

(1) 参加家长讲座。几乎每个托幼园所都办有"家长学校"，经常聘请当地学前儿童保育、教育专家，来系统地讲授学前儿童在体力、认知、语言、情感、社会性、审美等方面的知识，家长应挤出时间前往听课，以拓宽自己对孩子的认识，树立科学的子女观和教育观。许多专家在讲座结束之前，还留有5—10分钟的时间，让家长自由提问，家长应抓住这一时机，提出自己在了解孩子过程中出现的疑难问题，向专家求教。

(2) 出席家长会。托幼园所大都在开学初、学期中间、学期结束前，举办全园家长会、年级家长会、班级家长会，把园所或年级、班级的重大事件、一日活动的安排、对孩子的要求、孩子的表现等向家长逐一介绍，家长也应适时参加，以便在全园、全年级、全班环境中进一步了解孩子。例如，家长如果每会必到，就会意识到小、中、大班的作息制度虽然有所不同，教育教学活动的时间在增加，游戏活动的时间在减少，但都要考虑孩子大脑容易兴奋、疲劳的特点，注意劳逸结合、动静交替，寓教于一日活动之中，把游戏作为最重要的教育手段。

(3) 接送时交流。接送孩子时，家长应浏览一下托儿所、幼儿园的橱窗、墙报，因为在这上面除了介绍该园所"教师的风采"以外，往往还贴有托幼园所的教育目标、儿童生长发育指标、各项规章制度，陈列儿童活动照片和儿童作品等；家长还应看一看班级门口的"家长园地"，因为在这里经常张贴本班本周或本月教育教学活动的重点、教师的教育活动方案、对家长的期望和要求以及家长的教子心得等，以了解孩子近期的学习内容和行为训练，为园所做点力所能及的事情。

与此同时，每天特别是每周接孩子回家的家长，不要接了孩子以后，马上就离开班级，而应与带班教师作个简单的交谈，主动问问老师孩子在园所的表现，既可以是整体的印象，也可以是某一方面的具体情况，如"钱琛今天在园表现如何"、"赵佳今天上课有没有举手发言"等，以及时了解孩子的情况，适时调整自己的教育方针和策略。

(4) 拨打电话、手机。电话、手机已走入千家万户，教师一般都把自己的电话、手机号码公布出来，欢迎家长有事时拨打，家长应善于利用，与教师交流，了解孩子在园所的情况。和教师打电话、手机既要把握好时间，例如，晚上8—9点之间给老师打电话、手机比较妥当，早于这个时间，可能会影响教师的进餐、看电视新闻、读报，迟于这个时间，可能会妨碍教师的休息；又要做到有礼貌，讲究艺术性、针对性和简洁性，比如，"王老师：您好！我是李屯小朋友的妈妈；今天下午我接李屯回家时，发现有好几位家长围着您问这问那，当时我没好意思问您孩子的情况；现在我想问一下：李屯今天在班上的表现如何？可我不知道现在您是否方便？"当教师说"方便"的时候，家长再继续问下去，然后向教师道谢："王老师，感谢您利用工作以外的时间，告诉我这么多关于我孩子的情况。祝您晚安！"这样，教师就会感到家长很尊重他，珍惜他的业余时间，从而乐意向家长传递更多关于孩子的信息。

4. 重视利用社区资源

社区资源也是家长了解孩子时不可忽略的信息通道。越来越多的社区在周末、节假日举办有关儿童家庭教育方面的义务咨询活动,届时有学前教育工作者、卫生保健人员、营养师、医务人员等进行家庭保育教育现场咨询活动。家长可带着孩子一起去,使咨询人员能看到你的孩子,和你个别交流孩子发展的情况,帮助你分析孩子的特点,使你能更加深刻地理解孩子。如果孩子在某方面的发展暂时较为迟缓,或有一些不良的行为习惯,家长更应参加这种咨询活动,而不应有任何顾虑,全盘托出孩子的表现,向专家求教,寻找根源,因为咨询人员和你素不相识,咨询活动结束后,彼此之间的关系也就结束了。

5. 适时进行师访

家长除了欢迎、邀请教师来"家访"以外,还可与孩子一起到教师家去访问,主动获取关于孩子的各种信息,增强了解孩子的自觉性和目的性。在"师访"之前,家长要与教师预约好,使教师有所准备,不做不速之客,避免吃"闭门羹",在轻松自由的气氛中,通过聊家常的形式,更好地了解孩子。

6. 开展各种活动

学前教育机构和家庭开展的各种活动,也是家长了解孩子个别发展水平的重要途径,这种信息源具有外显性、形象性、真实性和可靠性。例如,在幼儿园的开放日活动中,家长能发现自己的孩子体操动作是否合拍,与教师的关系是否融洽,小朋友是否喜欢和他一起玩等;在家庭的郊游活动中,家长能发觉孩子是对动物感兴趣,还是对植物感兴趣,如果对植物的兴趣更浓的话,那么兴趣的中心是在花草上,还是在树木上等。

系列二:家长如何提高观察孩子的能力

观察是家长读懂孩子"这本书"的最重要的窗口,家长凭借自己的眼睛认真去"看"孩子,通过自己的耳朵用心去"听"孩子,长期坚持有意识有计划的观察,可以直接获得关于孩子身心发展的大量的可贵信息,"耳闻目睹"孩子的能力也会逐渐得到提高。

1. 在家庭生活中观察孩子

这是家长观察孩子的基本途径。家长与孩子朝夕相处,应该做观察孩子的有心人。进入全日制托儿所、幼儿园的孩子,每天约有2/3的时间在家里度过,家长要仔细观看孩子从早上离家之前到晚上回家以后以及双休日或节假日的全部活动,努力做到:

(1)语言观察与动作观察、情绪观察相结合。孩子的心理活动是通过外部的语言、动作、表情表现出来的,家长注意观察,就能更好地了解孩子。比如,明天轮到孩子在幼儿园做值日生,父母要留意孩子是否显得很兴奋,多次提醒爸爸妈妈明天早晨要早一点叫他起床,期待着能为幼儿园做事的时刻赶快到来,如是,则表明孩子喜欢做值日生,乐于为同伴服务;否则,则不然。

(2)身体观察与认知观察、社会性观察、审美观察相结合。孩子是作为一个完整的人来发展的,孩子发展的体、智、德、美各个方面是相互联系、相互制约的,家长应全方位地观察孩子。例如,孩子每个月的体重是否在增加,是否爱提各种各样的问题,是否能把自己喜欢吃的东西分一点给别人,是否爱好唱歌绘画等。

（3）日常生活活动与劳动活动、游戏活动、交往活动、体育活动、节庆活动、旅游活动等相结合。家庭生活中的各种活动是家长观察孩子的较好时机，家长如能加以把握，就能全面地了解孩子。比如，进餐前，孩子能否主动帮忙摆好碗筷；游戏后，孩子能否自己收拾整理玩具；爷爷奶奶来做客时，孩子是否会招待老人；孩子更喜欢拍皮球还是更喜欢跳绳；过生日时，孩子选择什么样的生日礼物，是偏重于吃的穿的，还是偏重于用的玩的；让孩子挑选旅游地点时，孩子喜欢选择自然景观还是人文景观等。

（4）有意观察与随意观察相结合。家长随时随地观察孩子，既能意外发觉孩子的特点与问题，也能带着问题寻找根源和解决办法。例如，星期二的早晨叫醒孩子以后，孩子没有像星期一那样，自己马上爬起来，快速地穿好衣服，家长就应加以注意，可问问孩子今天幼儿园里有什么活动，哪个老师将教他们什么本领等，以此来洞悉孩子的内心世界。

2. 在学前教育机构中观察孩子

这是家长观察孩子的重要途径。全日制的孩子每天有 1/3 的时间是在园所中度过的，寄宿制的孩子在所园里的时间更长，每周有 5 天的时间是在园所里度过的。因此，家长要重视通过学前教育机构的资源和活动去观察孩子，了解孩子。

首先，要利用接送活动观察孩子。每天（周）接（送）孩子离（入）园所时，都要注意观察孩子的各种表现。例如，离园时，孩子是否能主动地与教师、小朋友道别，欢快地和爸爸妈妈一起行走，兴高采烈地向爸妈诉说班上发生的一切事情，如是，则表明孩子今天在园过得很愉快；如不是，则说明孩子可能遇到了什么问题。

其次，要利用开放活动观察孩子。不论是什么样的学前教育机构，都有面向家长的半日或全日、全周的开放活动，家长应善于利用，观察孩子的种种表现，把握孩子的发展水平及个性特征，寻找孩子与同伴之间的异同点。例如，在语言教育活动——"森林卫士"的看图讲述中，家长发现自己的孩子从未举手发过言；在科学教育活动——"水的特性"演示实验中，孩子则积极尝试，频频举手发言，报告自己的探索结果；在美术教育活动中，当教师提出以"西瓜"为主题画一幅画时，孩子画的是"卸西瓜"的情景，而别的小朋友画的却是"买西瓜"、"卖西瓜"、"吃西瓜"的场面。从中家长可以觉察到自己的孩子对图片讲解不感兴趣，而对科学小实验很感兴趣；孩子与同伴在绘画内容上的差异，表明孩子能再现暑假在乡村中获得的知识经验。

再次，要利用特色活动观察孩子。众多的学前教育机构都办有自己的特色，特色活动是学前教育机构的灵魂，也是家长观察孩子的最重要渠道之一。例如，在英语特色活动中，可观看孩子是否能熟练地在键盘上打出 26 个英文字母，是否能大胆开口说英语；在围棋特色活动中，可观看孩子是赢得多还是输得多，赢时孩子是否手舞足蹈，输时孩子是否垂头丧气；在珠心算特色活动中，孩子算得比同伴快还是慢等。

最后，要利用娱乐活动观察孩子。学前教育机构的娱乐活动多种多样，从而为家长提供了许多观察孩子的机会。例如，在"六一"歌舞表演活动中，孩子报幕时，是否落落大方；孩子朗诵时，是否声音发颤、身体发抖；孩子表演时，面部表情是否和歌曲内容相一致等。

此外，还要利用亲子活动观察孩子。家长应积极参加学前教育机构组织的各种亲子活动，遵守活动的规则，在活动中观察孩子。例如，在亲子同乐"寻宝"活动中，家长放手让孩子当"指挥官"，自己当"士兵"，在孩子指挥下去"探宝"，在此过程中，家长就能发现孩子是急于求成、鲁莽行动，还是沉着镇静、有条不紊；遇到困难时，是急得直跺脚、手足无措，还是自己动脑筋想办法解决；能否在教师规定的时间内找到"宝物"等。

3. 在社会场所中观察孩子

这是家长观察孩子必不可少的途径。现代家庭教育已随着家庭生活范围的拓宽而日益宽广，大自然和社会成了今日孩子生活的必要场所，是家长观察孩子的重要通道。

把握郊游活动这条通道。随着人们生活水平的提高，举家外出游玩的机会增多，家长应在秋游、春游、郊游、远足、野营等多种游玩活动中，观察孩子。例如，带领孩子到野外、乡村去游览时，观看孩子的心情是否很愉快，遇到陌生人时做出了哪些反应，看到昆虫时的反应如何，是否很快认识了农作物，在看到农民伯伯收割时，能否情不自禁地吟诵起"锄禾"的古诗来。

把握餐点活动这条通道。快餐业的兴起，使孩子的饮食结构和地点也发生了变化。每逢孩子过生日时，或在节假日期间，许多家长都喜欢带领孩子去"肯德基"、"麦当劳"等快餐店进餐，孩子在此期间的各种活动也应成为家长观察的内容：孩子最感兴趣的是吃，还是玩；是食物的配套玩具，还是室内陈列的大型玩具；孩子爬攀登架的动作是否敏捷，钻圈的动作是否协调，滑滑梯的速度是否较快；孩子是否能与陌生的小朋友一起排队，轮流玩玩具，合作分享等。

把握学习活动这条通道。终身教育要求家长要激发孩子从小对图书的热爱和对学习的兴趣，图书馆、书店、报亭都应成为家长观察孩子的通道。例如，带领孩子到图书馆借书时，可留心孩子首先选择的是什么样的书？孩子是如何打开图书、翻阅的？在书店购书时，可观察孩子是否会看书价，能否大胆地与收银员打交道，付出所需的款额。

把握参观活动这条通道。博物馆、科技宫、展览厅、斜拉桥、电视塔、高楼大厦等都是家长可经常带领孩子前去参观的地方，并在此中，仔细观察孩子：是对传统服饰更感兴趣还是对古铜币更感兴趣；喜欢探究声音的产生，还是喜欢探究电的发明；是对历史事件刨根问底，还是对军事兵器恋恋不舍；是在古代建筑物面前停留的时间较长，还是在现代建筑物面前流连忘返；是喜欢以桥梁为背景照相，还是喜欢以高楼大厦为背景摄影等。

系列三：家长如何培养记录孩子的能力

家长在对孩子进行观察的时候，还要加以记录，为评价孩子的发展水平作好充分准备。为了得到质高量多的信息，提高记录的能力，家长在记录时，应注意以下几个问题：

1. 以家园(所)联系册为范本学习记录

托儿所、幼儿园的家所、家园"联系册"(见表5-2-2)为家长提供了记录孩子发展情况的范例，家长经常阅读，不仅能及时了解孩子在园所的表现，而且还能以此为基础，创造性地加以运用，记录孩子在家的状况。例如，教师在家园联系册"第一节教育活动"的"优点与进步"一栏上写道："今天学童话《蓝色的海》时，康佳两只眼睛一直看着老师，专心致志地听讲，第一个举手发言"；在"建议与要求"一栏上写着："请你们在家里也表扬一下康佳的这些进步。"家长可效仿此，记录孩子节假日在家的各项活动及一些表现。

表 5 - 2 - 2 你们的孩子_____在园一天情况记录表

在园一天主要活动	优点与进步	不足与希望	建议与要求
自由活动			
早操			
第一节教育活动			
第二节教育活动			
游戏活动			
如厕			
午餐			
午睡			
起床			
自由活动			
其他活动			

2. 及时记录孩子的独特之处

家长每天应花费一点时间对观察到的孩子的情况加以简单记录,养成随时记录的好习惯,如果受当时条件的局限,无法记录,事后也要抓紧时机,进行补记,以完整、精确地保存所获得的信息。例如,雷雨天的夜晚,当孩子注视着窗外远方夜空中的闪电、听到隆隆的雷声时,问道:"为什么先看到闪电,后听到雷声?""闪电很厉害吗? 有办法预防它吗?"家长应及时记下孩子提出的各个问题。再如,双休日,爸爸、妈妈带着孩子来到了郊外,当在小河边发现小蝌蚪的时候,孩子一边试图用手去捉小蝌蚪,一边竟然情不自禁地朗诵起学过的诗歌《小蝌蚪》(小小蝌蚪不听话,跟着鱼儿跟着虾。东游游,西逛逛,唉呀呀,不好啦! 我的尾巴不见啦)来,爸爸、妈妈在活动结束回到家里以后,要尽快把孩子的言行回忆出来,并加以记载。

3. 客观记录孩子的真情实感

家长在对孩子的发展情况进行记录的时候,所使用的语言要客观、公正、明确,而不能模棱两可、任意编造,以保证记录的原始性和真实性。中国汉字形象丰富,家长要善于摘取适当的名词、动词、形容词、副词、介词、连词等,准确、细致地描述孩子的言语、行为、情感和姿态等,以真实再现孩子的心理发展水平。下面这位父亲的记录就值得称道:大年初一,上午 10 点钟,我和妻子带着儿子去给爷爷、奶奶拜年,当看到爷爷、奶奶家的门联上写着"岁岁平安"几个字时,我就要儿子猜一猜:"'八十多一画,六十少一点'是哪一个字?"儿子一边重复我的话语,一边用手在各个字上比划一番,最后,他把手指落在"平"字上,高兴地大声喊道:"是'平'字。"透过这位父亲的记录,一个凭借动作进行思维、遇事沉着冷静、有条不紊、自信欢愉的孩子的形象就鲜活地展现在我们的眼前。

4. 准确记录观察的时间和地点

孩子的心理活动会因时间、地点的不同,而有所不同。家长记下观察的时间和地点,既能了解孩子认识事物的特点,也能对孩子的表现进行前后比较,查看孩子是否在随着时间的推移、年龄的增长而有所进步,进步的幅度有多大;看出孩子是否在随着地点的变化、环境的不同而呈现差异,差异的程度有多大等。比如,一位母亲在记录本上写道:1月1日星期六,上午9点钟,吃过早饭以后,我和儿子一起欣赏新挂历;我把手指向"1月1日",对儿子说:"今天是1月1日,我们俩在这旁边也写个'1',好吗?"儿子高兴地应答后,我又对他讲:"你喜欢什么颜色的笔,就用什么颜色的笔来写'1'。"儿子跑到自己的笔筒前,挑出一支红色的彩笔,歪歪扭扭地写下了"1"。这位母亲还写道:1月8日星期六,上午9点钟,我指着挂历上的"1月8日",要求儿子写出数字"1"和"8",儿子把"1"字写得笔直,但"8"字写了很长时间,也未写好,我就手把手地教他写。由此可见,父母通过连续记录孩子学写阿拉伯数字1—10的具体情况,就能发现孩子掌握这些数字所花的时间是不同的,"1"很快就能写好,而"8"则不然,但经过一段时间的练习以后,孩子写出的数字就会又快又好。

5. 全面记录孩子的各种表现

孩子在体力、认知、语言、情感、社会性、审美等各方面的发展信息,不论是优点还是缺点、长处还是短处,家长都应加以记录,以全面反映孩子的情况。例如,一家三口玩"开飞机"的游戏,爸爸做"机身",妈妈做"左翼",孩子做"右翼","飞机"一会儿往左飞,一会儿往右飞,一会儿又原地盘旋,孩子是否晕头转向、听从调遣,父母都应进行记录,以了解孩子动作的协调性、机体的平衡功能及与人的合作能力。同样,一家三口玩"找朋友"的游戏,当爸爸找出"水瓶的好朋友是杯子"、妈妈找出"碗的好朋友是筷子",而孩子找出"桌子的好朋友是椅子"等时,父母也应予以记录,以了解孩子思维的逻辑性。

6. 运用多种形式加以记录

记录孩子成长发展的媒体和手段多种多样,父母如能综合地加以使用,就能更好地了解孩子。日记本、图表等是家长记录孩子发展情况的传统而又简便的方式,家长可在家里的一面墙壁上设置"宝宝专栏",贴上相应的图表,记录孩子某一方面或某些方面的状况,比如,自我服务能力发展情况(见表5-2-3)。

表5-2-3 女儿芳芳一周(年 月10—16日)自我服务进步表

[*号表示女儿已经做到]

项目 星期	自己穿衣	自己如厕	自己洗脸	自己吃饭	自己铺床	自己脱衣	自己睡觉
一	*	*		*		*	
二	*	*		*		*	*
三	*	*	*	*		*	
四	*	*	*		*		*
五		*	*	*	*		*
六	*		*	*	*		
日							

收录机、照相机、摄像机、手机等是记录孩子发展情况新颖而又有效的方式,家长可适时运用,以增加记录材料的直观性和形象性。例如,父母把孩子唱的歌曲、演奏的乐曲、讲的故事录制下来,再放给孩子听;把孩子的书法作品、绘画作品、手工作品摄制下来,再分门别类地收藏起来,既能强化孩子唱、演、讲、写、画、作的兴趣,又能作为珍贵的资料永久保存。

(三)讲座后

在讲座结束以后,学前教育机构的园长、所长还要通过家长委员会委员、班级教师向家长了解情况,及时获取反馈信息,做出效果评价,以不断提高讲座的质量。

二、家长会

学前教育机构家长会的目标可近可远,既可在开学初期召开家长会,也可在学期结束时召开家长会;家长会的任务可轻可重,既可要求家长作记录、认真思考、主动发言,也可只要家长听一听;家长会的对象可分可合,既可召开祖辈家长会,也可召开父辈家长会;家长会的类型可优可劣,既可召开民主型家长会,也可召开溺爱型、放任型、专制型家长会;家长会的时间可长可短,既可长达 45 分钟,也可短至 15 分钟;家长会的规模可大可小,既可召开全园、全所家长会,也可召开全年级、全班家长会等。

(一)全园(所)家长会

园长、所长在组织全园、全所家长会的时候,要从家长的实际情况和儿童的发展水平出发,分层分类地给家长予指导,以保证家庭教育指导的实效性。例如,把儿童在合作性发展上略显不足的儿童的家长组织进来,围绕着儿童分享、合作性的作用、表现、成因、矫正等问题展开讨论,然后,园所长可就其中最重要的部分,如"提高孩子分享合作能力的策略",做出如下总结性发言,以给家长具体的指导:

不论是在幼儿园里,还是在家庭中,孩子都是这个集体中的一员,为了使孩子能较好地适应集体生活,获得更多的发展空间,父母就必须培养孩子的分享合作能力。一位诺贝尔奖获得者,曾把自己的成功归因于:在幼年时代学会的与小伙伴分享和合作。联合国教科文组织也呼吁,在知识经济飞速发展的时代,信息的应用是社会化的,今日的教育者既要使孩子学会认知,学会做事,学会生存,又要使孩子学会共同生活,友好相处,真诚合作。为了把孩子培养成为 21 世纪的合格公民,父母很有必要重视孩子分享合作能力的训练与提高。

1. 从孩子的心理特点出发,培养孩子的分享素质

孩子的分享意识和行为不仅要受到分享物品的数量、性质和用途等因素的影响,而且还要受到其年龄、性别、性格、能力、兴趣爱好等因素的制约,父母在培养孩子的分享素质时,要考虑到孩子的心理特点。年幼的孩子往往很容易面对"精神"上的分享,而较难顺应"物质"上的分享,在开展分享活动时,父母可先从"精神"分享入手,再过渡到"物质"分享。例如,在家里周末举行的"卡拉 OK 演唱会"上,父母鼓励孩子把自己喜爱的歌曲唱出来,让大家欣赏,以此为基础,来帮助孩子形成与他人共享知识和物品的习惯,而不独享和多占。

2. 丰富孩子的情感世界,提升孩子的分享能力

"月有阴晴圆缺,人有悲欢离合。"人的情感是复杂多样的,孩子的情感世界也应该多姿多彩,而不应被唯一的快乐情感所"垄断"。父母固然要让孩子多享受积极的情感,多体验童年的乐趣,如亲人的出生、团聚,但也要适当地让孩子经受一些消极的情感,品尝一下人生的苦果,如亲人的死亡、别离。例如,在接孩子从幼儿园回家的路上,可让孩子讲一讲幼儿园的开心事,使孩子意识到自己的快乐讲出来给爸爸妈妈听,就变成了全家人的快乐;在家庭发生特殊事件的时候,不要对孩子实行"封闭政策",而要让孩子耳闻目睹,如参加追悼会、葬礼,以锻炼孩子的承受能力和分享能力。

3. 向孩子提出适当要求,巩固孩子在园的合作性

孩子每周有 5 天的时间是在幼儿园里度过的,父母教导孩子在园和老师、小朋友进行合作,就显得非常重要。父母应主动配合幼儿园,共同担负教育好孩子的责任,利用幼儿园的教育资源发展孩子的合作性,如要求孩子在园里听老师的话,服从保育员的指挥,上课时不插嘴,游戏时爱护玩具,进餐时不大声讲话,午睡时自己脱衣;和小朋友团结友爱,学会分享,能够谦让,好看的图书大家一起看,好玩的玩具大家一起玩,而不应怂恿孩子,"别人打你一巴掌,你就打他两巴掌","分苹果时,拣大的拿"等,致使孩子走向同伴的对立面,不愿意与人合作,别人也不愿意与他合作。

4. 和孩子一起制定家规,调动孩子合作的主动性

父母要把孩子看作是有独立人格的能干的人,家庭中凡是涉及孩子的一些"重大决策",都要尽可能与孩子商量,共同制定家庭的规章制度,安排家庭的日程表,合理分配各个时段,比如,晚餐的时间、看电视的时间、弹钢琴的时间、学电脑的时间。家规一旦定出,就要严格执行,使孩子学会与父母合作,听爸爸妈妈的话,什么时间该做什么,就应去做什么,如睡觉的时间到了,就要去睡觉,吃饭的时间到了,就要去吃饭等,而不应采取不合作的态度,向父母提出任何不合理的要求,更不能无理取闹。随着孩子年龄的增长,父母也可以把家庭中的各种"大权"下放给孩子,让孩子当家,做小主人,学会主动与人合作。比如,让孩子策划"过一个有趣味有意义的双休日活动"时,启发孩子:先分别征求爸爸、妈妈的意见,再考虑自己的意愿,最后再拿出一个使大家都满意的活动方案出来。

5. 利用语言的暗示功能,引发孩子的合作意向

家庭教育研究表明,孩子的行为很容易受到父母语言的暗示影响,父母如能从正面对孩子加以引导,就能使孩子的行为朝着成人期待的合作化方向发展。父母要做家庭教育的有心人,充分发挥语言的调节、暗示功能在孩子合作行为培养中的作用。例如,当新玩具买回来以后,父母可诱导孩子与邻居小朋友一起玩,"爸爸知道你想和隔壁的小明一道玩","妈妈相信你能和 302 室的小健玩得很开心";当新画册买回来以后,父母可诱发孩子带到幼儿园里与小朋友一同看:"明天你把这本画册带到班上时,看看老师是怎样给小朋友讲故事的?""别的小朋看画册讲的故事和你自己看画册讲的故事有什么不同?"以此来培养孩子积极与人合作的动机和行为。

6. 针对孩子的具体情况,教给孩子合作的技巧

孩子随着年龄的增长,会产生与人合作游戏的欲望,父母应利用孩子的这一心理需求,根据孩子的实际情况,教给孩子合作的技能,增强孩子的合作能力。例如,带孩子到公园游玩时,当孩

子看到陌生的、可能比自己小的小伙伴时,孩子往往显得比较积极主动、热情大方,如上前与其打招呼、交谈、抚摸、游戏,对此,父母应提示孩子:要关心小伙伴,爱护小伙伴,当好小哥哥(小姐姐),带好小弟弟(小妹妹),大家一起玩;当孩子看到陌生的、可能比自己大的小伙伴时,孩子通常显得较为消极被动、胆怯拘谨,如待在原地不动、旁观、保持沉默,对此,父母应鼓励孩子大胆上前,与别人一起说笑、交流、讨论、玩耍。

7. 通过孩子身边的活动,塑造孩子的合作行为

孩子周围的各种活动都暗藏着训练孩子合作行为的契机,父母要善于把握。在家庭的日常生活活动中,例如,从超市购物归来,父母让孩子打开冰箱门,帮忙把食品放置好;在家庭的学习活动中,比如,到图书馆借书前,父母与孩子商量:"是先借宝宝的儿童读物,还是先借爸爸妈妈的成人读物?"如果是先借儿童读物,那么,就可要求孩子一边自己看图书,一边等待爸爸妈妈办理好成人的借书手续,过后再和爸爸妈妈一起"看图说话";在家庭的体育活动中,例如,到室外拍皮球时,父母拍球,孩子计数,或孩子拍球,父母计数;在家庭的艺术活动中,比如,画人物肖像时,让孩子当模特,父母当画家,或孩子作画家,父母作模特;在家庭的旅游活动中,例如,乘公交车时,父母手上拿的物品较多,可请孩子帮忙将车票或零钱投入票箱。丰富多彩的活动,能使孩子意识到合作的价值,体会到许多事情单凭个人的力量是难以完成的,只有大家相互帮助、协作、共同努力,才能取得成功;大家一起做事情、玩游戏,真快活,进而养成孩子乐于与他人合作的好习惯。

8. 陶冶孩子的品性,增强孩子的合作能力

孩子合作能力的高低,还与其道德品质的发展有着密切的关系。幼儿教育科研表明,有的孩子很有"人缘",小朋友都喜欢和他一起玩,而有的孩子则无"人缘",小朋友都不喜欢和他一起玩,其主要原因就在于,很有"人缘"的这些孩子,大都能尊重别人,关心别人,帮助别人,助人为乐,为人大方,遇事从不斤斤计较,并能宽容、原谅同伴的过失言行;而无"人缘"的一些孩子,则显得较逞强称霸,独断专行,不关心别人,不爱惜别人的物品,不能控制自己,遇事总是斤斤计较,对同伴的过失言行以牙还牙、以手还手。可见,培养孩子良好的道德品质是增强孩子合作能力的必要保证。

(二) 班级家长会

教师在组织本班家长会的时候,要从学前教育的目标和儿童的年龄特点出发,给家长予具体的指导。例如,托儿所教师或幼儿园小班教师可和家长一起研讨"通过亲子游戏促进孩子的发展"的问题,在引导家长广泛讨论的基础上,做出如下总结性发言,以充分发挥游戏在儿童成长中的作用:

1. 亲子游戏的涵义

亲子游戏是发生在父母和孩子之间的一种特殊活动,它通过父母亲昵地与孩子接触,让孩子主宰活动的进程,使孩子感到有趣、快乐,在轻松、愉快的气氛中发展身心。在这种游戏中,亲子之间的现实关系荡然无存,有的只是玩伴关系,因而会出现"角色颠倒"的现象,孩子"没大没小",父母有失"身份"和"尊严"。例如,父子俩在家里的地板上玩打仗的游戏,父亲和孩子"扭打"成一团,父亲"拼命地挣扎","大声地喊叫",但结果还是被孩子"打败"了,孩子乐得哈哈大笑。在现实

生活中,这种事情是绝不会发生的,只有父亲打孩子,孩子是不敢还手的,也不可能打败父亲。

2. 亲子游戏的价值

亲子游戏在独生子女家庭中,有着十分独特的作用。游戏是孩子学习的最佳方式,孩子在游戏的环境中生动活泼地成长。

首先,孩子通过与别人的相互作用而得以发展。在家庭游戏中,父母和孩子一道玩,能使孩子感到比一个人单独玩要开心得多,有助于孩子建立正确的自我意识,提高与别人的合作能力。比如,在跳绳游戏中,父母和孩子进行单独比赛,看谁在一分钟之内跳得最多,看谁一次能跳到多少,跳得最多者为冠军,这能刺激孩子的竞争能力;父母和孩子进行双人比赛,看一看爸爸带着孩子跳绳时,最多能跳到多少,妈妈带着孩子跳绳时,最多又能跳到多少,这能培养孩子的协作能力;父母和孩子进行三人比赛,爸爸妈妈抛甩绳子,让孩子跳,爸爸和孩子抛甩绳子,让妈妈跳,妈妈和孩子抛甩绳子,让爸爸跳,这能增强孩子的应变能力。

其次,孩子还通过与物体的相互作用而得到发展。在家庭游戏中,父母给孩子提供不同的游戏材料,让孩子以各种方式进行操作,尝试自己的力量,就能帮助孩子了解事物的变化规律及彼此之间的关系,掌握操作物体的技能,发展思维能力,认识到自己的价值,并为自己的进步感到骄傲和自豪,自信心也就逐渐形成起来了。例如,父母给孩子提供一些积木,让孩子随意拼搭物体,孩子在反复搭建的过程中,就会知道不同形状的积木有着不同的用处,有的积木可用来排列、平铺或堆高,有的积木可用作围合、架空,还有的积木则可用于装饰。

对于拥有婴儿的家庭来讲,亲子游戏就显得更为重要。处于婴儿期的孩子,心理发展水平较低且不尽相同,孩子之间不能相互理解和沟通,没有同龄游戏伙伴,而要进行游戏的合作伙伴只能是成人——父母;父母能针对孩子的实际状况,做出相应的反应,满足孩子的需要。这样,不仅密切了亲子之间的关系,而且还提高了孩子的认识能力,促进了孩子社会性的发展。比如,父母与孩子一同玩"躲猫猫"的游戏(父母先藏在门后面,然后又突然出现在1岁左右孩子的面前,依次循环几次),有利于孩子习得人的永存性的概念,产生对亲人的信任感;父母和孩子一起玩"找玩具"的游戏(父母把玩具小兔子放在一块花布下面,让1岁左右的孩子去找;孩子移开花布这个障碍物以后,就找到了玩具小兔子),有助于孩子习得物的永存性的概念,获得成功的体验。

3. 亲子游戏的种类

亲子游戏多种多样,主要可分为以下几种:

一是运动游戏:使参与者从身体活动和动作训练中,得到快乐、锻炼身体的一种游戏。父母可在孩子很小的时候就开展这种游戏,例如,举着1岁的孩子在天上"开飞机",和2岁的孩子一起学"小鱼游泳"、"小乌龟爬行"、"昆虫蠕动",教3岁的孩子翻绳、打弹子、套圈、掷沙包等。

二是角色游戏:使参与者通过扮演角色,以模仿和想象来创造性地反映周围生活的一种游戏。这是3—6岁孩子的最典型的游戏。例如,父母和孩子一起玩"玩具店"的游戏,孩子当"营业员",爸爸妈妈当"顾客","营业员"热心地帮助"顾客"挑选玩具,"顾客"满意地付款给"营业员"。

三是规则游戏:使参与者运用各种不同的规则来组织游戏,规则成为游戏的中心。父母可与年龄较大的孩子进行这类游戏。例如,下跳棋时,父母和孩子通过"剪刀、布、锤"来决定谁先走以后,不论是谁掷"色子"掷到数字几时,就只能使棋子跳几步,而不能多跳、或少跳一步,大家都必须遵守这个规则,否则,游戏就无法进行下去。

4. 亲子游戏的开展

父母在组织亲子游戏时,应注意如下几个问题:

第一,要把握好游戏的契机。亲子游戏在家庭生活中的任何时候、任何地点都可以进行,父母应从司空见惯的现象中,开发游戏的资源,自然而然地教育孩子。例如,在晚餐前,当父母发现年幼的孩子要打开冰箱门找冷饮吃时,就可微笑着跑过去,亲热地抱起孩子,坐到沙发上来,如果孩子挣扎着从父母的身边逃开、跑向冰箱,父母就再把他抱到沙发上来。父母机智、风趣的游戏法,不仅能给孩子予爱抚,而且还能转移孩子的注意力。

第二,要让孩子做游戏的主人。孩子喜欢和他们一起玩耍、逗他们发笑、听他们指挥的父母,所以,父母要尽可能多地挤出时间和孩子一道玩,并在游戏中扮演弱者、次要的角色,让孩子扮演强者、主要的角色,使孩子感到愉悦、有优胜感。例如,在玩捉迷藏游戏的过程中,父母找孩子时,要慢慢地找,大声地嚷,不要找到得太快,即使已发现了孩子,也要装作还没看见他。这样,孩子就会觉得游戏有趣,玩得时间就会延长。特别是随着孩子年龄的增长,知识经验的丰富,父母更要把游戏的主动权交给孩子,让孩子自己决定进行什么样的游戏、在什么地方进行、什么时候进行、如何进行等,以促进孩子自主性、独立性的发展。

第三,要为孩子提供适当的游戏材料。游戏材料是开展游戏活动的物质基础,父母给孩子提供的游戏材料是否恰当,直接影响到游戏活动的质量。为了形成神奇的游戏三角——父母、孩子和游戏材料,父母既要根据孩子的年龄特点和兴趣爱好,来选购价廉物美的玩具,用生动形象的语言引导孩子进行游戏活动,也要使孩子有机会使用各种无毒无害的废旧物品,自己操作,自由探索,发展思维的独创性。比如,父母给孩子提供饮料罐、豆腐盒、塑料瓶等废旧物品,启发孩子搭建出"机器人"、"宇宙飞船"、"加油站"、"超市"等多种物体。

第四,要给孩子创造室外游戏的机会。教育科研表明,室内外游戏对孩子有着不同的影响,所以,亲子游戏就不能仅仅局限于家庭的内部,父母应放下"架子",带领孩子到户外广阔的天地里,尽情地嬉戏、玩耍。例如,在阳光下,和孩子竞走、捕蝶、捉虫,在星空下,和孩子进行猜谜比赛,可由父母说谜面:"银鱼钩,弯又弯,亮闪闪,挂天边,钩出星星撒满天"。——打一自然物,让孩子猜谜底(月亮)。父母还要根据当地的地理环境、季节特点来组织游戏。比如,冬季和孩子在雪地上踩脚印、堆雪人、打雪仗,夏季和孩子玩水、游泳。此外,父母还应注意孩子的安全问题。对有可能危及孩子健康、生命的各种因素都要予以关注,做到防患于未然。例如,不让孩子在马路上、小河旁、易倒塌的建筑物附近、行人稀少的地方玩耍,以免发生安全事故,或受到流氓、骗子等侵害。

中班特别是大班教师可组织家长就"幼儿家庭的学习活动"这一问题进行研讨、交流,在家长各抒己见的基础上,教师做出如下的总结性发言,以便帮助家长更好地为儿童作好进入小学的准备:

在知识经济时代下,学习是一件非常重要的事情,终身学习已成为现代人生存发展所必备的社会性品质,因此,在幼儿家庭开展学习活动,就显得十分重要。

1. 幼儿家庭学习活动的内容

幼儿家庭学习活动的内容包罗万象,只要是有利于孩子健康成长的各种知识、技能,父母都可以让孩子学习。既可以让孩子了解有关社会、数学、物理、化学、生物、环境等方面的粗浅知识，也可以让孩子掌握一些语言、音乐、美术、体育等方面的基本技能。例如，在一个扩大家庭中，如果孩子的父亲是上海人，母亲是广东人，祖父、祖母是福建人，那么，成人就可使孩子在会讲普通话的基础上，学习这三种方言，以丰富孩子的语言学习内容；在一个核心家庭中，如果孩子的父亲是交通警察，母亲是医务工作者，那么，家长就可以通过日常生活中的交谈，把遵守交通规则、预防疾病等方面的知识教给孩子。

2. 幼儿家庭学习活动的种类

幼儿家庭学习活动的种类五花八门，以学习任务的来源为据，可分为三种：

（1）来自幼儿园：父母配合幼儿园，帮助孩子完成当天的"家庭作业"，例如，在家里让孩子复述教师讲过的故事，练习教师教过的折纸，以巩固所学的知识和技能。

（2）来自家庭：父母自己给孩子布置一些学习任务，要求孩子按质按量完成，比如，教孩子学会使用电脑鼠标，指导孩子把旧挂历纸上的"福"字剪下来，以增长孩子的知识，提高孩子的动手操作能力。

（3）来自社会：父母借助社会的力量，为孩子下达学习任务，例如，聘请家庭教师，在家里教孩子学习英语口语；把孩子送到少年宫等场所，接受音乐或舞蹈、健美、绘画、书法等方面的特殊训练，以拓宽、加深孩子的学习内容。

3. 幼儿家庭学习活动的形式

幼儿家庭学习活动的形式多种多样，主要包括以下几种：一是合作学习：父母和孩子一起学习，共同活动，协作完成学习任务。例如，孩子作画，父母在旁为其题字；孩子弹琴，父母伴唱。在合作学习中，父母既能全面、深刻地了解孩子，及时调整孩子的学习步伐，又能为孩子提供热爱学习、友好与人合作的模仿范例。二是独立学习：随着孩子年龄的增长，父母应放开孩子的手脚，让孩子独自一人进行学习。例如，鼓励孩子自己看书、习字、听音乐、看电视，以培养孩子独立学习的习惯，提高孩子独立思考问题、解决问题的能力。三是互助学习：父母应引导孩子和亲朋好友或周围邻居的小伙伴一起学习，实行"小先生制"，让孩子去教孩子，使孩子学会与人共享知识。比如，孩子会用饮料杯、橡皮筋制作"神奇的帽子"，而别的小伙伴却能用快餐盒、吸管制作"多功能的轮船"，当小朋友们相聚一起开展制作活动时，他们就会交流经验，掌握不同的制作方法，制作出新的物品，大家都得到了发展。

4. 幼儿家庭学习活动的策略

幼儿家庭的学习活动，既有科学性，也有艺术性，为了提高学习活动的效率，父母应掌握以下几条策略：首先，要激发孩子的学习兴趣。兴趣是孩子学习取得成功的最重要的保证，孩子如果对学习感兴趣，就会乐于学习，学习效率就会很高；反之，孩子如果对学习不感兴趣，即便手捧书本，长时间地坐在那里，也会心不在焉，当然也就不可能收到应有的学习效果。父母可利用孩子的好奇心，来萌发孩子对学习的兴趣。例如，父母把为快要上小学的孩子买的一本新图书，放在卧室的书桌上，自己先看起来，当孩子走进来的时候，父母"赶紧"将图书"藏"进抽屉里，随后离开卧室，孩子就会觉得很奇怪：父母为什么要把图书藏起来？书上有什么好看的东西？我也要看一看。这样，孩子就落入了父母设下的"圈套"，带着好奇，自然而然地走进了阅读图书的王国里。

其次,要了解孩子的学习方式。不同的孩子,学习的方式也不同。有的孩子主要是通过视觉来进行学习的,而有的孩子则主要是通过听觉、触觉来进行学习的。视觉型的孩子,往往目光很敏锐,看过的东西很快就能记住;对颜色很敏感,喜欢玩拼字游戏、用蜡笔画画、看电视,不喜欢打闹、在户外玩耍;常用表情和画画而不是语言,来表达自己的思想;喜欢和别人交流,词汇丰富等。听觉型的孩子,听过的东西很快就能记住;喜欢听别人说话,但也喜欢急于表达自己的观点;喜爱听故事、听音乐、讲故事、唱歌;喜欢和别人交流,词汇丰富;擅长用谈话的方式来解决和别人之间的矛盾等。触觉型的孩子,通过做而不是看和听,来记住所学的东西;能很快学会骑自行车;喜爱触摸尝试、动手操作、实践探索和游戏活动,如玩七巧板、捏橡皮泥,在运动器械上攀爬;喜欢父母的动作奖赏,如拥抱、抚摸等。所以,在孩子学习的过程中,父母应用心观察,了解孩子的学习类型,判断孩子的学习方式,提供相应的教育活动和辅助材料,以提高孩子的学习效率,促使孩子在学习上取得更大的进步。

再次,要挖掘孩子大脑的学习潜力。脑科学研究表明,孩子大脑的两半球有不同的作用:左半球是按一定的顺序,有规律地分析所输入的数据,并注解和翻译语言;右半球从事的却是艺术、情感类的创造性的工作。父母如果能使孩子大脑左右半球同时工作,就能开发孩子大脑两个半球的潜力,增强孩子的思维能力、理解能力和记忆能力。例如,为了帮助孩子"认识冬天",父母可和孩子一起开展"冬天听起来像……"、"冬天闻起来像……"、"冬天尝起来像……"、"冬天摸起来像……"、"冬天看起来像……"等系列活动。

最后,要培养孩子良好的学习习惯。在孩子学习的过程中,父母要为其提供一个宁静的环境,不大声讲话,降低电视、音响设备的音量,减少噪声对孩子的干扰;还要严格要求孩子,使其做到专心致志,不一心二用:边玩玩具边喝饮料,边吃东西边看图书,边弹钢琴边看电视等;并要使孩子做到动静交替、劳逸结合,在孩子认真学习 15—30 分钟以后,应让其休息、放松一下,调整身心,消除疲劳,以帮助孩子从小养成该学习的时候就学习、该玩的时候就玩、该休息的时候就休息的良好习惯,并形成动力定型。

5. 幼儿家庭学习活动的媒体

随着科学技术的不断发展,幼儿家庭学习活动的媒体也越来越多,如从玩具、图书到电话、电脑;同一类媒体的花样也不断翻新,如从机械玩具到电控玩具、声控玩具。在家庭教育的咨询活动中,我们发现:玩具、图书、收录机、电视机、电话机这类学习媒体已为众多的幼儿家庭所使用;影集、邮集、花草树木、工艺品、美术作品等学习媒体还未引起广大家长的足够重视;电饭煲、电炒锅、电冰箱、微波炉、洗衣机、吸尘器等学习媒体却令家长谈"电"色变,望而生畏;电脑这一当代鲜活的学习媒体,则使家长处在进退两难的境地之中,既对其抱有很大的幻想,也对其充满了疑惑和担忧。实践证明,不同的学习媒体具有不同的教育功能,在家庭的学习活动中,父母应广泛使用各种媒体,以充分发挥其在幼儿成长中的独特作用。

6. 幼儿家庭学习活动的评价

评价是幼儿家庭学习活动的末端环节,同时也是开始环节,父母的评价是否科学、合理,直接影响到幼儿学习的热情和行为、关系到学习活动的成和败。父母在评价孩子的学习活动时,既要看结果,更要看过程:关注孩子在学习过程中是否遇到了困难,孩子是如何面对困难的? 是自己动脑筋解决问题,还是寻求别人的帮助?孩子是怎样自己解决问题的?运用了哪些材料?花费了多少时间?是否成功地解决了问题等。不论孩子是否成功地解决了问题,父母都要给予表扬、奖励,以强化孩子在学习过程中所付出的努力。此外,父母在评价孩子的学习活动时,还要重视纵向比较,而不是进行横向比较:把孩子今天的学习状况同其过去相比,看看孩子是否在进步,只要孩子取得了一点进步,父母都应加以肯定;而不要把孩子与同伴相提并论,盲目攀比,特别要忌讳用同伴的长处来比孩子的弱项,以免刺伤孩子的自尊心,损害孩子的自信心。

三、辨析评论会

学前教育机构可就家庭教育中一些常见的现象和问题,开展辨析评论会,开诚布公地谈出自己的观点,通过辩论,使家长能分清是非和对错,自觉地接受教师提出的教育建议,以改进家庭教育工作。

(一)辩论会前的准备工作

为了使辩论会达到预期的效果,学前教育机构应做好以下各项工作:(1)深入了解家长的心态和困惑,广泛搜集家长感兴趣的话题,为确立辨析的主题做好前期准备;(2)给家长提供相应的图书资料,使家长能自己获取有关的信息,做好讨论的知识准备;(3)把各种讨论的主题公布出来,让家长自由选择小组参加讨论;一个时期可只安排一个讨论题,也可同时安排几个讨论题;(4)选好讨论的主持人,让有相关经验的教师来扮演这一角色;(5)确定讨论的时间、地点,便于家长参加和讨论;(6)安排好辩论会的形式,尽可能运用一些现代化教育手段来辅助讨论,达到生动直观的目的;(7)请好辩论会的点评人,这往往由有一定知名度、精通学前教育的人来担当,如园所长或助理、教研组长、高级教师。这可用表5-2-4来表示:

表5-2-4　家长辨析评论会会场安排表(　年　月　日　星期　下午4—5点)

组别	评析题	主持人	形式	地点	点评人	参加人员	效果评价
第一组	在肯德基店玩耍	A老师	讲述、讨论、总结	大一班活动室	F园长	(　)位,其中父亲(　)位,母亲(　)位	较好(　)一般(　)较差(　)
第二组	在公交车上交谈	B老师	讲述、讨论、总结	大二班活动室	G园长助理	(　)位,其中父亲(　)位,母亲(　)位	较好(　)一般(　)较差(　)
第三组	在上海书城看书	C老师	讲述、讨论、总结	中一班活动室	H教研组长	(　)位,其中父亲(　)位,母亲(　)位	较好(　)一般(　)较差(　)
第四组	在动物园观赏动物	D	看照片讨论、总结	中二班活动室	I教研组长	(　)位,其中父亲(　)位,母亲(　)位	较好(　)一般(　)较差(　)

组别	评析题	主持人	形式	地点	点评人	参加人员	效果评价
第五组	在海边捡贝壳	E 老师	看照片讨论、总结	小一班活动室	J 高级教师	（ ）位,其中父亲（ ）位,母亲（ ）位	较好（ ）一般（ ）较差（ ）
第六组	在爷爷奶奶家祝寿	F 老师	看录像讨论、总结	小二班活动室	K 高级教师	（ ）位,其中,爷爷（ ）位,奶奶（ ）位	较好（ ）一般（ ）较差（ ）

（二）辩论会中的引导工作

这是辨析评论会的关键,这一环节主要包括教师让家长观看录像、图片、照片,给家长讲解、描述,启发家长围绕着主题进行讨论、辩论,帮助家长分析孩子的发展水平和自己的教养态度,向家长提出确实可行的教育建议。

主题一：在肯德基店玩耍

1. 教师讲述

第一幕：星期四下午 5 点,奶奶手牵着孙子走进了××新村附近的一家肯德基店,买了一个汉堡包、一个鸡腿和一杯热果珍以后,祖孙俩便面对面地坐在一张小桌旁。奶奶右手拿着汉堡包递给孙子吃,左手端着饮料让孙子喝。

第二幕：孙子跪坐在椅子上,手在桌子上拍动,脚踢到了邻座的一位阿姨,奶奶对孙子说:"别乱动,别把人家阿姨的衣服弄脏了。"孙子看了看陌生的阿姨,笑了笑,手脚依旧处在运动状态之中。

第三幕：突然,孙子看到了前方的大型玩具架上有两个小朋友在爬攀登架、滑滑梯,便迅速跑了过去,排队加入玩耍行列;奶奶见状,先拿着汉堡包快步走到滑梯旁,当孙子从滑梯上滑下来时,就让他吃一口,然后又回到桌边端来饮料,当孙子再次从滑梯上滑下来时,再让他喝一口;依次循环往复,勾勒出一幅天伦之乐图。

2. 家长辩论(略)

3. 教师评析

今天的孩子大都喜欢在肯德基店用餐,家长带孩子进出肯德基店,也成为现代都市人家庭生活的一道风景线,如何组合好这些线条,描绘出一幅美丽的图画,实际上还是大有学问的。

（1）孙子的发展特征。从第一幕中,我们可以看出,这个孩子比较乖巧、听话、顺从,奶奶叫他吃,他就吃,叫他喝,他就喝,且处之泰然,没有邀请奶奶一起吃、喝。

从第二幕中,我们可以看出,这个孩子比较好动,胆子也较大,不惧怕陌生人,想做什么就做什么;能用动作、表情来表达自己的心思,而不善于使用语言,当知道自己做了不恰当的事后,只是笑了笑,并没有说话。

从第三幕中,我们可以看出,这个孩子很喜欢体育游戏,乐于与小朋友交往,较为合群,能够遵守游戏规则,与同伴开心地玩耍,且体育运动技能发展较好。

总的来讲,这个孩子对与同伴一起游戏的兴趣超过了对吃的兴趣,好动厌静,动作、情绪、社会性发展较好,语言发展略显不足。

(2)奶奶的教养方式。从第一幕中,我们可以看出,这位奶奶很爱自己的孙子,"隔辈爱,爱不够"的意识在奶奶身上淋漓尽致地表现出来,她对孙子很慷慨,对自己却很吝啬,舍不得吃、喝;对孙子包办代替,喂吃喂喝,活脱脱一个"孺子牛"形象。

从第二幕中,我们可以看出,这位奶奶对孙子的不礼貌行为没有视而不见,加以护短,或替孙子补过,而是对他的行为提出了要求,做出了约束,使孙子学会怎样不妨碍别人,但她却没有借此机会进一步帮助孙子学习掌握:当自己无意间做出了不当的行为以后,应怎样向别人表示歉意等方面的知识和技能,以增强孩子的社交能力,并在此基础上,提高孩子的口头语言表达能力。

从第三幕中,我们可以看出,这位奶奶能够积极支持孙子与同伴的正常交往活动,大家一起玩玩具,这点难能可贵。但她让孩子边吃边玩,则不利于其消化吸收、良好的饮食习惯的养成,有碍于孩子的身体健康。

总体而言,这位奶奶对孙子有爱有教,但爱却多于教,显得有些溺爱;在给孩子一定自由的同时,也显得较为放任、包办,是个围着孙子转的混合型教养方式的奶奶。

4. 园长建议

(1)奶奶不要经常带孩子进出肯德基店,让孙子过多地吃油炸食品,以免影响孙子均衡地营养摄入,妨碍身体的正常生长发育,造成偏食的坏毛病,成为西方餐饮文化的"俘虏"。

(2)奶奶应为自己买一份食物,在让孙子吃的同时,自己也要吃,甚至和孙子"抢"着吃,使孙子亲身感受到奶奶和自己一样,也有许多喜欢吃的东西,以从小培养孙子关心奶奶、热爱奶奶的情感。《新民晚报》曾报道过这样一件事:有一位老者,临终前,向儿女们提出"想吃一份肯德基套餐"的要求,说是自己平时只是陪、看孙辈们吃,不知道其究竟是什么味道;孙辈们听了都感到震惊,一个个瞪大了好奇的眼睛,有的以为爷爷不爱吃肯德基,有的认为爷爷贪吃,都快死了,还要吃肯德基;可惜的是当肯德基套餐买来的时候,老人还未来得及尝尝味道,就已经离开了人间。孙辈们对祖辈的误解实际上是由祖辈自己疼爱孩子的不当方式所造成的,这种令人心酸的事不该再重演。

(3)奶奶应让孙子自己吃,从小培养孩子自己事情自己做的能力。孩子的智慧在他的手指尖上,通过让孩子自己动手、自我服务,既能促进其手部肌肉、大脑的发展,又能提高其独立性、生活能力。据报道,我国有些足球明星,甚至是"国脚",球艺高超,能走出国门去踢球,但遗憾的是,他们与此同时还要带上自己的母亲去当"保姆"、"厨娘"、"清洁工"等。所以,从小培养孩子自我服务的精神和能力是何等的重要。作为家长,不应让孩子片面畸形生长,而应创造条件,让孩子全面和谐发展。

(4)奶奶应注意激发孙子语言表达的兴趣和欲望,适时为孙子提供语言学习的范例。比如,要求孩子向阿姨说声"对不起"、"请原谅"等,重视丰富孩子的词汇量,鼓励孩子大胆用语言与人交流,并给予及时表扬,以强化孩子的语言自信心,提高孩子的语言表达能力。

（5）奶奶应重视培养孙子良好的进餐习惯和游戏习惯，帮助孩子做到先吃后玩，吃好了再玩，或先玩后吃，玩好了再吃，该进餐时就进餐，该玩时就玩。

（6）奶奶还应尽可能参加社区或托儿所和幼儿园组织的各种亲子活动，按照园所的要求去做。例如，在敬老节活动中，当孙辈们喂自己吃长寿糕、喝长寿水时，不要舍不得吃、喝，而要"大吃大喝"，以培养孙辈们的分享精神和关心长辈的意识。

主题二：在公交车上交谈

1. 教师讲解

第一幕：××路公交车靠站了，爸爸让女儿先上车，女儿转过身来说："爸爸，让我来投票好吗？"爸爸边说"你还小，等你长大了再投吧"，边自己把票丢进了公交车票箱里；女儿有点不高兴，小嘴巴直往上翘。

第二幕：父女俩很快来到了最后一排中间的一个空座位旁，爸爸把女儿抱坐在自己的腿上；当女儿发现前排靠窗座位上的一位叔叔起身离开要下车时，便迅速挣脱了爸爸的双手，从爸爸的腿上滑了下来，以迅雷不及掩耳之势穿过身边的一位阿姨，占领了这个空座位；爸爸发觉后，对女儿说："玲玲，如果你想坐的话，就坐在爸爸的腿上，小孩子不可以抢占座位的，让这位阿姨坐下。"女儿听罢，很快回到了爸爸的身边。

第三幕：当阿姨向父女俩道谢后坐下时，女儿轻声地俯耳问爸爸："这个阿姨是干什么的？"爸爸说："你自己问。"女儿不愿意，非要爸爸问；爸爸说："可能是当老师的吧，你自己问一问，看看是不是的？"女儿把头转了过来，用疑问的目光打量着阿姨，阿姨点头称"是的"；女儿惊喜地问道："爸爸，你怎么知道阿姨是当老师的？"爸爸说："我还能像你一样笨吗？我是看出来的。"女儿扫兴地低下了头。

2. 家长辩论（略）

3. 教师评析

（1）女儿的发展特征。从第一幕中，我们可以看出，这个女儿有了"我已长大"的自我意识，希望能帮助爸爸做点小事，像大人一样投票；她试图用询问的方式来使爸爸满足自己的心愿，当遭到爸爸的拒绝以后，她用翘嘴巴来表示自己的不满，具有一定的反抗意识。

从第二幕中，我们可以看出，这个女儿比较机灵，观察周围环境的能力较强，对人对事都很敏感，反应极快；分辨是非能力较弱，可塑性较强，很听爸爸的话，当爸爸发出劝告指令时，能听从。

从第三幕中，我们可以看出，这个女儿对身边的陌生人怀有好奇感，想提问题，但又不敢，故显得胆量有点小；口语水平较高，且喜欢刨根问底，前后使用了两个不同的反问句，来探寻事物的根源；情绪不稳定，变化较快，易受爸爸言语判断的影响；自尊心较强，当受到伤害时，就不再发出声音，以沉默来表示自己的不快。

总体而言，这个女儿聪明伶俐，讨人喜欢，好奇好问，观察能力、反应能力、语言能力都较强，情绪外露、容易变化，判断推理能力略显不足。

（2）爸爸的教养方式。从第一幕中，我们可以看出，这位爸爸对女儿比较呵护，他认为女儿年龄尚小，还不能替爸爸投票，他对女儿的拒绝，实际上压抑了女儿自我意识的发展，阻碍了女儿帮助大人做事的美好愿望的实现,从而使女儿失去了一次实际操作的机会,不利于女儿更快地适应未来的社会生活。

从第二幕中,我们可以看出,这位爸爸比较怜爱女儿,同时又注意培养女儿文明礼貌的行为习惯和基本的社会公德,当女儿做出不良的行为时,能及时加以阻止,提出明确具体的要求,抑制了女儿抢占座位的坏毛病的养成;爸爸很有威信,女儿对她言听计从。

从第三幕中,我们可以看出,这位爸爸能鼓励女儿大胆提问、自己去寻找问题的答案,这有利于激发孩子思维的火花,提高孩子与人交往的能力;这位爸爸精明强干,思维水平较高,善于察言观色,能根据自己的观察,进行判断推理,得出正确的结论,但却没有注意把自己思考的方法教给女儿,在陌生人面前给女儿留一点面子,结果挫伤了孩子的自尊心。

总的来讲,这是位民主型的爸爸,对女儿宽严并济,该放则放,该管则管,重视培养孩子的思维能力,但却忽略了孩子的尊严,在不经意中伤害了女儿。

4. 园长建议

(1) 爸爸应树立科学的儿童观,要把女儿看作是有能力的个体。当女儿萌发出要帮助大人做点力所能及的小事(如往公交车票箱里投票)的愿望的时候,爸爸应给其提供机会,让其体验成功的喜悦,以强化其主动帮忙的行为。

(2) 爸爸应给女儿提供多与人进行口头交谈的机会,鼓励孩子在陌生人面前大胆讲话,增进孩子的语言自信心,促进孩子的社会化进程。

(3) 爸爸应把自己判断推理的过程告诉女儿,使女儿掌握科学思维的方法这个"点金术",学会举一反三。比如,爸爸可让孩子知道自己是根据下面这些线索来进行推测,看出这位阿姨是个老师的:刚才我们上车的这一站是"华东师大",这位阿姨也是在这一站上车的;阿姨戴着一副近视眼镜,肩挎一个小皮包,手提袋里拎着几本杂志;刚才你抢占她旁边的座位时,她只是笑了笑,没有责怪你;你让出了座位以后,她又用普通话向你表示感谢,等等。

(4) 爸爸不应用"笨"之类的消极词语来形容女儿,特别要忌讳在众多的陌生人面前用否定的词语贬低女儿。孩子虽小,但也有人格和尊严,爸爸应加以保护,多从正面进行启发引导,如"玲玲胆大,敢和不认识的人讲话"、"玲玲聪明,自己动脑筋想一想,爸爸是怎么猜对的"等,以提高孩子的自尊水平,帮助孩子建立良好的自我意象。

主题三:在上海书城看书

1. 教师讲述

第一幕:星期六上午 10:00,妈妈领着儿子走进了"上海书城",在底楼妈妈为自己挑选了一本图书以后,就带着儿子乘坐扶手电梯,来到了五楼。儿子说:"妈妈,这里的图书真多、真大,还有彩色的,我想摸摸它们。"妈妈说:"你可以轻轻地用手摸一摸,也可以抱一抱。""妈妈,我想在这里照张相。"正当妈妈准备为儿子拍照的时候,"导读阿姨"走了过来,说:"这里不能拍照。"母子俩听后,露出了扫兴的神态。

第二幕:妈妈带着儿子来到了"儿童天地"以后,就帮儿子脱去外套,装在手提袋里,让儿子自己在书架上选择所喜欢的图书;儿子拿了一本图书坐下后,哗啦哗啦地翻动着书页,不一会儿,他告诉正站在身旁看书的妈妈："书看完了。"妈妈对他说："你把书放回原来的地方,再挑一本书来看。"儿子去书架上又拿了一本图书,回到了座位上,迅速地翻动着书页,然后向妈妈报告:"这本书很好看,我要买。"

第三幕:儿子的座位上堆有 6 本图书画册,他仰起小脸对妈妈说:"这些书,我都喜欢,全买下来,好吗?"妈妈看了看每本书的价钱后说:"太多了,太贵了,妈妈没带这么多钱,你选 3 本最喜欢的图书,下一次来的时候,妈妈再给你买其他的 3 本,好吗?"儿子边说"妈妈,你说话要算数的",边用手指和妈妈拉钩;妈妈领着手捧 3 本图书的儿子,来到了楼层的收银员面前,付书款。

2. 家长辩论(略)

3. 教师评析

(1)儿子的发展特征。从第一幕中,我们可以看出,这个儿子对图书已产生了浓厚的兴趣,他用摸和抱来表示自己对图书的喜爱,并期盼以图书为背景留影作个永恒的纪念;当知道在此不能拍照以后,能控制自己的情绪,遵守公共场所的规则。

从第二幕中,我们可以看出,这个儿子是个遵守规则的小读者,已有自己的阅读兴趣,并形成了初步的阅读习惯,但不够完善,比如,翻书的动作虽快但却较重,还发出了较响的声音,阅读时囫囵吞枣,没有仔细地加以阅读、用心思考,比较毛躁。

从第三幕中,我们可以看出,这个儿子有强烈的购书欲,想把自己喜欢的图书全买下来;当知道妈妈没带很多钱以后,没有固执己见,非要妈妈照办,而是显得比较通情达理,善解"妈"意,并期盼、相信妈妈会讲信誉、守信用。

总的来讲,这个儿子语言能力发展较好,对图书阅读有浓厚的兴趣,控制情绪和行为的能力都较强。

(2)妈妈的教养方式。从第一幕中,我们可以看出,这位妈妈利用双休日的时间带领儿子去书海遨游,可谓匠心独具。"书籍是人类进步的阶梯",图书是孩子的"精神食粮",国外一些研究表明,孩子从小爱看书,长大不容易犯罪,妈妈注意从小培养儿子对图书的热爱之情,激发儿子对学习的兴趣,必将能使儿子终身受益无穷。此外,妈妈为自己挑选了一本图书,实际上是在为儿子树立如何选择图书的榜样。

从第二幕中,我们可以看出,这位妈妈比较重视培养儿子独立选择图书的能力,较为忽略提高儿子独立生活的能力;在发展孩子兴趣爱好、把孩子培养成为文明小读者的同时,却忽视了塑造孩子良好的阅读习惯,比如,图书要一页一页地看,从前往后看,每页要从上往下看,仔细看看图书的画面、颜色和文字;不懂的地方可以问问妈妈;图书要轻拿轻放,轻轻翻阅,轻声讲话,以免影响别人阅读,使孩子全面意识到公共场所的规则要人人遵守,以保证阅读环境的安静。

从第三幕中,我们可以看出,这位妈妈或许真的没带那么多钱,或许是在故意为孩子设置一个小障碍,对孩子进行挫折教育,使孩子亲身体会到世界上的许多物品虽然都是我们所喜欢的,但我们却不可能同时拥有它们,有时需要克制自己,有时需要耐心等待;妈妈十分尊重儿子,她没有硬性规定儿子只能买 3 本书,而是用商量的口气和儿子说话,使儿子乐于接受妈妈的建议,而没有出现"两军对峙"、僵持不下的局面;妈妈充满了童心,她用接受儿子选择的拉钩方式,较好地解决了自己所面临的一个难题,同时也给了儿子一个台阶下;这位妈妈的不足之处在于,她没有教儿子学会看书价,把钱给儿子,让他自己去和收银员打交道,以培养孩子认识货币、进行简单计算和社会交往的能力。

总体而言,这位妈妈与众不同,注意利用书城这一独特的社区资源来激发孩子对图书和学习的热爱,讲究教育孩子的科学性和艺术性,解决问题的能力较强,是个受到孩子尊重和喜爱的好妈妈形象。

4. 园长建议

(1) 妈妈在书城外面,可教儿子认识"上海书城"几个字,引导儿子观察书城的外貌特征,了解书城的开放时间和网址;进入书城以后,可带儿子大致观看一下各层陈列的图书及方式;遇到工作人员,如"保安"、"导读小姐"、"导读先生"、"收银员"时,可帮助儿子认识他们所穿的不同制服和工作特点,丰富孩子的知识经验,使孩子从小学会尊重不同职业人们的劳动;看到读者看书时,可启发孩子观察有些什么样的人在看书? 他们是怎么样看书的? 以此为孩子提供更多的热爱学习的模仿范例。

(2) 在图书买回家以后,妈妈切记不要把它当摆设,或成为"有学问"的点缀品,而要充分发挥其作用,既可和儿子一起阅读,也可让儿子独自阅读,还可鼓励孩子和亲朋好友的孩子、邻里同伴一同阅读,分享共同阅读的快乐;讲一讲书中有趣的情节;以图书内容为基础,自己编讲故事。此外,妈妈在家里可为孩子开辟一个图书区,保证孩子有个固定的阅读空间和安宁的阅读环境。

(3) 妈妈应根据儿子的兴趣爱好,开展相应的活动,以强化孩子对书城的兴趣。孩子若喜欢玩角色游戏,妈妈则可和孩子一起玩"书城",先让孩子挑选想扮演的角色;孩子如喜欢拼拼搭搭,妈妈则可用积木或旧豆腐盒、饮料罐等,和孩子一同搭建"书城";孩子若喜爱画画,妈妈则可把旧报纸铺在地板上,和孩子一起画"书城";孩子如喜爱做做玩玩,妈妈则可和孩子一道用挂历纸、照片等制作"图书";孩子如喜欢想象,妈妈则应鼓励孩子大胆畅想"未来的上海书城将会是什么样子",以发展孩子动手动脑的能力,挖掘孩子创造想象的潜能。

(4) 妈妈对儿子许下的诺言一定要实现,对儿子要言而有信,做个守信用的妈妈,这也是"曾子杀猪"的故事给我们今天做家长的一点启示。家庭如果有电脑,还可通过上网,查询书城的图书近况,和孩子一起在网上购书,焕起孩子对现代科技的兴趣。

(三) 辩论会后的评价工作

这既是辨析评论会的终端,同时也是其开端。学前教育机构在辩论会结束以后,要及时记录参加各个讨论会的家长人数和种类;对辩论会的效果做出实事求是的分析和评价,以便为下一次的辨析会提供反馈信息,使辩论会的质量不断提高。

四、父母沙龙

这是学前教育机构指导家庭教育的一种新形式,它不像"家庭教育讲座"、"家长会"那么正规、严肃,它使家长在自由轻松的环境中,充分发表自己的见解,倾听其他家长、教师和教育专家的看法,在不知不觉中受益。

(一) 父亲沙龙

有的学前教育机构中儿童的家庭是"男主外,女主内"的,孩子的父亲整天在外奔波,做生意,无暇顾及孩子。据此,可开办父亲沙龙,吸引父亲对"充分发挥父亲在孩子成长中的作用"这一问题进行讨论,说出自己的看法,然后教师、园(所)长做出小结。

心理学研究表明:学前儿童人格的健康发展需要受到男女两性世界的影响,否则会使儿童的人格发展蒙上一层阴影,形成单一的、明显的女性特点或男性特点。学前儿童每周有 5 天的时间是在托儿所、幼儿园度过的,而我国现阶段托幼园所的师资队伍几乎都是女性一统天下的格局,男性寥寥无几,孩子受到的影响基本来自女性。为了保证孩子人格的正常发展,减少由于师资队伍中男性不足所产生的负面效应,父亲就必须更多地参与到学前儿童的教育工作中来,促进孩子的全面和谐发展服务。

1. 巧妙利用托幼园所的教育资源

托幼园所是教育年幼儿童的专门机构,教师都经过专门的培训,具有较丰富的学前教育知识和经验、较强的专业技能和技巧。这是一笔巨大的教育财富,父亲要学会分享、利用。

首先,牢牢把握接送孩子的有利时机。父亲要尽可能多地承担接送孩子的任务,早晨送孩子入托入园时,主动把孩子在家中的表现向教师诉说,使教师在教育孩子时做到心中有数;傍晚接孩子时,应主动向教师打听孩子在园所的一天状况,以对症下药。此外,还要注意观看班级墙报、画廊、橱窗,以了解孩子的作品、班级的教学进度和活动安排,并以此为参照体系,进行合理的家庭教育。

其次,积极参加各种家庭教育指导活动。托幼园所都会定期举办家长学校讲座、开展家庭教育咨询活动、召开家长会及家庭教育经验交流会、举行半(全)日开放活动及托幼园所—家庭联谊活动、发放家园(所)联系手册等,父亲要抓住这些机会,积极参与进去,以全面系统地获取有关家庭教育的任务、内容、形式、方法等信息,洞察孩子的内心世界,深入细致地了解孩子的年龄特征、性别差异、个别特点,因材施教,促进孩子生动活泼地成长。

再次,敢于提问质疑。有些家长学历、职务、地位可能都比教师高,但是他们在教育孩子的过程中,也不可避免地会遇到各种各样的问题,这就需要家长本着"三人行,必有我师"的精神,放下架子,不耻下问,向教师讨教,寻求教师的帮助,解决家庭教育中的疑难杂症。

最后,以主人翁的态度参与托幼园所的各种活动。父亲可从自己的兴趣出发,利用自己的技能特长,主动为托幼园所义务工作:从谋划各种有益的活动、到筹备实施和评价等各个环节的工作之中去,使儿童从中感受到父亲也是一位好老师、好朋友;父亲很爱他所在的班级和托幼园所,从而促进孩子心理的健康发展。

2. 善于利用家庭的教育资源

家庭是孩子成长的摇篮,父亲是教育孩子的首任教师。父亲要全方位地发挥自己的作用,帮助孩子的成长发展。

首先,介绍自己的工作性质、职业特点,萌发孩子爱父之心。只有知之深,才能爱之切。父亲可通过家庭日常生活,自然而然地把自己的工作性质、职业特点传递给孩子,比如,告诉孩子:爸爸是位医生,给病人看病、开药,对病人要热心、耐心,救死扶伤,发扬人道主义精神。使孩子了解父亲的工作及艰辛,敬佩和热爱自己的父亲,乐于接受自己所爱的父亲所给予的教育。

其次，全面关心孩子的生活，满足孩子的生理需求。学前孩子独立生活能力较差，在衣、食、住、行等方面都有赖于成人的帮助，父亲对孩子只养不教，固然不对，但只教不养，同样也不妥。国外十分盛行父亲"陪产假"，其目的就在于当孩子一来到人间时，就能享受到父亲的生活照料和养护。一些调查也表明，孩子更喜欢母亲而不是父亲的一大原因是"妈妈哄我睡觉"、"妈妈陪我睡觉"、"妈妈帮我穿衣服"、"妈妈帮我脱衣服"、"妈妈给我买好吃的东西"等。可见，父亲要想赢得孩子的喜爱，就必须从日常生活入手，从具体小事做起，关心孩子，照顾孩子的饮食起居，满足孩子的生理需求，为孩子的成长提供良好的物质前提。

再次，运用科学育儿的方法，满足孩子的安全需求。一些学前儿童抱怨他们的父亲很凶，好对他们"瞪眼"、好"骂"他们、"打"他们，父亲使他们感到恐惧，而没有安全感。为人之父者应抛弃"棍棒底下出孝子"、"不打不成才"的陈腐观念和侵犯儿童权利的错误做法，尽量少用、不用批评惩罚方法对待儿童，尽可能多用讲解说理、实践练习，尤其是榜样示范、表扬鼓励的方法教育孩子，以真正地树立威信。研究表明，父亲能为男孩树立一个母亲之外的大人形象，使男孩认识到父子关系的重要意义；使女孩感受到异性的谈吐、举止的魅力；在儿童成长的过程中，仅有母亲的赞扬是很不够的，父亲对女孩的赞赏有更好的效果。

最后，和孩子一起游戏、学习、生活，满足孩子的社会要求。孩子会随着年龄的增长，产生游戏、学习等方面更高层次的需求，并以此为标准，来衡量父亲的好坏优劣。和儿童的谈话表明，他们把"好爸爸"归纳为：经常给他们"讲故事"，教他们"写字"、"打电脑"，带他们"去公园玩"等。可见，要提高家庭教育效率，做个合作的家长，父亲就要成为孩子的良师益友，教孩子学文化，做孩子游戏的伴侣，和孩子共欢乐。

3. 注意利用社区的教育资源

首先，家庭周围环境是教育孩子的极好场所。"孟母三迁"的故事启发家长，要为孩子选择、营造良好的外部环境，保证孩子受到正面的积极影响。现在的孩子大都是独生子女，在家里没有同龄伙伴，而同伴之间的交往又是孩子成长发育的一剂良药，所以，父亲不要把孩子关在家里，使家庭成为孩子的"监狱"，而要敞开家门，鼓励孩子邀请邻居的小伙伴来家做客，做游戏，以扩大孩子的社交范围，增强孩子的社交能力。

其次，开展邻里互助活动。我国的家庭住宅已趋向"高楼化"、"独户化"，为避免"鸡犬之声相闻，老死不相往来"的现象出现，父亲们应组织起来，开展多种互助活动。不同的父亲具有不同的兴趣爱好、技能技巧，大家以楼群为小组，自由结合，利用各自的优势，教孩子唱歌、跳舞、绘画、书法、弹琴、下棋、打球等，以丰富孩子的生活，提高孩子的素质。

再次，带孩子到大自然、大社会中去活动。大自然、大社会都是孩子的活教材，在节假日中，父亲要挤出时间，带孩子去远足、郊游，开展"苦难夏令营"、"冬令营"活动，培养孩子吃苦耐劳、不怕困难、争取胜利的精神；带领孩子游览名胜古迹，参加博物馆、图书馆等，培养孩子对艺术美、人文美的认识，陶冶孩子的情操，激发孩子创造美的欲望。

（二）母亲沙龙

有的学前教育机构中儿童的母亲是典型的"女强人"，她们工作繁忙，事业有成，对孩子的教养问题过问较少,几乎不接送孩子。据此,可组织母亲沙龙,就母亲们关心的话题展开讨论,然后由教师、园(所)长引出"母爱的价值及实施"的问题进行讨论,并做出总结性的发言:

1. 母爱对孩子的成长发展至关重要

爱孩子是母亲的本能和天性。母爱对孩子身心的健康发展具有重要的影响。婴儿期(0—3岁)是孩子依恋感形成的关键期,孩子与母亲之间这种最初的感情纽带的缔结,对孩子社会化的进程有着极大的推动作用。如果孩子对爱的基本需要得到满足,那他就会获得正常发展;如果孩子没有机会在生命的最初三年里紧紧地依附于母亲等人,那他就可能成为"缺乏感情的冷血动物"。研究表明,孤儿院的儿童由于缺少母爱,而显得表情呆滞,动作迟缓,智力落后。可见,母爱对孩子心理健康的影响就像维生素和蛋白质对于孩子身体健康的影响一样重要。母爱是连接孩子内心世界和外部世界的桥梁,是塑造孩子完美人格与个性的食粮。

2. 母亲爱孩子要讲究科学性和艺术性

爱孩子是一门科学,也是一门艺术,母亲爱孩子应注意以下几点:

(1)大胆地爱。要教育孩子,首先就要热爱孩子。爱孩子是母亲对孩子施教的前提条件。母亲要想方设法使孩子感受到自己被人爱,从而帮助孩子建立安全感、归属感。为此,母亲不仅经常要用语言"我爱你"来表达自己对孩子的热爱之情,而且要善于利用微笑、愉快等面部表情、赞赏的眼神,表现自己对孩子的喜爱之心,此外,还要注意通过动作、体态如拥抱、亲吻、抚摸等来表现自己对孩子的深爱之意。母亲这种对孩子热烈、奔放的爱,会使孩子避免产生"皮肤饥渴"等心理疾病。

(2)严格地爱。母亲对孩子如果只爱不教不管,那不是真正地爱,而是害,"慈母败子"说的就是这个道理。母亲对孩子不能娇惯溺爱、放任自流,而应提出合理的要求,制定必要的家规、家法,拒绝孩子的不正当要求,批评孩子的过失行为,保证孩子的健康成长。

(3)全面地爱。孩子身心各个方面的发展总是相互交织在一起的,母亲要全方位地爱孩子,关心孩子体力、认知、语言、社会性、审美的发展,而不偏废其中任何一方:满足孩子对食物、睡眠、衣着的需求,发展孩子的动作;培养孩子自己进餐、如厕、穿脱衣服的自理能力,多给孩子提供色彩鲜艳、会响、会动、不易吞下的玩具,让孩子观看、倾听、触摸,以刺激孩子感官,促进孩子智力的发展;多和孩子交谈,说话时眼睛要看着孩子,进行情感交流,倾听、模仿孩子发出的声音;对孩子的微笑、啼哭要及时应答,做出积极的反应;多给孩子创造与小伙伴接触的机会,增强孩子交往能力;多为孩子唱歌、讲故事,带领孩子观赏大自然的美景,以萌发孩子的美感。

(4)一致地爱。母亲对孩子前后的要求要一致,不能今天对孩子进行礼貌教育,明天就无视孩子的不礼貌行为。另外,母亲要和家庭的其他成员协调一致,共同教育孩子,不能自己唱"白脸",其他人唱"红脸",使孩子束手无策,或养成性格的两面性,导致人格的畸形发展。此外,母亲还要注意配合托儿所、幼儿园对孩子进行教育,以提高教育质量。

(5)科学地爱。处在婴儿期的孩子,身心发展的速度较快,母亲既要按照孩子的年龄特点施以教育,对孩子要多认可、多接受,多表扬、多鼓励,使孩子学会自尊、自爱、自信,也要考虑孩子的个性差异,因材施教,千万不可人云亦云,盲目照搬别人的做法,而要多观察、多了解孩子的独特之处和点滴进步,让孩子抬起头来走路。

（6）艺术地爱。母亲对孩子的爱和教育体现在家庭的环境布置和日常生活、亲子活动之中。在布置家庭环境时，做母亲的要尽可能从孩子的角度看问题，为孩子开辟出一块空间，使孩子能在地上滚、爬、跑、跳；室内装有大面镜子，使孩子能反复多次地看到自己的面庞和身影，墙上贴些动物图片、合家欢照片，使孩子产生亲切感。

（7）双向地爱。"可怜天下父母心"，父母对孩子只讲奉献，不讲索取，这是一种无私崇高的爱，但同时也是一种片面残缺的爱。母亲应意识到：孩子爱母亲是天经地义的事情，并教育孩子学会爱母亲。苏联教育家苏霍姆林斯基早就对孩子提出"要爱你的妈妈"这样的忠告；现在世界上也有越来越多的国家庆贺"母亲节"，倡导孝道和爱心；我国学前教育法规也明确指出，要对儿童进行热爱母亲的教育，把之视为爱国主义教育的基础工程。试想一个孩子连养育他的母亲都不爱，那他怎么可能去爱他的祖国；一个没有知恩图报意识的人，将来长大后怎么可能去报答母亲的养育之恩、报效祖国？因此，母爱教育应是一种双向互动的过程，呈开放状态，而不应是一种单向情感传递，呈封闭状态。

（8）接受地爱。当孩子对母亲表现出热爱之情时，母亲应予以接受，并凭借表扬鼓励等多种方式，进行正强化，以巩固孩子这种可贵的行为，而不应予以讥讽责备，实行负强化，以抑制孩子这种良好的行为。比如，在母亲生日来临之际，孩子在父亲的引导帮助下，为母亲画了一幅画，并用自己的压岁钱，买了一枝康乃馨，母亲见状，应表示惊喜，对孩子大加称赞："好孩子，记住了妈妈的生日。"并致谢意，"感谢你为妈妈准备了生日礼物"，"谢谢你对妈妈的关心和爱戴"；而不应批评孩子"也不好好练琴，画画干什么？""真是浪费时间！""买花干什么，从小就学会乱花钱，长大得了？"

五、家长园地

学前教育机构可设置全园、全所性的橱窗、墙报、板报，向家长宣传科学育儿的知识，介绍教育家的名言，公布作息制度、食谱，推荐儿童玩具、读物，陈列集体活动照片、儿童作品等。例如，针对众多家长不注意维护孩子的心理健康这一问题，幼儿园可利用墙报向家长传递如下信息：

（一）父母应如何维护孩子的心理健康

幼儿的健康包括身体和心理两个方面，心理的健康对其发展有着更为重要的影响。幼儿的心理健康主要是指其合理的需要和愿望得到满足以后，在情绪和社会性等方面所表现出来的一种良好的心理状态，比如，对自己感到满意，情绪活泼愉快，能适应周围环境，人际关系友好和谐，个人的聪明才智得到充分的施展和发挥。为了维护年幼儿童的心理健康，父母应注意如下几个问题：

1. 培养孩子的愉快心境

轻松愉快的情绪是孩子顺利进行各种活动的前提条件，父母应使孩子经常处于一种兴高采烈的状态。幼儿情绪的发展具有易受感染性的特点，为使孩子拥有良好的情绪体验，父母首先要为孩子树立模仿的榜样，时时处处以自己乐观向上的情绪去感染孩子。其次，父母之间要建立积极的友好关系，以便对孩子产生潜移默化的影响，"孩子的脸是父母之间关系的晴雨表"，说的就是这个道理。再次，要对孩子进行情感投资。美国精神病专家坎贝尔提出，要使孩子心理健康，父母就须进行相应的"精神投资"：深情地注视孩子，和孩子进行温馨的身体接触，一心一意地关心孩子。此外，还要对孩子宽严并济。父母既不能为了赢得孩子的开心和笑容，就对孩子的缺点、错误熟视无睹、听之任之，不合理的要求也予以满足，"慈母败子"的古训应该记取；也不能苛求孩子，把孩子与同伴进行横向比较，甚至拿孩子的短处去比同伴的长处，要注意纵向比较，一旦发现孩子的闪光处、点滴进步，就要及时加以表扬。

2. 融洽亲子之间的关系

家庭内部民主平等的人际关系是孩子心理健康的"维生素"，有利于孩子的成长和发展。调查表明，民主协商型父母与独断专制型父母相比，培养出来的孩子更通情达理，备受同伴欢迎，能与人友好相处，乐于助人等。为了构建良好的亲子关系，父母首先要尊重孩子，认识到孩子也是一个独立的人，有自己的情感和需要，而放下做家长的架子，蹲下身来与孩子讲话，以减少"威严感"，使孩子觉得父母和自己是平等的。其次，父母要礼待孩子，对孩子讲文明讲礼貌，不打骂孩子。无论当孩子做出了什么好事、益事，父母都要表示祝贺，表达谢意，绝不吝啬赞赏。此外，父母还要应答孩子："人非圣贤，孰能无过？"当父母意识到自己对孩子可能讲错了话、做错了事以后，要勇于向孩子承认错误和道歉，这不但不会降低自己在孩子心目中的威信，反而会使孩子感到父母更加可亲可敬。

3. 塑造孩子的良好个性品质

性格是孩子个性品质中的一个核心成分，它指的是孩子对人对事的综合反映。幼年期是孩子性格形成的关键时期，孩子性格特征的优劣，直接影响到其各个方面的发展水平和未来的工作和生活，因此，从小培养孩子良好的性格特征就显得格外重要。为人父母者，既要关注孩子性格的意志特征、情绪特征的塑造，也要重视孩子性格的态度特征、意志特征和理智特征的锻炼。在培养孩子独立性的时候，父母要寓教于日常生活之中，使孩子能做到自己的事情自己做，例如，弹琴时，让孩子自己打开琴盖，放好琴谱，坐上琴凳。在培养孩子克制力的时候，父母要和孩子一起制定规章制度，鼓励孩子做家庭的"稽查队长"，以身作则，带头遵守家规家法，比如，每天只看1小时的少儿节目，绝不多看1分钟的电视内容。在培养孩子想象力的时候，父母可启发孩子利用各种废旧物品，搭建出千姿百态的物体；引导孩子给故事续结尾、编开头或过程；和孩子一起做游戏、猜谜语，例如，父母给孩子讲谜面（屋子方方，有门没窗。屋外热烘烘，屋内结冰霜。——打一个家用电器），要求孩子猜出谜底（冰箱），反之亦然。

4. 形成孩子的积极自我意象

孩子是否能正确地认识自己、估价自己的能力是其心理健康的一个重要指标。为了帮助孩子形成良好的自我意象，发展孩子的自尊心，提高孩子的自我意识水平，父母应使孩子认识到世界上只有一个"我"，"我"是独特的，有动听的名字、短短的黑发、小小的嘴巴、大大的眼睛；"我"很能干，能用自己的双手吃饭、穿衣、剪纸、绘画、弹琴，能用自己的双脚行走、奔跑、跳跃、攀登，能用自己的鼻子闻出多种不同的味道，能用自己的耳朵听出各种奇妙的声音；"我"有许多优点，当然也有一些缺点，不过，经过努力，能改正自己的缺点，做个好孩子。为此，父母可采用各种形式来进行：鼓励孩子在镜子前照一照，看看自己的五官长得怎样、身材如何；启发孩子通过不同的手段,绘出自己的形象,既可躺在地上,请父母帮忙描出身体的轮廓,然后自己进行剪贴,也可由自己画出肖像;引导孩子对自己的照片、作品进行分类、整理,按日期前后进行排列,或按照内容进行编排,建立一个较为完整的成长档案,例如,把各种折纸作品收集起来、装订成册,使孩子能经常翻阅、观赏,为自己的进步感到骄傲和自豪。

5. 提高孩子的合作能力

不论是在幼儿园里,还是在家庭中,孩子都是这个集体中的一员,为了使孩子能适应集体生活,与集体协调一致、较好的生存和发展,父母就必须培养孩子与人合作的意识,训练孩子的合作行为,增强孩子的合作能力。有位诺贝尔奖获得者在总结自己的经验时,曾说道:他的成功主要归因于在幼年时代学会的与小伙伴分享和合作。为了培养孩子的合作能力,首先父母要使孩子意识到与人合作的价值。这可通过游戏来进行,例如,父母和孩子玩"扶盲人过马路的"的游戏(先让孩子扮成"盲人",由父母扶其过马路;后由父母装成"盲人",让孩子扶着过马路),就会使孩子从中感受到自己需要别人的相助,别人也需要自己的帮忙,大家相互帮助,就会给别人带来方便。其次,父母要教诲孩子善于和别人合作。在幼儿园里,听老师的话,服从老师的指挥,和小朋友团结友爱,谦让分享,如好看的图书大家一起看,好玩的玩具大家一起玩;在家里,要听爸爸妈妈的话,该做什么,就应去做什么,如睡觉的时间到了,就要去睡觉,吃饭的时间到了,就要去吃饭,而不应向父母提出任何无理要求。再次,父母要为孩子创造合作的机会。家庭生活的每时每刻都暗藏着提高孩子合作能力的契机,父母应注意把握。例如,进餐前夕,邀请孩子为每个饭碗放上一双筷子;晾衣服时,请孩子递上衣架;拍皮球时,让孩子记数。

6. 锻炼孩子的顽强意志

孩子生活的道路不可能是一帆风顺的,必然会遇到各种各样的困难,父母应培养孩子战胜失败、消除恐惧等冲突情境的技能,磨炼孩子的意志,提高孩子的抗挫能力。首先,应考虑孩子的年龄特点。不同年龄的孩子对困难的承受能力不同,相对而言,年龄越小,承受能力越差,随着年龄的增长,知识经验的丰富,承受能力会逐渐提高。例如,孩子怕黑暗,不敢独自一人睡觉,父母可在3岁孩子的卧室里放一盏调光台灯,让柔和的光线始终陪伴着孩子;而对于4岁的孩子,父母则可关灯,让其边听磁带故事边进入梦乡。其次,应利用孩子的兴趣爱好。同一年龄的不同孩子,在兴趣爱好上也会存在着许多差异,父母可引发孩子的喜好,培养其所期望的行为。比如,孩子在学穿衣服的过程中,遇到了困难,不想自己穿,而想父母代劳,这时,父母就可引导孩子挑选自己喜欢的衣服来穿,以激发孩子对练习穿衣的热情,减少孩子对困难的畏惧感。再次,应让孩子体验成功的喜悦。幼儿识字教育的比较研究表明,最初的成功对幼儿以后的学习有着极大的影响:在第一天的识字教学中,全部记住所学汉字的孩子,第二天仍然很高兴地来学习认字;第一天只记住几个汉字的孩子,第二天不太想继续学认字;第一天几乎没记住汉字的孩子,第二天怎么也不肯再来学识字。可见,孩子对成功的体验是其行为极有力的强化物,有利于培养孩子的毅力。最后,应对孩子提出合理的要求。父母对孩子提出的要求应符合孩子的实际情况,使孩子通过自己的努力能够达到,而不应过高、过多,以免给孩子带来太大的心理压力,过分担心失败,以至于裹足不前。

条件较好的托幼机构,还可专设家长室,陈列有关家庭教育方面的书籍和材料,或将图书室定期向家长开放，让家长借阅教育图书报刊。

各个班级还应开辟家园家所之窗，教师可在上面张贴近期教育计划、活动安排、儿童作品，指出家庭教育中存在的问题及矫正办法。例如，当教师经过调查，发现本班幼儿家庭教育在游戏方面存在着较为严重的问题以后，就在家园之窗中贴出了相应的内容。

（二）幼儿家庭游戏活动的价值及开展

游戏是幼儿最喜欢的活动，对孩子一生的成长发展具有十分重要的作用。世界幼儿教育之父德国教育家福禄培尔曾经指出：儿童早期的各种游戏，是一切未来生活的胚芽；因为整个人就是在游戏中、在他最柔嫩的性情中、在他最内在的倾向中发展和表现的。但在近期的调查中，我们却发现许多幼儿家长仍然不重视孩子的游戏活动，致使孩子的童年生活缺少应有的欢乐和教益：有的孩子在家中没有游戏的时间，家长误认为孩子进行游戏活动，会严重影响孩子学习活动、艺术活动的开展，阻碍孩子的发展；有的孩子在家中没有游戏的空间，家长担心孩子游戏时，会把房间里的东西搞乱、地板弄脏；有的孩子在家中没有游戏的材料，家长把买来的昂贵的玩具放在高处，成了摆设，孩子无法拿来玩耍；有的孩子没有游戏伙伴，家长觉得自己没时间和孩子一起玩，也不允许孩子外出找小朋友玩，或把小朋友请到家里来玩，害怕孩子在游戏中吃亏、引起邻里纠纷等等。早在1989年联合国大会就通过了《儿童权利公约》，明确规定幼儿有游戏的权利，家长应给予承认和尊重，使孩子在家庭中能幸福快乐地成长。为了促进孩子身心的和谐发展，家长应重视孩子的游戏活动，积极创造条件，充分利用家庭的各种资源，广泛开展各类游戏活动，寓教于游戏活动之中。

1. 角色游戏

角色游戏是孩子通过扮演角色，创造性地反映周围现实生活的一种游戏。这是处于幼年期孩子的最典型的游戏，家长应注重开展这种游戏，以发展孩子的体力、智力、社会性、情感、语言和审美能力。例如，家长把孩子从幼儿园接回家以后，可诱导孩子玩"幼儿园"的游戏，让孩子当"老师"，自己当"小朋友"，从中不仅可以了解到孩子在园一天的主要情况，而且还能巩固孩子已学的知识，培养孩子的表达能力和自信心。带孩子到菜场买菜回来以后，可启发孩子玩"菜市场"的游戏，让孩子自己挑选想扮演的角色，是装"卖菜的人"，还是装"买菜的人"；领孩子到理发店理发归来以后，可引导孩子玩"理发店"的游戏，让孩子扮作"理发先生/小姐"或"顾客"，家长给孩子当配角，听从孩子的指挥；这样，就能帮助孩子了解社会的分工，理解人与人之间的关系，学会热情地为别人服务，或对别人为自己的服务表示谢意。

2. 结构游戏

结构游戏是孩子利用积木、积塑、游戏泥、面团、沙子、泥土、雪等材料，进行建筑、构造的一种游戏。家长应根据家庭的具体条件、季节的变化和周围的环境，来组织这类游戏。比如，带孩子到超市购物时，可引导孩子观察不同超市的外部建筑风格、内部的布局、物品堆放的特点，回到家里以后，鼓励孩子利用自己喜欢的结构材料，在客厅里或阳台上，搭建一个"超市"，把一些废旧物品放在相应的"货架"上；带孩子外出进餐回来以后，可和孩子一同在家中的小院子里，用泥巴或雪、面团制作"炸鸡块"、"土豆条"、"汉堡"或"水果色拉"、"肉片"、"鱼片"、"蔬菜"、"点心"等各种

"食品"，以及"火锅"、"盘子"、"碟子"、"碗筷"等多种"炊具"、"餐具"，开办"饮食城"，招待"客人"，这既能培养孩子的动手操作能力，又能提高孩子的分类能力和想象能力。

3. 表演游戏

表演游戏是孩子根据故事、童话中的情节、角色和语言，创造性地进行表演的一种游戏。家长给孩子讲完故事或童话以后，应鼓励孩子扮演其中的一个角色，或轮流扮演自己喜欢的每一个角色，对局部内容、某一个情节进行加工、改造，大胆想象和创造。例如，当家长为孩子讲了一个童话《小猴子和长颈鹿摔跤比赛》以后，可启发孩子装作"小猴子"或"长颈鹿"、"裁判"，按照自己的意愿，创造性地加以表演，时而让"小猴子"摔倒"长颈鹿"，时而又让"长颈鹿"摔倒"小猴子"，虽较量了多次，但还是难分胜负，以此培养孩子的多向思维能力和顽强的意志。

4. 智力游戏

智力游戏是孩子在轻松、愉快的环境气氛中，增长知识，发展智力，提高能力的一种游戏。首先，家长可以和孩子一起玩"听音猜人"的游戏，如让孩子站在客厅里，爷爷、奶奶、爸爸、妈妈全都躲在卧室里，关上房门，大家分别讲一句话，或唱一句歌词，要求孩子猜一猜"刚才的声音是谁发出的"。如果孩子猜对了，刚才讲话或唱歌的人就给孩子一个热烈的拥抱，以示鼓励，这样既能提高孩子的听觉分辨能力，又能加深亲子之间的感情。其次，家长可以和孩子一起玩"猜谜语"的游戏，如家长先讲谜面（身子像房子，耳朵像扇子，四根大柱子，还有长钩子。——打一个动物），让孩子说出谜底（大象）；家长也应启发、帮助孩子自己编讲谜面，由家长猜出谜底，以此培养孩子的判断推理能力和想象能力。再次，家长还可以和孩子一起进行棋类游戏，如和孩子下"拜年棋"，就能使孩子知道在新春佳节期间给不同的人拜年时，应用不同的语言来表达，祝与爷爷、奶奶岁数相当的人"健康长寿"，祝与爸爸、妈妈年龄相仿的人"事事如意"，以提高孩子的语言表达能力，养成懂礼貌的好习惯。

5. 音乐游戏

音乐游戏是孩子在歌曲伴唱、音乐伴奏下，进行的一种游戏。擅长弹奏乐器的家长，可为孩子演奏；专于演唱歌曲的家长，可为孩子吟唱；没有音乐特长的普通家长可和孩子一起边唱边舞，尽兴娱乐。例如，在玩"矮矮的鸭子"（一排鸭子，个子矮矮，走起路来，屁股歪歪；翅膀拍拍，太阳晒晒，伸长脖子，吃吃青菜）的游戏时，全家人头戴"鸭子帽"，站成一排，边唱边按歌词的内容做出相应的动作来，当歌曲唱完时，走得最远的人为冠军（大人应注意尽量放慢脚步，让孩子走在前面），进而培养孩子对美的感受力、表现力和创造力。

6. 体育游戏

体育游戏是孩子在自由、欢快的氛围中，发展动作，增强体质的一种游戏。家庭的体育游戏应涉及走、跑、跳、爬、钻、滚、翻等各个方面，使孩子身体的每一部分都能参与到活动中来，得到锻炼。例如，玩"捉尾巴"的游戏时，全家人都在衣服的后下摆系上一条彩带当作"尾巴"，大家都尽力在每个房间里奔跑、躲闪，保护自己的"尾巴"，以免被别人捉住；孩子在奔跑→被捉住→被搂抱→逃脱的过程中，动作的灵活性就能得到提高，安全感就能得以增强。在玩"打保龄球"的游戏时，家长将 10 个空饮料罐并排放在阳台的一边，让孩子站在 2 米线以外，右手拿个小皮球，沿着地面滚动，以击中"目标"；成人上场"打保龄球"时，必须站在 3 米线以外；各人记下自己每次击倒的数目,一局结束时加以累计,击倒数目最多者为冠军(家长有时要故意让孩子领先),这样不仅可以激发孩子对体育活动的兴趣,锻炼孩子手臂、腰部、腿部的肌肉,提高孩子动作的准确性和协调性,而且还能使孩子不断受到挑战,形成正确的竞争心态,养成"胜不骄,败不妥"的良好心理素质。

总之,游戏是孩子身心健康成长的"维生素",家长要保证孩子游戏活动的时间,允许孩子在家中玩游戏,把游戏看作是孩子正当的行为;为孩子开辟游戏室或游戏角,设置玩具架,陈列玩具、游戏材料,使孩子有一席之地,自由进行游戏;和孩子一道收集各种无毒无害的废旧物品,变废为宝,一物多用,支撑游戏活动的展开;丰富孩子的知识经验,多给孩子讲故事,多带孩子外出参观、郊游;拥有一颗童心,积极参与到孩子的游戏中来,成为孩子游戏的伴侣,并在游戏过程中,注意观察孩子的情绪、言语和行为,引导孩子自己解决所面临的问题,以促使孩子在游戏活动中更好地成长和发展。

教师还要鼓励家长在"家园之窗"中贴上自己感到困惑的教育问题,请教师帮助解答。例如,当教师看到了×××小朋友的爸爸贴出的"如何培养孩子创造力"的问题以后,首先写出感谢这位家长关心孩子、善于思考教育的热点问题的话语,然后再做出具体的解答。这样,就能吸引更多的家长参与到"家园之窗"中来。

×××小朋友的爸爸:

您好!

您提出的问题("如何培养孩子创造力"),说明您支持我们的班级工作,重视孩子的教育问题,谢谢您!

父母在培养孩子创造力的时候,有多种多样的办法和一些注意事项,现提供如下,供您参考。

祝您:教子成功!在培养孩子创造力方面取得好经验。

您如果还有什么问题,欢迎继续提出来,我们大家一起探讨。

×老师
年　月　日

(三) 培养孩子创造力的策略

家长在对孩子进行创造教育,提升孩子创造力的时候,应注意以下几个方面:

1. 尊重孩子的好奇心

好奇心是创造的原始动力。孩子好奇好问,小脑袋里装满了各种各样成人所意想不到的问题。例如,在公交车上,笔者曾听到一个小女孩,连续向父亲提出了3个问题:车子朝前开,树为什么不和我们一起朝前跑,而非要往后跑呢? 小孩子吃饭、喝牛奶就能长大,那树吃什么、喝什么才能长大? 是不是吃树叶? 车子来了,为什么有的人不上车,还要在下面等? 车子上的人又不多。据此,家长应尊重孩子探索、了解周围世界的独特方式;肯定孩子开动脑筋所提出的问题;鼓励孩子自己思考寻找答案;给孩子一定的提示,帮助孩子获得相应的信息,以催发孩子的创造性。

2. 为孩子构建宽松的环境

学前教育研究表明:当儿童生活在一个轻松愉快的环境中的时候,就容易进行发明创造,反之，当儿童生活在一个压抑拘束的环境中的时候，就难以进行发明创造。在日常生活中，家长不要给孩子定下许多条条框框，束缚孩子的手脚，限制孩子的活动，强迫孩子顺从成人的意志，使孩子经常处在外界的压力之中，而变得焦躁不安，无心创造。父母应解放孩子的双手和大脑，允许孩子异想天开，鼓励孩子标新立异，按照自己的想法进行活动。比如，父母带孩子去配钥匙时，可启发孩子大胆想象"钥匙看上去像什么"。带孩子去超市买饮料时，可启发孩子自由想象"可乐罐看上去像什么"。当孩子说出"钥匙看上去像螃蟹钳子"、"可乐罐看上去像个导弹"时，父母不应责备孩子"胡思乱想"，而要夸奖孩子的独特想象，鼓励孩子在此基础上，再去联想"看上去还像什么"，以增强孩子的创造性。

3. 教给孩子创造的方法

不论孩子的创造性水平如何，只要其掌握了一些有关创造的基本方法，就更想去创造，创造的水平也就会因之而得到提高。对此，家长可首先可启发孩子思考、实践一物多用，例如，把一张旧报纸折成"小博士帽"、搓成"筷子"、剪成"裙子"等。其次，可引导孩子简化、合并活动器材，比如，把几个牛奶盒堆叠起来，搭成"东方明珠电视塔"；把几个易拉罐串联起来，组成"斜拉桥"。再次，可诱导孩子比较材料的异同点，例如，通过让孩子撕报纸、撕纸盒，使孩子体会到撕报纸比撕纸盒容易得多，报纸不像纸盒那样牢固。最后，可指导孩子从不同的角度思考问题，分析利弊，找出解决问题的最佳方法，从直线创造转化到平面创造、立体创造。

4. 为孩子提供创造的条件

年幼的孩子都有着很强的创造性倾向，孩子创造性的提升是在活动中实现的，家长应为孩子提供各种创造的条件，使孩子在创造的活动中得到发展。首先，家长要根据孩子的兴趣，来提供创造的条件。不同的孩子有着不同的兴趣爱好，开发创造力的活动也应不同。如果孩子喜欢歌舞、绘画，父母可多为孩子创设进行艺术类创造活动的条件；如果孩子喜欢运动，父母可多为孩子创设进行体育类创造活动的条件。其次，家长要为孩子开辟创造的空间，使孩子的活动有地方进行。例如，和孩子协商，把家庭的某一角或阳台定为创造区，孩子在此处的活动不受任何干扰和限制。再次，家长要为孩子提供不同的材料，使孩子的创造活动有物质支柱。既应为孩子准备铁制品、水泥制品等"冷材料"、"硬材料"，也应为孩子准备木制品、海绵制品等"暖材料"、"软材料"，让儿童自由选择，尽情创造。最后，家长要为孩子提供创造的时间，保证孩子的活动能顺利地进行。孩子平时从幼儿园回到家里以后的时间或双休日的时间，不应完全被成人所统治，使枯燥无味的弹钢琴、背儿歌、识字、计算等成为孩子生活的"主旋律"，占据着孩子大量的宝贵时间，而应精心安排，使孩子有时间按照自己的意愿进行创造活动。此外，家长要开展多种活动，满足孩子创造的欲望。不同的活动对孩子有不同的吸引力，对孩子创造力发展的作用也不同；丰富多彩的创造活动，能够保持孩子的兴趣，增强孩子的创造能力。游戏活动、欣赏活动、表演活动、故事活动、制作活动等都是发展孩子创造力的有效手段，家长应全面加以运用。例如，和孩子一起听音乐时，可鼓励孩子想一想、说一说"乐曲告诉了我什么"，并激励用语言、表情、体态、动作等不同的方式将之表现出来。

5. 重视孩子创造的过程

实践证明，只有创造活动的过程而不是结果才能够满足儿童的心理需求。孩子的创造过程，实际上是其自我表现的过程,在此过程中,孩子要对身边的材料进行检验、研究和操作,以了解这些材料的特征,而不可能一开始就熟练地掌握材料、控制材料;孩子志在玩弄这些材料,而不是真的打算做出什么东西来。例如,在绘画活动中,孩子热心的是画图,而不是图画;在玩沙活动中,孩子热衷的是把沙子倒进倒出,而不是要堆沙成塔。正是这种创造的过程,才给孩子带来了无穷的乐趣。所以,在创造活动中,家长关注的重点应是"孩子是怎样创造的",而不是"孩子已经创造了什么";应接纳孩子的一切作品,不论从成人的眼光看来这个作品的质量如何;应允许孩子"犯错误",反复进行尝试;应鼓励孩子自由创造,不要求孩子迎合大人的口味,不规定孩子的作品应达到什么样的水准。

6. 强化孩子创造的行为

没有鼓励就没有创造,家长应多欣赏、多鼓励孩子,以强化其创造的欲望。孩子十分年幼,创造的行为极不稳定,家长应利用物质的和精神的奖励,来增强孩子的创造行为,使其形成动力定型。在孩子进行创造活动的时候,家长要赞赏孩子积极从事创造的态度和为创造所付出的时间和努力,比如,当孩子反复不停地把水从一个大杯子里往一个小口瓶子里倒的时候,泼出来的水比进去的水要多得多,父母见状,可夸奖孩子:"倒了这么长时间,还在继续倒,真能干!""水从大杯子里往小瓶子里倒真难呀,你不怕困难,坚持倒水,真勇敢!"以此来巩固孩子的创造性观点和行为,使孩子认识到他的想法和做法是能受到大人重视的。

7. 成为孩子创造的伙伴

孩子进行创造活动时,家长应参与其中,成为孩子的伙伴和朋友。不论是在家庭生活的内部,还是外部,家长都可变成孩子创造活动中的一分子,和孩子同创造,共欢乐,加深孩子对创造活动价值的认识。首先,家长可针对具体的活动,提出开放性的问题,开发孩子创造的潜能。例如,在准备晚餐时,问孩子:"什么东西加了糖,就会更好吃?"在进餐时,问孩子:"如果每种蔬菜吃起来都是奶油味道,那将会怎样?"在走亲访友时,问孩子:"如果爸爸妈妈和宝宝都穿一样的衣服,那将会发生什么问题?"在游泳时,问孩子:"水有什么用?"其次,家长可针对孩子的困难,给予必要的指导,帮助孩子顺利渡过难关,增强孩子创造的信心。比如,孩子想用边角木块制作一架飞机,但他力气较小,难以按自己的想法加工木料,父母应帮助孩子锯木头、钉木块。再次,家长要摆正自己的位置,处理好与孩子之间的关系,使孩子能自由创造。在孩子进行创造活动的时候,父母应让孩子做"主角"、设计与实施活动,听从孩子的安排,服从孩子的指挥,而不是孩子创造活动的领导者,更不能越俎代庖,侵犯孩子创造的权利,扼杀孩子的创造力。例如,为了玩"乘公共汽车"的角色游戏,孩子提出自己当"驾驶员",妈妈当"乘客",妈妈愉快地接受;"驾驶员"一会儿把"乘客"从陆地载到海底,一会儿又把"乘客"从海底带到空中,"乘客"非常高兴,不停地感谢"驾驶员"使她游览了整个世界,玩得好开心。

六、家园小报

这是学前教育机构与家庭进行联系的重要纽带,在创办过程中,不论是报刊的名称、编辑,还是报刊的内容、销售、效果,都要以儿童和家长为中心,帮助家长深入了解孩子的特点、在园所及在班里的情况,正确认识托幼园所的性质和教师的任务,增强参与学前教育的积极性和科学性,自觉更新家庭教育观念,以推动托幼园所的家庭教育指导工作,提高家庭教育质量。

（一）报刊的名称

这是刊物的题眼。学前教育机构可通过开展"我给报刊起名字"的活动,来调动家长的积极性,帮助家长树立正确的儿童观。例如,园长在组织教师代表、家长代表讨论报纸的名称以后,在总结大家发言内容的基础上,给予家长一定的导向:办报的目的是为了促进孩子们更好地发展,孩子们就像蓝天下的一群"小鸽子";他们都是有着自己个性的独特个体,都很能干,正在一天天地长大,逐渐走向成熟,将要离开老师、爸爸妈妈的怀抱,幸福地、自由地展翅飞翔;教师、家长都要注意解放孩子们的双手和大脑,让他们在轻松、愉快的氛围中成长和发展,从而使家长在理解《小鸽子报》①寓意的同时,能对孩子有个正确的理性认识。

（二）报刊的编辑

这是刊物的中介。学前教育机构可通过聘请报刊的各种编辑,来帮助家长形成全面的管理观。报刊的"主编"可由园所长担任,"副主编"由园所长助理担任,"责任编辑"由园所长、园所长助理聘请各班教师（教师轮流）、家长代表（家长轮流）、儿童代表（儿童轮流）共同担当,大家齐心协力、分工合作,比如,星期一至星期三各班教师分别收集本班的教育信息,家长代表负责收集本班家长的反馈意见,儿童代表负责设计刊头、题字、题画,星期四各班教师把各种稿件交给"责任编辑";"责任编辑"将初稿筛选、整理、修改、打印以后,交"副主编"审稿、"主编"定稿,再复印一百余份;星期五小朋友离园前夕发放。家长在做"责任编辑"的过程中,就能具体地了解到各个班级和托儿所、幼儿园集体之间的从属关系、教师和园所长助理、园所长之间的下属关系,明白托儿所、幼儿园的管理工作是个系统工程,中间不能有任何一个环节发生故障,否则就会影响整个工程的正常运转。

（三）报刊的内容

这是刊物的核心。学前教育机构可通过安排丰富多彩的报刊内容,来帮助家长树立科学的教育观。报刊可设有固定专栏和不固定栏目,固定的专栏主要有以下几项内容:"园所长（老师）的话"（如对儿童的祝贺、希望、要求）、"托儿所、幼儿园大事"（如喜讯、活动纪要、通知）、"各科每周教育活动安排"、"儿童读物"（如儿歌、谜语、寓言、童话、故事等）、"儿童作品选登"（每个儿童的作品都有机会闪亮登场）、"好家长"（只要为托儿所、幼儿园、班级做过任何一点有益的事的家长都会榜上有名）、"好儿童"（每个儿童只要比上一周有所进步,就有可能上光荣榜）等。此外,还要根据节假日、省市区镇教育局的工作重点、家长的要求等具体情况,灵活地设计出一些特殊的栏目,例如"寒假专栏"（如怎样使孩子的寒假过得更有意义）、"元宵节专栏"（如如何制作兔子灯笼、老师和儿童一起搓元宵的照片）、"三八妇女节专栏"（如夸夸我的好妈妈、画妈妈的图画）、"教师优秀教案选"（如活动安排、教养笔记）、亲子教育专栏（如父母如何增强孩子的体质、如何提高孩

① 《小鸽子报》为上海市宝山区小鸽子幼稚园"家园小报"刊物的名称。

子的想象能力)等。

这样家长通过经常阅读园所刊物,就能逐渐认识到要从体育、智育、德育、美育各方面对孩子进行教育,要寓教于游戏、制作、谈话等各种各样的活动之中,要多表扬多鼓励孩子等。

(四) 报刊的销售

这是刊物的关键。学前教育机构自办的刊物究竟应如何传递给家长呢?园所长可针对这一问题,组织教师、家长进行座谈、讨论,通过辩论,澄清问题,达成共识,形成合理的价值观。通过实验研究,①我们认为可就下述几个问题进行讨论:

第一,报刊是赠送还是卖?经讨论,大家较为赞同:以"卖"的形式呈现给家长,这样家长才会更加重视这张小报,认真阅读它。

第二,多少钱一份报纸?这是个十分敏感的问题,在讨论时,大家的意见分歧很大,有的说,单从市场上复印的价钱看,这张报纸要值1—2元钱,现在是市场经济,办报纸费时、耗力,虽然不能靠它赚钱,但也不能亏本太多;有的说,上海的《新民晚报》才卖7角,张数比我们的报纸多多了,如果价钱太高,家长就不会买,办的报纸没人看,也就失去了它的意义;还有的说,就把报价的主动权交给家长吧,这份报纸到底值多少钱,完全由家长自己决定,愿意出多少钱就出多少钱,1角钱可以,2角钱也行。最后,园长采纳了第三种意见。

第三,谁来卖报?大家一致认为,应从每班的"好儿童"中挑选出"报童",以通过这个"二传手"来密切家园之间的关系,培养幼儿的社会交往能力和责任感。为了激发幼儿对卖报的兴趣,教师要和家长、幼儿一起制作"小鸽子"的头饰和胸牌,以作为"报童"的标志。教师要对本班(特别是小班)的"报童"进行指导,使其在卖报过程中,能较好地运用礼貌语言,比如"请"、"谢谢",大胆地与成人进行交往,并学会找零。

第四,在哪里卖报?讨论后,大家觉得,"报童"不要单独在本班卖报,而应集中起来一起卖报,这样,既能给家长产生一种人气旺盛的感觉,又能使"报童"相互学习、相互帮助,以大带小;天气好的时候就在室外卖,天气不好的时候,就在走廊上卖。

第五,卖报的钱款如何使用?在这个问题上,大家都以为,不论怎样使用钱款,都要有利于幼儿身心的健康成长。例如,在3月5日学雷锋日来临之际,园长和教师代表、家长代表、幼儿代表一起到新村附近的敬老院——"文华老年养心院"去,把前三期售报所得的182.30元全部捐上,献出小朋友的一片爱心;把第四期售报所得的73元用于购买小白兔,以丰富幼儿园的饲养角的内容,培养幼儿对小动物的关爱之心。

(五) 报刊的效果

这是刊物的反馈。学前教育机构要重视报刊的效果,及时了解家长对报刊的反映和评价,以不断提高刊物的质量。

首先可向报纸的"责任编辑"了解情况:看看他们是否具有成功感,觉得非常自豪。

---

① 参加本研究的还有吴晓兰、高向东、陆琼艳、藏海红、杨飞飞、任为国、薄珠瑛、柏丽华、谈玲芳等教师。

其次可向报纸的"读者"了解情况：看看读者的数量是否在逐渐增加，越来越受到家长们的欢迎；看看读者是否认为"家园小报"比"家庭教育讲座"、"家长会"、"评论会"、"家长园地"等更加生动、具体、实用、有效。

再次是了解家长的态度：观看家长是否支持"报童"的工作，要求孩子珍惜自己的"工作岗位"；观看家长是否把零钱给没当"报童"的孩子，鼓励他们自己向小伙伴买报，过把"买报瘾"。

最后是了解儿童的变化：看看儿童是否对幼儿园、对班级小朋友更加关心，回到家里以后，滔滔不绝地说着班级发生的事情；是否希望家长给他讲报刊上的故事，读报刊上的童话、儿歌等；是否更喜爱绘画、练字，盼望着有朝一日自己的作品也能被老师、小朋友看中，选登在报纸上。

七、开放日活动

学前教育机构的开放活动，欲达到丰富家长的感性知识、帮助家长深刻了解孩子、全面认识教育活动、掌握教育规律的目的，不仅要妥善安排开放的时间（可以固定，也可以不固定；可以由园所决定，也可由家长自己决定；可以一天的，也可以是半天的、几十分钟的；可以是几个环节的，也可以是一个环节的），而且要全面考虑开放的内容（让家长观看环境的布置、教育教学活动、儿童自由活动），此外还要正确评价开放的效果，不追求表面上的热热闹闹，而是看家长的教育能力是否真正提高。

评价能力是家长教育孩子能力的一个重要组成部分，联合国教科文组织将各国教育人员有无相当的教育评价能力，作为评价一个国家教育效能的标志之一。学前教育机构重视培养家长的评价能力是十分重要的，通过实验研究，[①]我们认为可从以下几个方面来施行：

第一，为家长设计一份观察记录表，使家长明确该看什么，如何看，且能根据统一的标准进行评定；观察、评价的项目应比较简单、适中，不至于使家长感到繁琐、复杂，成为负担，而不愿意去评价。

第二，要求家长如实记录孩子在各种活动中的表现，始终保持实事求是的态度，不凭主观印象、个人情感主观臆断，客观观察孩子的外部表现，如言语、行为、动作、表情，不干扰孩子的活动，真实记录所观察到的情况，使所记录的材料真实可靠，以提高评价的科学性。

第三，把家长的记录表加以汇总，按班级、年级进行各项统计，再把结果公布出来，例如，小班幼儿，在30分钟之内独立吃完午餐的所占比例是多少；中班幼儿，做操时动作合拍的所占比例是多少；大班幼儿，回答教师提问时声音较响亮的所占比例是多少等，使家长做到心中有数，知道自己的孩子与别人家的孩子之间的差距，知晓自己的孩子是在进步，还是在退步或停止不前。

第四，对家长进行指导。评价要与指导相结合，对什么问题进行评价，就应该对什么问题进行指导；指导是评价后所必需的，否则就失去了评价的意义。可据家长的实际情况，采取分层指导（如对小班幼儿家长的指导与对中班、大班幼儿家长的指导分开进行）、分类指导（如召集不举手发言的幼儿的家长开座谈会，使他们知道孩子举手发言是爱动脑筋的表现，有利于孩子语言能

① 参加本研究的还有吴晓兰、高向东、朱益菊、刘群英、藏海红、任为国、陆琼艳、薄珠英、朱乐颜、柏丽华、杨飞飞、吴培红、郭燕青、谈玲芳、王丽华、张雯瑾等教师。

力和思维能力的发展;要求家长在家庭生活中鼓励孩子发现问题,提出问题,并找出解决问题的多种方案)、个别指导(如有的小朋友吃饭很慢,又不能做到"三净",保健老师就教给家长几种"绝招",请进餐习惯好的幼儿的家长向进餐习惯差的幼儿的家长传递经验)。

第五,组织家长进行交流。开放活动结束以后,还应组织家长进行交流,让家长通过口语或书面语的形式说出自己的真情实感,称赞好的地方,指出不足之处。下面是几位家长的观后感:

极有特色的半日开放活动
大(一)班×××小朋友的爸爸

半日开放活动对我们家长来讲,并不是一个陌生的名字,因为幼儿园每学期都要举行一次这样的活动。三年来,我已参加了六次这种活动。以往的半日开放活动,就是让家长到幼儿园来看一看孩子们的活动,看完孩子的活动以后,半日活动也就结束了。其实,这对于我们这些外行的家长来说,只不过是看看热闹,究竟该看些什么,如何看,一点也不知道,收获当然不大。然而,幼儿园这次开展的半日活动,却给了我一种崭新的感觉,受益颇多。因为它和过去的半日活动完全不同。教师把自己精心设计好的一张观察记录表发给每一位家长,让我们一边对照观察记录表观看活动,一边作些简单的记录,在相应的编号上打个"✓"。家长们第一次感到自己被幼儿园所重视,在产生自尊感、自豪感的同时,也感到了压力,都暗暗地下决心,一定要按质按量"完成"这份光荣的任务。这种开放活动很受我们家长的欢迎,不仅能帮助我们观察孩子,了解孩子,更好地配合幼儿园的工作,参与幼儿园的管理,而且还能调动我们的积极性,萌发"主人翁"的意识,提高评价孩子的能力。幼儿园锐意改革、不断创新的精神是孩子的福音,也是我们家长的福音,应当大力提倡。

一举多得的半日开放活动
中(一)班×××小朋友的妈妈×××

每当孩子兴高采烈地从幼儿园回到家里以后,用她那稚嫩的语言向我们讲述在园里所发生的一切事情时,我们的脑海里总会闪现出一个念头:要是能有机会亲自到幼儿园里体验一下就好了。幸运的是幼儿园很快就发来了邀请家长观摩半日活动的函件。早晨一来到幼儿园,带班老师就把事先设计好的"孩子在园半日活动情况记录表"发给了我们,使我们既能清楚地意识到教师对孩子半日活动的安排情况,又能了解到教师对每一项活动的具体要求,以及自己孩子在活动中的表现。比如,做操时,孩子的态度是否认真,动作是否合拍;上课时,孩子的注意力是否集中,能否积极举手发言,答案是否正确;进餐时,孩子是否有愉快的情绪和良好的习惯等。在参与半日活动的过程中,我们家长能在这份记录表的"引导"下,有的放矢地观察孩子,记录孩子的各种表现,既配合了幼儿园的工作,又为自己的孩子留下了档案资料中珍贵的一页,这种利人利己的事,我们做家长的有什么理由不去做呢? 我从心里喜欢这种融观察、记录、评价为一体的半日开放活动。

与众不同的半日开放活动
小(一)班×××小朋友的妈妈××

我们单位同事之间经常谈论孩子幼儿园发生的各种事情,半日开放活动更是我们要议论的热门话题。当我向同事们叙述自己参加的半日活动的情况时,他们都投来了羡慕的目光:老师首先发给我一张"半日活动观察记录表",上面写有许多项目,什么做早操啦、作业活动啦、午餐啦等方面的内容都有;然后,老师告诉我在孩子进行某项活动之前,可以先在脑子里面想一想自己的孩子可能符合哪个等第,活动开始时,仔细观察以后,再在与孩子相符合的等级上打个"√",这样,就能全面、深入地了解孩子的发展水平,以及与小伙伴之间的差距,是高于同伴,还是低于同伴,或是比较相似,并从中学会评价孩子的一些方法。这次活动不仅让我认识到幼儿园教育比我想象得要复杂得多,教师很辛苦,而且还给我上了生动的一课:孩子在幼儿园自己吃饭,吃得又快又好,自己睡觉,睡得又快又乖,简直和在家里时判若两人;以后在家里,我也要像老师一样,让孩子自己的事情自己做,不能什么事情都由大人包办代替,不让孩子动手,只有注意培养孩子的独立性和主动性,才是真正地爱孩子,才能促进孩子的健康成长。

八、家长执教活动

学前教育机构应欢迎家长参与到整个教育活动中来,鼓励家长根据自己的职业特点、兴趣特长等方面的情况,自愿担当"实习教师",在教师指导下,尝试某门课、或某节课的教学工作,让家长教育家长,使家长通过亲身实践,体验到教师劳动的艰辛,萌发密切配合学前教育机构的热情,并落实到自己的行动上来。例如,一位擅长英语的父亲,想给儿子所在的小班幼儿上一节英语课,在教师的精心指导下,他写出了如下的英语综合教育活动教案和评价,和幼儿一起制作教具、玩具,几经试教,最终走上了"讲台",赢得了小朋友的掌声。

"Sit down,please"、"Stand up,please"
——小班英语综合教育活动设计及评析
执教者 小(一)×××小朋友的父亲××

一、教育目的

(一)培养幼儿对英语的兴趣。

(二)培养幼儿文明的言行。

(三)培养幼儿听说、理解这两个短语的能力。

二、教育准备

(一)制作动物(小狗、小鸡、小牛、小猪、小鸟)、楼房、椅子的图画和胸牌。

(二)制作动物(小狮子和小熊坐下、斑马和大象站立)图片。

(三)制作动物小猫头饰、玩具钓鱼竿、小鱼图片。

(四)制作解放军(站如松、坐如钟)图片和军帽。

(五)布置"娃娃家"角色游戏活动区。

三、教育过程

(一)出示图画,讲解、讨论、模拟练习

小狗、小鸡、小牛、小猪、小鸟一起劳动盖大楼,干了一会儿,它们觉得累了,想找些椅子坐下来休息,可是它们只找到了一把小椅子,怎么办呢?小鸟很聪明,它想出了一个好办法:大家轮流坐。

小鸟先请小狗坐下,说了句"Sit down,please!"小狗觉得小鸟说的话真好听,也跟着说"Sit

down, please!"坐了一会儿以后,小鸟请小狗站起来,好让其他小动物坐,就说"Stand up, please!"小狗觉得小鸟说的话真好听,也跟着说"Stand up, please!"

(请想学小鸟、小狗说话的幼儿,戴上胸牌进行模仿练习。)

小鸟又请小鸡坐下,"Sit down, please!"小鸡也跟着学说;小鸟请小鸡站起来,"Stand up, please!"小鸡也跟着学说。

(请想学小鸟、小鸡说话的幼儿,戴上胸牌进行模仿练习。)

小鸟又请小牛坐下,"Sit down, please!"猜一猜,小牛会学说什么? 小鸟请小牛站起来,"Stand up, please!"猜猜看,小牛会学说什么?

(幼儿讨论,"实习教师"请想学小鸟、小牛说话的幼儿,戴上胸牌进行对话练习。)

最后,小鸟又请小猪坐下,猜一猜,它会对小猪说什么? 小猪又会怎样说? 小鸟请小猪站起来,猜猜看,它会对小猪说什么? 小猪又会怎样说?

(幼儿讨论,教师请想学小鸟、小猪说话的幼儿,戴胸牌进行回答练习。)

小动物们也请小鸟坐下,休息了一会以后,它们又去造高楼了。

(二) 看图片,猜指令

"实习教师"出示动物小狮子、小熊坐着的图片,斑马、大象站着的图片,鼓励幼儿猜一猜:这些小动物们分别听到了什么样的指令? 是"Sit down, please"还是"Stand up, please!"

(三) 游戏活动

1. 小猫钓鱼

每组幼儿轮流戴上小猫头饰,拿着鱼竿,当听到猫妈妈(先由"实习教师"扮演,后由幼儿扮演)说"Sit down, please"时,开始坐下钓鱼;当听到猫妈妈说"Stand up, please"时,开始站立把鱼竿拎起。

2. 学做解放军

"实习教师"向幼儿呈现解放军叔叔"站如松"、"坐如钟"的图片,然后大家戴上军帽,分别扮演指挥官进行训练,当发出"Sit down, please"时,要求士兵们"坐如钟";当发出"Stand up, please"时,则要求士兵们"站如松"。

3. 娃娃家

幼儿在娃娃家里,分别扮演"爸爸"、"妈妈",教自己的小宝宝(玩具娃娃)学说、学做"Sit down, please"和" Stand up, please!"

四、效果评价

(一) 猜一猜、猜猜看、猜指令的活动,有利于幼儿语言的习得。由于"信息沟"(即幼儿在掌握信息方面存在的差距)的存在,幼儿必然积极、主动地参与猜测,既在输入语言,也在输出语言,但输入的语言远远大于输出的语言,这就使幼儿在大量的语言输入中自然习得这两句习语的语言结构。

(二) 充分利用了幼儿泛灵心理的优势组织教育活动。瑞士心理学家皮亚杰指出,幼儿的泛灵心理乃是他们把物体视为有生命、有意向的东西的一种倾向。在幼儿看来,大自然、大社会中的一切事物都是有生命、有思想、有感情的活物,既能理解别人的言行,自己也会说话、会行动。教师为幼儿创设"娃娃家"活动,让幼儿教玩具娃娃说话,按指令行动,有利于幼儿英语表达能力的提高和社会化进程的加速。

（三）借助解放军叔叔的形象，适时培养幼儿正确的站、坐姿势，有助于幼儿良好的行为习惯的养成。

此外，学前教育机构还可通过家庭访问、来园接待、个别咨询、电话联系、家园联系册、家庭教育经验交流会、亲子同乐活动等形式来指导家庭教育工作。

第三节　社会互动理论对学前教育机构家庭教育指导的启示

社会互动是在一定的社会规范的约束下，个人与个人、群体与群体、个人与群体之间通过信息传递而进行相互作用的社会交往活动。许多社会学家都对社会互动进行了广泛、深入的研究，形成了不同的理论流派，常人方法论、印象管理理论、社会交换论、参照群体论、符号互动论、社会角色论等都是一些代表性的社会互动理论。研习这些理论，对于幼儿园与家庭的合作共育、教师与家长的沟通互动都具有重要的指导意义。

一、常人方法论及对幼儿教师和家长互动的启示

美国社会学家 H·加芬克尔等人创建的常人方法论认为，人与人之间的互动是以一些背景知识和基本规则为基础的，如果忽略了内隐的知识、违背了隐含的规则，互动就不能顺利地进行下去。

这一理论启示教师，在与家长互动的时候，要全面关心家长，了解家长的所思所想，丰富与家长的"共同语言"，和家长一起遵守"共同语法"，以提高沟通的效益和质量。例如，教师在组织大

班幼儿家长开展活动的时候,可多围绕着幼小衔接的主题来进行,使每位家长能有事想问,有话可说,畅所欲言,发表自己对孩子进入小学准备工作的看法。再如,教师在和家长进行面对面地正式交谈的时候,可边对家长说"我把手机静音,这样我们的谈话就不会被别人所打扰",边把自己的手机静音,这样,能暗示家长要遵守交谈的共同规则,把自己的手机也静音。

二、印象管理论及对幼儿教师和家长互动的启示

美国社会学家 E·戈夫曼等人创立的印象管理论认为,生活就是演戏,表演者最关注的是给观众留下了什么样的印象;在双方互动的过程中,一方总是想方设法去控制另一方,使另一方通过对自己行为的理解,做出符合自己期望的行为反应。人际互动的礼仪主要有四种:(1)表达式礼仪,即问候、恭维和感谢别人;(2)回避式礼仪,即尊重别人的隐私及个人空间;(3)维系式礼仪,即维持人与人之间的关系;(4)认可式礼仪,即认同别人的角色和身份。[①]

这一理论引起我们的思考:在和家长互动的时候,教师应给家长留下什么样的印象? 为了给家长留下良好的印象,教师应运用哪些技巧? 教师应如何通过人际礼仪,来维持、加强与家长之间的关系?

我和我的研究生们曾围绕着"我心目中的好老师"这一命题,对上海市普陀区 30 位幼儿家长进行了随机访谈,结果发现:30%的家长认为"有爱心"的老师是"好老师",27%的家长认为"关心孩子"的老师是"好老师",20%的家长认为"有耐心"的老师是"好老师";我们又环绕着"我心目中的好老师"这一话题,和宝山区小鸽子幼稚园园长一起组织家长展开讨论,结果发现:"有爱心"、"有责任心"、"有好的教育方法"、"关注孩子"等指标均是家长评价"好教师"的重要标准。由此可见,教师应给家长留下热爱孩子、热爱幼教事业、拥有教育责任感、掌握教育方法的良好印象。

针对四种人际礼仪,我们也和一些园长、教师、家长进行了个别交谈,结果发现:

(1)在表达式礼仪上,家长有些抱怨:他们早晨送孩子来园时,教师对他们不太理睬,不点头微笑。

(2)在回避式礼仪上,家长较为满意,他们普遍认为教师能尊重他们及孩子。

(3)在维系式礼仪上,家长感到困惑,他们不知道究竟该不该给教师送礼? 什么时候送礼? 送价值多少的礼? 送什么样的礼? 是送实物还是现金、购物券、乘车卡? 而园长对此的态度则呈两极分化状态:赞同者认为,为了搞好教师与家长之间的关系,教师虽然不能向家长索要礼物,但却可以接受家长的主动馈送,每次接受礼物的价值应在 200 元以下;反对者认为,教师不能接受家长的礼物,即使是家长的主动施与也不行,并定在幼儿园的规章制度里,张贴在幼儿园的公告栏上。但教师对家长送礼却大都持赞成意见,他们认为这能够密切教师与家长之间的关系,家长给教师送礼是家长的一片心意,教师一旦收下了家长的礼物,家长就会放心、安心,同时,这些教师也声明他们也会在不同的时期、以不同的方式、选择不同的礼品,回报家长及其孩子的。

(4)在认可式礼仪上,家长较为积极,他们大多会在"教师节"等节日时,自己主动向教师表示祝贺,或通过孩子向教师表示祝贺;教师也能通过一些纪念性节日向家长表示祝贺。

---

① 郑杭生主编:《社会学概论新修》,中国人民大学出版社,2001 年版,第 168 页。

为了真正融洽教师与家长之间的关系,我们建议:教师要扮演好幼教机构的"迎宾者"这一角色,对家长实行微笑服务,热情友好地与每一位家长相互作用;我们呼吁:幼儿园要展开"礼尚往来"的大讨论,分析收礼的正面和负面效应,评判是正面效应大于负面效应,还是负面效应大于正面效应,并采取行之有效的措施。

三、社会交换论及对幼儿教师和家长互动的启示

美国社会学家 G·C·霍曼斯等人建构的社会交换论认为,人与人互动的实质是交换奖赏和惩罚,这主要是通过如下几个命题来表现的:(1) 价值命题,即如果某一行动对某人越有价值,那么这个人就越可能采取该项行动;(2) 成功命题,即如果一个人的某种行为越经常得到奖赏,那么这个人就越愿意做出该种行为;(3) 刺激命题,即如果某种刺激曾是一个人行为得到奖赏的原因,那么现在的刺激与过去的刺激越相似,这个人就越可能采取类似的行动;(4) 攻击—赞同命题,即如果某个人的行为没有得到期望的酬赏,或受到了未曾想到的惩罚,那么这个人就会被激怒,并可能做出攻击行为;如果某个人的行为获得了预期的奖赏,或没有受到预料的惩罚,那么这个人就会很高兴,并可能做出赞同行为。[①]

这一理论启发教师,在与家长互动的时候,应做到以下几点:

首先,要使家长充分认识到与教师相互作用的重要价值,以激发家长更好地参与园教、援助园教、配合园教。例如,在"家长学校"讲座上,教师通过运用多媒体演示"家园合作共育对儿童健全发展的影响"的研究结果(父亲"总是"参加幼儿园组织的家长活动,其孩子的总体发展水平在班级都是处于"上层"的;母亲"总是"参加幼儿园组织的家长活动,其孩子的总体发展水平在班级处于"上层"的要多于其他各个层次;父亲"总是"给幼儿园予援助,孩子在班级的总体发展水平就会处于"上层";母亲"总是"给幼儿园予援助,孩子的总体发展水平在班级就处于"上中层"及"上层";父亲配合幼儿园教育程度在班级处于"上等"位置的,其孩子的总体发展水平在班级属于"上层"的最多;母亲配合幼儿园教育程度在班级处于"上等"位置的,其孩子的总体发展水平在班级处于"中层"、"上层"的人数要多于其他各个层次),[②]并引导家长讨论,使家长深刻地认识到与教师密切合作确实有利于孩子的健康成长。

其次,要经常奖赏家长与教师相互作用的良好行为,以强化家长与教师合作的主动性、积极性、创造性。例如,教师在"家园之窗"上公布下一个月的活动主题"我爱吃奶制品",并"留言"请家中有电脑的家长上网下载有关"国际牛奶日"的一些信息提供给教师,当家长这样去做的时候,教师就应在"家园之窗"上张贴一份"感谢信",感谢这些家长所给予的及时帮助。

再次,要从家长的优势强项出发,以保证每位家长都能不断体验到与教师成功地相互作用的快乐。比如,教师应多为擅长歌舞的家长创造参与幼儿园艺术活动的条件和氛围,使他们有机会把自己的艺术才能传授给教师、幼儿,常听到教师、幼儿的赞扬声;教师应多为热爱运动的家长提供参加幼儿园体育活动的时间和空间,使他们有机会展示自己的体育才能,常听到教师、幼儿的

---

① 谢立中:《西方社会学名著提要》,江西人民出版社,1998 年版,第 260 页。
② 李生兰:《幼儿园与家庭、社区合作共育的研究》,华东师范大学出版社,2013 年第 2 版,第 97—100 页。

喝彩声。

最后，要对家长重奖轻罚、多奖少罚、只奖不罚，以促进家长的行为从消极转向积极。例如，在"我为妈妈美发"的亲子活动中，教师提示"顾客"（由妈妈扮演）要服从"发型师"（由幼儿扮演）的设计和编排，做个"好顾客"；结果，有的"顾客"很配合"发型师"，允许"发型师"不停地变换自己的发型，在比较的基础上，找出一种最美的发型，而有的"顾客"则不愿意让"发型师"在自己的头上进行探索和比较，对此，教师应多加表扬称赞配合孩子活动的那些妈妈，而不应严厉批评不配合孩子活动的另外一些妈妈。

四、参照群体论及对幼儿教师和家长互动的启示

美国社会学家 H·海曼等人构建的参照群体论认为，非面对面的人际接触是社会互动的特殊方面；参照群体是个体在心理上所从属的群体；个体将其参照群体的价值和规范作为自己的社会观和价值观的依据，作为评价自我和他人的标准；参照群体具有规范作用和比较作用。

这一理论暗示教师，在和家长互动的时候，要做到以下几点：

第一，应采用不同的形式，既可以通过接送孩子来与家长进行直接交谈，也可以通过家园联系册、电话、电子邮件等形式来与家长进行间接交流。

第二，应建立"好家长"群体，并不断扩大"好家长"的队伍，发挥"好家长"这个大集体对每位家长的榜样、示范作用。

第三，应引导家长认识到"好家长"对孩子发展的重要性，使每个家长在心理上都能认同"好家长"，激发每个家长"要做个好家长"的强烈愿望。

第四，应帮助家长熟悉身边的"好家长"及其特征，使家长能真正明白什么样的家长才是"好家长"（如好家长能承担教养孩子的责任，好家长能对孩子宽严并济，好家长能对孩子进行全面发展的教育，好家长能配合老师的工作），促使家长把"好家长"的特征作为自己努力的目标。

第五，应指导家长内化"好家长"的社会观和价值观，知道如何做个"好家长"，并自觉地落实在行动上。

第六，应强化家长对"好家长"群体的认同感、在做个"好家长"的过程中所付出的努力和所取得的成效。

五、符号互动论及对幼儿教师和家长互动的启示

美国社会学家 H. 布鲁默等人提出的符号互动论认为，符号是传播意识的一种标志，能代表其他事物，在社会互动中具有中介作用；人与人之间的互动实际上是通过符号进行的，是符号互动；人的行为都是有意义的，要理解某种行为，就要对行为者赋予其行为的意义做出具体的解释；人的行为的意义是会发生变化的，意义的确立依赖于互动的情境和互动双方的协商；人们通过扮演别人的角色，站在别人的立场上来解释行为的意义，并指导自己的行为；人们从别人对自己的态度和评价中来认识自己，提高自我意识。

这一理论告诫教师：在与家长互动的时候，需注意如下几点：

首先，要充分发挥各种符号在交往中的中介作用。教师不仅可以利用文字、图画等符号与家

长沟通,如通过图文并茂的形式来完成《家园联系册》的内容,而且还可利用声音、手势、姿态、表情等符号与家长沟通,如在"家庭教育咨询活动"中,声情并茂地与家长交谈。

其次,要深刻分析家长行为所隐含的教育观念。教师应注意观察家长在幼儿园的各种行为,分析家长行为的特征及成因,探寻家长的教育取向和教养态度。例如,一位爷爷傍晚到幼儿园接孙子回家时,发现孙子正在做"报童"(头戴"报童"帽,手拿一叠《家园小报》),卖报纸;孙子看到爷爷时,就放下了手中的报纸,取下了头上的帽子,要跟爷爷回家;爷爷对孙子说:别急着回家,你的报纸还没卖完呢,你要做个好"报童",卖完报纸后才能回家,爷爷和你一起卖;爷爷站在孙子旁边,和孙子一起卖起了报纸。由此,教师可以看出这位家长能积极配合幼儿园的工作,严格要求孩子,并能对孩子进行说服引导,重视培养孩子的责任感。

再次,要创造各种条件让家长全力表现自己。教师既应为家长提供参加园内的开放日活动、助教活动的机会,也应为家长提供参加园外的参观活动、郊游活动的机会,以便在不同的场景中考察家长的行为,分析家长行为的异同点,搭建与家长对话的平台,更好地与家长合作。

最后,要以家长为中心组织丰富多彩的活动。教师应把握家长的心态,了解家长的需要,围绕家长的兴趣和关注点,开展多种多样的活动。比如,大班幼儿家长对孩子进入小学的问题非常关心,教师就可以"怎样为孩子进入小学作好准备"为主题,开展"专家讲座"、"家长经验交流会"、"家长沙龙"、"亲子参观小学"等系列活动。

此外,要全方位地了解家长对幼儿园的评价。教师应善于倾听家长的心声,了解家长对幼儿园的看法,对自己所组织的各项活动的评论,并加以反思,吸收家长合理化的建议,以不断提升自己的专业发展水平。

六、社会角色论及对幼儿教师和家长互动的启示

美国社会学家G·H·米德等人构想的社会角色论认为,角色是在特定场合作为文化构成部分提供给行为者的一组规范,角色是由社会文化所创造出来的,角色表演是依据文化所规定的剧本来进行的;人与人的互动是角色互动,互动的双方都要遵守角色的规范,任何一方角色失调,都会使互动中断;互动有赖于人们扮演别人角色、预测别人反应的能力;角色的扮演是在互动中完成的,没有另一方的参与,角色就失去了存在的条件,就不可能出现真正的角色行为。[1]

这一理论明示教师:在和家长互动的时候,第一,要了解家长的文化背景。不仅东西方文化有着很大的差异,而且中国内地不同的省市、不同的地区的文化也有着明显的区别。教师应了解家长是中国人还是外国人,是本地人还是外地人,尊重来自不同文化的家长,平等地对待拥有不同文化传统、风俗习惯的家长,并试图从家长的文化背景中来理解家长在交流活动中所表现出来的各种特点。

第二,要遵守教师的职业道德。教师时时处处都应严格要求自己,按照教师的角色规则行事,既要扮演好幼儿园的迎宾者、家庭隐私的保护者、家长心声的倾听者、家长意见的采纳者等角色,又要扮演好家长施教的合作者、家庭教育的指导者、家教指导的研究者、家长参教的评价者等

① 朱力等:《社会学原理》,社会科学出版社,2003年版,第37页。

角色。[①]

第三,要常与家长互换角色。教师不仅应从家长的角度考虑问题,安排幼儿园与家庭的合作活动,推测家长的种种反应,而且还应鼓励家长扮演教师的角色,如进班当"主班教师"、"配班教师",学会站在教师的立场上考虑问题,合理地组织幼儿园的一日活动。

第四,要多与家长相互作用。教师应组织生动活泼的活动,来提高家长的参与欲;应安排卓有成效的活动,来提高家长的参与率;应编排探究研讨的活动,来增强家长的参与力。

第四节 《全国家庭教育指导大纲》简介

一、《全国家庭教育指导大纲》的重要价值

为了深入贯彻落实《中共中央国务院关于进一步加强和改进未成年人思想道德建设的若干意见》和全国未成年人思想道德建设经验交流会议精神,进一步加强家庭教育理论体系建设,规范家庭教育指导内容和要求,提高家庭教育的科学性、针对性和实效性,2010 年 2 月 8 日,全国妇联与教育部、中央文明办、民政部、卫生部、国家人口计生委、中国关工委联合印发了《全国家庭教育指导大纲》(以下简称《大纲》),指出《大纲》是依据《中华人民共和国未成年人保护法》、《中华人民共和国义务教育法》、《中华人民共和国母婴保健法》、《中华人民共和国预防未成年人犯罪法》等法律法规制定的,是在总结多年来家庭教育理论与实践经验的基础上,适应家庭教育科学发展

① 李生兰:《幼儿园与家庭、社区合作共育的研究》,华东师范大学出版社,2013 年第 2 版,第 14—21 页。

的时代要求和家长儿童需求,经过深入研究论证制定的国家层面的家庭教育指导大纲;说明《大纲》在指导原则、指导内容、指导形式等方面遵循家庭教育的特点和儿童身心成长发展规律,按照年龄段划分家庭教育的指导内容,规范家庭教育指导行为,是全国各级各类家庭教育指导服务机构和家庭教育指导者开展家庭教育指导的重要依据;要求各省、自治区和直辖市妇联、教育厅(教委)、文明办、民政厅、卫生厅、人口计生委、关工委根据《大纲》精神,充分发挥各自的职能优势,认真做好贯彻落实工作,积极推动家庭教育的科学化、规范化和制度化,促进家庭教育事业全面发展和儿童健康成长。

二、《全国家庭教育指导大纲》的指导原则

各级各类家庭教育指导机构和相关职能部门、社会团体、宣传媒体等组织对新婚夫妇、孕妇、18 岁以下儿童的家长或监护人开展的家庭教育指导行为应以《大纲》为依据来进行,注重科学性、针对性和适用性。

(一)坚持"儿童为本"的原则

家庭教育指导应尊重儿童身心发展规律,尊重儿童合理需要与个性,创设适合儿童成长的必要条件和生活情景,保护儿童的合法权益,特别关注女孩的合法权益,促进儿童自然发展、全面发展、充分发展。

(二)坚持"家长主体"的原则

指导者应确立为家长服务的观念,了解不同类型家庭之家长需求,尊重家长愿望,调动家长参与的积极性,重视发挥父母双方在指导过程中的主体作用和影响,指导家长确立责任意识,不断学习、掌握有关家庭教育的知识,提高自身修养,为子女树立榜样,为其健康成长提供必要条件。

(三)坚持"多向互动"的原则

家庭教育指导应建立指导者与家长、儿童,家长与家长,家庭之间,家校之间的互动,努力形成相互学习、相互尊重、相互促进的环境与条件。

三、《全国家庭教育指导大纲》的指导内容

(一)新婚期及孕期的家庭教育指导

1. 家庭教育指导重点

新婚期及孕期的家庭教育指导主要是引导夫妇共同做好优生优育优教的知识准备,并为新生命的诞生做好心理准备和物质准备。

2. 家庭教育指导内容要点

(1)重视婚检、孕前检查和优生指导,提高出生人口素质。鼓励新婚夫妇主动参与婚前医学

健康检查,选择适宜的受孕年龄和季节,并注意形成良好的生活习惯,鼓励计划怀孕夫妇在怀孕前参加健康教育、健康检查、风险评估、咨询指导等专项服务。对于大龄孕妇、有致畸因素接触史的孕妇、怀孕后有疾病的孕妇以及具有其他不利优生因素的孕妇,督促其做好产前医学健康咨询及诊断。对于不孕不育者,引导其科学诊断、对症治疗,并给予心理辅导。

(2) 关注孕期保健,孕育健康胎儿。指导孕妇掌握优生优育知识,配合医院进行孕期筛查和产前诊断,做到早发现、早干预;避免烟酒、农药、化肥、辐射等化学物理致畸因素,预防病毒、寄生虫等致畸因素的影响;科学地增加营养、合理作息、适度运动,进行心理调适,促进胎儿健康发育。

(3) 做好相应准备,迎接新生命降临。指导准家长做好新生儿出生的相应准备,学习育儿的方法和技巧,购置儿童生活必备用品和保障母婴健康的基本卫生用品,营造安全温馨的家庭环境。

(4) 提倡自然分娩,保障母婴健康。加大宣传力度,指导孕妇认识自然分娩的益处,认真做好孕妇产前医学检查,并协助舒缓临盆孕妇的焦虑心理。

(二) 0—3 岁年龄段的家庭教育指导

1. 0—3 岁儿童的身心发展特点

婴幼儿期即从出生到大约 3 岁,是个体神经系统结构发展的重要时期,儿童身高和体重均有显著增长;遵循由头至脚、由中心至外围、由大动作至小动作的发展原则,逐渐掌握人类行为的基本动作;语言迅速发展;表现出一定的交往倾向,乐于探索周围世界;逐步建立亲子依恋关系。

2. 家庭教育指导内容要点

(1) 提倡母乳喂养,增强婴儿免疫力。指导乳母加强乳房保健,在产后尽早用正确的方法哺乳;在睡眠、情绪和健康等方面保持良好状态,科学饮食,增加营养;在母乳不充分的阶段采取科学的混合喂养方法,适时添加辅食。

(2) 鼓励主动学习,掌握儿童日常养育和照料的科学方法。指导家长按时为儿童预防接种,培养儿童健康的卫生习惯,注意科学的饮食调配;及早对孩子进行发展干预,让孩子多看、多听、多运动、多抚触,带领儿童开展适当的运动、游戏,增强儿童体质;了解儿童成长阶段的特点和表现,学会倾听、分辨儿童的"语言",安抚儿童的情绪;学会了解儿童的发病征兆及应对方法,掌握病后护理常识。

(3) 设定生活规则,养成儿童良好的生活行为习惯。指导家长了解婴幼儿成长的规律及特点,为儿童设定日常生活规则,并按照规则指导儿童的日常生活行为;重视发挥父亲的角色作用,利用生活场景进行随机教育;指导家长采用鼓励、表扬等正面强化教育措施,塑造儿童的健康生活方式。

(4) 加强感知训练,提高儿童感官能力,预防儿童受伤害。指导家长创设儿童自如爬行、充分活动的独立空间与条件,随时、充分地利用日常生活中的真实物品和现象,挖掘其内含的教育价值,让儿童在爬行、观察、听闻、触摸等训练过程中获得各种感官活动的经验,促进儿童的感官发展。同时要加强家庭保护,防止意外伤害发生。

(5) 关注儿童需求,激发儿童想象力和好奇心。指导家长为儿童提供抓握、把玩、涂鸦、拆卸等活动的设施、工具和材料;用亲子游戏的形式发展儿童双手协调、手眼协调等精细动作;用心欣赏儿童的行为和作品并给予鼓励,分享儿童的快乐,促进儿童直觉动作思维发展,满足儿童好奇、好玩的认知需要。

(6) 提供言语示范,促进儿童语言能力发展。指导家长为儿童创设宽松愉快的语言环境;提高自身口语素养,为儿童提供良好的言语示范;为儿童的语言学习和模仿提供丰富的物质材料,运用多种方法鼓励儿童多开口;积极回应儿童的言语需求,鼓励儿童之间的模仿和交流。

(7) 加强亲子沟通,养成儿童良好情绪。指导家长关注、尊重、理解儿童的情绪,多给予儿童鼓励和支持;学习亲子沟通的技巧,以民主、平等、开放的姿态与儿童沟通;客观了解和合理对待儿童过度的情绪化行为,有针对性地实施适合儿童个性的教养策略。培养良好的亲子依恋关系。

(8) 帮助儿童适应幼儿园生活。入园前,指导家长有意识地养成儿童自理能力、听从指令并遵循简单规则的能力等。入园后,指导家长积极了解儿童对幼儿园的适应情况,在儿童出现不良情绪时通过耐心沟通与疏导来稳定儿童的情绪,分析入园不适应的原因,正确面对分离焦虑。

(三) 4—6 岁年龄段的家庭教育指导

1. 4—6 岁儿童的身心发展特点

4—6 岁是儿童身心快速发展时期,具体表现在:儿童的身高、体重、大脑、神经、动作技能等方面获得长足的进步;大肌肉的发展已能保证儿童从事各种简单活动;儿童直觉行动思维相当熟练,并逐渐掌握具体形象思维;儿童词汇量迅速增长,基本掌握各种语法结构;儿童开始表现出一定兴趣、爱好、脾气等个性倾向以及与同伴一起玩耍的倾向。

2. 家庭教育指导内容要点

(1) 加强儿童营养保健和体育锻炼。指导家长带领儿童积极开展体育锻炼;根据儿童的个人特点,寻找科学合理而又能为儿童接受的膳食方式;科学搭配儿童饮食,做到营养均衡、种类多样、比例适当、饮食定量、调配得当;不断学习关于儿童营养的新理念、新知识。

(2) 培养儿童良好的生活和卫生习惯。指导家长与儿童一起制定儿童的家庭生活作息制度;积极运用奖励与忽视并行的方式纠正并消除儿童不良的行为方式与癖好;定期带领儿童进行健康检查。

(3) 抓好安全教育,减少儿童意外伤害。指导家长提高安全意识,尽可能消除居室和周边环境中的伤害性因素;以良好的榜样影响、教育、启迪儿童;结合儿童的生活和学习,在共同参与的过程中对儿童实施安全教育,提高儿童的生命意识;重视儿童的体能素质,通过活动提高其自我保护能力。

(4) 培养儿童良好的人际交往能力。指导家长关注儿童日常交往行为,对儿童的交往态度、行为和技巧及时提供帮助和辅导;注意培养儿童多方面的兴趣、爱好和特长,增强儿童交往的自信心;开展角色扮演游戏,帮助儿童在家中练习社交技巧,并积极为儿童创造与同伴交往的机会,培养儿童乐于与人交往的习惯和品质。

(5) 增强儿童社会适应性,培养儿童抗挫折能力。指导家长鼓励儿童以开放的心态充分展示自己,同时树立面对挫折的良好榜样;充分利用传播媒介,引导儿童学习面对挫折的方法;适时、适宜地在儿童成长过程中创设面对变化与应对挫折的生活情境与锻炼机会;在儿童遇到困难时以鼓励、疏导的方式给孩子以必要的帮助与支持。

(6) 丰富儿童感性知识,激发儿童早期智能。指导家长带领儿童关心周围事物及现象,多开展户外活动,以开阔儿童的眼界,丰富儿童的感性知识;灵活采用个别化教育手段,有针对性地鼓励儿童积极活动、主动参与、积累经验、发展潜能;改变传统的灌输、说教方式,以开放互动的方式让儿童在玩中学、在操作中探索、在游戏中成长。

(四) 7—12 岁年龄段的家庭教育指导(此处略)

(五) 13—15 岁年龄段的家庭教育指导(此处略)

(六) 16—18 岁年龄段的家庭教育指导(此处略)

(七) 特殊儿童、特殊家庭及灾害背景下的家庭教育指导(此处略)

四、《全国家庭教育指导大纲》的保障措施

1. 加强组织领导。各地相关部门要高度重视,加强对《大纲》贯彻落实工作的领导,制定切实可行的实施计划,加强实施管理,组织开展宣传、培训、督导、评估等工作,引导和帮助家庭教育指导机构和指导者根据《大纲》要求开展家庭教育指导。

2. 明确职责分工。各地相关部门要根据《大纲》要求,充分发挥职能优势,切实做好指导和推进家庭教育工作。各级妇联组织、教育行政部门牵头负责指导和推进家庭教育;文明办协调各部门力量共同构建学校、家庭、社会"三结合"教育网络;教育部门加强幼儿园、中小学校家长学校的指导与管理;卫生、人口计生部门大力发展新婚夫妇学校、孕妇学校、人口学校等公共服务阵地,对家长进行科学养育的指导和服务;人口计生部门负责 0—3 岁儿童早期发展的推进工作,逐步纳入公共服务范畴;妇联、民政、教育、人口计生、关工委等部门共同承担做好城乡社区家庭教育指导、服务与管理工作,推进家庭教育知识的宣传和普及,促进家庭教育事业全面发展。

3. 注重资源整合。各地相关部门要加大家庭教育指导工作经费投入,纳入经费预算,确保落实到位。要统筹各方面的优势力量,完善共建机制,形成工作合力,推进家庭教育发展。要广泛动员社会力量,多渠道筹措经费,为家庭教育指导工作提供保障。

4. 抓好队伍建设。各地相关部门要加强家庭教育指导工作者队伍的培育,重视对指导人员数量、质量和指导实效性的管理,从实际出发建设具有较强专业知识基础的专家队伍、讲师团队伍、社区志愿者队伍等,并大力发展专业社会工作者队伍,形成专兼结合、具备指导能力的家庭教育指导工作队伍。

5. 扩大社会宣传。各地相关部门要以"做一个有道德的人"为主题,开展丰富多彩的实践活动,大力培育在家孝敬父母、在学校尊敬师长、在社会奉献爱心的良好道德风尚。加强家庭教育指导宣传阵地建设,注重与各媒体管理部门的联系和合作,深入、广泛、持久地宣传家庭教育的正

确观念和科学方法。省区市级报纸、县级以上电台、电视台要开办与家庭教育相关的栏目,发展家庭教育网校咨询热线,不断提高家庭教育社会宣传的覆盖面和影响力。

补充读物

幼儿园家长开放日活动改革再探

吴晓兰[①]

开放日活动是幼儿园家长工作的一种重要形式。过去,我们习惯在开放日里让家长来园观看幼儿的活动,注重营造活动氛围。家长看完活动,开放日活动也就算结束了。这样表面上看起来,活动热热闹闹、气氛热烈。事实上,家长们也只是"外行"看热闹,不知道究竟该看什么、如何看,看过也就忘记了,因而不能达到开放日活动的真正目的。为了进一步发挥家长开放日活动的作用,让家长了解幼儿园的保教工作、观察幼儿在园的学习和生活,理解保教人员的专心致志和专业服务,从而更新观念,并与幼儿园合作共育,作为幼儿园管理者,在家长开放日活动时,应有更多的思考,引领保教人员共同提升开放日活动的质量。

1. 常态开放——在贯彻落实国家各项幼教法规和政策的过程中,我们注重发挥常态化的教育教学的实效。在筹划家长开放日活动时,注意树立真正的常态开放思想,将幼儿园平常工作环境、工作状态等一览无遗地展现给家长。一是千万不要为了家长而另谋一个半日活动,使家长看不到真实的幼儿学习和生活状况。二是千万不要怕加大工作量而关闭局部空间(如卫生间、专用活动室等),让家长感受不到幼儿园整体环境的整洁、温馨、优美和童趣。三是千万不要怕得罪家长而得过且过(对个别幼儿的不良行为习惯及时指出和教育),以获得全体家长的支持和赞同。

2. 内容全面——家长开放日活动是幼儿园向家长宣传幼儿教育目标和途径的绝好时机,所以,开放活动的内容必须关系到幼儿园保教工作的方方面面。一是现场活动内容要涵盖健康、语言、社会、科学、艺术各个领域,以当天半日活动开放为例,应包括早操、早锻炼、主题教育教学活动、午餐、如厕、午睡等(根据不同年龄段幼儿发展情况设计不同要求、不同组织形式的活动),使家长能具体地直观地感知。二是利用全园"家长园地"、宣传版面,展示近期幼儿主题活动、教师专业发展情况、和谐校园创建动态等,使家长能全面深入地了解。三是幼儿园的各种文本资料内容要显示出学前教育的专业性,各部门、各条线、各班级(学期、月、周、日)计划和阶段总结(反思与调整)要齐全,便于家长直接地简便地查阅。

3. 主题适切——家长开放日活动虽然是向家长展示幼儿园常态化的工作,但也要注意展示的中心内容和主要形式,以达到开放活动的宣传和指导的最优化。一般除了学期末的家长开放日活动以外,我们还结合主题活动向家长开放,可以是全园的、或分年龄段的、或分班级的,例如,围绕着"迎世博"的活动,我们向家长开放了"大手牵小手、快乐中国行——庆旅游节活动"、"小鸽子世博摄影展"等活动,让家长体会到幼儿教育的启蒙性、整合性和开放性的特征,进一步感知幼儿教育途径的丰富和多元。

---

① 吴晓兰,上海市优秀园丁、一级园长、中学高级教师,上海市宝山区小鸽子幼稚园园长。

4. **互动提升**——家长是幼儿的启蒙教师,提升家长的教育能力无疑是十分必要的。幼儿园组织家长开放日活动,是引导家长仔细观察幼儿、正确评价幼儿、习得教育方法的良好机会,为此,我们为家长设计了一份观察记录表(包括半日活动各个环节、或其中某个环节的各个要点,例如幼儿言语、行为、动作、表情的发展水平),使家长知道应该看什么、如何去看,并能客观地进行评定。由于我们设计的评定项目比较适宜,因而没有使家长感到繁琐、复杂,而不愿意去评价。活动结束后,班主任还会组织家长总结,分析幼儿的表现,给家长相应的建议,鼓励优秀家长,交流教育经验,让其他家长从中受益。

5. **团结协作**——家长开放日活动不只是园长的任务,也不只是班主任的职责,而是幼儿园每一个岗位人员应担负的重任,因此,我们注意发挥全员的主观能动性,团结合作。首先是"二班一保"、"三位一体"的协作,以强化保育员对幼儿生活、健康的关怀和教育。其次是全体教职工的协作,因为在开放活动时,家长人数剧增,对幼儿园的安全提出了更高的要求(如教学大楼走廊、上下楼梯等是重点区域),我们就在活动前的"开放日邀请信"、"家园小报"、"家园信息栏"以及幼儿园网站上发出"温馨提示",向家长、幼儿做好充分的安全宣传和教育;在开放日当天,再设立指示牌,安排值勤人员,以保证整个活动的井然有序,安全、愉快地完成开放日活动。

阅读参考书目

1. 赵忠心:《家庭教育学》,人民教育出版社,1994 年版。

2. 谢立中:《西方社会学名著提要》,江西人民出版社,1998 年版。

3. 郑杭生主编:《社会学概论新修》,中国人民大学出版社,2001 年版。

4. 蔡文辉等编撰:《简明英汉社会学辞典》,中国人民大学出版社,2002 年版。

5. 童星主编:《现代社会学理论新编》,南京大学出版社,2003 年版。

6. 朱力等:《社会学原理》,社会科学出版社,2003 年版。

7. 李生兰:《儿童的乐园:走进 21 世纪的美国学前教育》,南京师范大学出版社,2011 年版。

8. 李生兰等著,《学前教育法规政策的理解与运用》,南京师范大学出版社,2012 年版。

9. 李生兰:《幼儿园与家庭、社区合作共育的研究》,华东师范大学出版社,2013 年第 2 版。

10. 〔苏联〕T·A·马尔科娃主编,杭志高等译:《幼儿园和家庭》,北京出版社,1983 年版。

11. 〔苏联〕塔·瓦·沃莉科娃著,刘祝三译:《家庭教育与教师工作》,教育科学出版社,1984 年版。

12. 〔美〕玛丽·霍曼等著,郝和平等译:《活动中的幼儿——幼儿认知发展课程》,人民教育出版社,1995 年版。

13. Bernard Spodek, Dealing with Individual Differences in the Early Childhood Classroom, Longman Publishing Group, 1994.

14. George S. Morrison, Early Childhood Education Today, 7th edition, Prentice-Hall, Inc. Simon & Schuster/A Viacom Company, 1998.

网上浏览

1. http://www.moe.edu.cn
2. http://www.shmec.gov.cn
3. http://www.age06.com
4. http://www.bjedu.com.cn
5. http://www.naeyc.org

复习思考题

1. 学前教育机构家庭教育指导形式的演变过程可以分为哪几个阶段？
2. 学前教育机构家庭教育指导形式在各个不同的历史时期表现出哪些特点？
3. 学前教育机构家庭教育指导形式的发展特点是什么？
4. 学前教育机构家庭教育指导形式的发展趋势是什么？
5. 你运用得较多的家庭教育指导形式是哪几种？
6. 你对家长进行过哪些方面的指导？
7. 在对家长进行指导时，你的成功经验是什么？
8. 在对家长进行指导时，你有什么失败的教训？
9. 你认为家长最喜欢哪些内容的指导？
10. 你认为家长最喜欢哪些形式的指导？
11. 社会互动理论给你的启示是什么？
12. 你读了《全国家庭教育指导大纲》以后有什么感想？

案例试评

先阅读下列案例，再查看评价表（见下表），并在你认为恰当的答案的序号上打"√"。

一、案例

在炎热的暑假的一天，下午4时左右，王老师满头大汗地爬上了7楼，来到了小（一）班新生张小华家的门口，按了一下门铃以后，里面的大木门打开了；一位女士隔着铁门问道："你找谁？"王老师答："我是张小华小朋友的老师，今天来家访。"女士说："我们不知道你要来家访，也没做什么准备，不巧的是，我们正要出去，给儿子买玩具。"屋里的孩子听到是自己的老师来了，高兴得又喊又叫，来到门边欲打开铁门，要求"妈妈，快让客人老师进来"，女士迅速拉开了孩子的手，说道："你有什么事，尽管说好了。"王老师说："也没什么大事，就是下个星期一带孩子来报到时，最好让孩子随身带上自己在家喜欢玩的玩具。"女士说："好的，谢谢你，王老师。"王老师与母子俩"再见"后，转身挥泪下楼去了。

二、评价表

编号	项 目	答 案
1	教师的特点	（1）不怕吃苦 （2）工作认真 （3）情绪冲动 （4）关心幼儿 （5）有理智
2	妈妈的特点	（1）热情 （2）胆小 （3）警惕性高 （4）态度适中 （5）注重家庭隐私
3	儿子的特点	（1）听觉发展正常 （2）热情 （3）主动 （4）反应快 （5）好客
4	教师的优点	（1）不怕挫折 （2）目的明确 （3）自控力强 （4）礼貌 （5）善解人意
5	妈妈的优点	（1）讲礼貌 （2）大方 （3）实话实说 （4）彬彬有礼 （5）关心孩子
6	儿子的优点	（1）听话 （2）有礼貌 （3）有禁则止 （4）喜欢老师 （5）主动
7	教师的不足	（1）没有预约 （2）态度不坚决 （3）说话不当 （4）不讲卫生 （5）不理解家长
8	妈妈的不足	（1）没请教师坐下 （2）不尊重教师 （3）不理解孩子 （4）没支持孩子的行动 （5）没打开铁门
9	对教师的建议	（1）家访前预约 （2）要求幼儿打开铁门 （3）不让进屋就离开 （4）不必道别 （5）提请家长打开铁门
10	对妈妈的建议	（1）请老师以后预约 （2）打开铁门 （3）请老师进屋说话 （4）要求孩子请老师喝水 （5）开门送老师下楼

第六章

学前教育机构与家庭的合作活动

本章首先论述了学前教育机构与家庭进行合作活动对学前教育法规的贯彻、学前教育质量的提高、儿童身心的全面发展、家长教育素质的增强,以及世界学前教育发展趋势的顺应,都有着十分重要的意义,阐明了开展家园(所)合作活动必须遵循的平等性原则、整体性原则、针对性原则、求实性原则和娱乐性原则;接着通过学前教育机构与家庭合作开展的读书活动、节庆活动、参观活动、教学活动等多种活动,具体说明家园(所)合作活动的基本结构,剖析各种合作活动的主要特点;最后从目的的全面融合、伙伴的积极互动、资源的内外结合、视野的世界范围、形式的借鉴创新、媒体的网络邮件等方面预测了学前教育机构与家庭开展合作活动的发展趋势。

第一节　学前教育机构与家庭合作活动的价值及原则

学前教育机构与家庭的合作活动,既有重要的法律保障,又有显著的现实效果;要想使学前教育机构与家庭的合作活动能顺利地进行,就必须制定、执行必要的规章制度。

一、学前教育机构与家庭合作活动的价值

(一) 有利于学前教育法规的落实

学前教育机构与家庭开展合作活动,是贯彻教育法规的需要。国务院在 1992 年发布的《九十年代中国儿童发展规划纲要》中就明确指出:要"发展社区教育,建立起学校(托幼园所)教育、社会教育、家庭教育相结合的育人机制,创造有利于儿童身心健康、和谐发展的社会和家庭环境";1999 年上海市教育委员会在《上海市学前教育纲要》中也提出:要"确立大教育意识。充分利用学前教育机构、家庭、社区的教育资源,开展家庭教育指导,使家长成为学前教育机构的合作伙伴。努力实现学前教育机构的教育与家庭社区生活一体化"。可见,托幼机构与家庭在教育上的相互融合、教师与家长成为伙伴关系,是依法治教的需要。

(二) 有助于学前教育质量的提高

学前教育机构与家庭开展合作活动,是改进教育质量的需要。学前教育机构和家庭是学前教育的两个重要的场所,只有协调一致,共同为实现学前教育的目标、任务、内容而努力,才能充分发挥教育的整体功能。我国幼教专家陈鹤琴先生说得好:"幼稚教育是一件很复杂的事情,不是家庭一方面可以单独胜任的;也不是幼稚园一方面可以单独胜任的;必定要两方面共同合作方能得到充分的功效。"[①]托幼机构只有与家庭互相配合,才能提高对儿童教育影响的一致性和有效性。

(三) 有益于学前儿童完善的发展

学前教育机构与家庭开展合作活动,是促进儿童全面发展的需要。儿童的发展受到来自学前教育机构、家庭、社会多方面的综合影响,儿童的发展水平是其与环境相互作用的结果。中外许多教育家对此都做出过精辟的阐述,苏联教育家苏霍姆林斯基把开始受教育的儿童比作一块大理石,把教育者比作雕塑家,他认为这些雕塑家第一是家庭,家庭中最细致和最有才干的雕塑家是母亲;第二是教师;第三是集体;第四是受教育者本人;第五是书籍;第六是完全未料想到的雕塑家。美国教育研究证明,学校和家庭合作,对孩子的学习和成长十分重要。因此,要想促进儿童在体、智、德、美几方面都得到发展,就必须协调好环境中的各个教育要素及其相互之间的关系,使学前教育机构和家庭开展的各种活动都能有机结合、和谐统一。

(四) 有利于家长教育素质的增强

学前教育机构与家庭开展合作活动,是提高家长教育素质的需要。实践证明,家长参与孩子在托幼园所的活动,与托幼园所密切合作,不仅能使他们更好地认识自己教育者的角色,增强教育的自信心,改善家园(所)的关系,而且还能使他们随着对学前教育机构、教育活动了解的增多,对孩子的学习活动、游戏活动的介入越来越多,向着科学化、艺术化的方面发展。1997 年国家教委、全国妇联联合颁发了《家长教育行为规范(试行)》,呼吁家长"要和学校、社会密切联系,互相

---

① 陈鹤琴:《家庭教育——怎样教小孩》,教育科学出版社,1994 年版,第 280 页。

配合,保持教育的一致性",这是一举数得的事情,家长应该遵守。

(五)有助于顺应世界学前教育的趋向

学前教育机构与家庭开展合作活动,是追赶国际教育发展趋势的需要。世界教育规划研究专家沙布尔·拉塞克、乔治·维迪努认为"教育是一个民族的'神经系统',是一个民族的传统和期望的最好的表达","学校不可能垄断教育;因而必须把学校教育同家庭、孩子周围的人们以及大众传播媒介的影响协调起来"。[①] 1997 年美国早期教育协会在经过全面修订的新的《0—8 岁儿童适宜性发展教育方案》中指出,"学前教育工作者和家长建立合作互惠的关系"是保证学前教育实践适宜性的一条基本原则,[②]要求教师:和家长相互尊重、相互合作,共同担负教育儿童的责任;与家长建立和谐的伙伴关系,经常保持双向沟通;欢迎家长参与学前教育机构的工作,和家长一起做出有关儿童保教问题的决定;鼓励家长参与儿童的评估工作,并据此制定出良好的教育计划。国际组织伯纳德·范·利尔基金会的研究也表明:家长是否参与学前教育、参与的程度如何,是制约学前教育发展的重要因素之一。因此,我国学前教育界加强家园(所)的联系与合作,是与国际学前教育接轨的重要举措。

二、学前教育机构与家庭合作活动的原则

为了保证学前教育机构与家庭合作活动达到预定的目标、取得良好的效果,托幼机构在设计、实施、评价家园(所)合作活动时,都必须遵循以下几条原则:

(一)平等性原则

学前教育机构的领导和教师要尊重家长,平等对待家长,不论是在合作活动开展之前,还是在合作活动进行的过程中,抑或是合作活动结束以后,均应如此。例如,在合作活动进行之前,征求家长的意见,采纳合理化的建议,既能焕发家长的主人翁精神,又能提高活动的质量。

(二)整体性原则

学前教育机构与家庭的合作活动要面向全体家长和全体儿童,使他们都有机会参加,均能从中受益。比如,在组织某项合作活动之前,教师应考虑到家长参与时间的便利性,使绝大多数家长都能做到不迟到、不早退。

学前教育机构与家庭的合作活动还要使儿童在体、智、德、美几方面都能得到发展,成为一个完整的人。例如,在开展家园合作跳绳活动的基础上,还应开展家园合作故事活动、家园合作走访活动、家庭合作绘画活动等。

---

① 〔伊朗〕S·拉塞克等著,马胜利等译:《从现在到 2000 年教育内容发展的全球展望》,教育科学出版社,1996 年版,中文版导论,第 3、6 页。

② NAEYC Position Statement:Developmentally Appropriate Practice in Early Childhood Programs Serving Children from Birth through Age 8-Adopted July 1996.

（三）针对性原则

学前教育机构与家庭的合作活动要根据儿童、教师、家长、园（所）教育、家庭教育等具体情况，妥善安排，有的放矢。比如，有些幼儿上课不发言，胆子较小，教师和家长据此商量后，做出周末在园内举办"化妆舞会"的决定；有些家长存在着严重的包办代替孩子的问题，幼儿园就启发家长参加"小鬼当家"的活动。

（四）求实性原则

学前教育机构与家庭的合作活动要实事求是，因地制宜，符合托儿所、幼儿园和家庭的基础条件和物质设施，不搞形式主义。比如，地处农村的幼儿园，可和家长一起，在园内外开辟种植园地，进行劳动教育方面的合作活动；拥有戏水池的幼儿园，可和家长一起，教幼儿学游泳，开展体育方面的合作活动。

学前教育机构和家庭的合作活动还要勤俭节约，充分利用各种废旧物品和自然材料，少花钱多办事，少投入多产出。例如，在开展家园合作玩具评比活动时，教师和家长都要鼓励孩子自己动手制作玩具，不要用购买的成品玩具来参赛。

（五）娱乐性原则

学前教育机构与家庭的合作活动要寓教于乐，使儿童、家长在轻松、愉悦、欢快的气氛中增长见识，发展能力。例如，为了提高儿童的动手技能，教师和家长一起策划，开展穿珠子、缝纽扣、拧瓶盖、钉钉子、制玩具等多项活动，使儿童在游玩中学习和成长。

第二节　学前教育机构与家庭合作活动的方案及评价

学前教育机构与家庭合作活动的方案,主要由以下几个方面所组成:活动名称、活动主持者、活动对象、活动时间与地点、活动目标、活动准备、活动内容与形式、活动的具体步骤与过程、活动的评价等。家园(所)合作活动的种类多种多样,内容丰富多彩,涉及学前教育的各个方面和儿童发展的每个侧面。现以近年来笔者在幼儿园所作的一系列研究,加以具体说明。

一、家园所合作读书活动方案及评析

(一)活动名称:过生日,到上海书城去"吃"书

(二)活动主持者:园长、教师、家委会委员

(三)活动对象:大班部分幼儿及家长、教师

(四)活动时间:10月份第1周星期四上午

(五)活动地点:幼儿园活动室、上海书城儿童天地

(六)活动目标

(1)激发幼儿对图书的兴趣,培养幼儿良好的读书习惯,为入小学作好学习准备。

(2)通过组织14名幼儿在"上海书城"过生日,使其享受到利用不同形式过生日的快乐。

(3)使幼儿在家长指导下能够自己买书,发展独立性,提高社会交往能力。

(4)帮助家长树立勤俭节约为孩子过生日的观念,意识到生日的喜庆气氛并非是在大吃大喝中体现的,在安静的读书环境中也能使孩子度过美好的一天。

(5)使家长认识到对孩子进行教育的资源是多种多样的,幼儿园和家庭中有丰富的教育资源,书城、书店、图书馆、博物馆、体育馆等也蕴藏着巨大的教育资源,应加以适当的利用。

(七)活动准备

(1)教师查看幼儿入园登记表,记下本班10月份过生日的幼儿名单和人数,并向园长汇报。

(2)教师向本班将过生日的幼儿的家长了解情况:以前是怎样给孩子过生日的?大约花费多少钱?今年打算怎样给孩子过生日?是否带孩子去过上海书城?是否乐意和老师、其他"小寿星"一起到上海书城去"吃"书?并征求家长的意见:哪一天较为方便?何时从幼儿园出发?乘坐什么交通工具?在上海书城里如何度过?应该注意哪些问题?何时离开书城返回幼儿园等。

(3)教师和幼儿一起制作"生日礼牌"(幼儿在一个圆形徽章的上面画小朋友看书的图画,教师在下面写上"今天我生日")。

(4)教师准备录音机、《生日快乐》歌曲录音磁带。

(5)教师提前一周把去书城的日期告诉家长。

（八）活动的具体步骤与过程

1. 出发前（上午7:45—8:00）

（1）园长、家委会委员在幼儿园里向过生日的幼儿及家长表示祝贺，在"生日快乐"的歌声中，为幼儿戴上"生日礼牌"。

（2）教师告诉幼儿：今天我们大家要到"上海书城"去过生日，感谢爸爸妈妈陪我们一起去；上海书城里面有许多好看的图书，书上画着写着各种各样的故事，小朋友可以自己看，也可以请爸爸妈妈讲给我们听。

（3）教师、幼儿及家长、园长等乘坐公交车和地铁前往上海书城。

2. 抵达上海书城（9:30—11:00）

（1）一到书城，教师首先就指着"上海书城"的标志牌，告诉幼儿我们已经顺利到达了"上海书城"；提醒幼儿抬头观看书城这座雄伟高大的建筑物，寻找"上海书城"几个字；鼓励幼儿说一说书城看上去像什么？接着教师又指向书城上方的汉字"书籍是人类进步的阶梯"，向幼儿解释："读书可以帮助我们小朋友长知识、长本领，天天取得进步。"最后教师再提请家长：带孩子走进书城以后，要轻声讲话；先在底层看一看，然后乘电梯到2—5层看一下，使孩子知道各层的大致布置、图书的分类，以及书有大小、厚薄、彩色黑白色之别；帮助孩子分辨工作人员与读者，了解导读先生、导读小姐的着装及工作，看看有哪些读者，他们是怎样看书的；记住在3层和5层楼面有卫生间，10:20分之前在4楼的"儿童天地"里集合。

（2）在"儿童天地"里，教师首先轻声地提醒家长：要求孩子爱护图书、轻拿轻放，鼓励孩子自己挑选喜欢的图书，安静地进行阅读；既可和孩子一起看，也可让孩子单独看，或让孩子与小伙伴一起看；既允许孩子围坐在桌旁的小椅子上看，也允许孩子坐在小地毯上看；督促孩子从前往后一页一页地看，看完一本书以后放回原处，如果还想带回家看，就放在自己的座位上，临走时买下来。接着教师巡回指导，给有特殊需要的幼儿予帮助，使他们能找到自己想读的图书和画册；和幼儿一起阅读，轻声表扬遵守阅读规则的幼儿，劝导不遵守纪律的幼儿。最后，教师提请家长教孩子认识书的定价，把零钱给孩子，陪孩子一起到收银台去付款买书。

（3）走出书城以后，教师提问幼儿：刚才你们在书城里看到了什么？这些书是什么样的？工作人员穿什么样的衣服？他们在干什么？有哪些人在看书？你在"儿童天地"里看书看得很开心吗？老师发现×××小朋友一页一页地看书，×××小朋友和爸爸比赛走迷宫，×××小朋友拿图书时的动作很轻很轻，×××小朋友把看过的图书放回原来的地方，今天你们做得都很好，都是遵守书城规则的好读者，老师和爸爸妈妈为你们高兴。如果以后你们还想来，可请爸爸妈妈再带你们来。教师先指着"上海书城"的地址和开放时间牌，请家长记下："福州路465号"，"星期一—星期五：上午9:30到晚上8:30；星期六、星期天：上午9:30到晚上9:00"，然后又指着"上海书城"标语牌上的网址，请有家用电脑的家长记下"http://www.bookmall.com.cn"，告诉幼儿可以在家里和爸爸妈一起从电脑上查看"上海书城"的图书，也可以在幼儿园里和教师一起查看"上海书城"的图书，"网上书城，一样风流"。

3. 返回幼儿园（11:00）

离开书城回到幼儿园以后，教师请这几个幼儿在班级向大家介绍一下在"上海书城"过生日的情景,把自己买的图书拿出来和同伴一起分享。

(九) 后续活动

(1) 结构游戏:教师、幼儿、家长一起利用积木、豆腐盒、饮料罐、瓶盖等废旧物品,搭建"上海书城"。

(2) 角色游戏:教师、幼儿、家长一起玩"上海书城"的角色游戏,先让幼儿挑选自己喜欢的角色,扮演"读者"或"收银员"、"保安"、"导读先生"、"导读小姐",教师和家长扮演幼儿挑剩下的角色。

(3) 绘画活动:教师和幼儿、幼儿和家长一起画"上海书城",如把旧报纸铺在室内的地板上画、把水当颜料在室外的水泥地上画。

(4) 故事活动:教师组织幼儿开展讲故事比赛活动,每个幼儿讲一个从买来的图书上读到的故事,由家长当评委,对每个孩子表现出来的优点进行表扬,如语言清楚、句子连贯、故事完整等。

(5) 想象活动:教师、家长鼓励幼儿大胆想象,"未来的上海书城会是什么样子"? 并把自己的想法说出来。

(6) 区域活动:教师在班级开辟图书活动区,使之靠近窗口,光线明亮,不受干扰;在区域门口贴上图书的标志,悬挂 5 张进区卡牌;区域里放上 5 把小椅子、1 个书架,架上的图书站立面向幼儿摆放。

(7) 家庭活动:教师提示家长在家里为孩子创设一块空间,使孩子能拥有一个良好的读书环境。[①]

(十) 活动的效果及评价

1. 从活动的主题上看

这一活动的主题具有国际性。培养幼儿阅读兴趣和习惯已受到世界上许多国家的关注,德国、乌拉圭等国通过研究发现,儿童读书多少不仅与语言表达能力有关,而且还与犯罪率的高低相联。因而乌拉圭政府规定:初次犯罪,读书可代替坐牢;慕尼黑市政府从 1992 年开始,就向 9 个月的婴儿赠送一个含有童话故事书和婴儿图书证的礼包,以从小培养孩子读书的兴趣和习惯,掀起读书的热潮。家园合作开展阅读活动,是我国幼儿教育与国际接轨的需要。

这一活动的主题具有教育性。幼儿每年都要过生日,如何让他们过一个愉快、有益、难忘的生日却是幼儿园和家庭值得探索的问题。在和大班部分幼儿家长交谈以后,发现幼儿每次过生日,家长都要花费四五百块钱,且大都集中在吃(如吃肯德基)和穿(如名牌服装)上,没什么教育意义。心理学的研究表明,幼儿不仅有生理的需要,而且还有心理的需要,幼儿读物是儿童成长的"精神食粮",能消除幼儿的心理饥渴症,促进幼儿心理水平的提高。

这一活动的主题具有衔接性。培养大班幼儿对图书的热爱之情和正确的阅读习惯,能使他们向往小学生的生活,为入小学作好准备,为终身教育奠定最初的基础。大班入学准备工作并不

---

① 吴晓兰、藏海红等教师参与了这项研究工作。

只是在幼儿园里,或通过参观小学完成的,也不是到了下学期才开始的,而是通过多种途径、利用各种机会在上学期就开始进行的。

这一活动的主题具有针对性。许多家长反映从未带孩子去过"上海书城",并表示愿意和教师、幼儿一同前往。

2. 从活动的目标上看

活动的目标较为全面、具体、可行,既考虑到了幼儿的特点,也顾及到了家长的实际,并能使幼儿、家长双方都受益。

3. 从活动的准备上看

活动的准备充分、适当,体现了教师是在了解幼儿、了解家长的基础上,设计家园合作活动的意念;表明了教师具有尊重家长的科学教育观念,把家长放在"上帝"的位置来安排活动,并能吸纳家长的合理化建议,使家长在心理上能与教师真正相通、相融,配合教师更好地实现教育目标。例如,在讨论"乘坐什么交通工具"时,教师提出"走一段路——→坐公交车——→走一段路——→'上海书城'"的行动方案,但家长却认为这样走的路太长,孩子太累,会影响看书的效果,而宁愿多花几元地铁车票钱,固提出"乘坐公交车——→换乘地铁——→走一小段路——→'上海书城'"的方案,教师觉得家长的提议有道理,就予以采纳,结果家长们非常高兴。

4. 从活动的过程上看

活动过程的三个板块,安排得比较紧凑,重点较为突出。就拿第二个板块来讲,时间选择得较好,因为整个活动主要是在星期四上午 9:30—11:00 之间展开的,所以避开了周末及下班后读者拥挤的高峰期,且书城刚开始营业,空气较清新。构成第二个板块的三个环节,也体现了因"地"施教、因"物"施教的教育艺术。

第一个环节:教师对幼儿"遇物而教",有助于幼儿认识"上海书城"几个汉字,掌握按照标志寻找某一建筑物的方法,学会观察建筑物的外形特征,并感受到读书的重要性;教师对家长的提示以及给每个家庭一些自由活动的时间,有助于调动家长的积极性,发挥出关心、保护、教育孩子的作用,帮助孩子清晰地认识书城的内部结构和图书的陈列方式,感受到书城的书实在是太多了。

第二个环节:教师对家长的提醒,能使家长注意焕发孩子的主动性,满足孩子的兴趣需要,培养孩子良好的阅读习惯;提高孩子的分享能力,体验两人合看一本书、大家坐在一起阅读的喜悦;使孩子能学会挑选图书、自己付款,做个能干的小读者。

第三个环节:教师把讲评放在书城外进行,实际上为幼儿、家长提供了模仿的范例——每个人都应该维护书城里安静的阅读环境。教师对幼儿的提问,能帮助幼儿形成对书城的完整认识;教师对幼儿的表扬,能强化幼儿良好的阅读行为;教师对家长的提示,能使家长从孩子的需要出发,再带孩子来书城,或利用家中的电脑,在网上冲浪,阅读书城的图书。

5. 从后续活动上看

一系列的后续活动,能加深书城给幼儿留下的美好印象,强化幼儿对图书的浓厚兴趣,促进幼儿和谐的发展:在结构游戏、角色游戏中,教师让幼儿使用大量的废旧物品,有助于幼儿发散思维能力的培养;在绘画活动、想象活动中,幼儿动手又动脑,有利于其设计能力、创造能力的发展;

故事比赛活动的开展,使买来的图书没有成为摆设和点缀品,而能充分发挥其应有的作用,推动幼儿语言表达能力的提高;家庭活动的开展,使幼儿园的图书区活动能与家庭的读书环境相辅相成,形成教育的合力,共同塑造幼儿良好的阅读习惯。

6. 从合作的伙伴上看

家长作为教师的合作伙伴,在活动中教育素质得到了提高:

(1) 该活动不仅增强了家长之间的沟通,而且还为家长提供了许多具体观察孩子、了解孩子的机会,使家长能从中发现自己孩子与同伴之间的异同点。

(2) 该活动为家长提供了全面了解幼儿园教育途径的机会,使家长明白对孩子的教育并非只是在幼儿园里进行的,社会生活中的许多公共场所都可用来对孩子进行教育。

(3) 该活动为家长提供了如何教孩子学习的模仿榜样,家长通过耳闻目睹教师组织的"吃"在书城的整个活动,能掌握指导孩子读书的科学方法。

二、家园合作节庆活动方案及评析

（一）活动名称：家园共乐迎"六一"

（二）活动主持者：教师、幼儿及男性幼儿家长

（三）活动对象：全园教师、幼儿及家长

（四）活动时间：26 日上午 9：00—11：00

（五）活动地点：大康影剧院

（六）活动目标

(1) 通过创设热闹、欢快的环境,让幼儿充分体验迎接节日到来的愉快心情。

(2) 通过开展亲子同乐活动,使家长进一步了解幼儿在园的生活、学习情况,以及幼儿园教研、科研简况。

(3) 通过活动方案的设计、实施,调动家长参与幼儿园教育的积极性;密切幼儿园和家庭的关系。

(4) 通过借用附近的大康影剧院,充分挖掘社区教育资源的潜力。

（七）活动准备

(1) 园领导、骨干教师及家长代表共同策划整个活动,设计具体的活动方案。

(2) 大班教师、幼儿及家长一起制作"小博士帽"。

(3) 5 位教师及 2 位男性家长负责联系活动场地,布置活动环境。

(4) 2 位教师及 1 位男性家长负责舞台监督。

(5) 1 位教师及 3 位男性家长负责摄影、摄像。

(6) 1 位教师及 1 位男性家长负责会场巡视。

(7) 1 位教师及 1 位男性家长负责收集"六一"小常识,写好节目串联词。

(八) 活动内容及过程

(1) 园长介绍来宾并讲话。

(2) 播放国歌。

(3) 领导、嘉宾、家长代表讲话。

(4) 发奖仪式:区镇领导向"好儿童"、"好家长"颁发证书和奖品,并向特困家庭的儿童赠送礼品。

(5) 六一献词:大班幼儿毕业告别仪式,全体大班幼儿头戴"小博士帽",一起朗诵毕业诗,演唱毕业歌。

(6) 亲子活动、演出活动。

① 大班幼儿合唱《多么快乐》。

② 中(1)班教师、幼儿及幼儿家长根据班级幼教科研课题,进行表演——结构游戏"我是小小建筑师":大家一起用万能积木、废旧盒子、可乐罐、皱纹纸、雪花片等游戏材料,搭建我心目中的"外滩"。

③ 幼儿小提琴演奏:《五月之歌》、《小鸟飞到我的窗上》、《海狗》。

④ 中(2)班教师、幼儿及家长根据班级幼教研究课题,进行表演——合作游戏"小画家":幼儿两人一组,一个躺着或站着做出自己喜欢的动作,另一个用画笔描绘出他的身体轮廓和姿势;家长帮助孩子进行剪贴、悬挂。

⑤ 幼儿及家长珠心算表演:教师出题目,幼儿和家长以家庭为单位,进行抢答,看谁算得既对又快,是孩子还是父母。

⑥ 幼儿舞蹈《喜洋洋》。

⑦ 教师、幼儿及男女家长小品表演——《卖家园小报——〈小鸽子报〉》:教师和家长根据平时卖报中出现的现象进行创编、表演,有的家长接孩子时,鼓励孩子自己去买报,和孩子一起阅读;而有的家长却不愿意买报,说是要把钱省下来给孩子买雪糕吃;家长在一起交流看报心得,未买报的家长无话可说,在充当听众的过程中,产生了买报的欲望,并付诸实践。

⑧ 幼儿二胡演奏《马依拉》、《上学歌》、《萧》。

⑨ 幼儿歌舞表演《我爱我的幼儿园》。①

(九) 活动效果评析

"六一"是幼儿最神圣的节日,幼儿园都特别重视"六一"活动的设计和实施。如何通过这个

---

① 吴晓兰、高向东、任为国、薄珠瑛、陆琼艳等教师参与了该项研究工作。

节日活动,进一步贯彻、落实《幼儿园工作规程》、《上海市学前教育纲要》,顺应世界幼教发展趋势,寓教于乐,对家长进行指导,实现家园共育,小鸽子幼儿园的园长和老师们对此做出了可贵的尝试和探索。这一活动具有以下几个特点:

1. 全体性

幼儿园每个教师都参与到这一活动中来了,有的撰写方案、联系及布置活动场地,有的报幕、监控舞台、摄影、摄像,利用自己的所长,为活动服务。

2. 教育性

幼儿园针对家园小报——《小鸽子报》销售过程中出现的问题,及时用小品的形式表现出来,使家长在一片欢声笑语中体会到买报的重要性,加深了对报刊栏目内容的印象,强化了家长的买报行为,掌握了读报的方法。

3. 研究性

幼儿园通过表演"小小建筑师"的结构游戏、"小画家"的合作游戏,巧妙地把近一年的幼教科研成果向家长展示出来,使家长感到亲切自然,能具体形象地意识到"结构游戏有利于孩子创造力的发展"、"绘画活动有助于孩子合作能力的提高",这是其他家庭教育指导形式所不可能产生的效果。

4. 主体性

家长在这一活动中的地位较高,作用较大,从活动的设计、准备,到活动的主持、开展,都显示出幼儿园充分调动了家长议教、参教、执教的积极性,使家长成为活动中各个环节的主人,而不只是活动的服从者、旁观者,焕发出了主人翁的精神,真正成为幼儿园的合作伙伴,协助幼儿园开展好活动。

5. 综合性

幼儿园借用附近影剧院,既弥补了不能为幼儿及家长提供足够大的活动场地的这一不足之处,也有效地利用了社区的教育资源,开展家庭教育指导活动,有助于实现幼儿园教育与社区生活的一体化。

6. 针对性

幼儿的健康成长有赖于男女两性教师人格特征的综合影响,幼儿园针对平时工作中没有男性教师的具体情况,在这一活动中邀请了许多男性家长加盟,为幼儿树立了男子汉的榜样,使幼儿能得到和谐的发展。

三、家园合作游览活动方案及评析

(一)活动名称:游览上海西郊动物园

(二)活动主持者:园长、家长委员会委员、教师

(三)活动对象:全体小班幼儿及家长、教师

（四）活动时间：10月4日世界动物日

（五）活动地点：上海西郊动物园

（六）活动目标

（1）使幼儿能认识到九种动物，并知道一些动物的主要特征，激发幼儿对动物的喜爱之情。

（2）进一步密切教师与家长之间的关系，提高教师与家长的合作能力。

（七）活动准备

（1）园长了解到小班绝大多数幼儿都未去过动物园，且家长、幼儿都有去的意向，便在"家长委员会"上提出参观动物园的议题，形成决议。

（2）教师和家长代表先实地考察动物园。

（3）教师和家长代表一起画出观看动物的主要位置及线路图，把反映各种动物主要特征的图像、文字列成图表，复印后，发给每位家长，供家长参考。

（4）家长代表预订3辆客车，请有摄像机、照相机的家长带上器材；请家长备足食品、饮用水、垃圾袋。

（5）教师准备大块油毡布。

（八）活动具体步骤及过程

（1）上午8:00出发前，各班教师清点人数，说明游览注意事项，提醒家长关注孩子的安全，让孩子背着食品和饮料自己行走。

（2）游览时，教师鼓励家长以班级、小组为单位，自由结伴，进行活动，以便于教师及时指导、管理。

（3）在游览过程中，教师启发家长一边引导孩子观看动物，一边给孩子讲解动物的主要特征，若遇到孩子特别感兴趣的动物，观看的时间可长一些。

（4）教师请家长代表为整个活动摄像、拍照。

（5）教师要求家长中午11:30左右带孩子在狮子山附近集中，把油毡布铺在地上，大家共进午餐，并用垃圾袋装好废弃物。

（6）家长带领孩子自由游览。

（7）下午3:20分在动物园门口处集合，教师清点人数，向家长致谢。

（九）后续活动

1. 说说动物园

教师、家长和幼儿一起看一看游览动物园的录像、照片，说一说游览动物园的趣闻轶事。

2. 搭建动物园

教师、家长给幼儿提供积木、插塑及饮料罐、牛奶盒、豆腐盒等废旧物品，启发幼儿再现游览动物园的情景，引导幼儿创建"可爱的动物园"、"美丽的动物园"、"21世纪的动物园"等。

3. 画画动物园

幼儿和家长一起画动物园，幼儿画出自己喜欢的动物，教师将幼儿的所有作品全部陈列出来,然后装订成册,制成画册。

4. 唱动物歌曲

教师、家长、幼儿轮唱、合唱关于动物的歌曲,如教师唱道:"一只小猴子出来了,肚子饿得直想叫,看见了水蜜桃,高兴地吃掉了。"家长、幼儿接着唱道:"一只小白兔出来了,肚子饿得直想叫,看见了胡萝卜,高兴地吃掉了。"

5. 猜动物谜语

教师、家长说一说动物的谜语,让幼儿猜一猜。比如,当成人说出谜面"身子像房子,耳朵像扇子,四根大柱子,还有长钩子"以后,如果幼儿能猜出谜底"大象",则表明他已拥有了关于大象的基本知识。

6. 表演动物游戏

教师、家长和幼儿分别戴上动物头饰,表现各种动物的动作、习性、特征。[①]

（十）活动效果评价

（1）幼儿喜欢动物,家长往往以孩子的喜好为自己的喜好,所以,幼儿园开展游览动物园的家园合作活动,能够满足孩子的需要,赢得家长的支持和配合。

（2）该园处于上海北部宝山区,而动物园则处于上海西部长宁区,两个区距离较远,家长平时不便于带领孩子去游玩;幼儿园组织这一活动,拓宽了家庭教育的空间,丰富了家庭教育的内容。

（3）参观前,教师、家长对目的地进行了预参观,并画出线路图、动物位置图,提高了家长参与意识;每位家长都有一份参观线路图、动物位置图,就增强了活动的目的性、针对性。

（4）幼儿园对家长进行指导,是寓教于活动之中的,而不是空洞的口头说教。例如,要求家长让孩子自己背食品、饮料,自己行走,把用餐后的废弃物放进垃圾袋里,能引导家长注意培养孩子的独立性,增强孩子爱护环境的意识。

（5）后续活动的安排丰富多彩,既使幼儿在游戏、绘画、歌舞、语言等多种活动中,巩固了关于动物的一些基本知识,又密切了家园之间的关系,提高了家长的教育意识和能力。

（6）幼儿园在组织这一活动的过程中,始终把家长放在重要的地位上,使他们有许多机会发挥自己的主观能动性,以主人翁的姿态对待活动,不仅是活动的参与者,而且还是活动的策划者、设计者和评价者,而不是被动者、服从者,真正成为教师的合作伙伴。

四、家园合作教学活动方案及评析

（一）活动名称:"Thank you"和"I am sorry"小班英语综合教育活动

（二）活动主持者:英语教师、懂英语的家长

---

① 吴晓兰、高向东、刘群英、朱乐颜、柏丽华、陆琼艳等教师参加了该项研究工作。

（三）活动对象：幼儿、教师、家长

（四）活动时间：下午离园前

（五）活动地点：本班教室

（六）教育目标

（1）激发幼儿对英语的兴趣；帮助幼儿理解"Thank you"的中文意思是"谢谢您"，"I am sorry"的中文意思是"对不起"，并能在适当的场合加以运用，培养幼儿良好的礼貌习惯。

（2）使家长了解孩子在园学习英语的方式，调动家长参与园教的积极性。

（七）活动准备

（1）邀请懂英语的家长来园和教师一起教孩子学习英语；欢迎不会讲英语的家长来园观摩、听讲。

（2）教师和家长一起商量幼儿学习英语的具体内容、形式，各自的分工、职责。

（3）教师、幼儿、家长一同制作鸡（大和小）、鸭（大和小）、鱼（大和小）、长颈鹿和狮子的图片、胸牌若干个；老虎、狗熊、熊猫、小猫、小狗、大象、小松鼠的图片、胸牌若干个；兔子（大和小）、鸭子、老鼠的纸偶、头饰若干个。

（八）活动内容：礼貌用语

（九）活动形式：集体活动、小组活动、个人活动

（十）活动过程与步骤

1. 听、说"Thank you"

（1）出示图片鸡（大和小），学习听说。

① 教师提问：这是什么小动物？（鸡妈妈和鸡宝宝）

② 教师讲解：鸡妈妈教鸡宝宝怎样唱歌——叽叽叽，小鸡叽叽叽（让幼儿学鸡状）；小鸡学会了唱歌，它很感激妈妈，就对妈妈说了句好听的话。

③ 教师提问：仔细听，小鸡说了什么好听的话来感谢妈妈？

④ 家长回答："Thank you. "

⑤ 幼儿游戏：幼儿佩戴小鸡胸牌，学小鸡讲话——"Thank you"；集体表演为主，分组表演、个人表演为辅。

（2）出示图片鸭（大和小），练习听说。

① 教师提问：这是什么小动物？（鸭爸爸和鸭宝宝）

② 教师讲解：鸭爸爸教鸭宝宝怎样唱歌——嘎嘎嘎，小鸭嘎嘎嘎（让幼儿学鸭状）；小鸭学会

了唱歌,它很感激爸爸,就对爸爸说了句好听的话。

③ 教师提问:仔细听,小鸭说了什么好听的话来感谢爸爸?

④ 家长回答:"Thank you."

⑤ 幼儿游戏:幼儿佩戴小鸭胸牌,学小鸭说话——"Thank you";小组表演为主,集体表演、个别表演为辅。

(3) 出示图片鱼(大和小),尝试听说。

① 教师提问:这是什么小动物?(鱼爸爸和鱼宝宝)

② 教师讲解:鱼妈妈教鱼宝宝游泳——哗哗哗,小鱼游泳哗哗哗(让幼儿学鱼状);小鱼学会了游泳,它很感激妈妈,就对妈妈说了句好听的话。

③ 教师提问:猜一猜,小鱼可能会对妈妈说什么好听的话?

④ 家长和幼儿一起讨论,回答:"Thank you."

⑤ 幼儿游戏:幼儿佩戴小鱼胸牌,学小鱼说话——"Thank you";个别表演为主,集体表演、小组表演为辅。

(4) 出示图片长颈鹿、小狮子,巩固听说。

① 教师提问:这是什么小动物?(长颈鹿、小狮子)

② 教师讲解:小狮子迷路了,找不到自己的家,非常着急,长颈鹿说:别着急,我个子高,看得远,我能帮你找到家(让幼儿学长颈鹿状);小狮子很感激长颈鹿,说了句好听的话。

③ 教师提问:猜猜看,小狮子说了什么好听的话来感谢长颈鹿?

④ 家长和幼儿一起讨论作答:"Thank you."

⑤ 幼儿游戏:幼儿佩戴小狮子胸牌,学小狮子讲话——"Thank you";个别表演为主,集体表演、小组表演为辅。

2. 听、说"I am sorry"

(1) 出示图片老虎、狗熊,学习听说。

① 教师提问:这是什么小动物?(老虎、狗熊)

② 教师讲解:老虎对狗熊吼叫,狗熊很害怕,不想和它一起玩了;老虎立即说了句神奇的话,狗熊就原谅它了,又和它一起做游戏了。

③ 教师提问:仔细听,老虎对狗熊说了什么神奇的话来道歉?

④ 家长回答:"I am sorry."

⑤ 幼儿游戏:幼儿佩戴老虎胸牌,学老虎讲话——"I am sorry";集体表演为主,分组表演、个别表演为辅。

(2) 出示图片大象、松鼠,练习听说。

① 教师提问:这是什么小动物?(大象、松鼠)

② 教师讲解:大象和松鼠一起做游戏,大象不小心鼻子碰到了松鼠的尾巴,松鼠疼得直想哭;大象马上说了句神奇的话来道歉,松鼠就原谅了它。

③ 教师提问:大象说了什么神奇的话?

④ 家长回答:"I am sorry."

⑤ 幼儿游戏：幼儿佩戴大象胸牌，学大象说话——"I am sorry"；小组表演为主，集体表演、个别是表演为辅。

（3）出示图片熊猫、小猫、小狗，尝试听说。

① 教师提问：这是什么小动物？（熊猫、小猫、小狗）

② 教师讲解：熊猫在睡觉，小猫为它站岗放哨，小狗汪汪叫跑来了，小猫说："别叫，别叫，熊猫正在睡觉"；小狗一听，马上说了句神奇的话，小猫就原谅它了。

③ 教师提问：猜猜看，小狗会说什么神奇的话向小猫道歉？

④ 家长作答："I am sorry."

⑤ 幼儿游戏：幼儿佩戴小狗胸牌，学小狗说话——"I am sorry"；个别表演为主，集体表演、小组表演为辅。

3. 讨论、总结

教师、家长和幼儿一起讨论、总结：

（1）在什么情况下，小动物说好听的话——"Thank you"？（爸爸妈妈教给新本领、别人给予帮助……）

（2）"Thank you"是什么意思？（谢谢您）

（3）在什么情况下，小动物说神奇的话——"I am sorry"？（伤害别人、妨碍别人、打扰别人……）

（4）"I am sorry"是什么意思？（对不起）

4. 游戏活动

（1）纸偶表演。

教师和家长边操作边表演：

情景 A：小兔子要到河对岸去采蘑菇，可是它不会游泳，很着急，小鸭子说："别着急，我会游泳，我背你过河"；小兔子听了以后，就说了句好听的话——"Thank you"，来表示谢意。

情景 B：小兔子和小老鼠一起做游戏，小兔子不小心踩到了小老鼠的尾巴，小兔子马上说了句神奇的话——"I am sorry"，来表示歉意。

（2）表演游戏。

幼儿戴上小动物头饰，分别表演情景 A 和 B。

（3）角色游戏。

教师、家长和幼儿一起玩"娃娃家"和"幼儿园"的游戏：

① 在"娃娃家"里，"爸爸、妈妈"为"孩子"服务，"孩子"对"爸爸、妈妈"说好听的话——"Thank you"，表示感谢；"孩子"不听话，惹"爸爸、妈妈"生气，说神奇的话——"I am sorry"，表示道歉。

② 在"幼儿园"里，"老师"教"小朋友"学习新本领，"小朋友"对"老师"说好听的话——"Thank you"，表示谢意；"小朋友"做了不好的事情，说神奇的话——"I am sorry"，表示歉意。

（十一）活动效果评价

（1）该教育活动反映了整体性原则。在教育过程中，教师和幼儿、家长是一个整体，既发挥了教师的主导作用，比如讲解、提问，也注意了幼儿的主体参与，比如讨论、回答、游戏、表演，以及家长的伙伴作用。此外,幼儿本身也是一个整体,不仅考虑到接受能力较强的幼儿,而且还兼顾到接受能力较弱的幼儿,比如,开展了集体表演、小组表演和个别表演活动。

(2)该教育活动还反映了交际性原则。这两句习语是人们日常生活中经常运用的,教师从交际的需要出发,模拟了一些交际情景,例如,纸偶表演、表演游戏,对幼儿进行听、说技能的训练,继而在较为真实的交际环境中,例如,"娃娃家"、"幼儿园"里,着重培养幼儿运用英语进行交际的能力。

第三节　学前教育机构与家庭合作活动的发展趋势

20世纪已经过去,学前教育迎来了一个新的千年纪元。家园(所)的合作活动这个学前教育发展的重要组成部分之一,也随着新千年的到来,进入了以多种前所未有的变化为标志的转型过程,尽管这一转型还处于启程阶段,但其中涌现出的一些发展趋势及特点,已可使人们初步体察到跨入21世纪的家园(所)合作活动的发展趋势。

一、合作活动的目的由单一孤立转向全面融合

学前教育机构与家庭合作的目的已经由过去的为儿童服务或是为家长服务,发展为今天的既为儿童服务同时也为家长服务,且注意到服务对象的全体性和服务内容的全面性。各种各样亲子活动在全国各地蓬蓬勃勃地开展起来就是一个最好的例证。众多托儿所、幼儿园所引发、组织的亲子活动,既考虑到正常儿童与家长的普遍需要,也顾及到特殊儿童与家长的个别需求;既启发父辈家长参加孩子的活动,也引导祖辈家长参与孩子的活动;既让家长和孩子一起从事体育活动、娱乐活动和种植活动,也使家长和孩子有机会一同进行学习活动、游戏活动和美术活动。

例如,有的幼儿园引导每个家庭在种植角里,认养一棵小植物,指导家长利用每天接送孩子的时间,和孩子一起观察、记录;而有的幼儿园则鼓励家长把旧报纸带到班级来,先和孩子一起把旧报纸粘贴成一张大报纸,再和孩子轮流躺在报纸上,相互画出身体的轮廓,并沿线裁剪、描绘、涂色,"克隆"出一对新"父子"、或"父女"、"母子"、"母女"来。这些亲子活动的开展,不仅能提高家长和幼儿的观察能力,激发幼儿对科学和绘画的兴趣,培养幼儿的动手技能,密切亲子关系,而且还能增强家长的教育意识,帮助家长掌握科学的教育方法。

产生这一转型的原因可能是国家政府纲领性文件的不断出台,促进并强化了家园(所)合作目的的转轨。1992 年 3 月,国务院颁布的《九十年代中国儿童发展规划纲要》指出:到 2000 年,使 90%儿童(十四岁以下)的家长不同程度地掌握保育、教育儿童和知识;1996 年 9 月,全国妇联、原国家教委在《全国家庭教育工作"九五"计划》中提出:北京、天津、辽宁、上海、江苏、浙江、福建、山东、广东等省市的家长受教育率要由 1998 年的 85%上升到 2000 年的 95%;1997 年 7 月,原国家教委在《全国幼儿教育事业"九五"发展目标实施意见》中指出:到 2000 年,全国学前三年幼儿毛入园(包括学前班)率达到 45%以上,大中城市基本解决适龄幼儿入园问题,农村学前一年幼儿入园(班)率达到 60%以上;1998 年 12 月,教育部在《面向 21 世纪教育振兴行动计划》中也提出:实施素质教育,要从幼儿抓起,要用科学的方法培养幼儿健全的人格,此外还指出要重视特殊教育,为残疾儿童提供受教育的机会等。

二、合作活动的伙伴由被动应对转向积极互动

教师的合作伙伴是家长。今日的家长已不满足于过去的那种完全听从教师指挥、参加到教师设计好的活动之中去的局面,他们不仅主动给托儿所、幼儿园提供各种物质上的援助、提出合理化的教育建议,而且还积极参与托幼机构教育方案的设计、教育活动的组织和评价。例如,在家园制作合作活动中,家长们出谋划策,给幼儿园带来大量可资利用的废旧物品、无毒无害材料、制作工具,和幼儿一起动脑动手,制造出各种各样的玩具,并畅谈自己的感想;在家园节庆合作活动中,家长除了有机会扮演观众这个传统的角色以外,还有机会成为策划者、主持人和演员;在家园体育合作活动中,家长既是运动员也是裁判员;在家园参观合作活动中,家长能主动提出参观的最佳路线、乘坐的交通工具,并把孩子参观后的表现及时向教师反馈等。

发生这一转型的原因可能与下面几个因素有关:一是学前教育法规要求托儿所、幼儿园必须视家庭为合作伙伴。1996 年 6 月,原国家教委发布了《幼儿园工作规程》,指出幼儿园要认真听取、分析家长对幼儿园教育及管理工作的意见,采纳家长对家园合作工作的建议。二是学前教育实践推动托幼机构积极与家庭合作。要提高家园(所)共育的质量,取得家长的配合协作,就必须了解家长的心态,尊重家长的兴趣爱好,满足家长的合理需要,这一成功经验已被人们广泛接受和享用。学前教育工作者从实践中深深感受到:只有把家长看作"上帝",注意从调查研究入手,通过问卷或谈话等方法,了解家长的基本需求,听取家长的意愿,采取民主式的组织活动的方式,才能真正赢得家长的支持,使家长意识到自己是活动的主人,而主动献计,乐于参与,全方位地配合。三是家庭教育法规促进家长主动与园方合作。1997 年 3 月,原国家教委、全国妇联颁发了《家长教育行为规范》(试行),要求家长自觉履行教育子女的职责,树立正确的教育观念,掌握教

育艺术,不断提高教育水平,和教育机构密切联系,互相配合,保持教育的一致性。

三、合作活动的资源由园内转向园内外结合

大自然、大社会都是活教材。进入新世纪的托幼机构已比过去更多地注意开发与利用社区和城乡的自然资源、物产资源和人文资源,组织各种活动,促进儿童更好地发展,使托儿所、幼儿园真正成为一所没有"围墙"的学校。教师不仅和家长一起定期带领儿童到农村郊游、到农场劳动、到植物园观赏、在超市购物、在博物馆参观、在图书馆读书,而且还邀请家长来园给儿童讲故事,教儿童操作电脑、习外语、学下棋及唱歌、跳舞、绘画等。此外,还出现了城市儿童下乡体验生活,农村儿童进城观察市貌变化的新气象。这些活动的开展,极大地丰富了儿童的社会知识,陶冶了儿童爱家乡的情感,提高了儿童的交往能力。例如,为了激发幼儿对图书的热爱,培养儿童良好的阅读习惯,幼儿园既在园内开辟图书区家园合作活动,也和家长一同把幼儿带到图书馆、书城、书店、报亭等处,让幼儿体会到这些场所的环境和氛围与其他公共场所完全不同,学会遵守阅读规则,做个文明的读者。

促使这一转型的原因可能是:1996年,原国家教委在《幼儿园工作规程》中就明确提出,幼儿园应主动与家庭配合,密切同社区的联系与合作;1999年,上海市教委在《上海市学前教育纲要》中也指出,学前教育机构要充分利用家庭、社区的教育资源,开展家园合作活动,使家长成为学前教育机构的伙伴。

四、合作活动的形式由仿效参照转向借鉴创新

创新是学前教育机构生存、发展的灵魂,跨入新千年的托儿所、幼儿园逐步摒弃了以往照抄照搬的惯性,走上了以创新求发展、求特色之路。越来越多的托幼园所注意寻找既有别于其他学前教育机构,又不同于本园的过去的家园合作的突破口,重视树立品牌意识,力求创出自己的特色。一个幼儿园可能以成功地组织"家长—教师辨析会"而著称,但另一个幼儿园却可能因持续地编制"家园小报"而闻名;一所幼儿园过去的家园共育最重要的形式或许是家庭访问,而今天则可能被手机交谈所取代。即便是同一主题、同一内容的合作活动,但不同的幼儿园,在具体形式和操作程序上,都会有所不同。"你无我有,你有我变",可以说是今日幼儿园家园合作工作不断探索、创新的一个真实写照。例如,同样是敬老家园合作活动,有的幼儿园邀请祖辈家长来园和幼儿一道制作长寿糕,要求幼儿递水给爷爷、奶奶喝,递寿糕给爷爷、奶奶吃;有的幼儿园通过歌舞联欢的方式,让祖辈家长在园内和幼儿一起载歌载舞;而有的幼儿园则采用说说讲讲的形式,要求幼儿在班级夸一夸自己的好爷爷、好奶奶等。

影响这一转型的因素可能有以下几个:一是时代发展的需要。据报道,在20世纪初,一项科学技术从发明到应用约需30年,在中期约需10年,在下半期约需5年;而近年来的移动通信、多媒体电脑、信息高速公路等,从创意到实现只用了4年左右的时间,由此可见,科技从发明到应用所需的周期越来越短。在21世纪这个以高新技术为核心的知识经济时代更是一个充满创造力的时代,创新是发展经济的关键,也是国家兴旺发达的动力。二是教育改革的需要。21世纪的激烈竞争,实际上是创造性人才的竞争,从小对儿童进行创造教育,培养造就一批高水平的具有创新能力的人才,已成为我国整体教育改革的一个重要组成部分。三是科研结果的激励。心理学的

一些研究表明，人在 55 岁以前都具有很大的创造性，现行幼儿园教师的年龄大都小于此，幼儿教师正处于创造的年华，他们的创造意识和行为得到了教育主管部门和教育专家的肯定和鼓励。

五、合作活动的视野由市内国内转向世界范围

在信息社会，世界是个大系统，国家是个子系统，而每个学前教育机构只是这个子系统中的一分子，家园合作的范围必然要不断扩大、加深，把视角从"定格"于国内，转变到对准国外；外面精彩的世界已给学前教育工作者烙下了深深的印记，使他们尝到了"洋为中用"的甜头，"坐井观天"的时代已一去不复返。许多幼儿园能从本园的实际情况出发，对世界各国家园合作的目标、内容、途径、方法等进行先改造后运用。例如，班班有电视的一些幼儿园，引进了加拿大的"安科计划"（ANCHOR），将幼儿的活动摄制下来，通过电视播放，帮助家长分析孩子的特点，掌握教育孩子的技能，或和家长一起边观看边交流，以此来争取家长的配合；坐落在居民小区的一些幼儿园，运用了美国的家庭访问策略，教师以朋友的身份前去家访，和即将入园的孩子一起谈天说地、讲故事、做游戏，拉近彼此的距离，消除孩子的恐惧感，做好入园准备工作，以此来赢得家长的支持；家长文化水平较高的一些幼儿园，借鉴了澳大利亚的家长助教制度，鼓励家长利用自己的一技之长给幼儿园当义工，对幼儿进行教育，受到了家长的欢迎。

推进这一转型的因素可能是：（1）教育要面向世界的人才要求已日趋紧迫。世界将进入中国，中国将走向世界。中国"入世"后，人才的竞争将更为激烈，只有适应国际化、跟上世界发展潮流的人才，才会立于不败之地。（2）教育要面向世界的幼教要求已日益强烈。联合国教科文组织、世界学前教育组织等国际机构都强调要重视家园合作，提高幼教质量，培养全球化的国际人才，处于迅速发展阶段中的我国幼儿教育，当然也要与国际接轨，顺应世界幼教潮流。（3）教育要面向世界的政治氛围已逐渐成熟。改革开放力度的加大，出国手续办理的简捷，也为幼教与国际接轨提供了便利条件。（4）教育要面向世界的主观条件已有所具备。在市场经济条件下，一些幼儿园已经有了较为雄厚的经济实力，能够自己支付走出国门、考察与研修幼教的费用，通过眼观四路、耳听八方，及时了解国外幼儿教育发展的最新动态，能博采众长，为己所用。

六、合作活动的媒体由玩具图书转向网络邮件

因特网的兴起，对家园合作产生的巨大推动作用已初露端倪。许多托幼园所现已上网，教师能迅速查阅到自己所需的各类信息，这是昔日的图书馆、资料室所无法比拟的，此外，一些幼儿园还设有自己的网页，并建立了电子信箱；我国网民的数量大幅度上升，据统计，1997 年有 62 万，1998 年有 100 多万，1999 年 6 月 30 日为止，达 400 万，随着政府上网、企业上网、家庭上网这个中国电信数据通信三部曲在 1999 年底的奏完，家长在"电子小屋"里，既可把自己的教育理念送上因特网，也可在互联网上找到自己所需的教育信息；幼儿园服务器能记录、保存每个家长及幼儿的情况，并能根据家庭的不同状况，设计出最佳方案，传递给每位上网访问主页的家长，教师和家长凭借互联网进行沟通和合作已成为可能。

随着教育网络化的深入，互联网与学前教育机构和家庭的关系将越来越紧密，家园合作的这一信息高速公路将更加开阔和畅通，并呈现出多样化和个性化的色彩：不同的省市将有不同的链

接，教师、家长通过点击鼠标，打开链接，就能跨越时空的界限，了解不同地区开展家园合作活动的情况，发表自己的看法；不同的活动将有不同的链接，教师、家长可以以主题、内容、途径、方法、策略、效果、评价、主持人、参加者等为线索，上网交流，根据自己的需要，加以选择和运用。

出现这一转型的原因或许有以下几个：（1）电子图书馆的建立。21世纪已进入信息时代，谁最先最快地掌握最新信息，谁就能掌握竞争的主动权。1999年，英国首相布莱尔通过自己对信息技术的学习，来为英国公民树立榜样，使他们不被信息革命抛在后面，并拨款6.5亿英镑，以建立1 000个电子图书馆，拓宽通往互联网之路。（2）教师信息技术的掌握。教师是信息革命的关键，教师信息技术的提高关系到互联网的使用效率。1995年，芬兰政府公布了国家第一个教育信息战略，提出购置设备建立网络；1999年，公布了国家第二个教育信息战略，强调提高网络的内在质量和使用率，到2004年，至少要使一半以上的教师掌握最先进的信息教学技术。1997年，法国总理若斯潘将教育摆在了政府为使法国进入信息社会而制定的行动计划的核心位置，教育部据此制定了"紧急计划"，拨款6 000万法郎对教师进行培训，以在教育领域推广信息与通讯技术，使所有的教师都能认识到电脑的重要性，利用新技术来实现教育的现代化。1998年，我国教育部提出，为了迎接21世纪知识经济的挑战，加快我国教育信息化的步伐，教育机构要上网，教师要学会利用网上资源，推进信息化教育的进程。（3）上网家庭数量的增多。在20世纪末，全世界已有2亿多网民，进入2000年以来，各国政府都在采取措施，扩大网民的数量。韩国总统金大中指出，要在21世纪把韩国建设成为世界前十位的知识和信息强国，今年先要使全国95％以上的家庭能接入超高速信息通信网；到2005年时，在全国建成超高速信息通信网，使人们不论何时何地都能享受到声音、图像和数字等多样的信息通信服务。芬兰政府提出，要在21世纪初，实现全体公民都能够通过信息网络从事多种活动的目标，广泛提高公民的多媒体阅读能力和运用信息技术的能力。（4）上网学习儿童的增加。在20世纪末，美国的一些幼儿已能在学前教育机构中网上冲浪，例如，打开电脑，上网查看当天的天气预报；据报道，到2002年，在2—12岁的儿童中，将有47％成为"小网虫"。加拿大开设的网上虚拟学校，使学前儿童可随时随地上网学习，1997年上"学习网"的学前儿童很少，但到1999年却发展为5 200名。芬兰也积极开发网上语言学校，为海外学前儿童提供学习母语的机会，例如，一所名为"远方"的虚拟学校，每周为远在泰国工作的芬兰员工的子女提供1小时的即时语音和画面教学。

补充读物

"我和我老爸"亲子游戏活动方案
王 连 [1]

一、活动准备

（一）准备拼图游戏活动材料、服装、面具、题目。

（二）利用废旧物品，制作蛋篓子、蛋筐、蛋篮子。

---

[1] 王连，浙江省杭州市大关苑实验幼儿园教育集团园长、中学高级教师。

（三）邀请幼儿父亲来园参加亲子游戏活动。

二、活动时间：11月29日上午

三、活动地点：幼儿园中间操场

四、活动过程

（一）活动开始、入场

教师播放音乐；全园幼儿在一楼走廊按年级、班级分批进入操场，按区域入座；然后家长入场，坐在孩子的身旁。

（二）父子（女）闯关游戏

1. 第一关"父子（女）速拼"

玩法：教师安排10对父子（女）为一组，进行比赛；提醒父子（女）相互合作，用最快的速度完成拼图；教师计时，挑选速度最快的前20对父子（女）进入第二关游戏。

2. 第二关"公鸡下蛋"

玩法：教师指导父亲在腰部系牢一个蛋篓子（在长方形纸盒子的上下，各挖出了一个小洞）；引导幼儿从小筐里拿出一个乒乓球，跑到父亲的身后，放进篓子上面的洞里；提示父亲扭动臀部，设法让乒乓球从盒子下面的洞中漏下去（好似鸡下蛋）；提醒幼儿用小篮子接住乒乓球，然后再从小筐里拿出第2个乒乓球；一直放到6个乒乓球为止；以速度最快者为胜；教师挑选前15对父子（女）进下入下一轮游戏。

3. 第三关"默契父子（女）"

（1）寻找爸爸。

玩法：教师安排5对父子（女）为一组；帮助父亲乔装打扮（穿上相同的衣服，戴上相同的面具）后出场；提醒幼儿尽快找出自己的父亲；找对的父子（女）进入下一轮游戏。

（2）默契问答。

玩法：教师说出题目后，先由父亲把答案写在纸上，然后再由幼儿答题，看看父子（女）的答案是否一致；回答一致的父子（女）进入下一轮游戏。

4. 第四关"你做我猜"

玩法：教师把题目呈现给父亲看，父亲根据题意做出相应的动作，幼儿根据父亲的动作猜出答案；回答正确的父子（女）获胜。

五、颁发奖状

教师根据现场情况，评出最佳默契奖、最佳表现奖、最佳父亲奖、最佳儿子奖、最佳女儿奖等。

六、活动结束、退场

教师播放音乐，父子（女）陆续离开操场，回到班级。

七、活动评价

1. 该活动的方案有助于发挥男性家长的作用，弥补幼儿园女性一统天下的不足，密切父亲与孩子之间的关系，促进孩子人格的健全发展。

2. 该活动的方案有助于发挥游戏的作用，增加幼儿动手、动脑、动口的机会，促进幼儿快乐健康地成长。

3. 该活动的题目(我和我老爸)温馨甜美,引人入胜,能够加深父亲与孩子之间的浓厚情感;四关的题目[父子(女)速拼、公鸡下蛋、默契父子(女)、你做我猜]扣人心弦,层层递进,能够培养幼儿力争上游的拼搏精神。

参考阅读书目

1. 陈鹤琴:《家庭教育——怎样教小孩》,教育科学出版社,1994 年版。
2. 中国学前教育研究会:《中华人民共和国幼儿教育重要文献汇编》,北京师范大学出版社,1999 年版。
3. 李生兰:《幼儿家庭教育》,上海教育出版社,2000 年版。
4. 李生兰:《儿童的乐园:走进 21 世纪的美国学前教育》,南京师范大学出版社,2011 年版。
5. 李生兰等:《学前教育法规政策的理解与运用》,南京师范大学出版社,2012 年版。
6. 李生兰:《幼儿园与家庭、社区合作共育的研究》,华东师范大学出版社,2013 年第 2 版。
7. [伊朗]S·拉塞克等著,马胜利等译:《从现在到 2000 年教育内容发展的全球展望》,教育科学出版社,1996 年版。

网上浏览

1. http://www.cnsece.com
2. http://Kids.bjchild.com
3. http://www.baby-edu.com
4. http://www.age06.com

复习思考题

1. 学前教育机构为什么要与家庭进行合作活动?
2. 设计家园合作活动应该遵循哪些原则?
3. 学前教育机构与家庭合作活动的基本框架是什么?
4. 设计一个家园合作郊游活动简案。
5. 设计一个家园合作体育活动简案。
6. 设计一个家园合作烹调活动简案。
7. 评价一个家园合作绘画活动。
8. 评价一个家园合作制作活动。

案例试评

先阅读下面案例,再对照评价表(见下表),并在你认为恰当的答案的序号上打"√"。

一、案例

小(1)班的王老师在敬老节时,开展了"我是小主人,热情招待爷爷、奶奶、外公、外婆大客人"的家园合作庆祝活动,活动的过程和步骤安排如下:

第一环节:请来所有小朋友的爷爷、奶奶、外公、外婆,让他们和自己的孙辈坐在一起,像平时一样贴着教室的四壁坐好。

第二环节:启发小朋友都来做个能干的"小主人",热情招待这些"大客人",例如,拿一块小毛巾给他们擦手,递上一小杯开水给他们喝。

第三环节:指导每个小朋友从食品盘中拿一块寿糕给"大客人"吃。

第四环节:当发现有的"大客人"大口大口地吃着寿糕、喝着开水,脸上露出了幸福的微笑,而有的"大客人"却舍不得吃,把"小主人"抱在怀里,一个劲地喂"小主人"吃喝时,王老师就表扬那些吃得香的"大客人":是个好爷爷、好奶奶、好外公、好外婆,来做"大客人"时,无拘无束,把班级当作是自己的家;还夸奖那些"小主人":懂事、能干,使他们的"大客人"吃得好,喝得好,并给那一对对"小主人"和"大客人"拍下珍贵的镜头。

第五环节:感谢来参加活动的各位家长。

二、评价表

编号	项　目	答　案
1	活动名称	(1) 有趣味　(2) 有意义　(3) 恰当　(4) 不妥　(5) 一般化
2	活动总体安排	(1) 适合幼儿特点　(2) 难度太大　(3) 太容易　(4) 比较科学合理 (5) 适时
3	第一环节	(1) 不正规　(2) 轻松自然　(3) 家长应和孩子分开坐　(4) 家长和孩子坐在一起好　(5) 应和平时的坐法不同
4	第二环节	(1) 不符合卫生要求　(2) 对幼儿要求太高　(3) 家长和孩子是一家人,合用毛巾和杯子没关系　(4) 对幼儿要求适中　(5) 培养孩子懂礼貌
5	第三环节	(1) 帮助幼儿掌握数概念　(2) 培养幼儿克制能力　(3) 使幼儿学会如何孝敬老人　(4) 应让幼儿和家长合吃一块　(5) 应让幼儿也吃一块
6	第四环节	(1) 应该表扬那些家长　(2) 应该表扬那些幼儿　(3) 应当批评另外一些家长　(4) 应当批评另外一些幼儿　(5) 不应表扬那些家长和幼儿
7	第五环节	(1) 表明教师尊重家长　(2) 教师还要告诉家长在家里应当怎么做 (3) 教师不一定要感谢家长　(4) 教师还要点名表扬几位好家长和好幼儿 (5) 教师还要提出请家长今后继续参加班级活动的希望
8	活动建议	(1) 请父辈家长一起参加活动　(2) 请祖辈讲讲爱孙辈的事情　(3) 让幼儿夸夸自己的祖辈家长　(4) 教育幼儿关心老人　(5) 要求幼儿帮助老人做点力所能及的事

第七章

幼儿园运用家庭和社区资源进行主题教育

　　本章首先简述了幼儿园运用家庭和社区资源进行主题教育的价值,其次说明了幼儿园运用家庭和社区资源进行主题教育的内容,再次论述了幼儿园运用家庭和社区资源进行主题教育的策略,最后推介了幼儿园运用家庭和社区资源进行主题教育的活动。

第一节　幼儿园运用家庭和社区资源进行主题教育的价值

幼儿园运用家庭和社区资源进行主题教育的价值主要体现在以下几个方面:

一、有利于融合各个领域的教育

幼儿园各个领域的教育(不论是健康领域、语言领域、社会领域的教育,还是科学领域、数学领域、艺术领域的教育)都是相互联系的,围绕主题来进行教育,就能把各个领域的教育有机地结合起来,使之融为一体。

二、有利于整合各种教育的资源

幼儿园是教育儿童的重要场所,家庭和社区也不例外,在家庭和社区中蕴藏着丰富而独特的教育资源,教师如能加以盘活和整合,并科学地用于主题教育之中,那么就能发挥教育资源的最大价值,实现教育的最优化。

三、有利于促进儿童和谐的发展

儿童身体的发展和心理的发展是相互联系、相互影响的,教师利用家庭和社区资源实行主题教育,就能把各种教育力量凝聚起来,形成教育合力,共同促进儿童体力、语言、认知、情感、社会性和审美的发展。

第二节　幼儿园运用家庭和社区资源进行主题教育的内容

幼儿园运用家庭和社区资源进行主题教育的内容多种多样,教师既可以节日、月份为线索来安排主题教育的内容,也可以儿童或其他事物为中心来设计主题教育的内容。

一、以节日为基础安排主题教育的内容

不论什么节日都蕴藏着丰富的教育契机,教师应以此为基础,来安排主题教育的内容,实现

幼儿园与家庭、社区的合作共育。

1. 围绕教师节(9月10日)展开的主题是：老师爱我们，我们爱老师

2. 围绕国际和平日(9月第3个星期二)展开的主题是：我们热爱和平

3. 围绕中秋节(农历八月十五)展开的主题是：月饼真好吃

4. 围绕世界旅游日(9月27日)展开的主题是：我是小小旅行家

5. 围绕国际聋人节(9月最后1个星期日)展开的主题是：我能帮助聋人

6. 围绕国庆节(10月1日)展开的主题是：我是一个中国人

7. 围绕世界动物日(10月4日)展开的主题是：我们喜欢小动物

8. 围绕重阳节(农历九月初九)展开的主题是：我们要关爱爷爷和奶奶

9. 国际盲人节(10月15日)展开的主题是：我要帮助盲人

10. 围绕世界粮食节(10月16日)展开的主题是：我们要节约粮食

11. 围绕万圣节前夕(10月31日)展开的主题是：猜猜我是谁

12. 围绕消防宣传日(11月9日)展开的主题是：消防叔叔真能干

13. 围绕感恩节(11月第4个星期四)展开的主题是：谢谢大家

14. 围绕世界残疾人日(12月3日)展开的主题是：我们关爱残疾人

15. 围绕圣诞节(12月25日)展开的主题是：祝你圣诞节快乐

16. 围绕元旦(1月1日)展开的主题是：祝贺大家新年好

17. 围绕春节(正月初一)展开的主题是：春节真热闹

18. 围绕元宵节(正月十五)展开的主题是：元宵真好吃

19. 围绕情人节(2月14日)展开的主题是：我的梦中情人

20. 围绕爱耳日(3月3日)展开的主题是：我会保护耳朵

21. 围绕国际妇女节(3月8日)展开的主题是：女士优先

22. 围绕植树节(3月12日)展开的主题是：小树快长高

23. 围绕国际警察日(3月14日)展开的主题是：警察叔叔/阿姨本领大

24. 围绕世界森林日(3月21日)展开的主题是：森林里的动物

25. 围绕世界水日(3月22日)展开的主题是：神奇的水

26. 围绕世界气象日(3月23日)展开的主题是：我是气象小姐/先生

27. 围绕清明节(4月5日)展开的主题是：安息吧，烈士小英雄

28. 围绕世界卫生日(4月7日)展开的主题是：我讲究卫生

29. 围绕世界地球日(4月22日)展开的主题是：全世界小朋友是一家

30. 围绕国际劳动节(5月1日)展开的主题是：爸爸妈妈真能干

31. 围绕世界红十字日(5月8日)展开的主题是：红十字真神奇

32. 围绕国际护士节(5月12日)展开的主题是：我不怕打针

33. 围绕国际母亲节(5月第2个星期日)展开的主题是：夸夸我的好妈妈

34. 围绕国际家庭日(5月15日)展开的主题是：我有一个幸福的家

35. 围绕国际博物馆日(5月18日)展开的主题是：我是小小收藏家

36. 围绕全国助残日(5月第3个星期日)展开的主题是：我为残儿献爱心
37. 围绕国际牛奶日(5月第3个星期二)展开的主题是：我爱喝牛奶
38. 围绕无烟日(5月31日)展开的主题是：请不要吸烟
39. 围绕国际儿童节(6月1日)展开的主题是：我长大了
40. 围绕世界环境日(6月5日)展开的主题是：我是环保小卫士
41. 围绕中国爱眼日(6月6日)展开的主题是：我会保护眼睛
42. 围绕端午节(农历五月初五)展开的主题是：粽子真好吃
43. 围绕父亲节(6月第3个星期日)展开的主题是：夸夸我的好爸爸
44. 围绕国际奥林匹克日(6月23日)展开的主题是：中国了不起
45. 围绕国际建筑日(7月1日)展开的主题是：我是小小建筑师
46. 围绕建军节(8月1日)展开的主题是：歌颂亲人解放军

二、以月份为基础选择主题教育的内容

教师可根据学年、季节,以月份为基础,来安排主题教育的内容：

1. 在9月可开展的主题是：学校和苹果
2. 在10月可开展的主题是：万圣节和秋天
3. 在11月可开展的主题是：感恩节和家庭
4. 在12月可开展的主题是：圣诞节和冬天
5. 在1月可开展的主题是：熊和企鹅
6. 在2月可开展的主题是：土拨鼠日和情人节
7. 在3月可开展的主题是：圣帕克里特节和春天
8. 在4月可开展的主题是：复活节和小兔子
9. 在5月可开展的主题是：母亲节和毛毛虫
10. 在6月可开展的主题是：父亲节和鸟
11. 在7月可开展的主题是：独立日和朋友
12. 在8月可开展的主题是：海洋和农场[①]

三、以儿童为中心设计主题教育的内容

主题教育的内容只有以儿童为中心来设计,才能促进儿童最大限度的发展。美国学者伊芙琳·彼德森认为,为了提高儿童的自尊心,教师可为儿童创设"我和我的世界"、"我的扩展的世界"、"我的世界的特殊日子"等主题；为了提高儿童关爱自己和别人的能力,教师可为儿童构建"更多地了解我的世界"的主题；为了培养儿童关心世界的意识,教师可为儿童创建"分享我的世界"的主题。

---

① 参阅 www.oblockbooks.com。

（一）我和我的世界(9 月/10 月)

1. 我

(1) 我的身体。

(2) 我的健康。

(3) 我的感官。

(4) 我的情感。

(5) 我的安全。

2. 家庭

(1) 我的家庭。

(2) 我的兄弟姐妹。

(3) 其他人的家庭。

3. 家

(1) 我的家。

(2) 其他人的家。

(3) 家庭乐趣(如兴趣、爱好)。

(4) 家庭常规(如规则、制度)。

（二）我的扩展的世界(10 月/11 月)

1. 朋友

2. 变化

(1) 空气、天气、天空。

(2) 我们身边的水。

(3) 我们身边土地上的生物。

3. 食物

(1) 果园(如水果、种子)。

(2) 水(如湖泊或海洋)。

(3) 花园或农场(如南瓜)。

(4) 面包。

（三）我的世界的特殊日子(11 月/12 月)

1. 季节的变化和特殊日子

2. 狩猎和枪弹安全

3. 节日

(1) 家庭的乐趣和传统。

(2) 朋友和伙伴。

(3) 购物和礼物。

(4) 旅行。

(四) 更多地了解我的世界(1 月/2 月)

1. 我怎样才能学得最好

(1) 我的感觉,我的问题。

(2) 经验和变化。

2. 我们身边的形状

3. 健康使我能继续学习

4. 向朋友学习

(五) 更多地了解我的世界(2 月/3 月)

1. 大人帮助我学习

2. 我学习的重要场所

3. 我学会保证安全和健康

(六) 分享我的世界(3 月/4 月)

1. 我的世界总是变化的

2. 季节和时令

3. 环境的变化

(七) 分享我的世界(4 月/5 月)

1. 植物成长、变化和分享我的世界

(1) 小植物(如种子、插枝、照料)。

(2) 大植物(如树、花、可食植物、照料)。

(3) 植物帮助我们,也需要我们的帮助。

2. 动物成长、变化和分享我的世界

(1) 动物宝宝(和人类宝宝)。

(2) 动物"衣服"或皮毛(或我们的服装)。

(3) 动物的家:在空中飞行的动物;在海里、水里和泥里的动物;在树林里、森林里、草地里的动物;在沙漠里和山丘上的动物;在农场和动物园里的动物。

(4) 动物帮助我们,也需要我们的帮助。[1]

四、以其他事物为基点构造主题教育的内容

还有一些学者从不同的视角提出了儿童主题教育的不同内容,现列举如下:

---

[1] Petersen, E. (2003). A practical guide to early childhood curriculum: linking thematic, emergent, and skill-based planning to children's outcomes (2nd ed.). Boston, MA: Pearson Education, Inc, pp. 100 - 101.

（一）开展 12 个主题的教育

1. 字母

2. 回到学校

3. 黑人历史

4. 图书

5. 计数和数字

6. 恐龙

7. 耶稣复活节

8. 秋天

9. 春天

10. 夏天

11. 冬天

12. 多元文化①

（二）开展 19 个主题的教育

1. 字母

2. 建筑/创造

3. 颜色

4. 合作

5. 健康

6. 想象/游戏

7. 多元文化

8. 音乐

9. 数字/数学

10. 海洋/湖泊

11. 食谱

12. 安全

13. 自我意识

14. 感官活动

15. 科学/自然

16. 分类/匹配

17. 特别的日子/季节

18. 故事/诗歌

---

① 参阅 www.preschoolrainbow.org。

19. 天气①

(三) 开展 22 个主题的教育

1. 回到学校
2. 自尊
3. 友谊
4. 五种感官
5. 社区人士/帮手
6. 家庭
7. 安全
8. 交通工具
9. 食物和营养/健康/牙齿保健
10. 天气
11. 我的身体
12. 植物
13. 农场
14. 动物
15. 动物园
16. 海洋
17. 马戏表演
18. 宠物
19. 海滩
20. 小昆虫和蝴蝶
21. 季节
22. 节日②

(四) 开展 63 个主题的教育

1. 苹果
2. 艺术
3. 鸟
4. 绿色
5. 面包
6. 刷子

---

① 参阅 www.kinderart.com。
② 参阅 www.oblockbooks.com。

7. 气泡

8. 建筑物

9. 露营

10. 小车、货车和公交车

11. 猫

12. 圣诞节

13. 马戏表演

14. 服装

15. 交流

16. 建筑工具

17. 创造性运动

18. 奶制品

19. 牙医

20. 医生和护士

21. 狗

22. 耶稣复活节

23. 秋天

24. 家庭

25. 农场动物

26. 情绪

27. 消防员

28. 鱼

29. 花

30. 朋友

31. 水果和蔬菜

32. 花园

33. 万圣节

34. 光明节

35. 帽子

36. 健康

37. 家

38. 昆虫和蜘蛛

39. 邮递员

40. 鼠

41. 音乐

42. 数字

43. 儿歌

44. 职业

45. 宠物

46. 植物

47. 木偶

48. 雨

49. 红色

50. 安全

51. 剪刀

52. 形状

53. 运动

54. 春天

55. 夏天

56. 感恩节

57. 树

58. 情人节

59. 水

60. 轮子

61. 冬天

62. 黄色

63. 动物园里的动物[①]

中外学者对儿童主题教育的划分和推介,有利于教师以此为基础,打开自己的视窗,从幼儿园、家庭和社区的实际情况出发,对这些主题进行增减、合并、拆分,以设计自己的主题教育框架图,形成自己的主题教育特色。

---

① Herr, J. & Libby, Y. (1995). Creative Resources for the early childhood classroom (2nd ed). Albany: New York: Delmar Publishers. p. v.

第三节　幼儿园运用家庭和社区资源进行主题教育的策略

教师在运用家庭和社区资源进行主题教育时，应掌握如下几条策略：

一、儿童导向的策略

教师所选择的主题要能反映儿童的兴趣爱好和年龄特点，考虑儿童的最近发展区和未来的成长利益，不能急于求成；所实施的主题教育形式应以游戏活动为主，不能空洞说教，要避免"小学化"和"成人化"的倾向。

二、教师导向的策略

教师所选择的主题应是自己感兴趣的、擅长的和有价值的，所进行的主题教育活动应是充分准备、精心安排和巧妙组织的。

三、生活导向的策略

教师所选择的主题要符合季节的特点，反映气候的变化；所进行的主题教育活动要能融入儿童每天的生活之中，使儿童在日常生活中学习和成长。

四、家庭导向的策略

教师所选择的主题要能反映儿童家庭的文化背景和语言特征，考虑到家庭的价值取向、婚姻状况、组成结构、生活方式等各种特点，尊重每一位家长，不歧视任何家长；所进行的主题教育活动应能得到广大家长的共鸣、响应、支持、参与和赞赏，可以"家长园地"、"家园通讯"、"家长信箱"为平台，及时传递、交流和分享有关主题教育的各种信息。

五、社区导向的策略

教师所选择的主题应能反映幼儿园和家庭所处的社区的特点，把社区发生的特大事件作为主题教育的鲜活内容，把社区具有的各种场所作为主题教育的重要基地，把社区拥有的各种人员作为主题教育的后备力量。

第四节 幼儿园运用家庭和社区资源进行主题教育的活动

教师应从本园和本班的实际情况出发，运用家庭和社区资源来开展各种各样的主题教育活动。

一、我就是我

（一）活动目标

（1）帮助儿童全面地认识自己，以提高儿童的自我意识。

（2）帮助儿童学会和别人交往，以增强儿童的社交能力。

（二）活动准备

（1）大镜子和小镜子。

（2）儿童全家福照片。

（3）图画纸、画笔和剪刀。

（4）收录机和有关人体运动的音乐磁带。

（5）白纸、写字笔、订书机。

（6）水果和蔬菜模型及玩具。

（7）记者话筒玩具。

（三）活动过程

1. 观察活动：我是小美人

教师指导儿童在大镜子或小镜子里仔细地观察自己，说一说：看到自己的哪些部位了？当儿童照小镜子时，教师可对儿童说：里面有一个小美人正看着你呢！提醒儿童重点观看自己的脸部，然后说：我看到自己有 1 个小鼻子、1 个小嘴巴，还有 2 个小眼睛、2 个小耳朵等。

2. 比较活动：我长得像谁

教师引导儿童观看全家福照片，比较后说出：自己长得更像谁？是更像妈妈还是更像爸爸？哪里长得更像妈妈？哪里长得更像爸爸？是嘴巴还是鼻子长得更像妈妈？是眼睛还是耳朵长得更像爸爸？

3. 绘画活动：我的自画像

教师鼓励儿童两人结成对子，互相帮助画出身体的轮廓图（一个儿童躺在地上，另一个儿童帮助他画下身体的轮廓），然后儿童剪下自己的身体轮廓图，并给头部、躯体、四肢涂上自己所喜欢的各种颜色。

4. 音乐活动：我很能干哟

教师播放有关人体运动的音乐，然后和儿童一起边运动边说唱：我很能干，我的身体会运动，我会摇头、扭脖子、耸肩膀、转手腕，我还会扭屁股、抬腿、转脚腕；我会梳头、刷牙、洗脸、穿衣、吃饭，我还会拍球、唱歌、跳舞、看书和写字。

5. 制作活动：我的自传书

教师指导儿童在白皮书的封面上写下如下几句话：我的名字是××，我的生日是××，我是××班小朋友；在里面各页还可分别写下或画下如下内容：我喜欢吃的水果是××，我喜欢吃的蔬菜是××，我喜欢吃的肉是××，我喜欢的小动物是××，我喜欢的玩具是××，我喜欢的图书是××，我喜欢的颜色是××，我喜欢的几何形状是××，我喜欢的词语是××，我喜欢的数字是××。

6. 讨论活动：我的情绪表

教师组织儿童围绕情绪进行讨论和分享：我们有各种各样的情绪，我们每天的情绪可能都会不同，有时我们会很高兴，有时我们会很生气，有时我们会很伤心等等。什么事情会使你觉得很高兴呢？什么事情会使你觉得很生气呢？什么事情又会使你觉得很伤心呢？请你说给大家听听。

7. 采访活动：你喜欢我吗？

教师指导儿童扮演小记者，手拿话筒对别人进行采访：在班级，可问问保育员阿姨和小朋友：你喜欢我吗？你喜欢我的哪些方面？在家里，可问问爸爸、妈妈、爷爷、奶奶：你喜欢我吗？你喜欢我的哪些地方？使儿童了解别人对自己的评价，知道大家都很喜欢他/她。

8. 总结活动：我是独特的

教师和儿童一起进行总结活动，使儿童知道这样一个事实：没有人看上去像我，没有人和我一样喝水、吃饭、说话、走路、唱歌、跳舞、看书、写字、做游戏，我是一个特别的人，我就是我。

二、不同的交通工具

（一）活动目标

1. 帮助儿童认识各种交通工具，丰富儿童对社会的认识。
2. 引导儿童对不同的交通工具进行比较，提高儿童的判断能力。

（二）活动准备

1. 各种交通工具的模型或玩具、图片、图书。
2. 广告纸、广告画、图画纸、粉笔、水彩笔和蜡笔。
3. 纸板箱、积木、木头、纸片、鸡蛋盒、牛奶盒、报纸、水、盆。
4. 提请家长帮助收集上述物品，邀请家长一起参与活动。

（三）活动过程

1. 认识汽车

（1）了解汽车：教师和儿童一起看图书，了解汽车的外形和构造：汽车外面有几个轮子、几扇门、几扇窗户、几面镜子，里面有什么样的方向盘、有多少个镜子、多少个座位、多少个扶栏等。

（2）观察汽车：教师和家长一起带领儿童到马路上或停车场、加油站去观察汽车，使儿童能了解到不同外形、不同颜色、不同大小、不同名称、不同车牌、不同用途的汽车。

（3）汽车分类：教师给儿童提供各种不同的汽车模型或玩具和图片，使儿童能对汽车进行简单的分类，知道有校车和市车，有长途车和短途车等。

（4）画出汽车：教师给儿童提供绘画工具，鼓励儿童画出自己喜欢的汽车。

（5）汽车游戏：教师为儿童创设开展"乘汽车"角色游戏的机会，使儿童有机会分别扮演"司机"和"乘客"。

2. 认识火车

（1）观察火车：教师和家长带领儿童到火车站去参观，了解车站外和车站内的布局和工作人员的分工，看一看：售票处和候车室在哪里？工作人员身着什么样的制服？数一数：有多少个站台？站内停靠着多少列火车？每列火车有多少节车厢？每节车厢有多少个座位？说一说：火车是什么颜色的？上面印着什么字？听一听：火车进站和出站时发出什么样的声音？

（2）粘贴火车：教师、家长和儿童一起把火车广告画剪下来，进行粘贴和装饰。

（3）涂画火车：教师、家长和儿童一起在地上用水或粉笔画火车，在画架上用彩笔画火车。

（4）搭建火车和车站：教师、家长和儿童一起用纸板箱或积木等建筑材料建造火车和车站。

（5）火车游戏：教师、家长和儿童一起玩"乘火车"的角色游戏，大家轮流扮演"售票员"、"列车员"、"乘警"和"乘客"等角色。

3. 认识轮船

（1）造船：教师鼓励儿童用木头、纸片、鸡蛋盒、牛奶盒等不同的材料来制造船。

（2）划船：教师和儿童一起把造好的小船放到水盆里去，提醒儿童注意观察：这些船在水里会有什么样的表现？哪些船会漂浮？哪些船会下沉？引导儿童思考：用什么样的材料造船最好？并说出简单的理由。

（3）赛船：教师指导儿童把各条小船都涂上颜色、编上号，然后听指令划船，进行比赛：当教师发出"驾驶绿色 2 号船"的指令后，先把小船划到水池对岸的儿童为胜；当教师发出"把红色船排在第一，把黄色船排在第二，把绿色船排在第三"的指令后，能对船进行正确编排的儿童获胜。

4. 认识飞机

（1）了解飞机：教师让儿童观看图书和图片，帮助儿童认识飞机的外形和特征，知道飞机能飞、飞机由哪几个部分组成。

（2）制作飞机：教师教儿童用报纸折叠飞机，用牛奶盒制作飞机。

（3）建造机场：教师、家长先带领幼儿参观机场。教师鼓励儿童用积木搭建机场，设立行李托运处、安全检查处、候机厅、登机口和跑道等场所。

（4）驾驶飞机：教师和儿童一起玩"开飞机"的角色游戏，大家轮流扮演"飞行员"、"乘务员"和"乘客"，各司其职："飞行员"驾驭飞机，"乘务员"为"乘客"服务，"乘客"品尝食品、观看窗外的景色。

（5）寻找飞行物：教师、家长和儿童一起在幼儿园里、家庭里和社区里寻找会飞的东西，如蝴蝶、小鸟、大雁、飞碟。

5. 比较异同

教师组织儿童对各类交通工具展开讨论：你乘过哪些交通工具？你最喜欢哪一种交通工具？为什么？帮助儿童对各类交通工具进行比较，使儿童能认识到各种交通工具的优点和缺点，知道哪一种交通工具最省时、哪一种交通工具最便宜，学会按照自己的需要，选乘交通工具。

三、多种多样的房子

（一）活动目标

（1）通过指导儿童观看幼儿园、家庭和社区中的不同的房子，培养儿童的观察能力。

（2）通过引导儿童从不同的视角来比较房子的特点，培养儿童的分析和判断能力。

（二）活动准备

（1）印有房子轮廓图的纸、画板、画笔、纸盘、彩纸。

（2）布置建筑区和家庭区、美术区和语言区。

（3）提醒家长和孩子一起观察自家的房子和社区的房子。

（4）联系社区有关场所去参观。

（三）活动过程

1. 观察活动和参观活动

教师组织儿童在幼儿园里观看房子的外表形状和内部结构，和家长一起带领儿童在社区里观察不同的房子（如超市、餐馆、旅馆、健身房、美发厅）的外表形状和内部结构。

2. 语言活动和数学活动

教师边组织儿童观察，边引导儿童讨论：这些房子从外表上看，有什么不同（如高低、大小和颜色）？从里面看，又有什么不同（如室内布局和装饰）？它们是用什么材料制造的（如木头、钢筋、水泥、砖瓦）？它们有什么作用（如居住、休闲、娱乐、健身、美容）？数一数每间房子有多少扇门、多少扇窗户？

3. 建筑游戏和角色游戏

教师在班级的建筑区和家庭区摆放有关房子的各种建筑材料，使儿童有机会利用积木等材料建造房子，并在房子里开展"餐馆"、"美发厅"等各种角色游戏。

4. 美术活动和语言活动

教师在班级的美术区陈列各种绘画材料和手工材料，使儿童有机会用彩笔画出不同颜色的房子，用纸盘、彩纸拼贴出不同形状的房子；在语言区摆放有关房子的各种图书，使儿童有机会阅读关于不同房子（如公寓和别墅、草房和木房及砖房、城市的房子和农村的房子、北方的房子和南方的房子、平地的房子和山上的房子）的图书。

5. 木工活动和体验活动

教师在班级创建木工区，给儿童提供木头、尺子、钉子、锤子、钳子、锯子等材料和工具，使儿童有机会使用这些造房材料和工具；在保证儿童安全的前提下，尽可能带儿童外出到附近的建筑工地上去观看，使儿童能耳闻目睹建造房子的过程和人们。

6. 想象活动和分享活动

教师为全班儿童提供想象和分享的机会，启发儿童大胆想象：未来的房子会是什么样子的？确保儿童动手创造的时间、空间和材料，并在班级进行展览和分享。

四、社区的帮手

（一）活动目标

（1）帮助儿童了解身边的人们（如医生、警察、司机、服务员、消防队员），知道他们都在为大家服务。

（2）培养儿童对身边的人们的感激之情，学会关心他们、尊重他们的劳动。

（二）活动准备

（1）联系将要带领儿童外出参观的各个场所，了解参观的注意事项。

（2）邀请社区的各种帮手来园传经送宝，和儿童分享他们的聪明才智。

（3）邀请家长特别是相关职业的家长来参与活动和组织活动。

（三）活动过程

1. 在社区里的活动

（1）教师和家长带领儿童参观附近的几个超市，引导儿童看看超市的名称各是什么？它们的大小是否相同？物品都是如何分类的？猜猜某一物品可能会在哪里找到；拿一些广告图画回园，进行剪贴。

（2）教师和家长带领儿童参观消防站，指导儿童说说消防车和其他车有什么不同、消防队员的衣饰鞋帽有什么特点，看看消防队员的演习训练活动。

（3）教师和家长带领儿童参观警察岗亭，看看警察叔叔、阿姨是如何站岗执勤、指挥交通的，知道自己要遵守交通规则，以确保人身安全。

（4）教师和家长带领儿童参观动物园，启发儿童看一看动物的皮毛，听一听动物的叫声，画一画自己喜欢的动物。

（5）教师和家长带领儿童参观植物园，指导儿童看一看花草的形状和颜色，闻一闻花草的芳香，画一画自己喜欢的小花小草。

2. 在幼儿园里的活动

（1）教师邀请图书馆工作人员来园进班，和儿童一起对幼儿园图书室或班级图书区的图书进行分类（如按动物分类或按季节分类）、排列（如从高到低排列或从低到高排列）；给儿童讲故事或朗读图书（如在儿童进行餐点活动时，给他们读故事书），也可就儿童熟悉的图书或故事进行提问，要求儿童找出相应的图书（如说：我喜欢的一本书是关于动物的，这个动物的头上戴着一个东西。这是一本什么样的书呢？儿童开始寻找，找到这本书后说：这是一本头戴帽子的小狗的书）。

（2）邀请糕点店的师傅来园演示各种小点心的制作过程，并和儿童一起制作、品尝。

（3）邀请花店的工作人员来园进行插花表演，并教给儿童有关养花护花的一些常识和摆花插花的一些技巧。

（4）邀请小学的体育教师来园进行球艺表演，并教给儿童投篮、踢球的基本要领。

五、农场的动物

（一）活动目标

（1）利用社区场所丰富儿童关于动物的知识。

（2）培养儿童关爱动物的意识和行为。

（二）活动准备

（1）邀请家长参与，和教师一起设计、组织活动。

（2）联系车辆、参观农场的各项事宜，请农场主为儿童作些简单的介绍。

（3）准备 *Old MacDonald Had a Farm* 音乐磁带和收录机、空白磁带和收录机、照相机或摄像机、画纸、画笔、剪刀、胶水和纸以及农场动物的模型和头饰。

（三）活动过程

1. 音乐活动

在乘车去农场来回的途中，教师播放 *Old MacDonald Had a Farm* 的音乐磁带，和儿童一起吟唱。

2. 参观活动

到达农场后，教师请农场主和家长带领儿童参观，指导儿童看一看小动物的外表形状，听一听小动物发出的声音，摸一摸小动物的皮毛，喂一喂小动物；教师和家长对活动的整个过程进行录音、拍照或录像。

3. 语言活动

参观结束回到幼儿园后，教师边放录像或照片、磁带，边组织儿童讨论：你看到了哪些动物？这些动物有什么异同点？它们是什么颜色的？它们会发出什么样的叫声？它们的皮毛摸上去感觉如何？它们吃什么食物？

4. 数学活动

教师指导儿童数一数：有多少种动物？每种动物有多少个？说一说：自己最喜欢哪个小动物？同伴最喜欢哪个小动物？比一比：哪个小动物最受大家的喜爱？哪个小动物较受大家的喜爱？哪个小动物不受大家的喜爱？

5. 表演活动

教师为儿童创设表演区，陈列各种动物模型或头饰，鼓励儿童进行创造性的表演：不同动物的吃的姿态、睡的姿态、行走的姿态、奔跑的姿势。

6. 美术活动

教师为儿童创设美术区，摆放绘画材料和工具，引导儿童画出自己最喜欢的小动物，然后举办画展。

7. 英语活动

教师可根据儿童的兴趣，适时地把农场这些小动物的英语名字教给儿童：马是 horse，奶牛是 cow，小鸡是 chicken，猪是 pig，山羊是 goat，绵羊是 sheep，鱼是 fish。

六、我们毕业了

（一）活动目标

（1）通过组织儿童复习已学过的知识和技能，培养儿童的成功感和自信心。

（2）通过引领儿童对自己的过去进行回忆，培养儿童对幼儿园和教师的感激之情。

（二）活动准备

（1）教师和儿童一起布置班级环境，使之充满毕业的喜庆氛围。

（2）教师邀请家长参与，共同策划和组织活动。

（3）教师请家长带一些孩子在小班、中班和大班时的照片、衣饰鞋帽、图书、玩具。

（4）教师准备收录机、磁带、乐器、照相机或摄像机、长卷纸、画笔。

（三）活动过程

1. 健康活动

教师指导家长和孩子一起活动：家长依次呈现孩子在小班、中班和大班时的一些照片和衣服，启发孩子进行解说和表演：过去我很矮，现在我很高；过去我不会用筷子吃饭，现在我会用筷子吃饭了；过去我不会拍皮球，现在我能拍到50个了；过去我不会跳绳，现在我能跳到20个了；我还会做儿童韵律操，会玩各种游戏。

2. 语言活动

教师引导家长和孩子一起活动：家长捧着孩子的一叠图书，鼓励孩子进行讲解：我已经读过这么多的图书了，我会讲很多故事，我能认识很多字了，我还会写字，会写自己的名字、爸爸和妈妈的名字、老师和幼儿园的名字。

3. 社会活动

教师提醒家长和孩子一起活动：家长指着玩具盒，引导孩子进行讲解：我有许多玩具，我喜欢和小朋友们一起玩；我有许多好朋友，我们互相关心，互相帮助；我认识家门口的玩具店，里面有许多玩具，叔叔、阿姨都很喜欢我。

4. 音乐活动

教师和儿童一起唱毕业歌，儿童进行毕业表演：唱歌，跳舞，演奏乐器等。

5. 科学活动

教师指导儿童进行讲解和表演：五官的功能（如能看、听、闻、尝、触）；四季的特点（如春天到处都是一片绿色，夏天天气很热，秋天树叶会变黄，冬天会下雪）；动物的特性（如大象的鼻子很长，鱼在水里游，鸟在空中飞）等。

6. 数学活动

教师引导儿童进行点数和表演：数数（如先从1数到10，再从10数到1）；辨认不同的几何图形（如圆形、三角形、长方形、正方形）；对物体进行分类（如按照吃、穿、用、玩的标准来分类）。

7. 英语活动

教师指导儿童进行解释和表演：说出26个英语字母（如从A说到Z），并用动作加以表现；说出各种颜色的英语单词（如red是红色，yellow是黄色，pink是粉红色，green是绿色，purple是紫色，orange是橙色，blue是蓝色），并指出相应的物品；唱几首英文歌曲，并辅以动作来表现。

8. 摄影活动

教师和家长为儿童拍照或摄像：儿童穿上"博士服"，戴上"博士帽"，拿着"博士证"，摆出不同的姿势拍照，然后大家欣赏照片或录像。

9. 美术活动

教师和家长指导儿童在长卷纸上画毕业画,画出自己最喜欢的东西,然后悬挂或张贴在幼儿园里或班级里。

补充读物

浅谈幼儿园开展家长观摩活动的策略

陶　芳[1]

一、观摩指南——促使家长有效观摩

家长观摩活动时,往往更多关注自己的孩子。但具体看什么呢?很多家长头脑中并没有明确的概念,有的家长可能就是想看看孩子是不是开心,也有的家长可能就想看看教师是否关注自己的孩子。这种缺乏特定目标和指导的观摩达到的结果,很可能是家长热热闹闹来一场,看一看、拍拍照、录录像就结束了,没有多少收获。如何改变这种局面呢?我认为可以借助家长观摩指南这一媒介。教师设计一节课,每一个环节都是建立在一定的思考的基础之上的,但对于家长来说,他们对教师的一片"苦心"未必了解。因此,教师可以将自己教学活动中的一些重点写出来,整理成"观摩要点",关键词部分可以着重做一些标记(如加粗、下划线)进行强调,以此引导家长有目的、有重点、有效率地进行观摩。

二、参教助教——促进家长与幼儿互动

家长与孩子的接触多是在家庭等场合,在幼儿园以接送为主,参与教学等活动比较少。家长观摩活动可以让家长与孩子在幼儿园这一特定场合有更多不同的体验,但仅仅是观摩,不足以更好地达到这一效果,可以根据活动需要,邀请家长参与进来。一方面,家长在参与的过程中能让孩子感到亲切,更加投入到活动中去;另一方面,家长参与(尤其是助教)的过程,也能进一步了解幼儿年龄特点、教育规律等,在一定程度上更新自己的教育观念,提高自身的教育水平。例如,在《给兔奶奶送水果》活动中,我设计了一个兔宝宝给生病的"兔奶奶"送水果的情境,活动过程中邀请了一位幼儿的家长扮演"兔奶奶"这一角色。在活动开始之前,事先跟家长进行沟通,讲明参与的目的、做法等;当兔宝宝送来水果时,"兔奶奶"要对宝宝表示感谢,并引导他们根据提示正确摆放水果。

三、整合活动——发挥观摩活动作用

虽然很多家长希望有到幼儿园观摩的机会,但由于时间有限、与工作日冲突等诸多因素,有的家长(尤其是父辈家长)观摩的机会可能并不多。因此,基于现实因素考虑,如何让一次观摩活动发挥其最大的效果,是一个需要考虑的问题,而将活动整合,就是一个很好的途径。

四、全面多元——促进大家共同成长

邀请家长来园观摩的主要目的就是,让家长了解幼儿在园生活、学习情况,促进家园共育,携手推进幼儿健康、快乐成长。在观摩活动过程中,教师可以充分利用时间,与家长进行沟通、交

---

[1] 陶芳,教育学硕士,上海市松江区人乐幼儿园教师。

流,沟通内容可以多元化,既可针对当天的观摩活动,也可以就幼儿表现、家长困惑等诸多问题进行交流。这样,既能对观摩活动进行即时的反馈,又能弥补平时家长没有时间面对面与教师交流的缺陷,促进双方的互动,增进了解。在上述观摩活动当天,我们利用运动后、等待午餐的时间和午餐观摩过程中的时间,与家长进行沟通。不少家长就孩子平时的问题和自身的困惑与教师展开对话,收到了良好的效果。家长观摩活动的评价也应当做到多元化:从形式上看,既可以是现场的口头评价,也可以是后续的书面评价;从主体上看,既可以是家长评价,也可以是教师评价,还可以是园长评价;从标准上看,既可以是幼儿园制定的评价标准,也可以是家庭拟定的评价标准。

阅读参考书目

1. 蔡萍、丁卫丽主编:《幼儿园节日课程》,江苏教育出版社,2010 年版。

2. 浙江师范大学杭州幼儿师范学院幼教集团编:《故事在主题中开始——蛛网式幼儿园主题活动案例集》,浙江大学出版社,2011 年版。

3. 李生兰:《儿童的乐园:走进 21 世纪的美国学前教育》,南京师范大学出版社,2011 年版。

4. 李生兰等:《学前教育法规政策的理解与运用》,南京师范大学出版社,2012 年版。

5. 李生兰:《比较学前教育》,华东师范大学出版社,2013 年第 2 版。

6. 李生兰:《幼儿园与家庭和社区合作共育的研究》,华东师范大学出版社,2013 年第 2 版。

网上浏览

1. http://www.bjchild.com
2. http://Jiangsu.edeng.cn
3. http://www.age06.com
4. http://www.06abc.com
5. http://www.naeyc.org

复习思考题

1. 你是如何看待幼儿园利用家庭资源进行主题教育的?
2. 你是如何看待幼儿园利用社区资源进行主题教育的?
3. 幼儿园利用家庭资源进行主题教育的优势有哪些?
4. 幼儿园利用社区资源进行主题教育的优势有哪些?
5. 围绕家庭资源,设计一个幼儿园或班级主题教育活动的简案。
6. 围绕社区资源,设计一个幼儿园或班级主题教育活动的简案。

案例试评

先阅读下列案例,再查看评价表(见下表),并在你认为恰当的答案的序号上打"✓"。

一、案例

园长要求各班教师围绕"三八国际妇女节"开展"夸夸我的好妈妈"的主题教育活动;大(一)班王老师立即在"家长园地"上张贴出"邀请信",希望幼儿的妈妈都能请好假,于下周三上午带一个废旧纸盒到班级来,参加"亲子制作活动";幼儿的妈妈都能按照老师的要求及时来到班级,和孩子一起制作玩具,变废为宝;幼儿都能听从教师的指导,赞美妈妈,说明妈妈是怎样帮助自己制作玩具的。

二、评价表

编 号	项 目	答 案
1	园长的做法	(1) 很妥当　(2) 较妥当　(3) 一般　(4) 较不妥当　(5) 很不妥当
2	教师的做法	(1) 很合理　(2) 较合理　(3) 一般　(4) 较不合理　(5) 很不合理
3	教师的理念	(1) 很科学　(2) 较科学　(3) 一般　(4) 较不科学　(5) 很不科学
4	妈妈的做法	(1) 很适宜　(2) 较适宜　(3) 一般　(4) 较不适宜　(5) 很不适宜
5	幼儿的做法	(1) 很好　(2) 较好　(3) 一般　(4) 较差　(5) 很差

第八章

幼儿园运用家庭和社区资源进行英语教育

本章首先简述了幼儿园运用家庭和社区资源进行英语教育的价值,其次说明了幼儿园运用家庭和社区资源进行英语教育的原则,再次论述了幼儿园运用家庭和社区资源进行英语教育的内容和方法,最后推介了幼儿园运用家庭和社区资源进行英语教育的游戏活动。

第一节　幼儿园运用家庭和社区资源进行英语教育的价值

幼儿园运用家庭和社区资源进行英语教育的价值主要体现在以下几个方面:

一、使儿童的英语学习和母语学习相融合

国内外许多学者的研究都表明:很早就开始学习第二语言的儿童,其母语和第二语言的学习中心几乎是在脑部的同一个位置上;儿童学习第二语言和母语的时间越相近,脑部处理这两种语言的区域就越靠近,甚至部分重叠。因此,教师和家长越早让儿童接触母语和英语,儿童内在的

语言学习机制就会越早地接受两种不同的语言刺激，使英语的学习能和母语的学习相辅相成，促进儿童语言能力的发展。

二、使儿童的英语听说能力有所增强

童年期是儿童口语发展的关键期，儿童在两三岁的时候，舌头肌肉尚未成熟定型，通过对英语的模仿和训练，儿童的发音器官就会变得更加柔软，更富有弹性，更容易说出标准化的英语；教师和家长如果能多给儿童提供听和说的机会，那么儿童对英语的敏感性就能逐步提高，听、说英语的能力就能不断增强，从而达到避免"聋哑"英语的目的。

三、使儿童的英语学习效率得到提高

儿童的英语学习活动不仅发生在幼儿园内部，而且也蕴藏在幼儿园的外部，即家庭和社区场所。教师如果能对家庭和社区的各种英语教育资源进行合理的开发、整合和利用，那么就能使儿童在园内外的各种英语学习活动相互补充、相互协调、相互支撑、相互强化，提高儿童学习英语的效率，增强儿童运用英语的能力。

四、使儿童的多元文化意识得以萌发

语言是文化的载体，教师和家长在对儿童进行英语教育时，如果能不失时机地给儿童传递相应的文化背景知识，那么不仅能帮助儿童掌握简单的英语单词和句型，而且还能让儿童了解英语语言赖以生存的文化特征，使儿童受到多元文化的启蒙教育。

第二节　幼儿园运用家庭和社区资源进行英语教育的原则

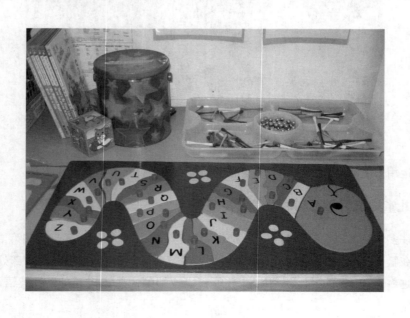

家庭和社区都是儿童学习英语的重要场所,教师在利用家庭和社区资源进行英语教育时,应注意以下几条原则:

一、兴趣性原则

首先,教师要考虑儿童的兴趣爱好。不仅传递的英语信息应是儿童十分感兴趣的,而且还要用生动活泼的形式(如游戏、唱歌、跳舞、律动、绘画、听念儿歌、听讲故事、肢体动作等)对儿童进行英语教育,使儿童乐于学习。

其次,教师要考虑家长的兴趣爱好。家长的文化程度越来越高,英语基础越来越好,对儿童英语教育有着浓厚兴趣的家长也越来越多,教师要关注家长的特点和需要,帮助他们认识到自己的优势和强项,以调动家长参与儿童英语教育的主动性和积极性。

再次,教师要考虑社区人士的兴趣爱好。社区中懂得英语的年长者、退休的英语教师、外籍教师、涉外工作人员等都是幼儿园英语教育的宝贵财富,教师应多与他们沟通和交流,了解他们的爱好和特长,鼓励并指导他们成为幼儿园英语教育的志愿者。

二、情景性原则

教师要在幼儿园内部为儿童创设学习英语的环境。不论是墙面的布置还是磁带、光盘的播放,都应含有英语教育的成分,并尽可能地与当前的英语学习内容"挂起钩来",使儿童能耳濡目染,时刻沉浸在学习英语的氛围之中;要设置英语学习区,使儿童有不受干扰的空间,去看英语、听英语、说英语、写英语;要运用多媒体等直观手段来进行英语教学活动,使抽象的英语学习能和具体的事物结合起来;要指导儿童为班级的各种物品、各个区域制作英语标签,并把这些标签贴到适当的地方去。

教师还要在幼儿园外部为儿童寻找学习英语的环境。社区中的许多公共场所(不论是图书馆、书店、玩具店、文具店、博物馆、美术馆、超市、快餐店,还是火车站、机场、码头、汽车站、邮政局、银行、加油站等地方)都有中英文对照的文字,它们都是儿童学习英语的极好场所,教师应组织参观和旅行活动,并邀请家长前来参与,这样,不仅能拓展儿童的英语知识,提高儿童的英语技能,而且还能增强家长利用社区资源的能力,掌握通过家庭日常生活对儿童进行英语教育的策略,"遇物则诲,择机而教",提高家庭英语教育的质量。

三、渐进性原则

教师在对儿童进行英语教育时,应做到循序渐进。要随着儿童年龄的增长、知识经验的丰富,逐步提高英语教育的要求,使儿童都能在原有的水平上不断进步;要逐渐扩展儿童接触英语的范围,使儿童的英语学习活动能从英语课堂走向课程的其他领域(如健康、科学、数学、社会、音乐、美术),从教学活动走向一日活动中的其他各项活动(如生活活动、游戏活动、娱乐活动、郊游活动、参观活动),为儿童养成用英语思维的习惯打下基础。

教师在邀请家长和社区人士参与英语教育时,应做到循序渐进。起初可要求他们进班旁观教师的英语教育活动,然后再要求他们给教师当帮手和助教,最后再要求他们独立组织英语教育活动。

四、差异性原则

同一年龄不同性别的儿童、同一年龄同一性别不同个体的儿童,在学习英语的过程中,都会表现出明显的不同点,因此,教师在进行英语教育时,要关注儿童的性别特点和个体差异,使集体教育能与小组教育、个别教育相结合,在对全班儿童进行集体教育的基础上,还要对一群儿童实行小组教育,对个体儿童实行个别教育,使每个儿童都能按照自己的成长速度发展。

不同文化背景、不同文化程度、不同职业、不同性别、不同年龄的家长和社区人士,在参与儿童英语教育时,也会表现出不同的特点。所以,教师在利用家庭和社区资源时,要认识到家长和社区人士的独特性,尊重他们的想法和建议,鼓励他们利用自己的资源优势,提高英语教育的质量。

第三节　幼儿园运用家庭和社区资源进行英语教育的内容与方法

幼儿园英语教育的内容是英语教育的核心,英语教育内容的选择,应与儿童的生活密切相联,并表现出生活范围逐渐扩大的特点;幼儿园英语教育的方法是英语教育内容得以顺利完成的保证,英语教育方法的选用,应能焕发出儿童对英语的强烈兴趣,并能提高儿童的英语交际能力。因此,教师在选择英语教育的内容和方法时,应从以下几个方面入手:

一、有关"儿童自身"的英语教育内容与方法

儿童对自身感兴趣,教师向儿童传递有关其自身的英语信息,有利于加深儿童对自己的认识,增强儿童的自尊心和自信心,促使儿童想说、敢说、喜欢说英语。

（一）内容

有关儿童的身体（如 eye, nose, ear, mouth, hair, hand, finger, arm, leg）、身高（如 short, tall; I'm growing.）、性别（如 I'm a boy/girl.）。

有关儿童的生日（如 cake, candle; I have a birthday.）、姓名（如 My name is ...）。

有关儿童的动作（如 walk, run, hop, fly, throw, kick, crawl, climb, swim, sing, dance, play, watch, listen to, turn on/off）。

有关儿童的情感（如 happy, angry, sad; I'm happy. I like myself.）、愿望（I want a book.）。

有关儿童的日常生活（如 I brush my teeth. I wash my face. I dress myself. I eat fruits. I drink water.）。

有关儿童的能力（如 I do many things. I help my parents.）。

（二）方法

1. 体验法

教师给儿童提供看、听、尝、闻、触物体的机会，在让儿童利用感官进行探索的过程中，把相应的单词教给儿童，使儿童体验到学习英语的乐趣。例如，教师边鼓励儿童用鼻子去闻物体的味道，边告诉儿童鼻子（nose）的本领很大。

2. 活动法

教师给儿童提供进行体育活动、艺术活动的机会，使儿童在进行走路、跑步、游泳、唱歌、跳舞等过程中，学讲 walk、run、swim、sing、dance 等英语单词。

3. 表现法

教师给儿童提供表达自己想法和感受的机会，使儿童能充分地表现自己的情感。比如，教师启发儿童边说 happy 边做出高兴的表情、动作和姿势。

4. 环境法

教师为儿童创造一个自由、宽松的英语交往环境，吸引儿童与教师、同伴、家长交谈。例如，教师和儿童一起在班级布置"Happy Birthday"的墙饰以后，激励儿童找出蛋糕、蜡烛、自己的生日照片，学讲 cake、candle 和 I have a birthday，并向别人介绍自己的英语名字（My name is ...）。

二、有关"幼儿园"的英语教育内容与方法

儿童每周的大部分时间都是在幼儿园里度过的，教师向儿童输入有关幼儿园的英语信息，既能缓解儿童学习英语的压力，又能使儿童在一日活动中习得大量的英语知识，发展对英语的理解能力。

（一）内容

礼貌用语（如 Thank you. You are welcome.）、常规习语（如 Sit down, please. Stand up, please.）。一日活动各环节词语（如 Indoor Activities. Clean Up. Morning Snack. Outdoor Activities.

Free Play．Lunch．Nap Time．Wake Up．Learning Centers．Quiet Activity．）。

区角名称（如 Housekeeping，Dramatic Play，Books/Language/Library，Water/Sand，Blocks，Art，Science，Computer，Woodworking，Fine Motor，Gross Motor）。

玩具名称：室内小型玩具的名称（如 housekeeping toys，dolls，dress-up clothes，blocks，puzzles，beads，art construction，clay）、室外大型玩具的名称（如 seesaw，swing，slide）。

5. 幼儿园（kindergarten）和教师（teacher）。

（二）方法

1. 反射法

在每日活动中，教师在引导儿童进行某一环节的活动时，可把相关环节的英语词语说给儿童听听（例如，吃早点时，说 morning snack；午睡时，说 nap time.），反复多次以后，儿童就能听懂其涵义，并形成条件反射，做出相应的行动来。

2. 匹配法

教师为每个活动区写好中英文标记，并帮助儿童在中英文之间建立暂时神经联系（比如，教师在班级的电脑区贴上"电脑"和"computer"后，引导儿童跟读），以培养儿童对简单的中文标记和英语字母的兴趣，提高儿童中英文转换的能力。

3. 游戏法

在游戏活动时，教师和儿童边玩玩具边说说玩具的英语名称（例如，抱娃娃时，说 doll；拼七巧板时，讲 puzzle；荡秋千时，说 swing），这样儿童就会乐于说英语。

三、有关"家庭"的英语教育内容与方法

每天晚上、双休日的时间儿童都是与亲人在家中欢度的，家庭生活在儿童成长中具有举足轻重的作用，教师选择有关家庭的英语词语进行教育，并注意发挥家长的积极作用，不仅能强化儿童在园学习的效果，而且还能促进儿童与家庭环境及成员的相互作用，培养儿童关爱亲人的感情，提高儿童运用英语的能力。

（一）内容

家庭成员的称谓（如 father，mother）。

家庭餐具的名称（如 bowl，spoon）、家具的名称（如 chair，table）。

家用电器的名称（如 radio，television，refrigerator，washing machine，telephone，computer）。

居室房间的名称（如 home，room，kitchen，bathroom，bedroom，living room）。

（二）方法

1. 视听法

教师借助现代科技手段，通过图片、照片、录像、光盘、或专门制作的课件，向儿童呈现有关家

庭生活的场景,并把相应的英语单词教给儿童(如让儿童看家庭厨房的照片时,教儿童学讲kitchen)。

2. 参与法

教师通过开放日活动、亲子活动等形式,吸引家长参与到幼儿园的英语教育活动中来,使家长在成为幼儿园英语教育旁听者、观察者的基础上,还能变成执教者、评价者。例如,教师在和儿童父亲同堂执教英语时,就请父亲教儿童学说 father。

3. 随机法

教师指导家长在家庭生活中"遇物则诲",随时随地对孩子进行英语教育。比如,和孩子一起看电视时,就告诉孩子:电视机的英语名字是 television。

4. 互助法

教师把家长组织起来,使文化程度不等、英语基础不同的家庭能结成友好小组,定期开展互访互助活动。例如,串门时,"客人"在得到"主人"的同意时,可看看"主人家"的 kitchen 和自己家的 kitchen 是否相同,"主人家"的 bathroom 和自己家的 bathroom 有什么不同,"主人家"有几个 bedroom。

四、有关"社区"的英语教育内容与方法

儿童必然要从一个自然的人走向一个社会的人,幼儿园的英语教育不应与社区隔离,成为游离于社区的英语孤岛。教师适时向儿童传播有关社区的英语知识,巧妙利用社区中的英语教育资源,既能扩大儿童的英语词汇量,帮助儿童掌握特定场所和专门职业的英语词语,又能培养儿童对社会的亲近态度,学会尊重别人的劳动成果。

(一) 内容

餐饮场所及人员(如 Restaurant 与 Waitress,Cook)。

游玩场所及人员(如 Zoo 与 Zookeeper;Park 与 Ranger)。

购物场所及人员(如 Supermarket 与 Cashier)。

健康机构及人员(如 Hospital 与 Doctor、Nurse)。

安全机构及人员(如 Fire Department 与 Firefighter;Police Department 与 Police Officer)。

学习场所及人员(如 Library 与 Librarian;School 与 Pupil;University 与 Student)。

通讯机构及人员(如 Post Office 与 Mailperson;Newspaper Office 与 Editor、Reporter)。

旅行场所及人员(如 Train Station 与 Conductor;Dock 与 Captain;Airport 与 Pilot;Gas Station 与 Attendant)。

金融、艺术场所(如 Bank,Theater,Museum)。

(二) 方法

1. 参观法

教师带领儿童走出园门,在参观社区的过程中,学习相关机构的英语单词。例如,教师结合

幼小衔接活动,组织儿童到小学参观时,可对儿童说:学校的英语名字是 school。

2. 观察法

许多社会机构都张贴着中英文对照的标签,教师引导儿童加以观察,以丰富儿童的表象。比如,到了银行大门口时,教师可指着"银行"、"Bank"的字牌,读给儿童听,激励儿童说说 Bank 由几个字母组成,自己最喜欢哪个字母。

3. 尝试法

教师带领儿童在社区中某一场所活动时,在保证儿童安全的前提下,尽可能解放儿童的手脚,让儿童自己去探索去尝试。例如,在超市购物时,教师鼓励儿童自己提篮、推车,挑选所需的物品,轻拿轻放,自己付款,买东西,以加深儿童对 supermarket 和 cashier 的认识。

4. 想象法

教师结合理想教育,鼓励儿童大胆想象:长大了干什么? 如果儿童说:想上大学,教师就把 university 的单词说给儿童听;如果儿童说:想当记者,教师就把 reporter 的词语讲给儿童听。

5. 表演法

教师邀请社区中的一些人士来园,为儿童展示其独特的工作状况,以增加儿童学习英语的新鲜感。比如,当消防队员在园演示其灭火过程以后,教师就请他们向儿童作一简单介绍:我是一名消防队员(firefighter),我是从消防站(Fire Department)来的。

6. 模拟法

教师为儿童创设社会场景,让儿童模拟成人的生活,反映各行各业人们的劳动。例如,在 Post Office 的场景中,教师为儿童摆放了邮服、邮帽、邮票、信封、邮箱、邮章、邮包、邮称等服饰物品,使儿童有机会扮演 mailperson。

五、有关"节日"的英语教育内容与方法

古今中外的诸多节日都蕴藏着宝贵的教育资源,反映了文化的多样性和差异性,而儿童又喜欢过各种各样的节日,所以,进行有关节日的英语教育,不仅能拓宽儿童的英语知识,而且还能使儿童感受到多元文化,学会尊重有着不同文化背景的人。

(一) 内容

中国节日(如 Spring Festival; Lantern Festival; Dragon-Boat Festival; The Moon Festival; National Teacher's Day, "I like my teacher"; National Day, "I'm Chinese. I live in ... I love Beijing. ")。

外国节日(如 Valentine's Day; April Fool's Day; Mother's Day, "I love my mother"; Father's Day, "I love my father"; Thanksgiving Day; Christmas Day)。

国际节日(如 New Year's Day; International Women's Day; International Labor Day; International Children's Day)。

(二) 方法

1. 制作法

在各种节日到来之前,教师和儿童一起用废旧材料制作礼物,送给别人,在制作的过程中练习英语。例如,在母亲节来临之际,教师和儿童边制作康乃馨花,边说:母亲节(Mother's Day)时,我要把花送给妈妈,因为我爱我的妈妈(I love my mother)。

2. 烹调法

有些节日需要吃特殊的食物,教师可和儿童共同准备,使儿童在加工食品的过程中,学讲英语。比如,教师边和儿童搓元宵,边对儿童说:我们搓元宵,是为了庆祝元宵节(Lantern Festival)。

3. 绘画法

教师分别用中英文说出节日的名称,引导儿童把节日里的欢乐气氛用画笔描绘出来。例如,教师说中秋节(The Moon Festival)以后,儿童就用笔画下吃月饼或赏月的情景。

4. 庆祝法

教师在和儿童欢度节日时,把相应的短句说给儿童听,并启发儿童模仿。例如,在庆祝国庆节时,教师教儿童说:"I'm Chinese. I love Beijing."在庆祝教师节时,教师教儿童说:"I like my teacher."

六、有关"季节"的英语教育内容与方法

我国许多省(市)四季分明,教师随着季节的更替,把有关的英语词语教给儿童,既能降低儿童学习英语的难度,又能帮助儿童了解自然环境与人类生活的关系。

(一) 内容

四季名称(如 spring, summer, autumn, winter)。

四季服饰(如冬天的 glove, scarf)。

四季特点:春天的五颜六色(如 red, green, yellow, blue, black, white; What color is it? It's red.)、秋天的水果丰收(如 apple, banana, orange, pear, watermelon, coconut)、冬天的严寒冰雪(如 cold, wind, snow, ice)、夏天的酷暑炎热(如 It's hot.)。

(二) 方法

1. 品尝法

教师在让儿童品尝水果的过程中,认识水果的特性,听、说水果的英语名字。例如,在吃香蕉时,说 banana。

2. 游戏法

教师在让儿童玩"堆雪人"、"打雪仗"、"滑雪"等游戏的过程中,体验冬天的冰雪寒冷,学讲 snow、cold 等。

3. 竞赛法

教师在让儿童进行友谊赛的过程中,复习巩固有关夏天炎热的英语知识。例如,教师把全班

儿童分成五队(Apple Team, Banana Team, Orange Team, Pear Team, Watermelon Team),每队第一个人说"It's hot"以后,就做出一种消暑降温的动作,第二个人再继续说与做,最先说完、做完的队伍为冠军。

4. 音乐法

教师在指导儿童倾听儿童英语歌曲磁带、观看儿童英语歌曲光盘的过程中,提高儿童分辨能力和概括能力。比如,教师和儿童一道欣赏 *Who Is Wearing Yellow Today?* 的歌曲,当听到"Who is wearing yellow today? Yellow today, yellow today. Who is wearing yellow today? Yellow today. "时,教师就指着身穿黄颜色衣服的儿童,要求儿童用"点头"或"摇头"来示意"对"与"否",以检验儿童是否分辨出了关于颜色的英语单词。

5. 观赏法

全国许多电视台现在都已设立了少儿节目、英语节目,会定时播放一些简单的英语知识,例如:"What color do you see? It's red. It's green. It's blue. "画面美丽,色彩鲜艳,教师可组织儿童及时收看;也可录像后,再播放给儿童看。

第四节 幼儿园运用家庭和社区资源进行英语教育的游戏活动

游戏活动是儿童最喜欢的活动,儿童是通过游戏学习的,因此,教师要利用家庭和社区资源开展丰富多彩的游戏活动,增强儿童学习英语的兴趣和效果。

一、给照片命名

(一) 游戏材料

(1) 爸爸、妈妈、爷爷、奶奶的照片。

（2）father、mother、grandfather、grandmother 的英语单词卡片。

（二）游戏过程

（1）教师或家长在儿童的左边分别摆着爸爸、妈妈、爷爷、奶奶的照片；当指向爸爸的照片时，鼓励儿童说"father"；当指向妈妈的照片时，鼓励儿童说"mother"；当指向爷爷的照片时，鼓励儿童说"grandfather"；当指向奶奶的照片时，鼓励儿童说"grandmother"。

（2）教师或家长在儿童的右边分别摆着 father、mother、grandfather、grandmother 的英语单词卡片；当指向 father 卡片时，指导儿童说"father"；当指向 mother 卡片时，指导儿童说"mother"；当指向 grandfather 卡片时，指导儿童说"grandfather"；当指向 grandmother 卡片时，指导儿童说"grandmother"。

（3）教师或家长对儿童说："小朋友，请你给爸爸、妈妈、爷爷、奶奶的照片取个英语名字；当我说到一个英语单词时，你要仔细听，然后把它放在一张照片的下面。"例如，教师或家长说"father"时，儿童如果把 father 英语单词卡片放到"爸爸"的照片下，教师或家长就说"你摆对了，祝贺你"；儿童如果把卡片摆放的位置不对，教师或家长就说"你没有摆对，请重摆"。

二、小鸭子买水果

（一）游戏材料

（1）图画：超市货架上摆放着苹果 apple、香蕉 banana、橙子 orange、桃子 peach、梨子 pear、葡萄 grape、草莓 strawberry、菠萝 pineapple、西瓜 watermelon 等水果。

（2）小鸭子、鸭爸爸、鸭妈妈、鸭爷爷、鸭奶奶的头饰及手机模型。

（二）游戏过程

（1）先由教师或家长扮演鸭爸爸、鸭妈妈、鸭爷爷、鸭奶奶，儿童扮演小鸭子，然后进行角色交换。

（2）教师或家长说：小鸭子今天请客，要请大家吃水果，它站在水果架前，正想：买点什么水果好呢？这时，它的手机响了，鸭爸爸说："我想吃 apple，请你给我买 apple。"小鸭子就挑了一个水果。如果挑对了，就能听到鸭爸爸说："谢谢你买 apple 苹果给我吃。"如果挑错了，就能听到鸭爸爸说："我不想吃这个，我想吃 apple。"

（3）教师或家长说：小鸭子的手机又响了，鸭妈妈说："我想吃 banana，请你给我买 banana。"小鸭子就挑了一个水果。如果挑对了，就能听到鸭妈妈说："谢谢你买 banana 香蕉给我吃。"如果挑错了，就能听到鸭妈妈说："我不想吃这个，我想吃 banana。"

（4）教师或家长说：小鸭子的手机又响了，鸭爷爷说："我想吃 orange，请你给我买 orange。"小鸭子就挑了一个水果。如果挑对了，就能听到鸭爷爷："谢谢你买 orange 橙子给我吃。"如果挑错了，就能听到鸭爷爷说："我不想吃这个，我想吃 orange。"

（5）教师或家长说：小鸭子的手机又响了，鸭奶奶说："我想吃 grape，请你给我买 grape。"小鸭子就挑了一个水果。如果挑对了，就能听到鸭奶奶说："谢谢你买 grape 葡萄给我吃。"如果挑错了，就能听到鸭奶奶说："我不想吃这个，我想吃 grape。"

（6）教师或家长说：小鸭子想，我喜欢吃草莓 strawberry，我要买 strawberry 给自己吃。

三、送小动物回家

（一）游戏材料

（1）图画：动物园里有 12 个房间，分别住着鼠（mouse）、牛（ox）、虎（tiger）、兔（rabbit）、龙（dragon）、蛇（snake）、马（horse）、羊（sheep）、猴（monkey）、鸡（chicken）、狗（dog）、猪（pig）这 12 种动物。

（2）黑猫警长的头饰和制服。

（3）录制上述动物的声音。

（二）游戏过程

（1）先由教师或家长扮演黑猫警长，后由儿童扮演。

（2）教师或家长说：黑猫警长在动物园里巡逻，听到了哭声（牛叫、ox），走近一看，原来是牛迷路找不到家了，警长决定把它送回家。如果送对了，就能看到房门被打开，并听到声音"谢谢你把我的孩子牛 ox 送回来"；如果送错了，房门则不被打开，并听到声音"它不是我家的孩子呀"。

（3）教师或家长说：黑猫警长听到了哭声（虎叫、tiger），走近一看，原来是虎迷路找不到家了，警长决定把它送回家。如果送对了，就能看到房门被打开，并听到声音"谢谢你把我的孩子虎 tiger 送回来"；如果送错了，房门则不被打开，并听到声音"它不是我家的孩子呀"。

（4）教师或家长说：黑猫警长听到了哭声（马叫、horse），走近一看，原来是马迷路找不到家了，警长决定把它送回家。如果送对了，就能看到房门被打开，并听到声音"谢谢你把我的孩子马 horse 送回来"；如果送错了，房门则不被打开，并听到声音"它不是我家的孩子呀"。

（5）教师或家长说：黑猫警长听到了哭声（羊叫、sheep），走近一看，原来是羊迷路找不到家了，警长决定把它送回家。如果送对了，就能看到房门被打开，并听到声音"谢谢你把我的孩子羊 sheep 送回来"；如果送错了，房门则不被打开，并听到声音"它不是我家的孩子呀"。

（6）教师或家长说：黑猫警长听到了哭声（鸡叫、chicken），走近一看，原来是鸡迷路找不到家了，警长决定把它送回家。如果送对了，就能看到房门被打开，并听到声音"谢谢你把我的孩子鸡 chicken 送回来"；如果送错了，房门则不被打开，并听到声音"它不是我家的孩子呀"。

（7）教师或家长说：黑猫警长听到了哭声（狗叫、dog），走近一看，原来是狗迷路找不到家了，警长决定把它送回家。如果送对了，就能看到房门被打开，并听到声音"谢谢你把我的孩子狗 dog 送回来"；如果送错了，房门则不被打开，并听到声音"它不是我家的孩子呀"。

（8）教师或家长说：黑猫警长听到了哭声（猪叫、pig），走近一看，原来是猪迷路找不到家了，警长决定把它送回家。如果送对了，就能看到房门被打开，并听到声音"谢谢你把我的孩子猪 pig 送回来"；如果送错了，房门则不被打开，并听到声音"它不是我家的孩子呀"。

四、请你帮我找出来

（一）游戏材料

（1）系列图画：一棵小树被风刮倒的过程。

（2）树 tree、风 wind、树枝 branch、树叶 leaf、树根 root 的词语卡片。

（二）游戏过程

（1）教师或家长对儿童说："我是一棵小树 tree，请你帮我找出来"；然后把树 tree、风 wind、树枝 branch、树叶 leaf、树根 root 这些词语卡片摆放在儿童面前，并说：树 tree、风 wind、树枝 branch、树叶 leaf、树根 root。当儿童指着"树 tree"这张卡片时，教师或家长就说："恭喜你，选对了。"如果儿童指的不对，教师和家长就说："你没选对，请重选。"

（2）教师或家长对儿童说："大风 wind 刮来了，请你帮我找出来。"然后把风 wind、树枝 branch、树叶 leaf、树根 root 这些词语卡片摆放在儿童面前，并说：风 wind、树枝 branch、树叶 leaf、树根 root。当儿童指着"风 wind"这张卡片时，教师或家长就说："恭喜你，选对了。"如果儿童指的不对，教师和家长就说："你没选对，请重选。"

（3）教师或家长对儿童说："我的树枝 branch 在摇晃，请你帮我找出来。"然后把树枝 branch、树叶 leaf、树根 root 这些词语卡片放在儿童面前，并说：树枝 branch、树叶 leaf、树根 root。当儿童指着"树枝 branch"这张卡片时，教师或家长就说："恭喜你，选对了。"如果儿童指的不对，教师或家长就说："你没选对，请重选。"

（4）教师或家长对儿童说："我的树叶 leaf 在飘落，请你帮我找出来。"然后把树叶 leaf、树根 root 这些词语卡片摆在儿童面前，并说：树叶 leaf、树根 root。当儿童指着"树叶 leaf"这张卡片时，教师或家长就说："恭喜你，选对了。"如果儿童指的不对，教师和家长就说："你没选对，请重选。"

（5）教师或家长对儿童说："我的树根 root 也被拔起来了，请你帮我找出来。"然后把树根 root 词语卡片摆在儿童面前，并说：树根 root。当儿童指着"树根 root"这张卡片时，教师和家长就说："恭喜你，选对了。"

五、毛毛虫的宝宝

（一）游戏材料

（1）剪贴画：一条毛毛虫，有 26 节，每节的外面写着一个大写字母，每节的里面写着一个小写字母。

（2）录制好的欢快音乐。

（二）游戏过程

（1）教师或家长先扮演毛毛虫，然后再指导儿童扮演毛毛虫。

（2）教师或家长边播放音乐边说：毛毛虫高兴地又跳又唱，我是一条毛毛虫，我有 26 个宝宝，它们的名字是 A、B、C、D、E、F、G、H、I、J、K、L、M、N、O、P、Q、R、S、T、U、V、W、X、Y、Z（这些字母随着音乐声慢慢出现)。

(3) 教师或家长说:毛毛虫骄傲地说:我很能干,我会变魔术呦(把它转动一圈,身上的 26 个大写字母全部变成了小写字母)。它兴奋地又跳又唱:"我有 26 个宝宝,它们的名字是 a、b、c、d、e、f、g、h、i、j、k、l、m、n、o、p、q、r、s、t、u、v、w、x、y、z。"

(4) 教师或家长说:毛毛虫唱呀跳呀,不知不觉地睡着了。它身上的 26 小节已变成 1 大节了,所有的大小写字母都混成一团了(把字母卡片都拆下来)。它醒来以后,大哭了一场:我的宝宝们,你们怎么了?

(5) 教师或家长说:小朋友,让我们一起来帮帮毛毛虫吧,把它的宝宝们按秩序排好吧(毛毛虫由 1 节又变成 26 节了);毛毛虫感激地说:"小朋友,谢谢你们帮我分清了我的宝宝。"(毛毛虫弯腰鞠躬)

补充读物

"1 月份"英语教育活动举例
李生兰　吴晓兰[1]

一、1 月

小朋友,你知道现在是几月份吗?

对,现在是 1 月份。

你知道 1 月份的英语名字是什么吗?

对,1 月份的英语名字是 January。

你知道 1 月份有多少天吗?

对,1 月份有 31 天。There are thirty-one days in January.

你能从 1 数到 31 吗?

呦,这数起来太长了。好吧,那我们就一起来数数吧:1、2、3、4、5、6、7、8、9、10、11、12、13、14、15、16、17、18、19、20、21、22、23、24、25、26、27、28、29、30、31。

嗬,我们数完了,我们胜利了!

让我们再来用英语数一遍吧。one, two, three, four, five, six, seven, eight, nine, ten, eleven, twelve, thirteen, fourteen, fifteen, sixteen, seventeen, eighteen, nineteen, twenty, twenty-one, twenty-two, twenty-three, twenty-four, twenty-five, twenty-six, twenty-seven, twenty-eight, twenty-nine, thirty, thirty-one.

小朋友,你真棒! 你数得真好!

二、冬季

小朋友,你知道现在是什么季节吗?

对,现在是冬季。

---

[1] 吴晓兰,上海市优秀园丁、一级园长、中学高级教师,上海市宝山区小鸽子幼稚园园长。

你知道冬季的英语名字是什么吗？

对，冬季的英语名字是 winter。

冬天的天气很冷。It's very cold in winter.

你喜欢冬天吗？Do you like winter?

你可以说：是的，我喜欢。Yes, I do.

你也可以说：不，我不喜欢。No, I don't.

小朋友，你说得真好。

三、年月

小朋友，你知道一年有多少个月吗？

对，一年有 12 个月。There are twelve months in a year.

你知道一年 12 个月是怎么排队的吗？

对，是从 1 月到 2 月、3 月、4 月、5 月、6 月、7 月、8 月、9 月、10 月、11 月、12 月。

小朋友，你说得真好！恭喜你！

你知道每个月的英语名字是什么吗？

对，1 月的英语名字是 January，2 月的英语名字是 February，3 月的英语名字是 March，4 月的英语名字是 April，5 月的英语名字是 May，6 月的英语名字是 June，7 月的英语名字是 July，8 月的英语名字是 August，9 月的英语名字是 September，10 月的英语名字是 October，11 月的英语名字是 November，12 月的英语名字是 December。

小朋友，你真了不起，恭贺你！

四、节日

小朋友，你知道 1 月份有什么重要的节日吗？

让我告诉你一个小秘密吧：1 月 1 日是每年的第一天，叫元旦。

元旦的英语名字是 New Year's Day。

我知道你是一个懂礼貌的好孩子，在 1 月 1 日早晨醒来以后，你看到爸爸（father）、妈妈（mother）的时候，就要对他们说："新年好！Happy New Year!"

爸爸（father）、妈妈（mother）带你到爷爷（grandfather）、奶奶（grandmother）家去玩的时候，你看到爷爷（grandfather）、奶奶（grandmother），就要对他们说："新年好！Happy New Year!"

爸爸（father）、妈妈（mother）带你到外公（grandfather）、外婆（grandmother）家去玩的时候，你看到外公（grandfather）、外婆（grandmother），就要对他们说："新年好！Happy New Year!"

爸爸（father）、妈妈（mother）送你到幼儿园（kindergarten）去的时候，你看到了老师（teachers）、小朋友（children），就要对他们说："新年好！Happy New Year!"

小朋友，你知道 1 月份还有什么重要的节日吗？

那就让我再告诉你一个小秘密吧：1 月份还有一个重要的节日叫腊八节，就是农历腊月初八。

在这一天，大人和小孩都会吃腊八粥的。腊八粥是由米（rice）、豆子（bean）、葡萄（grape）、花生（peanut）、栗子（chestnut）、桂圆（longan）、核桃（walnut）、菱角（water caltrop）等做成的。

我们小朋友要做个爱劳动的好孩子，和爸爸（father）、妈妈（mother）一起洗米、泡果、剥皮、去核、精拣,制作腊八粥哟。

腊八粥的营养可丰富了,我们小朋友要多吃一点,吃了以后,就能长得更高、更快了。

小朋友,你知道1月份还有什么重要的日子吗?

让我再告诉你一个小秘密吧:1月份幼儿园要放寒假(winter holidays)了,小朋友就不去上幼儿园(kindergarten)了,我们要和老师(teachers)、小朋友(children)说:

再见! Bye-bye!

寒假愉快! Happy Winter Holidays!

下学期见! See you next term!

阅读参考书目

1. 李生兰主编:《幼儿园英语教育》,海南出版社,2003年版。

2. 华文盛世教育发展有限公司编:《易趣儿童英语》,外文出版社,2009年版。

3. 李生兰:《儿童的乐园:走进21世纪的美国学前教育》,南京师范大学出版社,2011年版。

4. 刘振华等编,张朋绘图:《学前儿童英语150句(VCD盘)》,人民出版社,2012年版。

网上浏览

1. http://www.age06.com

2. http://www.bjchild.com

3. http://www.preschool.net.cn

4. http://yey.fjedu.gov.cn

5. http://www.naeyc.org

复习思考题

1. 你是如何看待幼儿园利用家庭和社区资源进行英语教育的?

2. 访问一所幼儿园或一位园长或一位教师,看看或听听他们是如何利用家庭和社区资源进行英语教育的。

3. 访问一个家庭或一位家长,看看或听听他们是如何利用家庭和社区资源进行英语教育的。

4. 试围绕幼儿园利用家庭资源进行英语教育,设计一个游戏活动简案。

5. 试围绕幼儿园利用社区资源进行英语教育,设计一个游戏活动简案。

案例试评

先阅读下列案例,再查看评价表(见下表),并在你认为恰当的答案的序号上打"✓"。

一、案例

　　教师打算教中班幼儿学习"邮政局"的英语单词"POST OFFICE"，于是她就在班级的"家长园地"上张贴出了"通知"，邀请有时间的家长下周二上午到班级来，协助教师一起组织外出参观"邮政局"的活动；在教师和家长的带领下，幼儿来到了"邮政局"门口，教师边指着"中国邮政"的汉字和"CHINA POST"英语单词、"邮政局"的汉字和"POST OFFICE"的英语单词，边教幼儿朗读，幼儿很快就学会了；回到班级以后，幼儿还自发地玩起了"邮政局"的角色游戏。

二、评价表

编 号	项 目	答 案
1	教师的想法	（1）很合理　（2）较合理　（3）一般　（4）较不合理　（5）很不合理
2	教师的设计	（1）很科学　（2）较科学　（3）一般　（4）较不科学　（5）很不科学
3	教师的做法	（1）很妥当　（2）较妥当　（3）一般　（4）较不妥当　（5）很不妥当
4	教育的效果	（1）很理想　（2）较理想　（3）一般　（4）较不理想　（5）很不理想
5	幼儿的发展	（1）很全面　（2）较全面　（3）一般　（4）较不全面　（5）很不全面

第九章

学前儿童家庭教育的科学研究

　　对学前儿童家庭教育现象和活动进行研究,是为了揭示学前儿童家庭教育的一般规律和特殊规律,探寻影响学前儿童家庭教育的各种因素及其相互之间的关系,试图改善、优化这些因素,以充分发挥学前儿童家庭的教育功能,使学前教育机构和家庭能更加有效地合作,共同提高教育质量,促进学前儿童健康和谐地发展。本章首先论述了对学前儿童家庭教育进行科学研究的若干步骤,并通过实例详细说明了如何选定题目、制定计划、分析结果和撰写报告;接着阐述了如何采用调查法、观察法、实验法、个案法、历史法、比较法等多种方法,对学前儿童的家庭教育进行科学研究;最后简述了学前儿童家庭教育科学研究的课题内容包括家庭教育和家庭教育指导这两个板块,具体分析了学前儿童家庭教育课题研究在对象、人员、周期、区域、范围、形成等方面所呈现的特点,用实例论证了学前儿童家庭教育课题研究的基本框架,阐明课题研究中课题名称、立论根据、研究方案、研究条件、成果展示等部分的确立依据及具体表现形式。

第一节　学前儿童家庭教育科学研究的基本步骤

在对学前儿童的家庭教育进行科学研究时,一般按照选定题目——→查阅文献——→提出假设——→制定计划——→收集资料——→分析结果——→撰写报告这一线索来进行。

一、选定题目

这是进行学前儿童家庭教育科学研究工作的第一个环节。它指的是明确所要研究的问题,做到心中有数、有的放矢。

为了保证学前儿童家庭教育研究的科学性,在选择研究课题时,应注意以下几个问题:

首先,实用性。课题不能偏和怪,应有理论支撑,能站得住脚,应对学前儿童的家庭教育实践活动具有实际指导意义。例如,把"父母的文化程度与孩子语言发展水平之间的关系"作为研究的课题,既可以清楚父母的文化程度与孩子语言发展水平之间的相关程度,又可以促进幼儿家长自身教育素质的提高。

其次,可行性。进行家庭教育的科学研究,必然涉及人力、物力、财力,如果没有相应的经济基础和研究水平,课题的研究就缺乏应有的主客观条件,而容易夭矢。比如,要对"学弹钢琴对孩子想象能力发展的影响"这一课题进行研究,钢琴就是必须保证的物质设备。

再次,适当性。所选择的课题,其范围不能太大,难度不应太高,否则无法进行,也容易产生自卑感。例如,教师选出的课题与园长、负责区或县、市、省学前教育工作的各级行政干部选出的课题是不同的,只有以自己的本职工作为出发点,才能选出合适的课题,如从事英语教学的教师可研究"家庭环境对孩子英语口语能力的影响"这一课题。

最后,独特性。确立研究的问题时,应从本园的特色出发,按照教师的特长、兴趣班的开设、地方资源的拥有等情况来选题,比如,艺术类特色幼儿园,可着手研究"利用家长资源培养孩子的审美能力";处在篮球之乡的幼儿园,可进行"亲子同乐拍球活动"的研究。

此外,要有创新性。科学研究贵在创新,如果某个课题是别人已经研究过的,再来进行重复研究,就没什么意义了,因此要开动脑筋,开辟科研的新天地。

二、查阅文献

研究的课题选定以后,为了避免重复劳动,使自己的研究成果更有价值,就必须广泛查阅与本课题有关的各种文献资料,对别人的研究情况做到心中有数,例如,哪些人已经进行了这些方面的研究,他们取得了什么样的研究成果,是否还存在一些值得探讨的问题,等等。

在查阅文献时,从形式上讲,要先查目录、索引、文摘等概括性资料,以节约时间;从时间上讲,要由近及远,如先查 2014 年的资料,再查 2013 年、2012 年等资料,以了解更多的新信息;从媒体上讲,要视听结合,如各地家庭教育类杂志、学前教育类杂志的家庭教育栏目上都有许多重要的资料,此外,已经上网的托幼机构,可利用网络搜寻大量的信息。例如,打开 2012 年《早期教育》第 12 期,在目录上找到"2012 年要目";翻到"2012 年要目"所在的页码,找到"家庭教育"、"家园合作"相应的栏目,众多的论文标题就出现在眼前,如果认为哪些文章可能有帮助,再按照所刊登的具体日期,去查阅全文。

三、提出假设

这是进行学前儿童家庭教育科学研究的焦点。它指的是对家庭教育中某些未知事实所做出的假定和判断。当然，这种假设是以一定的理论和实践为基础，通过逻辑推理才提出的，并不是凭空捏造出来的；这种假设通过研究不一定都能得到证实，有的可能被肯定，有的也可能被否定。例如，有所幼儿园在进行"全日制及寄宿制幼儿的发展水平与家庭教育的关系"的研究时，提出了下面五个假设：（1）寄宿制幼儿比全日制幼儿更依恋于家长；（2）寄宿制幼儿比全日制幼儿的情感抗挫能力更强；（3）寄宿制幼儿比全日制幼儿的独立性更强；（4）全日制幼儿家长一周平均每天与孩子交流的时间多于寄宿制幼儿家长；（5）全日制幼儿家长与孩子外出活动的时间多于寄宿制幼儿家长。三年的实验结果肯定了假设（2）、（3）、（4）的存在，但推翻了假设（1）和（4）。

四、制定计划

这是对学前儿童家庭教育进行科学研究的关键所在。制定好研究计划，可以为研究工作的顺利开展创造良好条件，等于完成了研究任务的一半。学前儿童家庭教育研究计划通常包括课题的名称、研究目标、研究内容、研究方法和研究的预期成果等。例如，在制定以"幼儿园家庭教育指导模式研究"为课题名称的研究计划时，把研究的目标限定为：（1）幼儿园家庭教育指导模式的种类，（2）幼儿园家庭教育指导模式的理论基础，（3）幼儿园家庭教育指导模式的运用，（4）幼儿园家庭教育指导模式的优化。把研究的内容确定为：（1）不同地区幼儿园家庭教育指导的模式及特点，（2）不同类别的幼儿园家庭教育指导的模式及特点，（3）不同特色幼儿园家庭教育指导的模式及特点，（4）不同年龄班幼儿家庭教育指导的模式及特点，（5）家长文化素养与幼儿园家庭教育指导模式的关系，（6）家长教育素质与幼儿园家庭教育指导模式的关系，（7）家长学习类型与幼儿园家庭教育指导模式的关系，（8）家庭经济条件与幼儿园家庭教育指导模式的关系，（9）家庭生活方式与幼儿园家庭教育指导模式的关系，（10）幼儿园家庭教育指导的内容与模式的关系，（11）国外幼儿园家庭教育指导的模式及特点，（12）中外幼儿园家庭教育指导模式的比较。把研究的方法选定为：（1）采用文献资料法，对幼儿园家庭教育指导的模式进行理论研究，（2）采用问卷法、座谈法、家访法，对幼儿园家庭教育指导的模式进行调查研究，（3）采用实验法、行动研究法、比较法，对幼儿园家庭教育指导的模式进行实验研究，（4）采用经验总结法、上门指导法、评价法，对幼儿园家庭教育指导的模式进行实证研究。把研究的预期成果设定为：（1）幼儿园家庭教育指导模式的情报资料，（2）幼儿园家庭教育指导模式的调查报告，（3）幼儿园家庭教育指导模式的经验总结，（4）幼儿园家庭教育指导模式的实验报告，（5）幼儿园家庭教育指导模式的操作方案，（6）幼儿园家庭教育指导模式的操作经验。

五、收集资料

凡是与学前儿童家庭教育某方面的研究有关的各种文字、数据、图片、图画、音像声像资料都要设法获取,为最终结论的做出提供基础。不论是采用观察法、调查法、实验法,还是采用个案法、历史法、比较法来进行收集资料,或是几种方法结合起来加以使用,都要遵守科研道德,尊重参与者的人格,保护被试的隐私。例如,在进行"家长的教养态度对孩子智力发展的影响"的实验研究之前,为了保证实验组和对照组幼儿的发展水平均等,园长就组织人力对幼儿进行了智商测试,但测试的结果不能泄露给带班教师、幼儿家长及幼儿本人,以免使教师和家长产生类似"皮格马利翁"式的效应,使幼儿滋生骄傲情绪或产生自卑心理。

六、分析结果

对所收集到的有关学前儿童家庭教育方面的全部资料进行汇总,分门别类制表画图,统计数据量化处理,得出研究结果;在对研究结果进行分析的时候,要做到定量与定性相结合,综合考虑多种因素,全面深刻地加以说明。例如,在研究"幼儿情感的发展与家庭教育"这一课题时,将幼儿的愉快情感按照性别来分,就可得出"男幼愉快情感发展的特点"和"女幼愉快情感发展的特点"的图表;将幼儿的恐惧情绪按照性别来分,就可得出"男幼恐惧情绪发展的特点"和"女幼恐惧情绪发展的特点"的图表;将幼儿按照情感的特性和年级的不同来分类,就可得出"幼儿恐惧情绪发展的年龄特点"和"幼儿愉快情感发展的年龄特点"的图表(如表9-1-1)。[1]

表9-1-1　幼儿愉快情感发展的年龄特点

项目 班级	趣味言行		庆祝活动		参观公园		游戏		上幼儿园		上小学		幼儿同伴		看电视	
	人数	%	人数	%	人数	%	人数	%	人数	%	人数	%	人数	%	人数	%
小	5	8.3	3	5	14	23.3	11	18.3	2	3.3			4	6.7	2	3.3
中	1	1.7	13	21.7	9	15	22	36.7	1	1.7						
大	2	3.3	16	26.7	8	13.3	13	21.7			2	3.3	2	3.3	1	1.7
合计	8	4.4	32	17.8	31	17.2	46	25.6	3	1.7	2	1.1	6	3.3	3	1.7

项目 班级	与家人团聚		食物		文艺活动		摄影		表扬		爬行		饲养		衣鞋		合计	
	人数	%	人数	%	人数	%	人数	%	人数	%	人数	%	人数	%	人数	%	人数	%
小	4	6.7	6	10	6	10	1	1.7			1	1.7	1	1.7			60	100
中	4	6.7	2	3.3	3	5	2	3.3	1	1.7					1	1.7	60	100
大	4	6.7	4	6.7	8	13.3	1	1.7									60	100
合计	12	6.7	12	6.7	17	9.4	4	2.2	1	0.6	1	0.6	1	0.6	1	0.6	180	100

对表9-1-1可做出如下的分析:(1)幼儿产生愉快情感的刺激物主要为"游戏"、"庆祝活

---

[1] 李生兰:《幼儿愉快与恐惧情感的调查研究及教育对策》,《幼教园地》,1994年第6期。

动"、"参观公园"和"文艺活动";(2) 对小班幼儿较强的刺激物是"参观公园"、"游戏"和"文艺活动";(3) 对中班幼儿来讲,"游戏"活动的刺激作用显著增强,"庆祝活动"的效果也大大增加;(4) 对大班幼儿较强的刺激物是"庆祝活动"和"游戏"活动;(5) 从幼儿年龄变化的反应来看,"游戏"始终居于重要地位,随着班级的升高,生活经验和知识的丰富,"庆祝活动"和"文艺活动"的刺激强度逐渐加大,而"参观公园"以及"食物"刺激的强度逐渐减弱。

七、撰写研究报告

这是对学前儿童家庭教育进行科学研究的终端,它是研究者把自己从事研究的学术观点、基本设想与研究成果公布于众的主要形式,直接关系到人们对研究工作的评价。研究报告撰写的基本格式,按出现顺序来讲,一般包括以下几个部分:(1) 题目,(2) 作者及单位名称,(3) 内容摘要、关键词,(4) 研究目的,(5) 研究方法,(6) 研究结果,(7) 结果分析,(8) 讨论与建议,(9) 结论,(10) 参考资料目录等。在实际撰写时,各部分所占的比重是完全不同的,相比而言,"研究结果"、"结果分析"和"讨论与建议"占有较大的分量。例如,在撰写"少子化时代幼儿家长教育观念的研究"的报告时,研究者只用较少的笔墨简述"问题的提出"和"研究方法(如被试、材料、程序)",而用较多的笔墨阐述"研究结果(中国、日本、韩国幼儿家长的儿童发展观,中国、日本、韩国幼儿家长对儿童发展的期望,中国、日本、韩国幼儿家长的儿童教育策略,少子化、高龄化的教育对策)"和"讨论(中国、日本、韩国少子化时代幼儿家长教育观念之共性,中国、日本、韩国少子化时代幼儿家长教育观念之特殊性,少子化、高龄化时代制定幼儿家庭教育对策的思考)",[①]研究的重点显得非常突出。

有时候,在撰写研究报告时,也可另辟蹊径,采用不同的风格来完成。例如,在撰写"独生幼儿家庭教育的问题与对策"的调查报告时,笔者做出了如下的布局:问题之一:狭隘的教育目标。对策之一:树立正确的人才观。对策之二:确立全面发展的教育目标。问题之二:片面的教育内容。对策之一:培养幼儿的综合素质。对策之二:建立幼儿合理的智能结构。问题之三:偏激的教育方法。对策之一:丰富家长的教育知识。对策之二:树立家长的教育威信。问题之四:封闭的教育途径。对策之一:增加家庭之间的交往。对策之二:加强家庭与社会的联系。[②]

不论以什么样的形式来撰写研究报告,都应做到可读性与科学性相结合,普遍性与典型性相结合,准确性与公正性相结合,理论性与实践性相结合。

---

① 杨丽珠等:《少子化时代幼儿家长教育观念的研究》,载中国学前教育研究会编:《迈向 21 世纪的中国学前教育研究优秀论文集》,南京师范大学出版社,1999 年版,第 267~272 页。
② 李生兰:《独生幼儿家庭教育的问题与对策》,《江西教育科研》,1994 年第 5 期。

第二节 学前儿童家庭教育科学研究的主要方法

对学前儿童的家庭教育进行科学研究的方法多种多样,常见的是调查法、观察法、实验法、个案法、历史法、比较法;每种方法都有自己的长处与不足,只有适时地相互结合、综合使用,才能提高学前儿童家庭教育科学研究的质量。

一、调查法

调查法是研究者有目的、有计划地通过自身的接触和充分的了解,在全面掌握学前儿童家庭教育现状第一手资料的基础上,进行正确的分析、综合,得出科学的结论,以指导今后的学前儿童家庭教育实践活动的一种研究方法。这种方法在学前儿童家庭教育的研究中运用得比较多。例如,1998 年 5 月在上海召开的全国第二届幼儿家庭教育研讨会,共收到来自全国各地的论文 181 篇,广泛交流了自 1992 年全国首届幼儿家庭教育研讨会以来幼儿家庭教育的研究成果;研究会从中选择了 151 篇论文,编辑成册;从发行的《全国第二届幼儿家庭教育研讨会论文集》(摘要)目录上看,"调查"研究报告达 28 篇,占总数的 18.54%。

在运用调查法研究学前儿童家庭教育的时候,需要注意如下几个事项:

第一,做好调查前的准备。要学习有关学前儿童家庭教育某一方面的理论知识,寻找相关的研究资料;确定调查范围,选择调查对象;制定调查计划,拟定调查问卷和表格,安排调查的过程和步骤。例如，在对"父亲在幼儿教育中的作用"这一课题进行研究以前，[1]课题组成员广泛查阅各种材料，认真学习了陈鹤琴的《家庭教育——怎样教小孩》、日本学者的《孩子和家庭环境》、美国学者克米·普玲的《满足儿童需要秘诀》等著作；在对"上海市区幼儿双休日活动"进行研究的时候，课题组将上海市的杨浦、虹口、闸北、普陀、长宁、静安、黄浦、卢湾、南浦、徐汇这10个区作为调查范围；在每个区的一级、二级幼儿园中，各随机抽取1所幼儿园；在每所幼儿园的大、中、小班里，各随机抽取1个班，最后再在每个班里各随机抽取5名男孩和女孩及其家长作为调查对象。[2]

第二，在自然状态下调查。为了保证调查结果的真实、可靠，发放问卷、召开座谈会、走访等调查工作都应该在极其自然的状态下进行，要把注意事项向调查对象说明清楚，使调查对象没有任何心理负担，认真填写问卷，主动参与交流，积极配合访问。

第三，合理得出调查结论。对调查结果要进行恰如其分的分类、整理、统计、分析，推断结论，指出存在的问题及不足之处，提出合理的改进建议，并撰写成调查研究报告。比如，通过对上海市区幼儿双休日活动调查所得资料的分析、综合，课题组指出幼儿双休日活动主要存在以下几个问题：家长在安排孩子的双休日活动时比较专制，在为孩子选择双休日活动时比较盲目；幼儿双休日活动的内容较为片面，活动的范围较为狭隘，活动的形式较为单调。对此，提出优化幼儿双休日活动的基本措施：家长要注意发挥双休日的休闲功能，全面提高自身的素质，充分利用社区的教育资源，广泛开展多种多样的活动，促进幼儿健康快乐地成长。

二、观察法

观察法是按照一定的目的和计划，在自然条件下，对研究对象进行连续的、系统的观察，及时、准确、详细地加以记录，以全面而又具体地把握学前儿童家庭教育真实情况的一种研究方法。这种方法在学前儿童家庭教育的研究中具有悠久的历史，起到了十分重要的作用。世界上许多著名的教育家都曾运用观察法来研究学前儿童的家庭教育问题，例如，瑞士教育家裴斯泰洛齐早在18世纪后半期，就通过观察的形式，记录他三四岁儿子的发展状况；我国著名幼儿教育专家陈鹤琴在20世纪20年代，对孩子一鸣进行了长达808天的观察，并采用日记的方式加以记录，为《家庭教育——怎样教小孩》一书的著成提供了良好的素材。

学前儿童的心理特征主要是通过外在的言语、表情和动作表现出来的，易于为父母、教师所观察和了解，所以观察法在学前儿童家庭教育的研究中就具有十分独特的地位。

在运用观察法研究学前儿童家庭教育的时候，应该注意下面几个问题：

首先，详细制定观察计划。要根据观察的任务和内容，制定详细的观察计划，确立观察的各个步骤，布置好观察的场地，准备好观察的设备、仪器和记录表格。例如，要了解幼儿在家庭中看图书的情况，可以将下面这张表格发给家长，请家长进行观察和记录。

[1] 李生兰等：《父亲在幼儿教育中作用的调查与思考》，《当代幼教》，1998年第9期。
[2] 李生兰：《上海市区幼儿双休日活动的调查研究》，《学前教育研究》，1997年第2期。

表 9 - 2 - 1 幼儿在家中看图书情况观察记录表

（请在适当地方打上"✓"）

幼儿班级：大班（ ） 中班（ ） 小班（ ） 幼儿学号：（ ）
幼儿姓名：（   ） 幼儿年龄：（ ）岁（ ）月 幼儿性别：男（ ）女（ ）
观察记录者： 爸爸（ ）   妈妈（ ）   其他人（ ）
观察记录时间：上午（ ）   下午（ ）   晚上（ ）

编号	观察的项目	记录的等级				
		总是	经常	一般	有时	从不
1	爸爸和孩子一起看，爸爸讲	（ ）	（ ）	（ ）	（ ）	（ ）
2	爸爸和孩子一起看，孩子讲	（ ）	（ ）	（ ）	（ ）	（ ）
3	妈妈和孩子一起看，妈妈讲	（ ）	（ ）	（ ）	（ ）	（ ）
4	妈妈和孩子一起看，孩子讲	（ ）	（ ）	（ ）	（ ）	（ ）
5	孩子自己看	（ ）	（ ）	（ ）	（ ）	（ ）
6	孩子和亲友的孩子一起看	（ ）	（ ）	（ ）	（ ）	（ ）
7	孩子和邻居的孩子一起看	（ ）	（ ）	（ ）	（ ）	（ ）

其次，切实执行观察计划。在实际观察的过程中，要选择最佳位置，进行自然观察，以不干扰观察对象的正常活动为准则，并及时、客观、详尽地予以记录。比如，在早晨父母送孩子入园、傍晚父母接孩子离园的这两个瞬间里，教师可以在活动室门口，不动声色地观察幼儿和父母分离、相见时的情感变化状况，并用"很愉快、兴奋"、"比较愉快、兴奋"、"一般化、无所谓"、"比较悲伤、抑郁"、"很悲伤、抑郁"等词语进行记录。

再次，客观评析观察结果。对观察所得到的材料要进行全面整理、系统分析，以客观评价学前儿童的发展水平及其与家庭教育之间的状况。例如，对上例所说的某个幼儿的观察记录材料进行分析以后，我们就能对这个幼儿情感发展的水平，以及与父母之间关系的密切程度做出评定。

随着科学技术的发展，现代化教育研究手段的引进，在使用观察法研究学前儿童家庭教育问题时，除了利用人眼观察、耳闻手记之外，还应大量运用录音机、录像机、摄像机、幻灯机、投影机、多媒体等各种视听工具，以提高观察、记录的效率和质量。

三、实验法

实验法是在人工控制学前儿童家庭教育现象的情况下，有目的、有计划地观察学前儿童家庭教育现象的变化和结果的一种研究方法。在我国学前儿童家庭教育的研究中，自然实验法（即在日常教育工作的正常条件下进行）运用得较多，实验室实验法（即在人工设置的条件下进行，采用各种复杂的仪器和现代技术）运用得较少。随着科学技术的日新月异、学前儿童家庭教育科学研究的进一步深入，实验法必将显示出越来越强的生命力，发挥出更大的作用。

在运用实验法研究学前儿童家庭教育的时候,必须注意下述几个方面:

第一,实验计划的制订应细致。在对学前儿童家庭教育某一方面的问题进行实验研究以前,要全盘考虑整个实验,拟定好实验的详细计划,决定实验的方式和组织形式,究竟是采用单组法,还是等组法,或是循环法等。例如,在进行"幼儿园普及家长儿童保教知识的形式的实验"研究时,可以选择等组法;把家长分成三组,使每组家长在文化程度、所从事的职业、已有的保教知识经验等方面的情况都基本均等;再对这三组家长分别施予"听讲座"、"看图书"、"观录像"的形式,传授保教知识,最后比较其效果。

第二,实验准备工作应周全。要根据实验目的,编制测试题目,准备好玩具、教具、仪器、资料、纸笔等材料。比如,在上例中,实验者在对家长进行分组以前,要编写一些试题,来测出家长现有的儿童保教知识水平。

第三,实验过程的进行应顺利。要创造理想的实验环境,设法控制实验因素,使重要的因素不变或少变;为了避免偶然性,要反复多次地进行实验。例如,在进行上述实验的过程中,所有参与人员既不应随意离开现场去接听电话或接受来访,也不应大声喧哗或窃窃私语,以干扰家长的情绪。

第四,实验结果的处理应慎重。要反复核对实验数据,慎重进行统计处理,以数字为基准,得出应有的结论,而不能随意修改数字,想当然地得出实验的结论,以误导家庭教育工作的开展。

四、个案法

个案法是对学前儿童家庭教育中单独的人或事进行深入而又细致的研究的一种方法。所研究的人或事既可以是典型的,也可以是非典型的。在对这些个案进行专门研究的基础上,再作比较、归纳,探求出共同的规律,以进一步指导学前儿童家庭教育的开展。在学前教育界强调要培养儿童良好的个性的今天,个案研究法就具有独特的作用。

在运用个案法研究学前儿童家庭教育的时候,应该注意以下几个问题:

首先,确立专门的研究对象。要在广泛了解情况的基础上,确定进行重点研究的对象。例如,在全班幼儿中,教师发现有个男孩在自由活动中总是喜欢去玩活动室的门,一会儿把门关上,一会儿又把门打开,教师就可以为他立案,进行专门的研究。

其次,收集对象的各种材料。要通过多种渠道,获取研究对象方方面面的信息,以全面深刻地了解儿童。就拿上例来说,教师可向这个男孩的家长了解他在家里的行为表现、生活习性及其家庭教育的一些情况。

再次,撰写对象的研究报告。要对所获取的研究对象的各种信息进行综合处理,去粗取精,去伪存真,分析判断,得出结论,写成研究报告。

五、历史法

历史法是通过对人类历史上丰富的学前儿童家庭教育思想和实践活动的分析研究,去认识学前儿童家庭教育发展的规律性,用以指导今天的学前儿童家庭教育工作的一种研究方法。我国是一个世界文明古国,有着悠久的家庭教育传统和丰富的家庭教育经验:从古代颜之推的《颜氏家训》,到近代朱庆澜的《家庭教育》,再到现代陈鹤琴的《家庭教育——怎样教小孩》等,都对探索中国化、科学化的学前儿童家庭教育具有现实的指导意义;国外许多学者也对学前儿童的家庭教育进行了探索和研究:从古希腊柏拉图的《理想国》,到近代捷克夸美纽斯的《母育学校》,再到当代苏联苏霍姆林斯基的《家长教育学》等,对我国学前儿童家庭教育理论与实践的发展也有着重要的影响。

因此,运用历史法来研究学前儿童的家庭教育是很有价值的,它有助于我们去认识我国乃至世界学前儿童家庭教育发展的历史进程及其规律,广泛借鉴、吸收古今中外学前儿童家庭教育理论的研究成果和教育子女的实践经验,以促进当前学前儿童家庭教育的改革,建立具有中国特色的学前儿童家庭教育理论的新体系。

在运用历史法研究学前儿童家庭教育的时候,必须注意下述几个方面:

首先,史料的收集应广泛翔实。要尽可能地收集与学前儿童家庭教育有关的法规、政策、论著、传记等资料,比如《奏定蒙养院章程及家庭教育法章程》(1904年颁定)、《推行家庭教育办法》(1940年公布)、《家庭教育讲习班暂行办法》(1941年公布)、《家训》、《家诫》、《家范》、《家教》、《家法》、《家书》等;所收集的材料既可以是文字的,也可以是非文字的。假若我们要研究中国古代家庭女童教育这一问题,那我们要设法寻找像《女诫》、《女儿经》、《女小儿语》这样的著作。

其次,史料的整理应科学系统。要把散见在浩瀚史海中有关学前儿童家庭教育方面的言论、事例采撷出来,用条线串联起来。例如,在收集到的史料中,我们可以把《列女传》、《广列女传》、《列女传续》归为一类,因为在这些传记中都含有《母仪》篇,记录了许多母亲教子成才的经验,并以此为基础来研究中国古代母亲教育儿童的问题。

再次,史料的运用应充分适当。要用历史唯物主义的观点对史料进行分析,去其糟粕,取其精华,批判地继承。比如,意大利教育家威尼斯提出的"应该教育孩子要热情地问候、亲切地答礼,客人来去要热情有礼貌,并不拘于客人多少"以及"教育方法必须根据儿童个性的不同而有所区别"的观点,对于我国学前儿童家庭的礼仪教育、因材施教也有可资借鉴之处。

六、比较法

比较法是对学前儿童家庭教育现象在不同社会制度、不同地点、不同情况下的不同表现,进行比较分析,以揭示学前儿童家庭教育的普遍规律及其特殊表现的一种研究方法。美洲、欧洲、大洋洲及亚洲一些国家都是世界学前教育发达国家,在学前儿童的家庭教育方面有着许多宝贵的经验和有效的做法值得我们去挖掘去学习。例如,英国十分重视家长在儿童成长发展中的作用,要求家长努力配合学前教育机构共同实现教育目标;在家庭为孩子营造一个温暖和谐的环境并提供活动的时机;鼓励家长积极参与学前教育机构的各项活动。此外,还要在学前教育机构和家庭之间建立了一整套联系交流的网络,比如,教师安排专门的时间与家长进行会谈,共同讨论孩子的发展情况;每个月给每位家长发放一份"致家长的信";每学期规定一天为"家长日";定期召开教职员工和家长一起参加的专题讨论会。美国家长重视对儿童进行性教育,注意教给孩子有关男女两性生殖器官的科学词语,提供孩子在自然状态下进行观察的机会,适时向孩子传递有关生育和分娩的简单知识,避免使用动物、植物的繁殖过程来替代,从而培养孩子正确的性态度。[①] 为了提高学前儿童家庭教育的质量,日本着力于提高父母的教养水平,为父母举办了各种各样的家庭教育学习班,传递儿童生理卫生、儿童心理保健、儿童家庭教育的原理,并通过函授、巡回恳谈、电视广播、个别指导等方式进行普及与强化。

邓小平同志提出"教育要面向现代化,面向世界,面向未来",学前儿童家庭教育是我国整个教育体系的一部分,毋庸置疑也应该面向世界。通过对环球不同区域、不同国家的学前儿童家庭教育状况进行比较研究,能帮助我们预测世界学前儿童家庭教育的发展趋势,使我们进一步认识到自己明显的优势和存在的不足,以学习、借鉴外国学前儿童家庭教育的有效举措及成功经验,缩小和世界先进国家之间的距离,迅速与国际接轨,并尽快赶超世界先进水平。

在运用比较法研究学前儿童家庭教育的时候,必须注意如下几个事项:

第一,要准确描述比较的对象。对所要比较的国家的学前儿童家庭教育政策与法规、理论与实践、现象与特征等方面的描述一定要准确无误,这样才能为客观地评价作好准备。

第二,要客观评价比较的内容。在对所收集到的学前儿童家庭教育有关方面的文字材料、图片材料和音像资料进行评价时,要客观分析,实事求是地做出判断。

第三,要科学合理地进行比较。在明确了哪些方面可以进行比较、哪些方面难以进行比较以后;还要在可以进行比较的这些方面,确立比较的具体指标;此外,应尽可能地对所要进行比较的资料进行量化处理,通过对照,找出异同点,分析其原因,并提出矫治我国学前儿童家庭教育弊病的合理化建议。例如,在进行"中国和澳大利亚幼儿家庭教育比较"的研究时,我们从"幼儿家庭教育主客体关系"、"幼儿家庭教育任务及内容"、"幼儿家庭教育途径及方法"这三个维度上来操作。[②] 通过在第一个维度上的比较,我们发现:中国完整型家庭、双职工家庭、父母全日工作的家庭均多于澳大利亚,且父母全日工作的时间(一般是 8 小时)也长于澳大利亚(一般是 6 小时);中国幼儿与父母双方相互作用的时机多于澳大利亚幼儿,中国父母扮演的角色主要是管理者和领导者,而澳大利亚父母则是旁观者和指导者。通过在第二个维度上的比较,我们发觉:两国家庭虽然都能根据社会发展的需要,注意对幼儿进行全面和谐发展的教育,但侧重点却大不相同,中国特别重视智育,尤其是知识、技能的教育,而澳大利亚则更为重视美育,注意激发幼儿欣赏美、表现美、创造美的愿望;即使在相关的教育内容上,也存在着差异,比如,在体育上,中国家庭注重的是消极保护,关注给孩子提供充足的营养,加强孩子的卫生保健工作,以保证孩子的健康成长,而澳大利亚家庭却更看重积极的保护,注意通过体育活动,来锻炼孩子的身体,增强孩子的体质,以促进孩子生动活泼的成长。通过在第三个维度上的比较,我们看出:中国幼儿家庭教育的途径比较封闭,主要局限在家庭内部对孩子进行教育,较多地使用说服教育、树立榜样、批评惩罚等方法,显示出说教性、规范性的特点;而澳大利亚幼儿家庭教育的途径则比较开放,已从家庭内部走向了外部的世界,更多地采用实际锻炼、表扬鼓励、接触社会等方法,呈现出活动性、趣味性的特征。

---

① 李生兰:《美国学前儿童的性教育及启示》,《幼教园地》,1995 年第 1—3 期。
② 李生兰:《中澳幼儿家庭教育的比较研究》,《上海教育科研》,1995 年第 3 期。

第三节 学前儿童家庭教育科学研究的重要课题

一、学前儿童家庭教育课题研究的地位与内容

（一）研究的价值

对学前儿童的家庭教育进行科学研究，已日益受到学者和专家的关注与重视，使它在整个学前教育的研究中占有极为重要的一席之地。例如，1999 年中国学前教育研究会把近五年来全国学前教育工作者的部分研究成果汇编成册，将"幼儿家庭教育"单独列出，作为第七个栏目，与"幼儿园课程整体改革"、"幼儿园健康教育"、"幼儿园社会教育"、"幼儿园语言教育"、"幼儿园科学教育"、"幼儿园艺术教育"、"学前教育事业发展与管理"、"教师素质与师资培训"这八个栏目相并列；在册的研究报告和论文共 82 篇，而幼儿家庭教育方面的研究报告和论文就占了 11 篇，高出每栏平均数的 9.11 篇，占总体的 13.41%。

（二）研究的内容

学前儿童家庭教育课题研究的内容主要包括以下两个方面：

1. 学前儿童的家庭教育

在对学前儿童的家庭教育进行研究时，主要涉及：

（1）家庭教育的作用。例如，家长在儿童身心发展中的作用：父亲对儿童的影响，母亲对儿童的影响，祖辈家长对儿童发展的影响；家庭教育对儿童全面发展的作用：对儿童身体健康或自我保护能力的影响,对儿童求知欲或语言能力、思维能力的影响,对儿童文明礼貌行为或意志品质、交往能力、抗挫能力、情商的影响。

(2) 家庭教育的方法。比如,家庭环境对儿童创造力发展的影响或对儿童情感发展的影响,打骂恐吓对儿童发展的影响。

(3) 家庭教育的活动。例如,双休日活动的安排对儿童发展的影响,亲子游戏对儿童发展的影响,休闲娱乐活动对儿童发展的影响。

(4) 家长的教育观念。比如,子女观对儿童发展的影响,教育投资对儿童发展的影响。

2. 学前儿童家庭教育的指导

在对学前儿童家庭教育的指导进行研究时,主要涉及:

(1) 一般性指导。例如,家庭教育指导的原则,家庭教育指导的形式,家庭教育指导的媒体,教师和家长之间的沟通。

(2) 专门性指导。比如,婴儿家庭教育的指导,幼儿家庭教育的指导;亲子游戏的指导,友好小组的指导;家庭教育环境的指导,家庭健康教育的指导;正常儿童家庭教育的指导,特殊儿童家庭教育的指导;健全家庭的教育指导,残缺家庭的教育指导;城市家庭的教育指导,农村家庭的教育指导,外来人员家庭的教育指导。

(3) 指导的组织管理。例如,家庭教育指导的人员培养,家庭教育指导的质量控制,家庭教育指导的效益评价,学前教育机构与家庭的合作活动的设计及实施。

二、学前儿童家庭教育课题研究的主要特点

近几年来,学前教育工作者对家庭教育进行了广泛而深入的研究,使家庭教育的科学研究进入了一个崭新的历史时期,在课题的研究上表现出以下几个鲜明的特征:

(一) 从研究的对象来看

课题研究的对象不断扩大,年龄逐步向小的方向发展,从幼儿家庭教育延伸到婴儿家庭教育,从幼儿家庭教育的指导延伸到婴儿家庭教育的指导。例如,在年龄段的区分上,既有"父母与3—5岁幼儿语言培养和思维训练的调查研究",也有"家庭环境对0—3岁幼儿情感发展影响的调查"研究;即便是家庭教育指导的研究,既有"幼儿园家庭教育指导原则的探索与实践"的研究,又有"0—3岁乳婴儿社区家庭教育指导模式的初步研究"。

(二) 从研究的人员来看

参加课题研究的人员不断增多,队伍不断壮大,从个人单枪匹马地进行独立研究发展到几个人、十几个人一起进行分工协作,以课题组的形式共同研究。例如,关于"三岁幼儿在教师和家长的相互作用下学习穿脱衣裤的实验",为研究者个人所为,而关于"家庭教育中重智轻德倾向表现形式及成因的调查研究",则是由数十位长期从事幼教理论与实际工作的同志通力合作研究的结晶。

（三）从研究的周期来看

课题研究的周期不断延长，从几个月到一年，从一年到两三年。例如，"影响幼儿个性发展家庭因素的调查研究"是该课题组成员在为期 5 个月的调查研究基础上形成的，而"指导幼儿家庭劳动教育的研究报告"则是家庭教育研究会幼教分会在长达两年的实验研究基础上完成的。

（四）从研究的区域来看

课题研究的区域不断扩大，从幼儿园内部到幼儿园之间，从区（县）内部到区（县）之间，从省（市）内到省（市）之间，从国内到国家之间。例如，上海市的"闸北区幼儿园青年教师家教指导困难原因的调查分析"，涉及区内的 40 所幼儿园；而著名家教研究专家李洪曾先生主持的"中国幼儿家庭教育研究"，涉及上海、四川、江西、辽宁等省市众多的幼儿园和幼教行政部门。

（五）从研究的范围上看

课题研究的范围不断拓宽，从家庭教育的各个方面伸展到家庭教育指导的各个层面。例如，关于幼儿家庭教育的研究有："现代家庭对健康认识现状的调查研究"、"家庭内幼儿好奇心的保护与求知欲培养的现状调查"、"家庭对幼儿性格影响的探讨"、"家长教养态度对幼儿身心发展影响之研究"、"创设发展幼儿创造力的家庭环境"、"亲子游戏在家庭教育中作用的研究"；关于幼儿家庭教育指导的研究有："友好小组活动是指导家庭教育的有效形式"、"全托幼儿家庭亲子关系的指导模式初探"、"农村社区幼儿家庭教育指导的研究"、"指导家长配合训练，提高康复效果——智残儿童家园同步训练探索"。

（六）研究的形式上看

课题研究的形式多种多样，科学性日益加强，从经验总结、理性思考发展到调查研究、实验研究，从定性分析发展到定性分析与定量分析相结合。例如"家庭教育与孩子成长之我见"、"关于幼儿园家长工作评价的思考"、"促进幼儿社会化进程中的家庭教育调查研究"、"黄河中心幼儿园家庭教育实验点实验总报告"。[①]

三、学前儿童家庭教育课题研究的基本结构

（一）课题研究的框架

在对学前儿童的家庭教育进行科学研究的时候，无论是关于哪一方面的专题研究，还是什么样的课题研究，其基本框架不外乎由以下几个部分组成：

1. 数据表

（1）课题名称（不超过 25 字）、研究领域、学科分类、研究类型。

（2）课题负责人（姓名、性别、年龄、职称、工作单位、所属系统、职务）。

---

① 李洪曾主编：《全国第二届幼儿家庭教育研讨会论文集（摘要）》，1998 年。

（3）课题组主要成员（姓名、性别、年龄、职称、工作单位、研究专长、分工）。

2. 负责人和课题组成员近期取得的与本课题有关的研究成果

成果名称、著作者、成果形式、发表刊物或出版单位、发表出版时间。

3. 课题组成员正在担任的其他研究课题

课题名称、课题类型、实施时间、批准单位、资助金额。

4. 立论依据

本项研究的理论价值和实践意义、国内外研究现状分析、附录主要的参考文献。

5. 研究方法

研究目标、研究内容、研究方法、研究过程、本项目拟解决的关键问题和特色创新之处。

6. 完成研究的条件分析

包括现有的研究工作基础、研究的外部条件、课题组人员结构、研究经费、设备等。

7. 成果形式

主要研究阶段、最终完成时间、最终成果形式。

8. 经费预算

出差、调查、实验、资料、上机和小型会议等。

（二）课题研究的案例

现以华东师范大学哲学社会科学重点研究项目——"不同类型家庭对幼儿发展的影响研究"为例，对其主要内容加以分析说明。

1. 课题论证

（1）研究概况和发展趋势。

① 研究概况。家庭是幼儿的第一所学校，父母是幼儿的第一任老师。家庭的结构、生活方式、居住环境，父母的职业、儿童观、教育观、教养态度、教育行为，家庭教育与幼儿园教育配合的情况，对幼儿的全面发展有无影响、影响幼儿哪些方面的发展、这种影响是如何发生作用的。本研究试图对这些问题进行探讨：在调查的基础上，了解幼儿家庭教育的现状，分析促进或阻碍幼儿发展的主要因素及其成因；针对幼儿家庭教育的弊病，提出相应的教育改革建议，并进行实验研究；通过实践检验，总结教改经验，探索促进幼儿发展的普遍规律和特殊规律，以提高幼儿家庭教育的质量。

② 发展趋势。本研究试图探寻在知识经济条件下，以上所列的这些有关家庭教育的因素将会发生哪些变化，对幼儿的发展将会带来哪些影响，反映出哪些特点和规律。

（2）基本内容。

① 不同结构的家庭对幼儿全面发展的影响研究。

② 不同职业的家长对幼儿全面发展的影响研究。

③ 不同居住环境的家庭对幼儿全面发展的影响研究。

④ 不同生活方式的家庭对幼儿全面发展的影响研究。

⑤ 不同儿童观的家长对幼儿全面发展的影响研究。

⑥ 不同教育观的家长对幼儿全面发展的影响研究。

⑦ 不同教养态度的家长对幼儿全面发展的影响研究。

⑧ 不同教育行为的家长对幼儿全面发展的影响研究。

⑨ 家庭配合幼儿园教育的程度对幼儿全面发展的影响研究。

（3）实际意义和理论意义。

① 有助于教育法规的贯彻执行。在一系列教育法律法规中，都明确提出了家庭、家庭教育在幼儿成长发展中的重要作用，开展本课题的研究，有利于理解、实施党和国家政府制定的幼儿教育政策与法规。

② 有助于幼儿教育整体功能的发挥。幼儿教育是一项极为复杂的系统工程，它除了包括幼儿园教育之外，还包括家庭教育。进行本课题的研究，有利于为幼儿创造和谐发展的家庭环境，建立起幼儿园教育与家庭教育、社区教育相结合的育人机制，充分发挥幼儿教育的整体功能。

③ 有助于家长教育素质的增强。家庭是社会的基本单元，是幼儿成长和幸福的自然环境，父母应担负教养幼儿的责任。开展本课题的研究，有利于增强家长的教育素质，丰富家长的教育知识和经验，掌握教育子女的科学和艺术，因材、因地、因时施教。

④ 有助于幼儿成长发展水平的提高。幼儿的成长发展受到家庭、幼儿园、社区及其相互关系的综合影响。通过本课题的研究，对影响幼儿成长的这几个环境因素加以调控、整合，优化幼儿家庭教育的资源，形成统一的教育力量，促进幼儿的健康成长。

（4）预计突破哪些难题。

① 家庭结构对幼儿社会性发展的影响。

② 家庭生活方式对幼儿创造性发展的影响。

③ 家庭居住条件对幼儿自理能力的影响。

④ 家长教育行为对幼儿和谐发展的影响。

⑤ 家庭配合幼儿园教育程度对幼儿健全发展的影响。

2. 对完成本项目现有条件的分析

（1）参加人员水平。

课题组组长：从事幼儿家庭教育的教学和科研工作多年，出版了《幼儿家庭教育》等多部专著，发表有关幼儿家庭教育方面的研究报告及学术论文百余篇，并在《早期教育》刊物上辟有"李生兰家庭教育评析"系列专栏。

课题组成员：由高校教师和幼儿园园长及骨干教师组成。12位成员来自全市不同区域（宝山、虹口、杨浦、闸北、黄浦、南汇）、不同类别（一级、二级）、不同特色（家庭教育指导、体育、美术、英语）的幼儿园，这就使研究成果具有较大的代表性，并为研究成果的推广提供了可能性。6位园长皆为高级教师，具有丰富的家庭教育及管理经验，主编过多本幼儿家庭教育指导与管理等方面的书籍；6位骨干教师拥有广泛的家长工作经验及电脑、英语等方面的知识和技能，发表多篇家长工作指导的经验总结。

（2）研究手段。

① 采用文献法，对家庭类型与幼儿发展的若干问题进行理论研究。

② 采用问卷法、座谈法、家访法，对家庭类型与幼儿发展的若干问题进行调查研究。

③ 采用实验法、行动研究法、比较法，对家庭类型与幼儿发展的若干问题进行实验研究。

④ 采用经验总结法、上门指导法，对家庭类型与幼儿发展的若干问题进行实证研究。

3. 主要研究阶段

（1）准备阶段。收集研究资料，制订研究计划；设计调查问卷表、座谈会记录表、幼儿发展水平评估表。

（2）调查阶段。在 5 所幼儿园里，随机抽取大、中、小班各 2 个，向这些班级全体幼儿家长发放调查问卷，并回收；召开部分家长座谈会；对幼儿在体力、认知、情感、社会性、审美等方面的发展状况进行评估；上机统计处理所得的各种表格和数据，并对结果进行分析，提出家庭教育改革措施。

（3）设计阶段。针对家庭教育改革措施，设计大、中、小班幼儿家庭教育方案，帮助家长通过多种途径，开展各种教育活动，提高教育能力。

（4）实验阶段。在每所幼儿园中，随机抽取一个班为实验班，另一个班级为对照班；在实验班幼儿家庭，实施教育方案；总结幼儿家庭教育活动经验，设计后续家庭教育活动方案；在实验班继续实施家庭教育活动方案；总结幼儿家庭教育后续活动经验。

（5）评估阶段。设计幼儿家庭状况、幼儿家长教育情况及幼儿发展水平的评价表；分别对实验班和对照班的幼儿家庭状况、幼儿家长教育情况及幼儿发展水平进行评估。

（6）总结阶段。统计处理实验研究结果；撰写各种研究报告；修改、打印研究报告。

（7）论证阶段。鉴定研究成果，发表研究成果。

4. 分工与具体操作程序

（1）收集、整理研究资料，进行理论研究。

（2）设计、发放调查问卷，进行实践操作。

（3）处理、分析问卷，进行结果统计。

（4）设计活动方案，进行对比研究。

（5）设计评估量表，进行教育效果分析。

（6）撰写、修改报告，进行研究总结。

5. 对研究成果的质量要求

（1）在省（市）级以上的刊物上发表，力争在全国教育类核心刊物上发表。

（2）参加省（市）国家、国际学术交流活动。

（3）得到同行专家的肯定，对幼儿家庭教育具有指导性。

6. 成果形式

阶段研究报告、系列论文。

7. 完成时间

8. 经费预算

幼儿园运用家庭和社区资源优化园本课程的研究简案

吴晓兰[①]

一、研究价值

（一）理论价值

（二）实践价值

二、研究内容

（一）核心概念的界定

1. 家庭资源

2. 社区资源

3. 园本课程

（二）幼儿园拥有的家庭资源的种类

1. 家庭的结构、住房、收入

2. 家长的职业、学历、辈分、性别

3. 家长的价值观、儿童观、教育观

（三）幼儿园拥有的社区资源的种类

1. 人力资源

2. 场馆资源

（四）幼儿园运用家庭资源优化园本课程的策略

1. 以儿童为本位的策略

2. 以教师为主导的策略

3. 以家长为主体的策略

（五）幼儿园运用社区资源优化园本课程的策略

1. 以儿童为本位的策略

2. 以教师为主导的策略

3. 以社会人士为主体的策略

（六）幼儿园运用家庭和社区资源优化园本课程的经验

1. 遵守法规政策的经验

2. 与家庭沟通合作的经验

3. 与社区互动合作的经验

（七）幼儿园运用家庭和社区资源优化园本课程的难点

1. 人力难点

---

① 吴晓兰，上海市优秀园丁、一级园长、中学高级教师，上海市宝山区小鸽子幼稚园园长。

2. 物力难点

3. 财力难点

4. 场馆难点

（八）幼儿园运用家庭和社区资源优化园本课程的改革

1. 园本教研活动的改革

2. 幼儿园一日活动的改革

3. 幼儿园家长工作的改革

4. 幼儿园参观活动的改革

三、研究方法

（一）调查研究法

（二）行动研究法

（三）个案研究法

四、研究结果与分析

五、研究结论与建议

六、主要参考文献

七、附录

（一）问卷表

（二）访谈表

（三）观察表

参考阅读书目

1. 王坚红编：《学前儿童发展与教育科学研究方法》，人民教育出版社，1991 年版。

2. 陈帼眉主编：《学前儿童发展与教育评价手册》，北京师范大学出版社，1994 年版。

3. 李洪曾主编：《上海市幼儿家庭教育研究论文集》，1998 年。

4. 李洪曾主编：《全国第二届幼儿家庭教育研讨会论文集（摘要）》，1998 年。

5. 李生兰：《幼儿家庭教育》，上海教育出版社，1998 年版。

6. 中国学前教育研究会编：《迈向 21 世纪的中国学前教育研究优秀论文集》，南京师范大学出版社，1999 年版。

7. 李生兰：《幼儿园家长开放日活动的研究》，华东师范大学出版社，2008 年版。

8. 李生兰：《儿童的乐园：走进 21 世纪的美国学前教育》，南京师范大学出版社，2011 年版。

9. 李生兰等：《学前教育法规政策的理解与运用》，南京师范大学出版社，2012 年版。

10. 李生兰：《幼儿园与家庭、社区合作共育的研究》，华东师范大学出版社，2013 年第 2 版。

1. http://www. cnsece. com
2. http://Jtjy. china. com. cn
3. http://www. zhjtjyw. com
4. http://www. jiaj. org
5. http://www. age06. com
6. http://www. naeyc. org

复习思考题

1. 学前儿童家庭教育科学研究的主要步骤有哪些？
2. 学前儿童家庭教育科学研究报告的基本格式是什么？
3. 学前儿童家庭教育科学研究的方法主要有哪些？
4. 你准备采用哪种方法来研究学前儿童的家庭教育？为什么？
5. 你准备采用哪种方法来研究学前儿童家庭教育的指导？为什么？
6. 学前儿童家庭教育科学研究的基本内容是什么？
7. 学前儿童家庭教育科学研究的主要特点是什么？
8. 学前儿童家庭教育课题研究的基本框架是什么？

案例试评

先阅读下面案例，再查评价表（见表1、表2、表3、表4），并在你认为恰当的答案的序号上打"√"。

一、案例

一位教师在研究亲子关系的时候，把所得到的调查数据进行了归类，制作了下面4张表格。

表1 "在爸爸和妈妈两人当中，你更喜欢谁？"

班级 更喜欢谁	大班		中班		小班		合计	
	人数	%	人数	%	人数	%	人数	%
爸 爸	12	40	9	30	11	37	32	36
妈 妈	18	60	18	60	19	63	55	61
爸 妈	0	0	3	10	0	0	3	3
合 计	30	100	30	100	30	100	90	100

表2 "在爸爸和妈妈两人当中,你更喜欢谁?"

更喜欢谁 \ 性别	男		女		合 计	
	人数	%	人数	%	人数	%
爸 爸	19	42	13	29	32	36
妈 妈	23	51	32	71	55	61
爸 妈	3	7	0	0	3	3
合 计	45	100	45	100	90	100

表3 "在家里,你最听爸爸的话,还是妈妈的话?"

最听谁的话 \ 班级	大 班		中 班		小 班		合 计	
	人数	%	人数	%	人数	%	人数	%
爸 爸	9	30	3	10	11	37	23	26
妈 妈	21	70	18	60	19	63	58	64
爸 妈	0	0	9	30	0	0	9	10
合 计	30	100	30	100	30	100	90	100

表4 "在家里,你最听爸爸的话,还是妈妈的话?"

最听谁的话 \ 性别	男		女		合 计	
	人数	%	人数	%	人数	%
爸 爸	17	38	6	13	23	26
妈 妈	19	42	39	87	58	64
爸 妈	9	20	0	0	9	10
合 计	45	100	45	100	90	100

二、评价表

编 号	项 目	答 案
从表1可知	在爸爸和妈妈两人当中,总体而言,幼儿更喜欢	(1) 爸爸　(2) 妈妈　(3) 基本相似
从表1可知	大、中、小班幼儿都更喜欢	(1) 爸爸　(2) 妈妈　(3) 基本相似
从表2可知	男女幼儿喜欢爸爸的程度	(1) 高于妈妈　(2) 低于妈妈　(3) 基本相似
从表2可知	男女幼儿比较而言,男孩比女孩	(1) 更喜欢爸爸　(2) 更喜欢妈妈　(3) 基本相似

编　号	项　目	答　案
从表 3 可知	大部分幼儿在家里最听	(1) 爸爸的话　(2) 妈妈的话 (3) 基本相似
从表 3 可知	最听爸爸话的这部分幼儿主要来自	(1) 大班　(2) 中班　(3) 小班
从表 4 可知	男女幼儿都最听	(1) 爸爸的话　(2) 妈妈的话 (3) 基本相似
从表 4 可知	比较而言,男孩子最听	(1) 爸爸的话　(2) 妈妈的话 (3) 基本相似

第十章

国外学前教育机构与家庭及社区的合作共育

本章首先论述了美国学前教育机构与家庭、社区合作共育的渠道、特点及启示；其次阐述了英国学前教育机构与家庭、社区合作共育的形式、特征及启示。

第一节　美国学前教育机构与家庭及社区的合作共育

　　在美国匹兹堡大学教育学院院长的邀请下，在华东师范大学学前教育与特殊教育学院"优秀中青年教师出国基金"的资助下，笔者曾赴美国匹兹堡大学教育学院做访问学者，研修美国学前教育机构与家庭合作共育。研究者通过偶遇抽样，观察了美国 P 州 P 市的 22 所学前教育机构的环境和活动，访谈了 79 位学前教育机构的主任及主任助理、教师及教师助手。① 现将美国学前教育机构与家庭合作共育的形式及效能、引发研究者的思考及给研究者的启示综述如下：

---

① 研究者从科研规范出发，将这些教育机构的真实名称全部隐去，用英文字母替代。

一、通过不同的开放时间,满足家长的不同需求

这些学前教育机构都是为进入小学以前的儿童服务的,服务对象主要是出生6个星期到5岁的儿童。这些机构不仅每天开门、关门的时间不同,而且每天开放的时间长度也不同。例如,HA学校的开放时间是上午8:10—下午2:15,JCCE儿童发展中心的开放时间为上午9:00—下午3:00。即使是同一所学前教育机构,儿童在机构的时间也可不同,既有全日班,也有半日班(上午班或下午班),此外,全日班、半日班都还设立了扩展班、延长班。比如,CH儿童中心全日班的时间是上午9:00—下午3:30,其扩展班的时间为上午7:30—下午6:00;CMU儿童学校上午半日班的时间是8:30—11:30,其延长班的时间为8:30—13:00,下午半日班的时间是12:30—15:15,其延长班的时间为12:30—17:45。

不同的学前教育机构拥有不同的开放时间,同一所学前教育机构也有几种不同的开放时间,这就使家长能从家庭的实际情况出发,在各种学前教育机构中进行比较,甚至在同一种教育机构中加以选择,因而就从根本上满足了家长的切实需要。

二、通过《家长手册》,全面展示学前教育机构的风采

每一个学前教育机构都印有《家长手册》,免费发给家长,使学前教育机构各个方面的信息都能以图文并茂的形式全面地展现在家长面前。这些《家长手册》的大小、厚薄、装饰虽然不同,但都包含着教育目标、教育内容、教育途径、接送制度、收费制度、郊游制度、家长参与、教师简介、节假日安排等信息。例如,在JCCE儿童发展中心《家长手册》上,清晰地写着机构的教育目标是促进儿童社会性和情感、身体、认知和语言的发展;在C儿童中心《家长手册》上,明确地写着机构的教育途径是与家长合作,共同为儿童创设一个安全的、健康的有教育意义的环境,通过日常生活、游戏活动、主题活动来促进儿童的全面发展;在U儿童发展中心《家长手册》上,详细地介绍了全园42位保教工作者的学历、经历、头衔、兴趣爱好、家庭生活和未来打算。

学前教育机构是儿童走出家庭的第一个教育机构,必然牵动着每位家长的心;《家长手册》是学前教育机构与家庭联系的重要视觉通道,具有首因效应的作用,因而受到了每一所学前教育机构的高度重视。

三、通过"接送交流",开展学前教育机构与家庭的日常交往

几乎每个学前教育机构都要求家长把孩子送进教室,并为孩子签到;当接孩子时,也要到教室里来,为孩子签出。家长虽然可以随时进出学前教育机构接送孩子,但学前教育机构还是希望家长能按时接送孩子,让带班教师看到他们的到来和离去,并鼓励家长积极与教师交流。U儿童发展中心等机构还建议家长,每天提前10—15分钟来接孩子,使自己有足够的时间,自由地与教师交换信息、分享信息,这样既维持了家长和教师的每日交流,又不会推迟教师的正常下班时间。

学前教育机构在教师和家长之间起到了桥梁作用,帮助教师与家长建立了互惠的伙伴关系,从而使双方的合作共育能够健康而又稳定地发展下去。

四、通过"家长信箱",维系学前教育机构与家庭的正常交流

这些学前教育机构都能考虑到家长工作繁忙、接送孩子时间紧张、停车泊位不便等原因,在班级为每个家长设立了信箱,这些信箱要么是挂在墙壁上的一个个小布袋、小塑料袋、小纸盒,要么是设在孩子物品存放处上方的一个个小木栏里。学前教育机构注意提示家长特别是那些无时间与教师进行口头交流的家长,每天接送孩子时,一定要看看自己的信箱,及时地对投放在里面的材料做出反应,以通过书面语言的形式与教师保持联系。在"家长信箱"里面,通常放有学前教育机构或班级的各种通知、孩子的一些作品、教师对孩子的评价表等。对于0—3岁儿童的家长来讲,每天能从信箱里获取教师对孩子在如厕、饮水、进食、睡眠、动作等方面的评价表;对于3—5岁儿童的家长来讲,每周能从信箱里得到教师对孩子在生活、游戏和活动等方面的评价表。

学前教育机构站在家庭的角度思考问题,采用书面语言交流通道与家长沟通、分享,保证了学前教育机构与家庭日常联系的畅通无阻。

五、通过"家长园地",增强学前教育机构与家庭的纽带关系

一方面,每所学前教育机构都有属于整个机构的"家长园地",设在机构入口处的显眼位置,上面悬挂着不同部门颁发的合法经营执照(如本州、本市教育部门、社会福利部门发放的执照)、优质教育证书(如美国学前教育研究会、地方学前教育研究会发放的证书),张贴着不同年龄班本学期主要活动安排表、节假日安排表、安全条例、园长留言、每周食谱、近期信息通告、教师例会通知、社区有趣活动、机构求助信等。例如,在CMU儿童学校的"家长园地"上,笔者阅读了"向全园家长求助信",告诉家长在GE超市购物,这个超市就会根据学校的购物情况,回赠给学校一些设备和材料;请求家长在这个超市购物时为学校注册,并把注册的简单方法告诉家长,希望得到家长持续的帮助,以便使学校获得更多的免费物品。另一方面,每所学前教育机构的各个班级还有自己的"家长园地",设在班级的门外边、门上、门里面,上面贴着全班保教人员的照片、一日(半日)活动时间表、班级活动计划和方案、班级活动地点指示牌、儿童值日生安排表、儿童美工作品、儿童全家福照片、家长留言簿等。例如,U儿童发展中心的大班门上贴着新颖美丽的指示牌,家长来接孩子时,如果发现孩子不在班级,看着指示牌,就能知道孩子在哪里,在进行什么样的活动。

学前教育机构本着公开透明的原则,向家长公示机构的运营和管理政策,在赢得家长信任和尊重的同时,吸引家长关注机构、帮助机构,从而与家庭建立了牢固的纽带关系。

六、通过观察活动,发展学前教育机构与家庭的合作关系

每个学前教育机构都声明他们的大门总是向家长打开的,他们积极鼓励、欢迎家长随时来访,进入班级,观看孩子的各种活动。从观看的场所来讲,家长的观察有两种,一种是实地观察,即家长在班级的自然环境中,直接观察孩子的活动,这被大多数学前教育机构所采用。另一种是实验室观察,即家长在班级的观察室里,通过单向透镜等设备,观察孩子的活动,这被两所大学附属的学前教育机构所采用。例如,U儿童发展中心在各班的观察室里,贴着如何使用观察室的说

明、观察的注意事项、班级一日生活作息时间表等,鼓励家长在观察室里观看孩子的活动,真实地了解孩子的各种表现,并与教师、园长进行交流。从观察者的角色来讲,家长的观察也有两种,一种是局外观察,即家长不参加班级的活动,只是"冷眼旁观"孩子的表现。另一种是参与观察,即家长投入到班级的活动中去,在和孩子一起活动时对孩子进行观察。许多学前教育机构都提倡家长使用后一种观察,鼓励家长来园,参与孩子的日常活动,和孩子一起分享某个时光,如共读图书,共同游戏,共进午餐。

家长进班观察孩子的活动,是家长参与学前教育机构教育工作的一种重要形式,不仅能增加孩子的适应性,丰富孩子和家庭的生活,而且还能帮助家长具体了解班级的教育方案,密切家庭和机构的合作关系。

七、通过"家长会",搭建家长与教师对话的平台

一些学前教育机构安排了家长会,以班级的形式进行,一学期1—2次,每次1个小时左右。会前,教师把会议的时间、地点、主题、内容张贴出来;会上,教师尽量使家长觉得舒服,始终以积极的口吻讲话,不批评、不谴责、不埋怨、不恐吓家长,并给家长留出思考、提问和发言的时机;会后,教师感谢家长的参与,并希望他们继续支持班级的工作。许多学前教育机构还声明,家长可以在任何时候提出开会的要求,来讨论班级的教育方案、孩子的进步和需要、家长的期望,分享孩子在班级和家庭的各种信息。

在"家长会"上,不论是信息的输出者还是信息的输入者都能从中获益;"家长会"为家长与教师的平等对话创造了契机,使家长和教师的分享合作成为可能。

八、通过"时事通讯",传递各种保教儿童的信息

一些学前教育机构办有"时事通讯",定期向家长发布各种保育教育儿童的信息。"时事通讯"的栏目一般包括学校事件、班级活动、儿童作品、父母话题、家庭和社区信息;"时事通讯"的周期分为每周,或双周、每月、双月发行;"时事通讯"的形式为4—8页A4纸,图文并茂,彩色打印。例如,在CMU儿童学校11月的时事通讯上,笔者读到了教师研讨会、家长—教师会谈、科研活动的信息以及园长寄语、机构向家长的致谢信、家庭营养、安全事项、游戏泥制作的信息、地方书展、超市、图书馆儿童故事会的信息等。在BAS学校11—12月的"时事通讯"上,笔者发现了高质量学前教育机构的标准、儿童活动照片、4位家长对教师的赞扬信、家庭节日活动注意事项、11月和12月需要记住的重要日子等信息。

随着现代科技的发展,"时事通讯"的质量也越来越高,对家长的吸引力也越来越大,正是由于它的可读性、便利性和交互性的特点,使之成为学前教育机构与家庭沟通的重要渠道之一。

九、通过志愿者活动,发挥家长的聪明才智

学前教育机构都重视组建家长志愿者队伍,定期开展招聘家长志愿者的活动,吸引每位家长适时加入,鼓励并欢迎家长利用家庭的人力和物力资源为学前教育机构服务。例如,在CH儿童中心的大厅里,笔者看到桌子正面挂着一张大纸,纸上贴着"我们需要志愿者"几个红色大字;桌

子上放着几张纸和几支笔;已有几位家长在上面填写了自己志愿为机构"开车旅游"、"组织参观"、"帮助餐点活动"、"照看午睡活动"等。家长志愿者可以在自己的工作场所里,也可以在学前教育机构里、班级里,和教师、孩子分享自己的职业、知识、经验、兴趣、爱好和才能。在学前教育机构里,家长志愿者做了许多力所能及的事情,如帮助图书馆整理图书、设计大型活动方案、组织烹调活动和节日庆祝活动、安排参观和郊游事宜。在班级里,家长志愿者的角色多种多样:(1)联络家长志愿者,即在教师与家长之间、家长与家长之间广泛进行联系,保证各种信息的及时传递。(2)特别事件家长志愿者,即在特别的事情中、特殊的活动中成为教师的助手,给予教师支持和帮助。(3)电话家长志愿者,即创建班级电话树,通过电话联系孩子所在班级的家长,通知家长特别的事情,提醒家长特殊的日子,促进家庭之间的交往。(4)普通家长志愿者,即在班级日常活动中,志愿去做某件事、某些事。在 CMU 儿童学校,笔者看到一位母亲正在为 3 岁女儿的班级服务,在室外自由游戏时,她和儿童一起做游戏;在室内大组活动时,她给儿童看图书讲故事。

组织家长志愿者队伍,开展各种志愿活动,是美国学前教育机构与家庭合作的一种独特形式,使家长在把自己的聪明才智奉献给班级的过程中,加深对教师的认知,有利于融洽家长与教师之间的关系。

十、通过"开放日"活动,促使家长成为团队中的一员

一些学前教育机构设立了家长"开放日"制度,每年向家长开放 1—2 次,每次 1—2 个小时,届时,欢迎每个儿童的所有家庭成员来到机构,观看、参与班级的各种活动,以全面了解孩子在班级的情况。例如,CM 儿童学校在每年的 2 月份、PP 儿童学校在每年的 10 月份、SEA 学校在每年的 12 月份同时向全园家长开放。为了保证"开放日"活动的有效性,有的机构把各个班级的"开放日"安排在不同的时间里。比如,CCEE 学校每年向家长开放两次,一次在 1 月份,另一次在 6 月份,各班开放的具体日期不同;CMU 儿童学校每年每班有 1 次"开放日"活动,安排在 10 月份和 11 月份。11 月 29 日中午 12 点—下午 1 点,笔者在 CMU 儿童学校观看了 4 岁儿童延长班的家长"开放日"活动的全过程:(1)12:00—12:15,教师鼓励儿童在绿色教室或厨房、发现区里自由活动;在绿色教室里,有的家长坐在孩子旁边观看孩子画画、玩电脑,有的家长和孩子一起搭物体、整理材料;在厨房里,家长和孩子一起和面、搓捏面团、用糖、盐和黄油等调料制作糕点;在发现区里,家长观看孩子用木片、粘泥粘制自己所想象的物品。(2)12:15—12:30,教师提醒孩子和家长整理活动以后,到红色教室玩音乐游戏;在红色教室里,教师、家长和幼儿随意就坐,有的席地而坐,有的坐在椅子上;教师边领唱、引唱边做出不同的动作,幼儿和家长一起跟唱、合唱,并做出相应的动作,笑声不断。(3)12:30—1:00,在红色教室里,家长、孩子围着几张桌子坐下,把自带的午餐、饮料拿出来享用;学校也把家长和孩子刚才在厨房里制作的糕点拿出来品尝,教师坐在家长和幼儿身边,大家边吃边喝边谈,看上去像是一个大家庭在聚餐;午餐结束时,教师和家长一起整理教室。

家长"开放日"活动重视选择性、操作性、娱乐性和参与性,教师、家长和幼儿一起在轻松愉快的气氛中度过了 1 个小时的美好时光,从而使家长在不知不觉中被融进了学前教育的团队里,成为团队中的重要一员而发挥着自己独特的作用。

十一、通过节庆活动,分享家庭的不同文化

美国是个多元文化的国家,学前教育机构的儿童来自具有不同文化的家庭。学前教育工作者认为,他们应该对儿童家庭的文化非常熟悉、敏感,给予尊重,并利用节日这种文化的特殊载体对儿童进行多元文化的启蒙教育。教师注意选择不同文化的代表性节日,邀请家长来园进班,给儿童讲一些有关家庭传统文化的故事,呈现家庭的重大事件,和儿童一起制作礼物、烹调食物,在庆祝不同文化的节日活动中,帮助儿童了解同伴的家庭文化,同时也加深了教师对每个儿童家庭文化的认识。学前教育工作者还认为,儿童的生日是一种特殊的节日,生日庆祝活动也是家庭文化的一种独特反映,所以,他们都十分欢迎儿童在班级过生日,提醒家长为孩子准备生日庆祝活动所需的各种健康物品,并鼓励家长为班上每个儿童提供一份生日小蛋糕。例如,在 CH 儿童中心时,笔者目睹了教师为 5 岁女孩举行的生日庆贺活动:为女孩戴上寿星帽,关灯,点生日蜡烛,大家一起唱生日快乐歌,女孩许愿、吹灭蜡烛,大家一起吃蛋糕。此外,有些学前教育机构还表示欢迎父母和兄弟姐妹都到班级来,和儿童一起庆祝生日;说明家长可以使用机构的厨房制作生日餐点;感谢家长为班级捐献一本书或一个玩具等,以独特的方式来庆祝孩子的生日,分享家庭的文化。

教师作为儿童家庭文化的探索者和学习者,在和具有不同文化的儿童及家长的交往过程中,认识了不同文化的观点与习惯,和儿童、家长一起成长,从而增强了教师与家长的合作共育。

十二、通过参观活动,扩展学前教育机构与家庭共育的空间

学前教育工作者认为,他们的教育方案通过与社区的密切关系而得到加强,园外的散步、参观、郊游和旅行都是班级活动的重要组成部分。他们帮助家长认识到社区资源在孩子成长中的独特作用,并说明在外出活动中也可能会发生一些普通的意外小事故,希望得到家长的理解和认同。每次外出活动之前,教师都会向家长公布将要参观的时间、地点以及期望达到的目标,当家长签名同意后,教师才带领这些孩子外出活动。从空间距离来讲,外出活动有两种,一种是近距离(在学前教育机构周围 10 个街区里)的散步、参观,不需要使用交通工具,如去附近的大学、超市、邮政局、商店、书店和图书馆。例如,CMU 儿童学校是大学的一所附属幼儿园,教师经常带领幼儿参观大学的体育馆、田径场、食品店和机器人实验室,访问大学的音乐家、保安和建筑工人。SW 学校坐落在城市的艺术区里,笔者随机访问该校时,正遇到 3 个教师手拉着 9 个幼儿排队外出,笔者尾随着他们,发现他们沿着街道旁边的几个剧院、画廊、艺术广场、雕塑公园行走,边走边看,教师给予一定的指点和讲解。BA 幼儿园坐落在市中心的商业区里,笔者随访该园时,巧遇 3 个教师手拉着 8 个幼儿排队外出,站在十字路口等着绿灯过街,然后围绕着市区一个最大最漂亮的百货商店的每个橱窗依次观看,教师对每个橱窗展示的不同的庆贺圣诞节的情景表现出惊喜的神采,以此去感染幼儿,并引导幼儿观赏。另一种是远距离的郊游、旅行,需要乘坐交通工具,如去当地的动物园、鸟园、农场、各种博物馆以及城市公园、图书馆、美术馆和音乐厅等。

学前教育机构都对外出活动做出了一系列的明文规定,以确保这些活动安全有效地进行:(1)教师在带领幼儿外出活动前,要向校(园)办公室上报参观的目的地是哪里,准备什么时候离

开,大约什么时候返回,并在班级的门上贴着这些信息;返回校(园)时,再向办公室报告一下。(2)外出活动时,必须减少成人与幼儿的比例,保证成人与4岁幼儿的比例是1∶3,成人与5岁幼儿的比例是1∶4;不论幼儿人数怎样少,每次外出活动时至少应有2个以上的成人相伴,这样,当发生意外事故时,一个成人可照顾受伤的幼儿,另一个成人可寻求适当的帮助,并关心其他未受伤的幼儿。(3)教师要在每个幼儿的衣服上贴着校(园)的名称、地址和电话号码等标签。(4)教师要随身携带急救药品、紧急情况联系卡和父母同意孩子外出活动单子的复印件。

学前教育机构都欢迎家长为孩子的外出活动出谋划策,向班级教师献计献策,提出自己的各种想法,以丰富散步活动、参观活动和郊游活动,同时也欢迎家长参与到这些活动中来。

此外,学前教育机构也把社区的一些重大事件、节日活动、展览、歌舞表演等信息传递给家长,便于家长利用休息时间带领孩子去观看、去欣赏。例如,BA学校在感恩节前,把节日期间市区引人入胜的地方——一公布给家长,使家长知道可带孩子去哪里看街景、夜景、橱窗展,可去哪里溜冰、品尝食物等。

发生在学前教育机构外部的参观等各种活动也是重要的教育活动,它们是发生在机构内部的教育活动的补充、延伸和发展,这已得到美国学前教育工作者、家长和社会人士的广泛认可,尽管如此,学前教育机构在组织各种外出活动时,还是非常重视做好各项准备工作,防患于未然,从而最大限度地减少了意外事故的发生率。

十三、通过支持科研活动,提升学前教育机构与家庭共育的质量

学前教育机构认为他们的教育质量通过与大学建立稳定持久的科研关系而得到提高,不仅是大学附属幼儿园,而且大学周边的学前教育机构都乐于与地方的大学合作,成为教育实习基地和科学研究基地;他们热忱欢迎科研人员来做研究,大学生和研究生来观察儿童、来实习见习、学做科研。笔者每次去几所大学的附幼时,在各个班级里,都看到1—2个大学生、研究生在做各种观察记录。CH儿童中心骄傲地声称与当地4所高校建立了密切的联系,参与了多项科研项目,促进了办园质量的不断提升。

学前教育机构一方面对科研项目严格把关,对科研过程予以监控,对科研时间加以限制,以不损害儿童和家庭的任何利益为底线。另一方面,他们鼓励家长支持科研工作,帮助家长意识到科研活动不仅对教师有利,能增强教师的教育能力,促进教师的专业发展,而且对孩子也是有益的,能提高孩子与成人相互作用的能力,促进孩子的全面发展,从而使家长能同意让孩子参加科研活动,并使家长放心,孩子是以匿名的形式出现在科研报告里的,除了研究者本人以外,没有任何人可以得到孩子的真实信息;当家长签名同意孩子参加科研活动以后,学前教育机构才让幼儿参加科研人员安排的各种活动;家长和孩子在任何时候都可以提出退出科研活动的要求,并在任何时候都能退出科研活动。在CMU儿童学校,笔者发现每个班级的墙壁上都有一个关于"科研进程"的小专栏,上面挂着两个信箱,一个是"参加科研活动",一个是"不参加科研活动",便于家长及时表达自己的意见。

科研工作对学前教育机构来讲是非常重要的,它直接关系到机构教育质量的提高,美国学前教育工作者以尊重家长为前提,给予家长必要的引导,促使家长自主选择,自由决定,从而妥善处

理好了科研人员、教师和家长之间的关系。

十四、通过正当的投诉程序，化解学前教育机构与家庭之间的矛盾

由于多重原因，学前教育机构和家庭在合作共育的过程中，必然会产生各种各样的矛盾和问题。学前教育机构的管理者认为，教师和家长可能受到交往缺乏、文化不同、个性有别等因素的干扰，而发生一些差错、误解、问题和矛盾。一方面，他们要求教师真正地理解家长，特别是失败型家长（如婚姻失败、失业、生活贫困、文盲、心理不健康）和专家型家长（如高学历、高收入），看到他们积极的一面，掌握与不同类型家长交往的策略（如耐心、仔细地听家长说话，记下、写下家长的主要观点，平静、温和地和家长讲话，询问家长如何解决问题）。另一方面，他们提请家长相信教师，宽容教师。例如，PP 儿童学校希望家长记住教师的本意是想使家长愉快的，把教师看作是一个普通的人，但也有糟糕的一天，要允许教师犯一两次错误。此外，他们也为家长设立了投诉程序，以及时、准确地反映家长和儿童的需要，有效、快速地解决问题和纠纷。例如，U 儿童发展中心提醒家长：如果你认为在孩子身上发生了什么事情，那么你就应该尽可能早地和孩子的教师商讨；如果你对讨论的结果不满意，那你就和园长继续讨论这个问题。HA 学校也提示家长：不论发生了什么问题，请先和孩子的教师取得联系；如果你对交谈的结果不满意，再向园长反映，直到问题被解决；并向家长承诺：所反映的各种问题，都会在 48 小时之内得到满意的答复。

学前教育机构和家庭在长期的交往过程中，不可能没有误解和矛盾，有了问题和矛盾，并不可怕，重要的是及时沟通，互相理解，相互体谅，适时解决，这样，教师和家长这对矛盾共同体就能不断提高信任度及和谐度。

十五、思考及启示

美国学前教育机构与家庭合作共育的形式及效能引发了笔者许多思考，给了笔者以下几点启示：

1. 应重视家园合作的日常性和随访性

美国学前教育机构普遍重视每天自然地与家长进行交流，不仅有每日、每周、每月的定期交往，而且还有非定期的随时访问，如家长在任何时候都是最受欢迎的访问者。他们认为，当家长主动参与的时候，他们教育儿童的工作就会做得更好，他们鼓励家长把自己看作是儿童发展团队中的重要一员。这值得我们学习。应该说我国的大多数幼儿园还是非常重视"接送时与家长交流"这一合作形式的利用的，但仍有一些幼儿园以各种各样的理由不让家长进园进班，他们误认为家长的进入，会干扰幼儿园和班级的正常工作，给儿童的发展带来消极影响。据一些家长向笔者反映，他们每天接送孩子时，幼儿园只让他们在大门口进行"交接仪式"，他们想进去看看幼儿园是什么样子的，班级是什么样子的，老师是什么样子的，却得不到园方的同意。家长是否应该进入园内班内？家长是否有权利进入园内班内？我们是否应该给家长知情权？我们是否应该张开双臂欢迎家长的投入？毫无疑问，这些问题的答案都是肯定的，否则，我们就关闭了家园合作的一条重要通道，错失了许多家园合作的大好时机。此外，我们还应该考虑建立家长随访制度，使家长感受到他们也是幼儿园的主人，幼儿园也是他们的家。我们不必因此担心全班幼儿家长

会同时访问班级,因为这个概率实在太小了。

2. 应保证家园合作的双向性和互惠性

美国学前教育机构的教师和家长是教育过程中的合作伙伴,他们不仅分享一日活动作息时间表、食谱等各种信息,而且双方都是信息的发送者,与此同时也都是信息的接收者,如教师可以安排"家长会",家长也可以安排"家长会"。他们认为,家长最了解孩子,家长是孩子的第一位老师,家长是孩子的最好老师。这值得我们思索。我国的大多数幼儿家长都是幼儿园信息的分享者和接收者,而作为信息的发送者这一角色特征则不明显。虽然我们一方面承认"家长是孩子的启蒙教师",但另一方面,我们却认为教师是受过专业培训的,教师比家长有着更多的学前教育的知识和技能。客观地讲,教师更了解群体儿童的特征,而家长则更了解个体儿童的特征。因此,如何发挥家长的信息发送者的角色作用,以促进儿童个性的健康发展,就成为摆在我们幼教工作者面前的一个值得认真思考的问题。

美国教师和家长相互尊重、相互信任,建立了互惠关系,这与学前教育机构制定的严格的赔偿制度有一定的相关。众多学前教育机构都明文规定,家长必须按时来接孩子,没有人义务为你延时照看孩子,迟到 1 分钟,罚款 1 美元,或迟到 5 分钟,罚款 5 美元;迟到 15 分钟,罚款 15 美元等。这也向我国教师义务为家长延时保教孩子的制度发起了挑战。一些幼儿教师常向笔者诉苦,他们的下班时间虽然到了,但因为班级还有孩子未被家长接走,所以他们就不能离园回家。教师的牢骚也只是发发而已,他们的下班休息权利始终没有得到应有的尊重和维护。幼儿园在完成"为家长参加工作、学习提供便利条件"这一任务的同时,是否也应该让家长承担一定的义务,要求他们履行按时来接孩子的职责,并建立严格的惩罚制度。只有这样,才能真正做到既尊重家长的"上帝"地位,又保护教师的合法权利,在家园之间筑起互惠、互尊、互信的"长城"。

3. 应加强家园合作的多样性和全面性

我国学前教育机构与美国一样,都强调通过多种多样的方式促进与家庭的合作和交流,不同之处在于我国比美国更加重视"家访"工作,而美国比我国则更加重视组建家长志愿者队伍。笔者随访美国的学前教育机构时,不仅目睹了家长志愿者招聘工作的现场,而且还观看了家长志愿者正在组织的多种活动,家长都十分乐于利用自己的业余时间、休息时间来到学前教育机构,来到班级,来到孩子中间,做各种力所能及的事情,贡献他们的智慧和情感。志愿者在美国有着悠久的历史,家长志愿者是美国学前教育的优良传统,今天仍被众多的学前教育机构所采用。这值得我们效仿。我国幼儿园可把祖辈家长、待岗或下岗家长组织起来,鼓励他们把自己宝贵的经验、宽裕的时间奉献给幼儿园,充分地参与到幼儿园教育中来。

中美学前教育机构在与家庭合作上的另一个不同之处在于,美国比我国更重视了解社区,进入社区,与社区建立密切的关系,利用社区的各种资源。他们通过口头的和书面的形式邀请家长参与儿童的参观活动和郊游活动,利用正规的和非正规的渠道把近期将会在社区不同机构和场所发生的重大事件、节日庆祝活动、展览、故事会等信息传递给家长,便于家长选择利用。这值得我们借鉴。我们应该注意发挥学前教育机构在家庭及社区之间的桥梁作用,及时地把对家庭和儿童有用的各种信息提供给家长,让家长参考。

4. 应增强家园合作的实效性和规范性

美国学前教育机构的家长工作深入务实,注重实际效果;教师拥有开展园内外活动的决定权,家长具有组织各种活动的建议权,幼儿园办公室具有进行不同活动的知情权;组织园外活动以前、接受或开展科研活动以前,都要得到家长的签字同意。这些都值得我们参照。据我国一些幼儿教师反映:他们无权做出外出活动的决定,即使做出了外出活动的计划,还要得到上级各种组织机构的批准,因为顾忌安全问题,外出活动的计划常常得不到批准,有时即使批复下来了,也等待了很长的时间,外出活动的最佳时机已经错失;幼儿园组织的全园性的外出活动,并没有得到家长的认可签字;幼儿园接受的或开展的科研活动,也没有得到家长的书面同意。如果我们能借鉴美国的做法,把何时何地开展散步、参观、郊游等活动的决策权下放给教师,并给家长建议权,那么我们就能保护教师开展园外活动的积极性,增强家园合作的效果;如果我们在开展园外活动之前,得到家长书面承诺的"尚方宝剑",那么我们就能减轻幼儿教师的心理压力,真正扩展学前教育机构与家庭合作的空间;如果我们在开展科研活动之前,得到家长的同意认可,那么我们既规范了幼儿园的科研活动,也维护了家长的知情权,提升了共育的质量。

第二节　英国学前教育机构与家庭及社区的合作共育

赴英国牛津大学参加国际教育与发展大会期间,笔者利用会余时间,考察了牛津9所学前教育机构、伦敦3所学前教育机构和9个社区儿童游戏场所,[①]访问了伦敦大学教育学院、儿童与家庭及社会问题研究院,并和这些学前教育实践工作者、理论工作者及研究者进行了交流。现将英国幼儿园与家庭、社区合作共育的特点及启示综述如下。

─────────────

① 研究者从科研规范出发,将这些教育机构的真实名称全部隐去,分别用英文字母替代。

一、通过《家长手册》使家长了解幼儿园的教育目标

这些幼儿园都编制了简明的《家长手册》，用彩纸装订好发给家长，使家长通过阅读，能快速了解幼儿园的教育目标。例如，LR 幼儿园在黄绿色的《家长手册》上写道：我们的目标是为儿童提供一个关心、安全和幸福的环境，使儿童能通过刺激、鼓励、表扬和相互尊重来学习，通过与游戏媒介、高质量教师的相互作用来发展自己的潜能；使家长能放心地把孩子交给我们，安心于自己的工作。OW 幼儿园在蓝绿色的《家长手册》上写道：我们的目标是为儿童创设一个安全、理解、爱和刺激的环境，使每个儿童都能感到在幼儿园很快乐、很安全、很有价值；利用游戏和各种材料设备，来发展每个儿童的全部才能。CF 社区幼儿园在图文并茂的《家长手册》中写道：我们的目标是为儿童提供安全的、刺激的环境和高质量的保育及学习机会，考虑每个儿童的需要，发挥家长和教师的双边作用，促进儿童自尊心、独立性、自信心、宽容心、好奇心和探索性的发展。FH 蒙台梭利幼儿园和 SP 幼儿园在红黄色的《家长手册》中都写道：我们的目标是要帮助儿童掌握一些基本的技能，为儿童进入下一阶段的学习作好充分准备。

由此可见，通过阅读《家长手册》，家长就能知道幼儿园办园目标的双重性：一方面是为儿童服务，促进每个儿童在体力、认知、情感和社会性等方面的发展，为儿童进入小学打好基础；另一方面是为家长服务，解除家长的后顾之忧。

二、通过"家长布告栏"使家长理解幼儿园的教育活动和内容

（一）日常活动安排

在幼儿园走廊或大厅的墙壁上都辟有一块天地作为"家长布告栏"，在这里，除了贴着一些证书、法规、通知以外，还贴出一日活动安排简表。例如，RI 幼儿园的墙壁上就贴有这样一张表（如下）：

一日活动安排表

时间	活动
07:30	幼儿园开门
07:30—08:30	早餐，儿童入园
08:30—10:30	自由游戏，每个月的主题活动，玩沙/水、七巧板，想象游戏，建构活动
10:30—11:00	歌曲，点心，信息交流
11:00—11:45	室外游戏（如果天气可以的话），或室内音乐活动、律动
11:45—12:15	午餐
12:15—13:45	3 岁以下儿童休息，3—5 岁儿童和教师聚在一起
14:00—15:30	和上午有组织的游戏活动相同，或到公园、图书馆去
15:30—16:00	午茶和故事
16:00—16:45	夏天在室外活动，冬天在室内看儿童节目录像
16:45—17:30	安静时间，家长接孩子
18:00	幼儿园关门

家长每天来园接送孩子时，通过观看一日活动安排表，就能意识到幼儿园的教育活动是丰富多彩的，既有室内活动也有室外活动，既有餐点活动也有游戏活动，既有音乐活动、娱乐活动也有

参观活动,动静交替,劳逸结合,保证了儿童的健康发展。

(二)具体教育内容

在班级的"家长布告栏"上,不仅贴有一年、一学期的教育计划,而且还贴着学期中期主题活动计划和一周/一天的活动计划,这些计划基本上都是围绕着"交往、语言和读写能力,数学发展,个性、社会性和情感发展,创造性发展,身体发展,了解和理解世界"这六个方面展开的,尽管在不同的年龄班有不同的要求,但总体来讲,对2岁以下儿童的要求较低,对2岁以上儿童的要求较高。在OUS幼儿园4岁年龄班的"家长布告栏"上,笔者发现了下面这张醒目的表格:

2 岁以上儿童学期中期计划 主题:这里

日期:7.21　　　特别的书:"长长的周末"
特别的歌曲/律动:"她卖贝壳……"

交往、语言和读写能力	数 学 发 展	个性、社会性和情感发展
(发展听说能力,成为一个读者和作者) *讨论:为什么我们要有护照? 当儿童对谈话感兴趣的时候,让他们以一对一的方式或在小组中听别人说话。 *讨论:你到哪里去度假?你怎样到达那里? 运用熟悉的词语,去辨别他们做什么和不想做什么。 *讨论:阳光下的安全。 运用更广泛的词语去表现或说明思想。 *在护照和明信片上作符号。 总结符号的涵义。	(在实践活动中运用数学思维,学习和运用数学语言) *在"旅游局"角色游戏中使用钱。表现对数字和数数的兴趣。 *数数有多少件物品将适合放在你的衣箱里。 自然使用数字名称和数字语言。 *烹饪:称配料的重量。 比较两种物体,说什么时候它们是相同的。 *给果壳分类。 通过颜色、尺寸和重量来分类。 *称沙和水的重量。	(同其他人一起工作/游戏/合作,反映生活经验) *呈现、告诉儿童所展示的假日照片。 把儿童的不同生活经验联系起来。 *讨论:在假期里你想做什么? 有强烈的探索需求。 *讨论不同的国家和文化。 意识到并表现出对不同文化和宗教的兴趣。 *准备、品尝世界各地的食物。 说明为自己的成就而感到骄傲。
创造性发展	身 体 发 展	了解和理解世界
(想象,交往能力,以创造方式表现思想和情感) *制作个人护照。 在纸上作不同的符号和标记。 *制作衣箱、切和粘的物体。 制作三维结构的物体。 *运用不同媒体去制作世界各国的旗帜。 开始时用不同的颜色。 *陈列印有世界各地食物的图片。 运用他们的身体去探索结构和空间。 *运用不同的媒体在果壳上画画。 用线条画出空间,用形状表现物体。	(控制身体,运动,意识到空间,操作技能,健康的生活方式) *像不同的交通工具那样运动。 通过多种方式运动,如走、爬、跑。 *戏剧/角色游戏:到机场/火车站去/上飞机/火车/轮船。 用动作表现情感。 *外出到商店里去买世界各国的食品。 判断身体在空间所处的位置及与环境的关系。 *随着不同国家和文化的音乐起舞。 愉快而有信心地自由运动。 *在沙池里,使用桶和铲子,建造城堡。	(预习历史、地理、科学) *"旅游局"角色游戏。 记住、谈论已经发生在儿童身上的重要的事情。 *研究世界地图和地球仪。 表现对他们所生活的地球上的那个地方的兴趣。 *兴趣桌上的海边物体。 检查物体和生物以发现更多的信息。 *在地图上辨认感兴趣的国家。 对他们所生活的地方和自然世界加以评论和提问。

家长阅读了这张表格,就能感受到幼儿园的教育内容是浅显的、广泛的,不仅涉及食物和音乐、社会场所和交通工具、假期和旅行,而且还涉及国家和文化、地球和世界等。

三、通过"发展记录"使家长知晓孩子的发展水平

这些幼儿园都认为对儿童进行观察和记录是教师的职责,教师只有天天观察、记录儿童,才能准确了解儿童的进步,合理地增减儿童的活动量,设计出与儿童发展相匹配的活动。LR幼儿园通过采取"观察——记录——与父母讨论——设定未来的目标——调整提供的活动"五个步骤,来保证观察记录的有效性。为了使观察记录准确、快捷,TC早期教育中心还设计了观察记录表和观察记录附表(如下)。

表 10 - 2 - 1　观察记录表

姓名 (略)	儿童	学　习　目　标			
	A	开始了解他们自己的文化和信仰。			
日期 3.2	B	广泛运用材料/食物表现、交流思想。			
	C	集中注意听讲,对听到的相关评论做出反应。			
班级 (略)	D	在国外。			
	E	开始了解他们自己的文化和信仰。			
探索途径 理解人们有不同的文化和信仰;听反映不同文化的故事;品尝折射不同文化的食物。	F	用铅笔写出规范的字母,掌握削铅笔的技能。			
	G	扩大词汇量,了解新词的意思和发音。			
	H	广泛使用材料/食物表现、交流思想。			
	I	集中注意听讲,对听到的相关评论做出反应。			
	J	理解人们有不同的需要、价值观、文化和信仰,意识到不同的文化和信仰,并对之表现出兴趣和喜爱。			

	星期一	星期二	星期三	星期四	星期五
上午观察的儿童	A、B、E、I、J	全体儿童	全体儿童	全体儿童	全体儿童
本周所提供的活动框架	庆祝中国新年;起始于音乐活动。	庆祝中国新年;制作并用筷子品尝中国食物。	庆祝中国新年;制作贺卡和粘贴画。	庆祝中国新年;制作大灯笼。	庆祝中国新年;制作中国扇子。
教师强调的学习目标	把儿童引进本周所提供的主题和活动中去。	支持并记录儿童对食物、数码相机的想法和反应。	支持儿童制作、切割、粘贴、装饰贺卡。	支持儿童在小组中的创造活动;室外探索塔状建筑。	支持儿童折叠、装饰扇子;提供中国音乐、扇舞。

	星期一	星期二	星期三	星期四	星期五
对上午活动(包括自发活动)的评价	在门厅看展览,试穿龙的服装,制作灯笼;E有很好的剪/粘技能;A和B很有创造性;I和F需要支持;G能很好地参与。	儿童都对使用筷子有兴趣,尽管每个人拥有不同的技能;都喜欢品尝食物;谈论中国食品和住在中国的人们;寻找中国在什么地方。	J和G热心于制作贺卡;J和E完成了特别地方的轮廓图;B和A剪下并粘贴好了灯笼轮廓图。	B、A、K、L和M都帮助同伴在室外制作巨型灯笼;小组游戏,听从指挥。	儿童用粉笔装饰纸;除了B有很好的协调性以外,其他儿童在折扇子时都需要帮助;看扇展。
下午观察的儿童	J、F和L	L、G和J	全体儿童	L、J和F	B和A
本周所提供的活动框架	鼓励儿童进入小组游戏;观察天气"是否又要下雪了?"	鼓励儿童对活动做出反应;讲故事:动物和中国的新年;唱歌。	听中国音乐;在舞蹈和律动中使用三角铁;舞蹈和律动。	大组故事:运用"吞了一只蜘蛛的老妇人"的形象资源。	在室内庆祝活动中,用扇子跳舞;穿上中国服装。
教师强调的学习目标	提出开放性问题:在室外环境中,我们能够看到什么?能够感觉到什么?小组游戏,合作游戏。	支持儿童写下、画出自己的体验。	支持儿童自己选择创造性活动;粘贴画、绘画。	鼓励儿童参加小组活动。	支持儿童跟随音乐自由表现;品尝中国幸运糕。
对下午活动(包括自发活动)的评价					
	pse 1　2　3　4　5	cll 1　2　3　4　5	m 1　2　3　4　5	ku 1　2　3　4　5	p 1　2　3	c 1　2　3

表 10-2-2　观察记录附表

姓　　名	日　　期
在社会内容上画圈	A-P-S-L
在学习区域上画圈	pse-cll-m-ku-p-c
在活动发起者上画圈	成人-儿童
在成人的支持水平上画圈	无—很少——一些—很多

续 表

姓　　名		日　期
儿童的评论/反应		
现在的理解水平/进步		
下一步要做的事		

（注：A 表示儿童独自一人，P 表示儿童和另一个儿童在一起，S 表示儿童是小组中的一员，L 表示儿童是大组中的一员；pse 表示个性、社会性和情感的发展，cll 表示交往、语言和读写能力，m 表示数学发展，ku 表示了解和理解世界，p 表示身体发展，c 表示创造性发展。）

幼儿园普遍认为教师应与家长分享观察记录，因此，家长可随时来园查看这些记录，和教师进行交流，也可把记录带回家仔细阅读。RI 幼儿园要求 3 岁以下儿童的家长，每天要把孩子的记录表带回家去看看，以了解孩子当天在园的活动情况；要求 3 岁以上儿童的家长，每周要把孩子的记录表带回家去看看，以了解孩子一周以来的进步。教师只能同家长谈论其孩子的情况，而不能涉及其他家长或其他孩子；家长只能看自己孩子的记录表，而不能看其他孩子的记录表。

不同的幼儿园虽然都认为儿童离开幼儿园时，其最终成就记录册应该归家长所有，但在是否要把副本寄给儿童的未来学校上则产生了分歧。LR 幼儿园、TC 早期教育中心对此持肯定态度，认为应把儿童最终成就记录册副本、成就记录简案寄给儿童的新学校，而 OW 幼儿园对此却持否定态度，认为儿童最终成就记录册是家庭的私有财产，应把决策权交给家长，由家长自己决定是否要把副本、简案寄给孩子未来的学校，是否要和孩子未来的教师分享这些记录。

四、通过"幼儿园通讯"使家长获得具体的教育建议

幼儿园定期（按月或按季）给家长发放"幼儿园通讯"，向家长通报孩子在幼儿园已经做了什么事情，正在做什么事情，将要做什么事情，同时给家长一些提示和建议。LR 幼儿园在通讯上写道：本月进行的主题活动是：季节和天气；活动内容有：春天和雨，夏天和太阳，秋天和风，冬天和雪；儿童将要学习的律动、歌曲和故事有："如果所有的雨点……""我听到雷声……"幼儿园希望家长在家里帮助孩子探索这个主题，并提出具体的教育建议：(1) 看窗外，谈论所看到的东西，如落叶、黑云；(2) 讨论在不同季节里人们所穿的服装；(3) 制作风筝，放飞风筝，谈论风筝是怎样飞的，什么使风筝能飞起来。

这些幼儿园还鼓励家长给"幼儿园通讯"撰写稿件，提出自己的想法和建议，刊登自己想卖掉的物品，LR 幼儿园、RI 幼儿园、TC 早期教育中心都是这样去做的。

五、通过"家长参与"使儿童得到更好的发展

这些幼儿园普遍认为家长在儿童成长中具有不可替代的作用，家长是教师的合作伙伴，"家长参与"幼儿园工作非常重要，因此都鼓励家长积极参与幼儿园生活的所有方面。

1. 提高儿童的适应性

幼儿园都极为重视新生入园适应性问题，视之为儿童生活中的一件大事，认为只有当儿童觉

得在幼儿园很安全、很愉快时,儿童才能很好地游戏和学习,为此,他们要求家长送孩子来园时,不要马上离开,而要留下一点时间陪陪孩子,引导孩子和老师打招呼,和孩子一起玩玩,陪孩子看图说话,给孩子讲个故事,以减轻孩子的心理压力,增加孩子的自信心。当家长在班上停留一些时间以后,发现别人家的孩子能很好地适应班级生活,而自己的孩子则不然,对此,教师就告诉家长:这是很正常的事情,一般来讲,孩子要花费 2 周的时间才能适应,暗示家长不必为此担忧。当家长要离开孩子上班去时,教师总是提醒家长:尽管你眼含泪水,但也必须和孩子说"再见",使孩子确信你下班后会来接他的。CF 社区幼儿园还告诫家长,不能在孩子没看见的时候突然溜走。在 FH 蒙台梭利幼儿园里,笔者发现,当一位德国父亲送儿子来到班级时,儿子满眼是泪,抱着爸爸的大腿不放,M 老师就拉着孩子的小手和其父亲一起看图说话,慢慢地孩子被美丽的图画和教师精彩的讲解所吸引,没有了泪水时,教师就示意孩子的父亲用手势和孩子告别,当孩子平静地和父亲摆手"再见"后,父亲才离开。

2. 丰富儿童的知识技能

这些幼儿园对不同种族、不同肤色、不同国家、不同文化、不同语言的家长一视同仁,并鼓励他们把自己的兴趣爱好、专业知识、特殊技能奉献给幼儿园的儿童。OW 幼儿园支持家长同儿童分享其特别的兴趣和专长,激励家长把其游泳、烹调、缝纫技能和音乐、舞蹈、美术才艺教给儿童。TC 早期教育中心邀请来自不同语言的家长,把中心的一些英语材料译成其本国语,使儿童能感受到不同语言的魅力。如果家长有意参教、助教,教师再和其详细讨论细节问题。

六、通过"家长委员会"使家长能帮助幼儿园筹措资金

幼儿园深信家长的支持和帮助是非常重要的,因而都成立了"家长委员会",成员名单、照片都贴在幼儿园的大厅里。家委会定期召开会议,议题不仅是幼儿园的教育问题,而且还有幼儿园的资金筹措问题。会议简要同样也张贴在幼儿园的大厅里,并欢迎家长提出任何关于集资、融资的想法和建议。例如,O 大学有个《O 大学儿童保育工资福利方案》,全校教职工只要年毛收入高于孩子每年托管费用的均可申请参加该方案;加入该方案后,教职工是在支付孩子的托管费后,再缴纳收入税的(而在加入该方案以前,则是在缴纳收入税后支付孩子托管费的),这样,家中有幼儿的教职工每年能节省一两千英镑。RI 实施的《职工儿童保育工资福利方案》,同样也给家中有孩子入托的家长带来好处。所以,大学及几所学院附属幼儿园的"家长委员会"、医院附属幼儿园的"家长委员会"就倡议家长,把节省下来的这笔钱捐给幼儿园,用于幼儿园的建设与发展之中。

七、通过"家长许可"使幼儿园能大胆利用社区资源

所到幼儿园的室外场地都比较小,大型运动器械也比较少;而社区公园中则有宽阔的儿童游戏场地和丰富的运动器械,各种博物馆、美术馆、公园均免费对外开放,这就使幼儿园带领儿童外出活动既有必然也有可能。尽管幼儿园都认为外出活动,能扩大儿童的视野,提高儿童探索世界的能力,但外出活动不论是步行还是乘车,毕竟都含有一定的风险性,所以,幼儿园在家长为孩子注册时,或在每次外出活动之前,就要求家长签字,表示同意让孩子参加园外活动。这样,外出活

动的风险就由家园双方共同承担,教师的心理压力也就相应地减少了。

为了保证外出活动的安全性,幼儿园邀请家长参与旅行和郊游活动,注意提高成人与儿童的比率,限制活动规模。OW 幼儿园规定:外出活动,如果不需要乘坐公共交通工具(如散步、郊游),2 个成人最多只能带 6 个儿童;如果需要乘坐公共交通工具(如到某处去游泳),2 个成人最多只能带 4 个儿童。CF 社区幼儿园规定:到动物园去时,成人与儿童的比率是 1:2;到公园去时,成人与儿童的比率是 1:5。笔者在 CF 社区游戏场所时,目睹 2 位教师带着 8 位幼儿在攀爬器械上抓绳攀爬;在 R 公园游戏场地上,看见 5 位教师领着 20 个幼儿来骑木马、玩转盘、玩沙。

为了保证外出活动的有效性,幼儿园精心设计和组织,使其符合儿童的特点和需要,教师常带儿童到游戏场地去荡秋千、滑滑梯,到公园去看花草树木、野餐,到运河去观光,到农场去看农作物,到动物园去看动物,到商店、超市去购物,到图书馆、博物馆去看特别的展览。

八、通过"投诉程序"使家园关系变得和谐融洽

英国学前教育工作者认为,保教儿童既然是一件个性化和情感化的事情,那么各种潜在问题就不可避免地会爆发出来,合理地解决这些问题,就使幼儿园向高质量的保育和教育迈进了一步。幼儿园既然与家庭、社区是一种合作伙伴关系,当然也就应该欢迎家长无所顾忌地说出自己的担忧和焦虑,鼓励家长在任何时候都可向幼儿园提出改进工作的建议,并创造友好愉快的氛围来解决家长和教师之间的矛盾。他们还认为,家长的一些抱怨是有建设性的,幼儿园应在问题发生的初期,就加以公正合理地解决,以阻止家园关系的恶化,使双方都能从中获益。

许多幼儿园为了表明自己的诚意,都把投诉的程序告诉家长,使家长知道"循序渐进"地去投诉。CF 社区幼儿园使家长明白如有不满意的地方,要尽早提出,投诉的程序如下:(1)家长安排时间同教师个别交谈,如果对教师的答复不满意,可向园长上诉。(2)家长同园长预约时间,交换意见,如果问题还未能得到解决,可向儿童协调员上诉。(3)儿童协调员和家长、园长、教师一起讨论问题,寻找解决方法,家长如果还不满意,可由协调员向上级社区行政部门和管理者反映。(4)行政部门将指派专人来处理此事,如果家园双方还不能达成共识,就由行政部门决断。

为了提高投诉的效率,一些幼儿园还对解答家长问题的时间作了限制,如 SP 幼儿园指出,家长如果正式向幼儿园提意见的话,园长要在 7 天之内予以解决,如不能解决,也要在 7 天之内给予书面说明;家长如果对园长的解答不满意,可向幼儿园管理委员会提出,委员会将开会讨论,在 7 天内做出决定;家长如果对委员会的答案还不满意,可向国家标准办公室投诉。

九、几点启示与思考

1. 在社区资源的利用上

据笔者调查,我国许多幼儿园周边的资源都相当雄厚、独特,但却未能加以利用,现将其原因及我们的思考简述如下:

一是上级主管部门的严格控制,层层把关。据一些省市幼儿教师反映,他们要组织一次外出活动,首先要向园长申请,园长同意后,再由幼儿园向区教育局汇报,区教育局再向市、省教育部门申报,经批准后才能开展此项活动。教育行政部门是否该放弃审批权,把教育决策权直接下放

给幼儿园,让幼儿园自行决定是否要到园外开展活动、到哪里开展活动、开展什么样的活动等?因为这是幼儿园自己的事情,是其教育计划的一部分,实行"谁活动,谁负责",教育主管部门只是备个案而已。

二是社会场所不能免费向儿童开放,而是收取门票。许多省市的人文景观、风景名胜如博物馆、公园都是先买票后进入,实行有偿服务,这必然会加重幼儿园的经济负担。由于购买门票是以身高1.2米为界的,而幼儿园大班儿童往往超过此高度,所以,大班儿童进入这类社会场所的概率就被人为地降低了,这是不利于幼小衔接的。何况现代人的遗传素质在逐步提高,生活条件越来越好,营养越来越丰富,体育锻炼的机会越来越多,今天儿童的身高当然比过去同龄儿童的身高增长了,所以,社会场所不应按照过去的旧标准来要求今日的儿童,而应提高身高标准,使所有的学前儿童都能从免费服务中受益。

三是教师担心幼儿外出活动容易发生事故,危险性大。一旦出现意想不到的事情,教师的工资、奖金都会受到影响,同时还要面临家长的指责。外出活动注意安全是对的,但不能因此就裹足不前,我们可以借鉴英国幼儿园的做法,从注意提高成人与儿童的比率、活动的规模入手,鼓励家长主动参与,倡导社区义工、大学生志愿者积极加盟,以防患于未然;同时也请家长在给孩子报名时,或在每次外出活动前,签一份协议,同意让孩子外出活动,以减轻教师的工作压力。

2. 在对儿童的观察记录上

儿童是联系家园双方的纽带,对儿童的观察记录册是家园沟通的桥梁之一。英国幼儿园的班级规模比我们小,教师与儿童的比率比我们高,一般来讲,在3岁以下儿童的班级里,有3位教师、9位儿童;在3岁以上儿童的班级里,有3名教师、15名儿童,并把教师和儿童加以匹配,这就使教师对每个儿童进行观察记录成为可能。而我国幼儿园各个年龄班的班级规模都较大,往往在35人以上,同时师幼比率也较低,大体在1∶12以上,加上正规活动、教学活动的加码,分散了教师的许多精力,致使教师对每个儿童进行观察记录陷入困境。

英国幼儿园的规模也普遍比我们小,在我所去的这十几所幼儿园中,大多只有2个班,最多也只有5个班,这就使园长监督教师的观察记录情况成为可能。而我国幼儿园的规模却普遍较大,一般而言,幼儿园都拥有十几个班级,而且还有进一步扩大的趋势,有的园长同时管理着几个分园,更有甚者,还管理着十来个分园,园长纵然有三头六臂,也不可能查看到每个教师对儿童的观察记录表。由此可见,要做好观察儿童、记录儿童这件大事,我们就很有必要控制幼儿园规模,缩小班级规模,降低师幼比率。

"教师中心"还是"儿童中心"这个幼教界长期以来争论不休的问题至今仍困扰着我们,在实践中,我们或多或少地还是把教育的天平向教师的教、教师的专业发展上而不是向儿童的学、儿童的自主成长上倾斜,这也导致我们重视教师的教育活动设计,轻视对儿童的观察记录。为了更好地与家庭沟通合作,我们有必要把教育的重心转向儿童,把视角对准儿童,全面细致地观察儿童,详细认真地记录儿童。

在我们的职前教育、在职培训中,也缺少对学生、对教师进行观察儿童、记录儿童这方面的培训,好在我国一些师范大学已洞察到了这一点,并投资建设这类课题,加大研究这类课题的力度,相信这将会引起我国高师学前专业以及其他学前教育师资培训机构越来越多的关注和重视。

3. 在儿童权利的维护上

英国幼儿园认为对儿童进行观察记录的材料不是为了展示、展览,而是为了促进教师的工作,让家长更好地了解孩子,所以,只能给家长本人看,而不能给其他人看,以保护儿童和家庭的隐私。反思我们的幼教实践,有的幼儿园在进行"儿童成长档案"的课题研究时,大搞公开展示活动,向全园家长、外来参观人员公开每个儿童的成长记录,展示每个儿童的档案资料,这是否侵犯了儿童和家庭的隐私权?有的幼儿园把"儿童健康检查结果"张榜公布出来,贴在"家长园地"上,这是否侵犯了儿童的健康权?有的幼儿园在出版教材时,把儿童的照片及绘画作品也一同捎上,而事先并没有得到家长的许可,这是否侵犯了家长的知情权和儿童的肖像权、著作权? 我们应该深入学习联合国《儿童权利公约》和我国《幼儿园教育指导纲要(试行)》,并把尊重儿童的人格和权利落实在我们的行动上。

4. 在家园之间矛盾的化解上

我国是个法治国家,幼儿教育也走向了法制建设的轨道,依法治教是幼儿教育改革与发展的必由之路。幼儿园和家庭既然是伙伴关系,在合作的过程中就不可避免地会出现这样或那样的问题,对此,双方应以诚相见,采取民主、宽容的态度,运用法律的武器,来解决各种各样的矛盾,英国同行的做法给了我们新的思路。我们应把家长放在真正的合作伙伴关系这一位置上,不仅要给家长更多的知情权,使家长明白发生了什么事情,该通过什么样合法的渠道有效地加以解决,以杜绝家长中出现的不负责任举报、匿名举报、越级举报等不良现象,而且还要给家长更多的说话权,使家长知道不论有什么问题,都可以开诚布公地说出来,反映问题永远没有错误,以鼓励家长知无不言,言无不尽,此外,还要及时公正地解决家长的举报和投诉问题,不给家长"穿小鞋",不伺机打击报复,以解除家长的担心和疑虑。

5. 在家长委员会功能的发挥上

幼儿园的家长委员会不应形同虚设,只是个花瓶,摆摆样子,而应发挥其在家长中"领头羊"的作用。家委会应定期召开会议,讨论家园双方共同关心的大事和一些实质性问题,以全面发挥其多功能的效应。我国现行幼儿园走上市场的浪潮日益高涨,市场经济对幼儿园的刺激也越来越大,资金问题已是摆在大多数幼儿园面前的一个实际问题。如何全方位地发挥家委会的功能,帮助幼儿园募捐资金,使幼儿园尽早摆脱缺少资金的窘境,是我国幼儿园家委会迫切需要探讨的新问题,英国幼儿园家委会的做法值得我们学习。我们可以通过清洗、消毒、拍卖、义卖旧玩具、旧图书、旧衣服、旧鞋帽来为幼儿园筹措部分资金,以改善幼儿园的办园条件。

补充读物

由"录音笔"事件想到教师与家长沟通的技巧

李生兰[①]

一、事件与评析

"几个月前,某幼儿园里发生了这样一件事:某老师中午为幼儿园孩子整理衣服时,无意

① 部分内容刊发于《北京幼儿园女园长协会会刊》,2011年第1期,第22—23页。

中发现孩子裤子口袋中有硬物。"从这里,我看出教师对工作很负责任,整理幼儿衣服很认真、很仔细。

"这是一个用红布缝合在一起的小布包,布包的一端,一条线被缝合固定在孩子的裤兜上,防止布包掉落。隔着红布,老师发现有东西在闪光,她初步判定包内装有一支录音笔。"从这里,我看出给孩子缝布包的人很用心,也很细心,她/他希望通过录音笔来记录发生在孩子身上的所有事情;还看出教师做得很好,她控制住了自己的行为,没有当场把录音笔拿出来,更没有当面批评这名幼儿,责怪其家长。

"老师先感到惊讶,后感到寒心并感觉受到了人格尊严的侮辱。"从这里,我看出教师很敏感,情绪波动很大,但没有做到遇事多从好的、积极的方面去想,或是从不同的角度去想,而是有点不冷静、钻牛角尖了,把事情看得太重了、太大了。其实教师在感到好奇、心里一惊以后,可以这样想:这名幼儿最近在班上肯定发生了什么事情,但他/她没有告诉教师,而是回家告诉了家长;家长不放心孩子,又不好意思问教师,就采取了这种方式;这位家长可能是最近"谍战片"看得多了,想在班级也上演一场"谍战片",让孩子当"间谍",获取自己想要的"情报"呢!等家长来接孩子时,我就试着和她/他幽默一下,看她/他如何说?!教师也可以悄悄地问问孩子:最近在班上有没有什么不开心的事呀?有没有哪个小朋友欺侮你了,你不要怕,你可以告诉老师的呀!你衣服上为什么会缝了个小布包呢?是谁缝的呀?有什么小秘密呀?是否可以告诉老师呢?教师还可以在下午的活动中,仔细观察这位孩子的言语和行为,以便于家长来接孩子时,和她/他能多交流。

"当日下午家长来接孩子时,幼儿园相关负责老师约谈了家长,家长确认这是支录音笔。"从这里,我看出教师是向园长汇报了此事,其实,教师是可以自己来解决这个问题的,这样会使事情变得更简单、更好操作,"解铃还需系铃人"嘛!例如,等家长来接孩子时,教师就可以主动和家长聊聊,告诉家长孩子在班级的事情,并问问孩子在家里的情况,让家长感到教师很友好,很关心她的孩子,为自己的私设"暗哨"而感到难为情,为自己对教师的不信任而感到无地自容。我还看出园长很关爱教师,并对教师的反映做出了及时的应答,其实,园长也可以指导教师自己去面对家长,来解决这个问题的;园长很重视这件事,也很重视家长工作,利用家长来接孩子的时间亲自与家长交谈;家长很诚实,说出了真话,承认这是支录音笔。

"家长说感觉最近孩子情绪波动很大,人也变瘦了。"从这里,我看出家长很关心孩子,很了解孩子,发现了孩子最近在情绪上、身体上都有了很大的变化,当然这种变化不是家长所期望看到的。

"虽然幼儿园有监控视频,但她住得离学校远,也没有太多时间去看监控。"从这里,我看出家长很坦诚,说出自己没有充足的时间去看幼儿园的监控视频,在其看来,似乎只有这一条通道去了解孩子在班级发生的事情。

"她认为孩子与幼儿园其他小朋友的社交出了点问题,她想帮助孩子解决这个问题,所以才将录音笔缝在了孩子裤兜里。"从这里,我看出家长的动机并不坏,也没有什么恶意,她只是发现了孩子与同伴之间在社交上出了一点问题,并想凭借自己的力量去"暗中"解决。遗憾的是,她没有及时与教师交流,说出自己的困惑和担忧,并与教师一起协商来解决孩子的问题,"明人"做了

"暗事",造成了这种不必要的误会。

"幼儿园园长认为在园方不知情情况下家长如此之举侵犯了幼儿园隐私,还伤害了老师。"从这里,我看出园长注重维护幼儿园的形象和教师的利益,无可非议,但是,事情并没有她说得那么严重,不就是录个音嘛,没什么可怕的,"身正不怕影子歪"嘛,随你录去好了。其实,园长也应该站在家长的角度去考虑问题,家长有自己的价值观,她解决问题的办法不可能和我们幼儿园完全一致。园长还可以反过来这样去想,这件事其实也暴露出我们教师对每位幼儿的关爱还不够到位,幼儿园的家长工作也还存在着一些问题,需要我们及时加以解决。

"家长认为这支录音笔只是为了了解孩子在园真实情况,没什么不妥。"从这里,我看出家长认为自己没做错什么事,这样做只是为了真实了解孩子的情况。如果说在事发前,家长没有意识到事情的严重性,是可以谅解的话,那么当事发后,园方提出质疑时,家长也就应该反思一下自己的言行了,应站在教师的角度去想一想,如果别人这样对待自己,自己会感到舒服吗? 家长应意识到问题并没有自己想象的那么简单,自己的做法既然已引起了园方的不满,那就说明自己考虑问题不够周全、不够妥当,应勇敢地向教师道歉,请求教师的谅解。

二、几点建议

这个案例使我想到了美国社会学家 H·布鲁默等人提出的符号互动理论,该理论认为:符号是传播意识的一种标志,能代表其他事物,在社会互动中具有中介作用;人与人之间的互动实际上是通过符号进行的,是符号互动;人的行为都是有意义的,要理解某种行为,就要对行为者赋予其行为的意义做出具体的解释;人的行为的意义是会发生变化的,意义的确立依赖于互动的情境和互动双方的协商;人们通过扮演别人的角色,站在别人的立场上来解释行为的意义,并指导自己的行为;人们从别人对自己的态度和评价中来认识自己,提高自我意识。

这一理论启发我们幼儿教育工作者,在与家长沟通、交流时,需要注意以下几点:

(1) 要充分意识到各种符号在交往中的作用。"条条道路通罗马"。教师不仅要意识到传统惯用的谈话、字条等形式是一种交流的符号,而且还要意识到现代科技手段如录音笔、照相机、录像机、手机等媒体也是一种互动交流的符号,这样就不会"谈录音笔色变"了,同时还要严格要求自己,关爱班级中的每一位幼儿,真正做好各种"反间谍"的活动。

(2) 要深刻分析家长行为所隐含的价值观念。教师应注意观察家长利用录音笔等不同的符号进行互动的行为,分析造成家长出现这种行为的原因,探寻家长的价值观、儿童观、教育观、教师观,以争取家长的积极配合,促进孩子的更好发展。

(3) 要利用各种符号来保持家园的双向沟通。教师应考虑到家长的工作特性、居住远近等方面的因素,不仅要为家长提供来园观看孩子的"监控视频"的机会,而且还要为家长提供在家了解孩子幼儿园一日活动的机会,如通过邮件、网上聊天、手机信息等形式,使家长能迅速得到自己想要的各种信息,并能及时地说出自己的困惑和不安,建立友好的家园关系,以充分调动家长支教、助教的积极性,促进孩子健康快乐地成长。

(4) 要学会站在家长的角度看待各种问题。"横看成岭侧成峰",教师只有学会站在不同的立场上来看问题,才能全面地了解情况,做出公正的判断。当教师能够站在家长的立场上来看问题,面对"录音笔"时,就会"见怪不怪"了。当教师每次遇到新问题、面对新难题,都能深刻反思时,就会准确把握家长的脉搏了。

阅读参考书目

1. 李生兰:《幼儿园家长开放日活动的研究》,华东师范大学出版社,2008 年版。
2. 李生兰:《儿童的乐园:走进 21 世纪的美国学前教育》,南京师范大学出版社,2011 年版。
3. 李生兰等:《学前教育法规政策的理解与运用》,南京师范大学出版社,2012 年版。
4. 朱永新:《外国教育观察》,中国人民大学出版社,2012 年版。
5. 李生兰:《比较学前教育》,华东师范大学出版社,2013 年第 2 版。
6. 李生兰:《幼儿园与家庭、社区合作共育的研究》,华东师范大学出版社,2013 年第 2 版。

网上浏览

1. http://www. pta. org
2. http://www. naeyc. org
3. http://nces. ed. gov
4. http://www. education. gov. uk
5. http://www. daynurseries. co. uk
6. http://www. direct. gov. uk
7. http://www. unicef. org
8. http://www. unesco. org

复习思考题

1. 美国学前教育机构与家庭、社区合作共育的特点及给你的启示。
2. 英国学前教育机构与家庭、社区合作共育的特点及给你的启示。

案例试评

先阅读下面案例,再查评价表(见下表),并在你认为恰当的答案的序号上打"√"。
一、案例
在美国,许多幼儿园都实行"随时向家长开放,欢迎家长随时来访"的开放政策。

二、评价表

编号	项目	答案
1	我对这项政策的喜好	(1) 很喜欢　(2) 较喜欢　(3) 一般　(4) 较不喜欢　(5) 很不喜欢
2	我认为这项政策	(1) 很科学　(2) 较科学　(3) 一般　(4) 较不科学　(5) 很不科学
3	我认为这项政策	(1) 很合理　(2) 较合理　(3) 一般　(4) 较不合理　(5) 很不合理
4	我认为借鉴这项政策的必要性	(1) 很大　(2) 较大　(3) 一般　(4) 较小　(5) 很小
5	我认为借鉴这项政策的可能性	(1) 很大　(2) 较大　(3) 一般　(4) 较小　(5) 很小

附录1

学前儿童家庭教育与活动指导课程教学(考试)大纲

《学前儿童家庭教育与活动指导》主要是研究出生至入学前儿童家庭教育活动,揭示学前儿童家庭教育规律,以提高学前儿童家庭教育质量的一门学科。

《学前儿童家庭教育与活动指导》既有理论性,又有实践性,是一门多边综合学科,它与《学前儿童心理学》《学前教育学》这两门学科有着非常密切的关系:了解学前儿童心理发展的年龄特征和个别差异是家长对其进行教育的前提条件;托儿所、幼儿园教育的基本规律、途径、原则、方法对家长进行家庭教育也同样具有指导意义。

《学前儿童家庭教育与活动指导》是学前教育专业本、专科教学计划中的一门必修课程。学习此课程,有助于学生深刻理解学前儿童家庭教育的基本规律和特征,掌握托儿所、幼儿园家长工作的基本知识和技能,以便在学前教育实践中能充分发挥家长的教育作用,进一步调动家长支持、配合、参与托儿所、幼儿园教育的积极性,促进儿童更好地成长发展。

一、教 学 要 求

(一) 知识体系

第一章首先从广义和狭义地角度略述了学前儿童家庭教育的基本涵义,并对学前儿童的家庭教育与托儿所、幼儿园的教育进行了简单的比较,提出学前儿童的家庭教育具有时代性和社会性、亲情性和感染性、针对性和随机性、连续性和一贯性、权威性和专制性等特点;然后从儿童机体的正常生长发育、智力潜能的最大开发、社会化进程的加速、审美才能的提高、未来发展的走向等方面说明学前儿童家庭教育的重要价值;接着阐明学前儿童家庭教育的目的是促进孩子个性的全面和谐的发展,并从健康教育、认知教育、品行教育和审美教育的角度,分析了学前儿童家庭教育的主要任务;最后论述了学前儿童家庭教育的原则体系由科学性原则、理智性原则、指导性原则、渐进性原则、适度性原则、一致性原则等组成,以及运用各条原则时的注意事项,此外,还阐述了学前儿童家庭教育的方法体系由环境熏陶法、兴趣诱导法、暗示提醒法、活动探索法、榜样示范法等构成,以及如何创造性地综合使用这些方法。

第二章首先略述了学前儿童创造力的模仿性、自发性、灵活性、发展性和差异性等主要特点,并从学前儿童自身发展和时代需要等方面论述了家长对学前儿童进行创造教育的重要作用;接着阐述了学前儿童家庭创造教育的主要任务是培养儿童的创造精神、创造想象、创造思维和创造行为;最后提出了要实现学前儿童家庭创造教育的目标,应遵循个别性、活动性、宽松性、赞赏性等原则,开展游戏、科技、绘画、劳动、制作等多种活动的观点;此外还论述了如何以言语、行为、意识等为指标,客观公正地评价学前儿童创造力发展的水平。

第三章首先从情商这一基本概念入手,指出了学前期是家长培养孩子情商的重要时期,提出了关注孩子情商的提升将会使孩子终身受益无穷的论点;接着简述了学前儿童家庭情商教育的主要任务是培养道德情感和自主意识、训练情感技能和社交能力;最后论述了家长在提高学前儿童情商时,应针对具体情况,适当选用示范、谈话、讨论、体验、风暴、评价等方法，灵活开展游戏、说笑、扮演、艺体、合作、训练等活动。

第四章首先论证了学前儿童家长必须具备良好的身体素养、科学的文化素养、崇高的道德素养、健全的心理素养和丰富的教育素养的意义，并指出家长不断提高自身教育素质对家庭教育具体实施的重要性；接着介绍了国内外对学前儿童家长教养态度进行划分的几种比较典型的研究，分析了不同教养态度对孩子性格特征、道德品质、行为方式、智力能力等方面发展所产生的正面及负面效应，然后论述了家长要通过研究孩子的行为模式、重视孩子的个性特点、建立理想的亲子关系、形成民主的教养作风、拥有一致的教养态度等多种策略，来调整自己的教养态度，优化孩子的成长环境；最后阐述了学前儿童家长应该具有了解与认识孩子、观察与记录孩子、分析与评价孩子、指导与发展孩子等方面的能力，以及增强这些能力的具体措施。

第五章首先通过调查研究论证了新中国成立50年来，学前教育机构在各个不同的历史时期所涌现出来的家庭教育指导的具体形式(如家庭访问、来园接待、家园联系册、家长会等)以及发展的主要特点(如稳定性、灵活性、创造性、个体性和规范性等)，分析了产生这些形式的一些基本原因，并从知识经济、世界学前教育改革、托幼一体化的角度推测了学前教育机构家庭教育指导形式发展的趋向；其次详细阐述了学前教育机构如何利用家长的听觉、视觉、运动觉等多种感官通道，开展生动活泼的家庭教育指导活动(如家庭教育讲座、家长会、辨析评论会、父母沙龙、家长园地、家园小报、开放日活动、父母执教活动等)，对家长进行卓有成效的指导，以全面提高家长的教育素质和教育能力；再次深入论述了社会互动的几个主要理论以及对学前教育机构家庭教育指导的多种启示；最后还简单介绍了《全国家庭教育指导大纲》的主要内容。

第六章首先论述了学前教育机构与家庭进行合作活动对学前教育法规的贯彻、学前教育质量的提高、儿童身心的全面发展、家长教育素质的增强，以及世界学前教育发展趋势的顺应，都有着十分重要的意义，阐明了开展家园(所)合作活动必须遵循的平等性原则、整体性原则、针对性原则、求实性原则和娱乐性原则；接着通过学前教育机构与家庭合作开展的读书活动、节庆活动、参观活动、教学活动等多种活动，具体说明家园(所)合作活动的基本结构，剖析各种合作活动的主要特点；最后从目的的全面融合、伙伴的积极互动、资源的内外结合、视野的世界范围、形式的借鉴创新、媒体的网络邮件等方面预测了学前教育机构与家庭开展合作活动的发展趋势。

第七章首先简述了幼儿园运用家庭和社区资源进行主题教育的价值；其次说明了幼儿园运用家庭和社区资源进行主题教育的内容；再次论述了幼儿园运用家庭和社区资源进行主题教育的策略；最后推介了幼儿园运用家庭和社区资源进行主题教育的活动。

第八章首先简述了幼儿园运用家庭和社区资源进行英语教育的价值；其次说明了幼儿园运用家庭和社区资源进行英语教育的原则；再次论述了幼儿园运用家庭和社区资源进行英语教育的内容和方法；最后推介了幼儿园运用家庭和社区资源进行英语教育的游戏活动。

第九章首先提出了对学前儿童家庭教育现象和活动进行研究，是为了揭示学前儿童家庭教育的一般规律和特殊规律，探寻影响学前儿童家庭教育的各种因素及其相互之间的关系，试图改善、优化这些因素，以充分发挥学前儿童家庭的教育功能，使学前教育机构和家庭能更加有效地合作，共同提高教育质量，促进学前儿童健康和谐的发展这一观点，接着论述了对学前儿童家庭教育进行科学研究的若干步骤，并通过实例详细说明了如何选定题目、制定计划、分析结果和撰写报告；最后阐述了如何采用调查法、观察法、实验法、个案法、历史法、比较法等多种方法，对学前儿童的家庭教育进行科学研究；此外还简述了学前儿童家庭教育科学研究的课题内容包括家庭教育和家庭教育指导这两个板块，具体分析了学前儿童家庭教育课题研究在对象、人员、周期、区域、范围、形成等方面所呈现的特点，用实例论证了学前儿童家庭教育课题研究的基本框架，阐明课题研究中课题名称、立论根据、研究方案、研究条件、成果展示等部分的确立依据及具体表现形式。

第十章分别评价了美国、英国学前教育机构与家庭及社区合作共育的改革现状及其主要启示。

(二) 能力结构

首先,能够记住、理解有关学前儿童家庭教育方面的重要术语、概念和观点。

其次,能够运用学前儿童家庭教育的原理,说明学前儿童家庭教育的特征;并能从学前儿童家庭教育的现象中,概括出学前儿童家庭教育的基本规律,真正掌握各知识点之间的内在联系。

最后,能够综合运用学前儿童家庭教育的知识点,分析学前儿童家庭教育的成功经验和失败教训;指导家长设计出科学的育儿方案。

(三) 课时安排

章 第	章 名	学 时
第一章	学前儿童家庭教育概述	5
第二章	学前儿童家庭的创造教育	4
第三章	学前儿童家庭的情商教育	4
第四章	学前儿童家长的教育素质及能力	4
第五章	学前教育机构家庭教育的指导	6
第六章	学前儿童教育机构与家庭的合作活动	6
第七章	幼儿园运用家庭和社区资源进行主题教育	5
第八章	幼儿园运用家庭和社区资源进行英语教育	2
第九章	学前儿童家庭教育的科学研究	2
第十章	国外学前教育机构与家庭及社区的合作共育	2
合 计		40

(四) 教与学的方法

1. 教学方法

以讲述为主,在讲述的基础上,组织学生开展联系实际的讨论、评价,并可辅之以观看相应的教学录像带。以下讲述方法可作参考。

(1) 描述性讲解:可以根据教材编排顺序,系统性描述教材内容,理清线索,阐明各知识点之间的逻辑关系,帮助学员排除教材中有关术语的理解障碍,展示各章节的知识框架。

(2) 要点抽象式讲解:有关章节内容可先作简明提要,抽象其知识点,然后逐一对知识点所表达的涵义进行阐释。

(3) 实例分析式讲解:有些内容可联系实际,从实际中的典型事例入手,启发学生思考,从中归纳学前儿童家庭教育的意义和依据,引出知识点。

(4) 观点演绎式讲解:有时可直接显示某个儿童家庭教育观点,在正确理解的基础上,引导学生以实例将其具体化,并举一反三,以达到灵活应用。

2. 学习方法

以阅读理解教材为主,以下学习方法可作参考。

(1) 通读教材:按教材内容的编排逻辑,通过自己的阅读理解,理出各章的知识脉络,画出概念,圈出重点和难点。

(2) 做阅读笔记:结合听课,在正确理解的基础上,将教材内容转化成知识要点,做出笔记,并进一步以问题的形式对知识点进行思考练习。

(3) 参考相关资料:根据大纲内容寻找教材以外的相应参考资料,作为辅助学习,以帮助理解和扩展思路。

（4）联系实际学习：在平时实践中，注意观察学前儿童家庭教育现象，善于应用学前儿童家庭教育的知识，发现有关实例，以论证和说明所学观点。

二、教学内容与目标分类

（一）有关内容与目标分类的说明

该大纲列出的各章、节、目的内容都是教学的重点、考试的范围。

在教学具体内容中，每一节或每一条目后面还加上了一个括号；括号内的提法表明了教学的目标，不同的节、目有不同的目标；它同时也是考试的依据。

目标分类各层次之间的关系都是累积性的，即一方面较高层次的行为建立在较低层次行为的基础之上；另一方面较低层次的行为又可转化为较高层次行为的必要组成部分。它们之间的关系可以表述为：第一层次：记忆；第二层次：在记忆的基础上正确理解；第三层次：在记忆和理解的基础上学会应用。

目标分类中各层次的具体含义：

（1）记忆。仅从文字上掌握所学的知识。考试时，在与教材情境、文字基本相同的情况下，通过适当的再认、回忆或自动反应，完成作业。

（2）理解。从知识的内涵、外延及相互联系上掌握所学的知识。考试时，在所学内容相同，文字不同或表达方式不同的情况下，通过一定的思考，组织、完成作业。通常表现为对所学知识能做出相应水平的解释，对其意义能做出简单的、直接归纳或演绎性推断。

（3）应用。从本质上或某种抽象水平上掌握所学的知识。考试时，能运用所学的知识在相同水平、相同难度的新问题或新情境中完成作业。

（二）教学内容、教学要求及目标定位

第一章　学前儿童家庭教育概述

教学目的：了解学前儿童家庭教育的特点和作用，理解学前儿童家庭教育的目的及任务，掌握学前儿童家庭教育的原则与方法。

教学重点：学前儿童家庭教育的原则与方法。

教学难点：学前教育家庭教育的目的与任务。

教学具体内容及目标定位

第一节　学前儿童家庭教育的特点（记忆）

一、学前儿童家庭教育的涵义

二、学前儿童家庭教育与托幼机构教育的比较

三、学前儿童家庭教育的特点

第二节　学前儿童家庭教育的作用（记忆）

一、家庭教育保证了儿童机体的正常生长发育

二、家庭教育促进了儿童智力潜能的最大开发

三、家庭教育加速了儿童社会化的进程

四、家庭教育提高了儿童的审美才能

五、家庭教育为儿童未来的发展奠定了基础

第三节　学前儿童家庭教育的目的及任务（理解）

一、学前儿童家庭教育的主要目的

二、学前儿童家庭教育的基本任务

第四节 学前儿童家庭教育的原则与方法（应用）

一、学前儿童家庭教育的基本原则

二、学前儿童家庭教育的主要方法

教学建议：

（1）采用比较法来讲解学前儿童家庭教育和托幼机构教育之间的异同点；先让学生列出学前教育的目的、目标、教育者、教育对象、教育途径、教育方法、教育手段、教育形式，然后教师再讲授家庭教育的相关内容；通过比较，使学生深刻理解家庭教育的优势。

（2）运用正反两方面家庭教育的事实，来说明家庭教育直接影响到儿童的健康发展。

（3）要求学生分析制约某个儿童发展水平的家庭因素。

（4）注意分析当前学前儿童家庭教育中存在的重智育、美育，轻体育、德育的现象及可能产生的不良后果。

第二章 学前儿童家庭的创造教育

教学目的：了解学前儿童家庭教育的价值和任务，掌握学前儿童家庭进行创造教育的原则，学会利用不同的标准来评价学前儿童家庭的创造教育。

教学重点：学前儿童家庭创造教育的活动。

教学难点：学前儿童家庭创造教育的原则和评价。

教学具体内容及目标定位

第一节 学前儿童家庭创造教育的价值（理解）

一、学前儿童创造力的概念及特点

二、学前儿童家庭创造教育的价值

第二节 学前儿童家庭创造教育的任务（记忆）

一、激发儿童创造的兴趣和好奇心

二、丰富儿童创造的知识和技能

三、鼓励儿童创造性想象与实践

四、培养儿童创造性思维

五、塑造儿童创造的个性

六、培养儿童创造的品德

七、增强儿童的冒险精神

八、提高儿童的抗挫能力

第三节 学前儿童家庭创造教育的原则（应用）

一、全面性原则

二、个别性原则

三、活动性原则

四、宽松性原则

五、赞赏性原则

六、示范性原则

第四节 学前儿童家庭创造教育的活动（应用）

一、游戏活动

二、科技活动

三、绘画活动

四、体育活动

五、劳动活动

六、想象活动

七、制作活动

八、编讲活动

第五节　学前儿童家庭创造教育的评价（应用）

一、观察孩子的动作

二、观看孩子的作品

三、倾听孩子的声音

四、洞察孩子们的心理

五、透视孩子的个性

教学建议：

（1）启发学生联系学前教育机构的教育活动进行学习、讨论，教师小结。

（2）在讲解学前儿童家庭创造教育的原则时，重点帮助学生理解宽松性原则和赞赏性原则；在讲解学前儿童家庭创造教育的活动时，着重使学生理解绘画活动、想象活动和制作活动。

第三章　学前儿童家庭的情商教育

教学目的：了解学前儿童家庭情商教育的价值和任务，掌握学前儿童家庭情商教育的方法，知道如何开展学前儿童家庭情商教育的活动。

教学重点：学前儿童家庭情商教育的活动。

教学难点：学前儿童家庭情商教育的方法。

教学具体内容及目标定位

第一节　学前儿童家庭情商教育的价值（理解）

一、学前儿童情商的基本涵义

二、提升学前儿童情商的基本价值

第二节　学前儿童家庭情商教育的任务（记忆）

一、陶冶儿童的道德情感

二、训练儿童的社会技能

三、提高儿童的情感技能

四、培养儿童的自主精神

第三节　学前儿童家庭情商教育的方法（应用）

一、示范法

二、谈话法

三、讨论法

四、体验法

五、想象法

六、风暴法

七、记录法

八、评价法

第四节　学前儿童家庭情商教育的活动（应用）

一、交流活动
二、游戏活动
三、说笑活动
四、同伴活动
五、体育活动
六、合作活动
七、扮演活动
八、艺术活动
九、训练活动
教学建议：
(1) 在讲授学前儿童家庭教育情商教育的方法时，重点帮助学生掌握体验法、想象法和风暴法。
(2) 在讲解学前儿童家庭情商教育的活动时，着重于使学生理解说笑活动、扮演活动和合作活动。

第四章　学前儿童家长的教育素质及能力

教学目的：使学生认识到要想成为一名合格的学前儿童家长，就必须具有科学的教育素质、正确的教养态度和全面的教育能力。
教学重点：学前儿童家长的教育能力。
教学难点：学前儿童家长的教养态度。
教学具体内容及目标定位

第一节　学前儿童家长的教育素质（记忆）

一、学前儿童家长的身体素养
二、学前儿童家长的文化素养
三、学前儿童家长的道德素养
四、学前儿童家长的心理素养
五、学前儿童家长的教育素养

第二节　学前儿童家长的教养态度（理解）

一、家长教养态度的类型及影响
二、家长教养态度的调整与纠正

第三节　学前儿童家长的教育能力（应用）

一、学前儿童家长了解、认识孩子的能力
二、学前儿童家长观察、记录孩子的能力
三、学前儿童家长分析、评价孩子的能力
四、学前儿童家长指导、发展孩子的能力
教学建议：
(1) 用比较法讲授学前儿童家长的各种教养态度。
(2) 鼓励学生通过情景表演来表现学前儿童家长的各种教养态度。
(3) 组织学生讨论家长教育素质对儿童发展的影响。
(4) 引导学生畅谈家长教育能力与儿童发展之间的关系。

第五章　学前教育机构家庭教育的指导

教学目的：使学生理解学前儿童家庭教育指导形式的发展过程及特点，能够灵活运用不同的形式来指导家长,提高家庭教育的质量。

教学重点：学前教育机构家庭教育指导形式的渠道。

教学难点：学前教育机构家庭教育指导形式的衍变。

教学具体内容及目标定位

第一节　学前教育机构家庭教育指导形式的衍变（理解）

一、50—90 年代学前教育机构家庭教育的指导形式及成因

二、50—90 年代学前教育机构家庭教育指导形式的发展特点

三、学前教育机构家庭教育指导形式的未来走向

第二节　学前教育机构家庭教育指导的内容与渠道（应用）

一、家庭教育讲座

二、家长会

三、辨析评论会

四、父母沙龙

五、家长园地

六、家园小报

七、开放日活动

八、父母执教活动

第三节　社会互动理论对学前教育机构家庭教育指导的启示（应用）

一、常人方法论及对幼儿教师和家长互动的启示

二、印象管理论及对幼儿教师和家长互动的启示

三、社会交换论及对幼儿教师和家长互动的启示

四、参照群体论及对幼儿教师和家长互动的启示

五、符号互动论及对幼儿教师和家长互动的启示

六、社会角色论及对幼儿教师和家长互动的启示

第四节　《全国家庭教育指导大纲》简介（记忆）

一、《全国家庭教育指导大纲》的重要价值

二、《全国家庭教育指导大纲》的指导原则

三、《全国家庭教育指导大纲》的指导内容

四、《全国家庭教育指导大纲》的保障措施

教学建议：

（1）鼓励学生调查研究,了解学前儿童家庭教育指导形式的发展情况。

（2）提高学生实践能力,学会设计家庭教育指导工作的计划和方案。

第六章　学前教育机构与家庭的合作活动

教学目的：了解学前教育机构与家庭合作活动的价值及发展趋势,掌握学前教育机构与家庭合作活动的原则,并能设计出一系列行之有效的合作活动的方案。

教学重点：学前教育机构与家庭合作活动的方案。

教学难点：学前教育机构与家庭合作活动的原则。

教学具体内容及目标定位

第一节　学前教育机构与家庭合作活动的价值与原则（理解）

一、学前教育机构与家庭合作活动的价值

二、学前教育机构与家庭合作活动的原则

第二节　学前教育机构与家庭合作活动的方案及评价(应用)

一、家园合作读书活动方案及评析
二、家园合作节庆活动方案及评析
三、家园合作游览活动方案及评析
四、家园合作教学活动方案及评析

第三节　学前教育机构与家庭合作活动的发展趋势(记忆)

一、合作活动的目的由单一孤立转向全面融合
二、合作活动的伙伴由被动应对转向积极互动
三、合作活动的资源由园内部转向园内外部结合
四、合作活动的形式由仿效参照转向借鉴创新
五、合作活动的视野由市内国内转向世界范围
六、合作活动的媒体由玩具图书转向网络邮件
教学建议:
(1) 鼓励学生把自己设计的家园合作活动方案付诸学前教育实践。
(2) 指导学生对家园合作活动进行评价。

第七章　幼儿园运用家庭和社区资源进行主题教育

教学目的:了解幼儿园运用家庭和社区资源进行主题教育的价值和内容,掌握幼儿园运用家庭和社区资源进行主题教育的策略和活动。
教学重点:幼儿园运用家庭和社区资源进行主题教育的策略。
教学难点:幼儿园运用家庭和社区资源进行主题教育的活动。
教学具体内容及目标定位

第一节　幼儿园运用家庭和社区资源进行主题教育的价值(记忆)

一、有利于融合各个领域的教育
二、有利于整合各种教育的资源
三、有利于促进儿童和谐的发展

第二节　幼儿园运用家庭和社区资源进行主题教育的内容(理解)

一、以节日为基础安排主题教育的内容
二、以月份为基础选择主题教育的内容
三、以儿童为中心设计主题教育的内容
四、以其他事物为基点构造主题教育的内容

第三节　幼儿园运用家庭和社区资源进行主题教育的策略(应用)

一、儿童导向的策略
二、教师导向的策略
三、生活导向的策略
四、家庭导向的策略
五、社区导向的策略

第四节　幼儿园运用家庭和社区资源进行主题教育的活动(应用)

一、我就是我

二、不同的交通工具

三、多种多样的房子

四、社区的帮手

五、农场的动物

六、我们毕业了

教学建议：

（1）鼓励学生把自己设计的幼儿园运用家庭和社区资源进行主题教育的活动方案付诸学前教育实践。

（2）指导学生对幼儿园运用家庭和社区资源进行主题教育的活动进行评价。

第八章　幼儿园运用家庭和社区资源进行英语教育

教学目的：了解幼儿园运用家庭和社区资源进行英语教育的价值，掌握幼儿园运用家庭和社区资源进行英语教育的原则、内容、方法和游戏活动。

教学重点：幼儿园运用家庭和社区资源进行英语教育的原则。

教学难点：幼儿园运用家庭和社区资源进行英语教育的内容和方法、游戏活动。

教学具体内容及目标定位

第一节　幼儿园运用家庭和社区资源进行英语教育的价值（记忆）

一、使儿童的英语学习和母语学习相融合

二、使儿童的英语听说能力有所增强

三、使儿童的英语学习效率得到提高

四、使儿童的多元文化意识得以萌发

第二节　幼儿园运用家庭和社区资源进行英语教育的原则（理解）

一、兴趣性原则

二、情景性原则

三、渐进性原则

四、差异性原则

第三节　幼儿园运用家庭和社区资源进行英语教育的内容与方法（应用）

一、有关"儿童自身"的英语教育内容与方法

二、有关"幼儿园"的英语教育内容与方法

三、有关"家庭"的英语教育内容与方法

四、有关"社区"的英语教育内容与方法

五、有关"节日"的英语教育内容与方法

六、有关"季节"的英语教育内容与方法

第四节　幼儿园运用家庭和社区资源进行英语教育的游戏活动（应用）

一、给照片命名

二、小鸭子买水果

三、送小动物回家

四、请你帮我找出来

五、毛毛虫的宝宝

教学建议：

（1）鼓励学生把自己设计的幼儿园运用家庭和社区资源进行英语教育的游戏活动方案付诸学前教育实践。

（2）指导学生对幼儿园运用家庭和社区资源进行英语教育的游戏活动进行评价。

第九章 学前儿童家庭教育的科学研究

教学目的：了解学前儿童家庭教育研究的基本步骤和重要课题,掌握学前儿童家庭教育科学研究的主要方法。

教学重点：学前儿童家庭教育科学研究的主要方法。

教学难点：学前儿童家庭教育科学研究的基本步骤。

教学具体内容及目标定位

第一节 学前儿童家庭教育科学研究的基本步骤（理解）

一、选定题目

二、查阅文献

三、提出假设

四、制定计划

五、收集资料

六、分析结果

七、撰写研究报告

第二节 学前儿童家庭教育科学研究的主要方法（应用）

一、调查法

二、观察法

三、实验法

四、个案法

五、历史法

六、比较法

第三节 学前儿童家庭教育科学研究的重要课题（记忆）

一、学前儿童家庭教育课题研究的地位与内容

二、学前儿童家庭教育课题研究的主要特点

三、学前儿童家庭教育课题研究的基本结构

教学建议：

（1）通过实例帮助学生理解应该如何运用各种研究方法。

（2）指导学生设计一个课题研究方案。

第十章 国外学前教育机构与家庭及社区的合作共育

教学目的：了解世界主要国家学前教育机构与家庭、社区合作共育的改革现状和重要措施。

教学重点：国外学前教育机构与家庭、社区合作共育的主要形式和重要策略。

教学难点：国外学前教育机构与家庭、社区合作共育给我们的启示。

教学具体内容及目标定位

第一节 美国学前教育机构与家庭及社区的合作共育（理解）

一、通过不同的开放时间,满足家长的不同需求

二、通过家长手册,全面展示学前教育机构的风采

三、通过接送孩子交流,开展学前教育机构和家庭的日常交往

四、通过家长信箱,维系学前教育机构和家庭的正常交流

五、通过家长园地,增强学前教育机构和家庭的纽带关系
六、通过观察孩子活动,发展学前教育机构和家庭的合作关系
七、通过家长会,搭建家长和教师对话的平台
八、通过时事通讯,传递各种保育教育儿童的信息
九、通过志愿者活动,发挥家长的聪明才智
十、通过开放日活动,促使家长成为团队中的一员
十一、通过节庆活动,分享家庭的不同文化
十二、通过参观活动,扩展学前教育机构和家庭共育的空间
十三、通过支持科研活动,提升学前教育机构和家庭共育的质量
十四、通过正当的投诉程序,化解学前教育机构和家庭之间的矛盾
十五、思考及启示

第二节　英国学前教育机构与家庭及社区的合作共育(应用)

一、通过"家长手册"使家长了解幼儿园的教育目标
二、通过"家长布告栏"使家长理解幼儿园的教育活动和内容
三、通过"发展记录"使家长知晓孩子的发展水平
四、通过"幼儿园通讯"使家长获得具体的教育建议
五、通过"家长参与"使儿童得到更好的发展
六、通过"家长委员会"使家长能帮助幼儿园筹措资金
七、通过"家长许可"使幼儿园能大胆利用社区资源
八、通过"投诉程序"使家园关系变得和谐融洽
九、几点启示与思考
教学建议:
(1) 通过引导学生观看照片,深入理解国外学前教育机构与家庭、社区合作共育的实质。
(2) 指导学生对中美、中英、中英美学前教育机构与家庭、社区的合作共育进行比较分析。

三、考　试

1. 考试依据及有关说明

考试以本大纲和李生兰所著《学前儿童家庭教育与活动指导》为依据,以李生兰所著《幼儿家庭教育》(上海教育出版社 2000 年版)、《幼儿园与家庭、社区合作共育的研究》(华东师范大学出版社 2013 年第 2 版)、《幼儿园家长开放日活动的研究》(华东师范大学出版社 2008 年版)为参照。考试目的在于了解学生对《学前儿童家庭教育与活动指导》这门课程基本概念、原理的理解程度及对其内在关系的掌握程度;特别是要考查学生能否灵活运用已学习的知识点,评析学前儿童家庭教育实际情况,以及能否综合运用所学的多个知识点,提出解决学前儿童家庭教育面临问题的措施的能力。

因此,考生对概念、原理、观点的逻辑关系应非常清楚;考试时,除了对要求记忆的有关内容作提示性的再认、再现外,更多的是对要求理解、应用的有关内容,能用自己的语言,将一些原理性、应用性问题的要点作连贯表述,以示对所学的知识的理解水平和分析能力。

2. 考试时间

120 分钟。

3. 考试方式、分制与分数解释

采用闭卷、笔试的方式;以优、良、中、不及格四个等级进行评分,中以上为合格。

4. 内容比例

本大纲各章均为考试内容,考题所占的比例是根据章节的重要性以及各章内容量的多少来安排的。各章所占考题的比例大约为:第一章占 15%,第二章占 5%,第三章占 5%,第四章占 5%,第五章占 20%,第六章占 20%,第七章占 15%,第八章占 5%,第九章占 5%,第十章占 5%。

5. 难度比例

容易题占 10%，较容易题占 20%，难易度中等题占 40%，较难题占 20%，难题占 10%。

6. 题型比例

选择题占 10%，填空题占 10%，名词解释占 10%，简答题占 20%，论述题占 20%，评析题占 10%，设计题占 20%。

7. 样题及目标定位示例

（1）选择题。

例如，学前儿童家长正确的教养态度应是（　　）

A. 溺爱　　　　　B. 专制　　　　　C. 放任　　　　　D. 民主

（考查对某一知识点的记忆）

（2）填空题。

例如，学前儿童的创造力具有模仿性、_____性、灵活性、_____性、差异性、_____性等特点。

（考查对概念的记忆）

（3）名词解释。

例如，学前儿童家庭教育（狭义）

（考查对的概念的记忆）

（4）简答题。

例如，学前儿童家庭教育科学研究的基本步骤。

（考查对观点的理解）

（5）论述题。

例如，联系实际说明学前儿童家长应如何提升孩子的情商。

（考查对所学知识的应用）

（6）评析题。

例如，一日下午，在接孙子离园回家的路上，孙子高兴地告诉奶奶："老师今天表扬我了！"奶奶急忙问道："老师为什么表扬你？"孙子说："因为吃苹果时，我挑了一个最小的。"奶奶听后生气地说："你真傻，我们家交的钱和别人家交的一样多，下次吃苹果时，你一定要挑一个最大的，把我们家今天造成的损失弥补回来。"试用学前儿童家庭教育的原则加以评析。

（考查对某个知识点的应用）

（7）设计题。

例如，试以"六一"国际儿童节为主题，设计一个家园同乐系列活动。

（考查对多个知识点的综合应用）

附录2

学前儿童家庭教育与活动指导课程
模拟考试试卷及参考答案

试 卷 一

考试形式：闭卷　满分：100 分　考试时间：120 分钟

姓名：_____　学号：_____　成绩：_____

一、填空题(每空 1 分,共 32 分)

1. 核心家庭主要是由_____和_____所组成的家庭。

2. 家庭成员之间的关系统称为_____。

3. 狭义的幼儿家庭教育主要是指在家庭生活中,_____对_____所进行的教育。

4. 影响幼儿身心发展的因素主要有_____、_____、_____和_____。

5. "孟母三迁"的故事主要是讲家庭的_____环境对孩子的影响。

6. 幼儿家庭教育的内容主要包括_____、_____、_____和_____。

7. 朱庆澜先生关于家庭教育的专著是《_____》。

8. 幼儿家庭教育是和幼儿的家庭_____融合在一起的。

9. 幼儿家庭教育的手段主要有_____、_____和_____等。

10. "孺子牛"的故事告诫父母对孩子不能_____。

11. 陈鹤琴先生关于家庭教育的专著是《_____》。

12. "曾子杀猪"的故事强调家庭教育要注意使用_____法。

13. 幼儿家长的教养态度主要有_____、_____、_____和_____等几种类型。

14. 《父母必读》一书的作者是苏联教育家_____。

15. 幼儿家长的教育素质主要是由_____、_____、_____、_____和_____等几个因素所组成的。

16. 《家长教育学》一书的作者是苏联教育家_____。

二、简答题(每题 7 分,共 28 分)

1. 幼儿家庭教育的优越性。

2. 幼儿家庭教育活动的主要形式。

3. 使用"因材施教"的家庭教育原则时的注意事项。

4. 幼儿家长应如何了解孩子的独特发展水平。

三、论述题(1 题,15 分)

幼儿园家长工作的指导形式主要有哪几种(最少写出 5 种)？你最常用的是哪一种？为什么？试举例加以说明。

四、评析题(1 题,10 分)

运用《学前儿童家庭教育与活动指导》一书的理论知识,对下列事件进行简单分析、评价,并提出教育建议。

事件：小宝的妈妈正在厨房里准备晚饭,当她听到 5 岁儿子小宝在楼下的哭声时,急忙喊小宝的爸爸："儿子在楼下哭了,他肯定吃邻居小哥哥的亏了,你快去把儿子拉回来。"小宝的爸爸朝窗外望去,当他看到儿子骑在邻居小哥哥小强的身上、挥舞着小拳头猛打同伴时,便得意地喊道："小宝妈妈,你快来看呀,我们的儿子真能干,他已转败为胜了,我不用再下楼去了。"

五、设计题(1题,15分)

围绕着"六一"国际儿童节(主题自定),设计一个家园合作活动简案。

试卷一参考答案

一、填空题

1. 父母 子女
2. 亲属关系
3. 父母 孩子
4. 遗传 家庭环境 家庭教育 主动性
5. 外部或宏观
6. 健康 认知 品行 审美
7. 家庭教育
8. 生活
9. 玩具 读物 电视
10. 溺爱
11. 家庭教育——怎样教小孩
12. 榜样示范
13. 溺爱 专制 放任 民主
14. 马卡连柯
15. 修养 知识 义务感 威信 理智
16. 苏霍姆林斯基

二、简答题

1. (1)针对性(2分) (2)连续性(2分) (3)灵活性(1分) (4)权威性(1分) (5)亲情性(1分)

2. (1)生活活动(1分) (2)游戏活动(1分) (3)兴趣活动(1分) (4)节庆活动(1分) (5)体育活动(1分) (6)消费活动(1分) (7)美化活动(1分)

3. (1)孩子的年龄特点(1分) (2)孩子的性别特点(2分) (3)孩子的个性特征(2分) (4)孩子当前情况(2分)

4. (1)日常生活(2分) (2)游戏(2分) (3)劳动(1分) (4)学习(1分) (5)交往(1分)

三、论述题

1. 家长会;2. 家庭教育讲座;3. 家园联系栏;4. 家庭教育咨询;5. 家庭经验交流;6. 家长报;7. 亲子活动;8. 家长开放日;9. 团长信箱;10. 辨析讨论会。

四、评析题

分析、评价:

1. 这位母亲很了解自己的孩子;(2分)2. 母亲对孩子担忧较多;(2分)3. 母亲注意发挥父亲的教育作用;(2分)4. 父亲对孩子很溺爱,发现孩子的过失行为却不予以制止。(2分)

建议:

1. 父母对孩子要严格要求;(1分)
2. 父母对孩子的教育应一致。(1分)

五、设计题

1. 活动名称;(1分)
2. 活动主持者;(1分)
3. 活动对象;(1分)
4. 活动时间与地点;(1分)

5. 活动目标;(2 分)

6. 活动准备;(2 分)

7. 活动内容与形式;(2 分)

8. 活动过程与步骤;(4 分)

9. 活动评价。(1 分)

试 卷 二

考试形式：闭卷 满分：100 分 考试时间：120 分钟

姓名：_____ 学号：_____ 成绩：_____

一、填空题(每空 1 分,共 32 分)

1. 幼儿家庭教育的研究方法主要有_____、_____、_____、_____、_____和_____。

2. 家庭的_____表现为一种社会关系。

3. 按照家庭成员完整的程度可将家庭分为_____家庭和_____家庭。

4. 沙袋育儿说明_____的家庭环境阻碍幼儿的发展。

5. 钢琴世家说明家庭的_____环境对幼儿成长的作用。

6. 幼儿家庭教育的优势主要体现在具有_____、_____、_____和_____。

7. 幼儿家庭教育要根据社会需要,为_____教子。

8. 家庭_____教育的重要内容之一是让幼儿知道一些紧急呼救电话号码。

9. 幼儿家庭教育是和幼儿家庭_____融合在一起的。

10. 终身教育使家庭的_____活动成为一种永久性活动。

11.《家长教育行为规范》指出幼儿家庭教育重在教子_____。

12.《幼儿园工作规程》指出："幼儿园应主动与幼儿家庭配合,帮助家长创设良好的家庭教育_____,向家长宣传科学_____、_____幼儿的知识,共同担负教育幼儿的任务。"

13. 打电话是教师对家长进行_____指导的一种形式。

14. 召开家长会是幼儿园对家长进行_____指导的一种形式。

15. 陈鹤琴先生关于家庭教育的专著是《_____》。

16. 苏联教育家苏霍姆林斯基的家庭教育专著是《_____》。

17. 苏联教育家马卡连柯的家庭教育专著是《_____》。

18. 狭义的幼儿家庭教育主要是指在_____生活中,_____对_____所进行的教育。

二、简答题(每题 7 分,共 28 分)

1. 幼儿家庭的职能。

2. 单亲家庭对幼儿发展的影响。

3. 幼儿家庭劳动活动的内容及注意事项。

4. 幼儿家长应如何树立自己的威信。

三、论述题(1 题,15 分)

联系实际说明在幼儿园家长工作中,应如何贯彻尊重家长的原则。

四、评析题(1 题,10 分)

运用《学前儿童家庭教育与活动指导》一书的理论知识,对下列事件进行简单分析、评价,并提出教育建议。

事件：星期四下午,小(2)班开展了家园合作敬老活动,王老师请小朋友的爷爷、奶奶、外公、外婆和自己的(外)孙子、(外)孙女坐在一起;要求每个小朋友先把糕点拿给爷爷、奶奶、外公、外婆吃,再把水端给他们喝。当小朋友按照老师的要求去做时,有的爷爷大口大口地吃,有的奶奶只吃了一小口,有的外公只用鼻子闻了闻,有的外婆假装吃了一口。喝水的情景也差不多。活动结束时,王老师请一位只吃了一小口的奶奶发言,并问她："今天你过得很开心吗?"奶奶说："很开心。"然后,老师宣布今天的活动到此结束。

五、设计题(1 题,15 分)

设计一个家园合作劳动活动(如自我服务、为同伴服务)简案。

试卷二参考答案

一、填空题

1. 历史法　比较法　调查法　观察法　实验法　个案法
2. 本质
3. 健全　残缺
4. 贫乏
5. 微观
6. 针对性　连续性　灵活性　权威性　亲情性
7. 国
8. 健康
9. 生活
10. 学习
11. 做人
12. 环境　保育　教育
13. 个别
14. 集体
15. 家庭教育——怎样教小孩
16. 家长教育学
17. 父母必读
18. 家庭、父母、子女

二、简答题

1. 两种生产职能、抚育职能、赡养职能、消费职能、劳动职能、休闲职能、教育职能。（各 1 分）
2. 有利影响（1 分）：锻炼意志、培养独立性（各 1 分）；不利影响（1 分）：生活负担重、性别角色难以社会化、溺爱（各 1 分）。
3. 活动的内容：为自己、为父母、为家庭；注意事项：激发热情、树立榜样、表扬肯定、不是惩罚。（各 1 分）
4. 不搞绝对服从（2 分）、建立平等关系（3 分）、维护集体威望（2 分）。

三、论述题

1. 尊重职业身份、自身条件不同的家长（4 分）。
2. 尊重孩子情况不同的家长（2 分）。
3. 尊重喜欢提建议、反映问题的家长（4 分）。
4. 举例（5 分）。

四、评析题

分析、评价：

1. 教师根据现代社会的特点来组织此活动很有意义；（1 分）2. 家园合作非常重要；（1 分）3. 祖辈家长对幼儿发展有极大影响；（1 分）4. 注意给幼儿提供实践的机会；（2 分）5. 教师提出的要求是幼儿力所能及的。（2 分）

建议：

1. 教师应注意观察幼儿的表现，及时表扬做得好的幼儿；（1 分）
2. 教师应注意观察家长的表现，表扬鼓励做得好的家长；（1 分）
3. 活动结束时，应提醒家长在家庭生活中要重视培养孩子的分享精神。（1 分）

五、设计题

1. 活动名称；（1 分）
2. 活动主持者；（1 分）
3. 活动对象；（1 分）

4. 活动时间与地点；(1分)
5. 活动目标；(2分)
6. 活动准备；(2分)
7. 活动内容与形式；(2分)
8. 活动过程与步骤；(4分)
9. 活动评价。(1分)

试 卷 三

考试形式：闭卷 满分：100分 考试时间：120分钟

姓名：_____ 学号：_____ 成绩：_____

一、填空题(每空1分,共10分)

1. 幼儿家庭教育要处理好"为_____教子与为_____教子和为_____教子"这三者之间的关系。
2. 陈鹤琴先生关于家庭教育的专著是《_____》。
3. 《家长教育行为规范》指出幼儿家庭教育的重点是教子_____。
4. 《幼儿园工作规程》指出："幼儿园应主动与幼儿家庭配合,帮助家长创设良好的家庭教育_____,向家长宣传科学_____、_____幼儿的知识,共同担负教育幼儿的任务。"
5. 《父母必读》是苏联教育家_____关于家庭教育的专著。
6. 幼儿家庭教育是和幼儿家庭_____融合在一起的。

二、简答题(每题9分,共36分)

1. 为什么说扩大家庭比核心家庭更有利于培养幼儿的社会性。
2. 家长应如何利用家庭的外部资源对幼儿进行教育。
3. 幼儿家长应如何树立自己的威信。
4. 幼儿家长应如何培养幼儿的创造性。

三、评价题(1题,14分)

试用"学前儿童家庭教育"这门课程所学的理论知识对以下事件进行评价,并说明理由或提出教育建议。

时间：9月26日星期二上午8:30—90:00
天气：晴到多云
地点：幼儿园户外运动场地
人物：王老师及小班小朋友
事件：王老师让每个小朋友自己从球筐里拿一个球玩。伟伟小朋友的妈妈送他来园。王老师招呼伟伟小朋友从筐里拿球玩,伟伟高兴地拿了一个球,但当他看到妈妈转身要走时,立即放下了球,抱住妈妈的大腿,哭喊着不让她走。王老师见状,上前拉住伟伟,把球递给他,并示意伟伟的妈妈赶快离开。妈妈走了以后,伟伟始终站在那里,一手拿着球一手不停地擦眼泪。王老师劝了他一会以后,见没什么效果,就带领其他小朋友活动去了。

四、分析题(1题,15分)

李老师随机抽查了141位幼儿的家庭教育情况,对幼儿的生活、学习设施列出了如下的表格。你认为,李老师从这张表格中能得出哪些结论。

表 幼儿在家庭的生活、学习设施

幼儿设施	小床	卧室	衣箱	书橱	玩具柜	活动区	乐器	其他
人　数	78	26	90	31	79	18	18	17
排　序	3	5	1	4	2	6	6	7

五、设计题(1题,25分)

设计一个家园合作学习活动(如参观书店或书城、报亭)简案。

试卷三参考答案

一、填空题

1. 国　家　子
2. 家庭教育—怎样教小孩
3. 做人
4. 环境　保育　教育
5. 马卡连柯
6. 生活

二、简答题

1. 家庭人际关系复杂(3分);波沙特人际互动定律(3分);n2－n/2(3分)。
2. 周围环境如超市(3分);社会场所如公园、书店(3分);社区资源,如到外地游览(3分)。
3. 不搞绝对服从(3分);建立平等关系(3分);维护集体威望(3分)。
4. 遵循:松弛性原则(2分);赞赏性原则(2分);活动性原则(2分);全面性原则(1分);差异性原则(1分);示范性原则(1分)。

三、分析题

1. 来园接待是幼儿园家长工作的重要形式,王老师应热情地和伟伟妈妈打招呼;(5分)2. 小班的孩子还不习惯集体生活,王老师应让伟伟的妈妈陪孩子玩一会再走;(5分)3. 伟伟的情绪极不稳定,王老师应多陪伴他,和他一起玩。(4分)

四、评析题

1. 家长较重视玩具在幼儿成长中的作用,因众多幼儿有玩具柜;(5分)
2. 家长较重视培养幼儿的独立性,因许多幼儿有自己的小床、卧室;(5分)
3. 家长不够重视幼儿的活动空间,因许多幼儿没有自己的活动区域。(5分)

五、设计题

1. 活动名称;(2分)
2. 活动主持者;(2分)
3. 活动对象;(1分)
4. 活动时间与地点;(1分)
5. 活动目标;(4分)
6. 活动准备;(3分)
7. 活动内容与形式;(2分)
8. 活动过程与步骤;(7分)
9. 活动评价;(2分)
10. 后续活动。(1分)

试　卷　四

考试形式:闭卷　满分:100分　考试时间:120分钟

姓名:_____　学号:_____　成绩:_____

一、填空题(每空1分,共15分)

1. 学前儿童的家庭教育具有_____性和_____性、亲情性和感染性、_____性和_____性、连续性和一贯性、_____性和_____性等特点。

2. 《家长教育行为规范》要求家长"树立_____思想,自觉履行教育子女的职责";"重在_____,提高子女思想道德水平"。

3. 《儿童权利公约》指出:"为了充分而和谐地发展个性,应让儿童在家庭环境里,在_____、亲爱和谅解的气氛中成长。"

4. 学前儿童家庭教育的原则主要有：_____性原则、理智性原则、_____性原则、渐进性原则、_____性原则、一致性原则。

5. 学前儿童家庭教育的方法主要有：_____法、兴趣诱导法、_____法、活动探索法、_____法等。

二、名词解释（每题 5 分，共 20 分）

1. 广义的学前儿童家庭教育。

2. 朱庆澜的家庭气象。

3. 学前儿童的创造能力。

4. 黄香温席。

三、简答题（每题 8 分，共 16 分）

1. 美国学者 U·布朗芬布伦纳生物生态学理论对家园社区合作共育的启示。

2. 美国学者 E·L·埃斯萨提出的自我概念理论的主要内容。

四、论述题（每题 13 分，共 26 分）

1. 你认为家长可以通过开展哪些活动来培养孩子的情商？

2. 你认为教师与家长交往时应遵循哪些原则？

五、设计题（1 题，23 分）

围绕国际家庭日，设计一个幼儿园利用家庭、社区资源开展活动的简案。

试卷四参考答案

一、填空题

1. 时代　社会　针对　随机　权威　专制

2. 为国教子　教子做人

3. 幸福

4. 科学　指导　适度

5. 环境熏陶　暗示提醒　榜样示范

二、名词解释

1. 家庭成员相互影响。

2. 家庭生活环境对孩子影响大。

3. 异想天开，求异思维。

4. 黄香关爱父母，冬天为父母暖被窝。

三、简答题

1. 认识到家园社区的作用，重视到他们之间的联系，逐步扩大儿童认识世界的范围。

2. 儿童生活的环境由家庭、学校、社区组成，三者之间的关系对儿童的发展至关重要。

四、论述题

1. 游戏，说笑，扮演，艺体，合作，训练等活动。

2. 平等，整体，针对，求实，娱乐等原则。

五、设计题

活动目标，活动准备，活动对象，活动时间，活动地点，活动主持人，活动过程（重点），活动延伸。

试 卷 五

考试形式：闭卷　满分：100 分　考试时间：120 分钟

姓名：_____　学号：_____　成绩：_____

一、填空题（每空 1 分，共 15 分）

1. 学前儿童的家庭教育具有时代性和社会性、_____性和_____性、针对性和随机性、_____性和_____性、_____性和专制性等特点。

2.《家长教育行为规范》要求家长"树立为国教子思想,自觉履行_____的职责";"重在教子做人,提高子女_____水平"。

3.《儿童权利公约》指出:"为了充分而和谐地发展个性,应让儿童在家庭环境里,在幸福、_____和_____的气氛中成长。"

4. 学前儿童家庭教育的原则主要有:科学性原则、_____性原则、指导性原则、渐进性原则、_____性原则、_____性原则。

5. 学前儿童家庭教育的方法主要有:环境熏陶法、_____法、暗示提醒法、_____法、_____法等。

二、名词解释(每题 5 分,共 20 分)

1. 狭义的学前儿童家庭教育。

2. 朱庆澜的家庭气象。

3. 学前儿童的情商。

4. 黄香温席。

三、简答题(每题 8 分,共 16 分)

1. 美国学者 U·布朗芬布伦纳提出的生物生态学理论的主要内容。

2. 美国学者 H·加德纳多元智能理论对家园社区合作共育的启示。

四、论述题(每题 13 分,共 26 分)

1. 你认为家长应如何提高孩子的创造能力?

2. 你认为幼儿教师在工作中为什么要争取家长的配合?

五、设计题(1 题,23 分)

围绕国际牛奶日,设计一个幼儿园利用家庭、社区资源开展活动的简案。

试卷五参考答案

一、填空题

1. 亲情 感染 连续 一贯 权威

2. 教育子女 思想道德

3. 亲爱 谅解

4. 理智 适度 一致

5. 兴趣诱导 活动探索 榜样示范

二、名词解释

1. 家长对孩子进行教育。

2. 家庭生活环境对孩子影响大。

3. EQ,非智力因素。

4. 黄香关爱父母,冬天为父母暖被窝。

三、简答题

1. 儿童发展受到生态环境影响,生态环境由五个系统所组成。

2. 重视走出去与请进来,注意挖掘社区人力物力资源。

四、论述题

1. 遵循原则:个别性,活动性,宽松性,赞赏性。

2. 重要意义:幼教法规,教育质量,儿童发展,家长素质,世界幼教。

五、设计题

活动目标,活动准备,活动对象,活动时间,活动地点,活动主持人,活动过程(重点),活动延伸。

试 卷 六

考试形式：闭卷　满分：100 分　考试时间：120 分钟

姓名：_____　学号：_____　成绩：_____

一、填空题（每空 1 分，共 15 分）

1. 学前儿童的家庭教育具有_____性和_____性、亲情性和感染性、_____性和_____性、连续性和一贯性、_____性和_____性等特点。

2. 《家长教育行为规范》要求家长"树立_____思想，自觉履行教育子女的职责"；"重在_____，提高子女思想道德水平。"

3. 《儿童权利公约》指出："为了充分而和谐地发展个性，应让儿童在家庭环境里，在_____、亲爱和谅解的气氛中成长。"

4. 学前儿童家庭教育的原则主要有：_____性原则、理智性原则、_____性原则、渐进性原则、_____性原则、一致性原则。

5. 学前儿童家庭教育的方法主要有：_____法、兴趣诱导法、_____法、活动探索法、_____法等。

二、名词解释（每题 5 分，共 20 分）

1. 广义的学前儿童家庭教育。

2. 朱庆澜的家庭气象。

3. 学前儿童的创造能力。

4. 黄香温席。

三、论述题（每题 13 分，共 26 分）

1. 你认为家长可以通过开展哪些活动来培养孩子的情商？

2. 你认为教师与家长交往时应遵循哪些原则？

四、评析题（1 题，15 分）

试对×××幼儿园的亲子活动加以评价。

主 要 优 点	主 要 不 足	改 进 建 议

五、设计题（1 题，24 分）

围绕清明节，设计一个幼儿园利用家庭、社区资源开展活动的简案。

试卷六参考答案

一、填空题

1. 时代　社会　针对　随机　权威　专制

2. 为国教子　教子做人

3. 幸福

4. 科学　指导　适度

5. 环境熏陶　暗示提醒　榜样示范

二、名词解释

1. 家庭成员相互影响。

2. 家庭生活环境对孩子影响大。

3. 异想天开,求异思维。

4. 黄香关爱父母,冬天为父母暖被窝。

三、论述题

1. 游戏,说笑,扮演,艺体,合作,训练等活动。

2. 平等,整体,针对,求实,娱乐等原则。

四、评析题

教师,幼儿,家长;三性。

五、设计题

活动目标,活动准备,活动对象,活动时间,活动地点,活动主持人,活动过程(重点),活动延伸。

试 卷 七

考试形式:闭卷　满分:100分　考试时间:120分钟

姓名:_____　学号:_____　成绩:_____

一、填空题(每空1分,共15分)

1. 学前儿童的家庭教育具有时代性和社会性、_____性和_____性、针对性和随机性、_____性和_____性、_____性和专制性等特点。

2. 《家长教育行为规范》要求家长"树立为国教子思想,自觉履行_____的职责";"重在教子做人,提高子女_____水平"。

3. 《儿童权利公约》指出:"为了充分而和谐地发展个性,应让儿童在家庭环境里,在幸福、_____和_____的气氛中成长。"

4. 学前儿童家庭教育的原则主要有:科学性原则、_____性原则、指导性原则、渐进性原则、_____性原则、_____性原则。

5. 学前儿童家庭教育的方法主要有:环境熏陶法、_____法、暗示提醒法、_____法、_____法等。

二、名词解释(每题5分,共20分)

1. 狭义的学前儿童家庭教育。

2. 朱庆澜的家庭气象。

3. 学前儿童的情商。

4. 黄香温席。

三、论述题(每题13分,共26分)

1. 你认为家长应如何提高孩子的创造能力?

2. 你认为幼儿教师在工作中为什么要争取家长的配合?

四、评析题(1题,15分)

试对×××幼儿园的家长助教活动加以评价。

优　　点	不　　足	建　　议

五、设计题(1题,24分)

围绕教师节,设计一个幼儿园利用家庭、社区资源开展活动的简案。

试卷七参考答案

一、填空题

1. 亲情 感染 连续 一贯 权威
2. 教育子女 思想道德
3. 亲爱 谅解
4. 理智 适度 一致
5. 兴趣诱导 活动探索 榜样示范

二、名词解释

1. 家长对孩子进行教育。
2. 家庭生活环境对孩子影响大。
3. EQ,非智力因素。
4. 黄香关爱父母,冬天为父母暖被窝。

三、论述题

1. 遵循原则:个别性,活动性,宽松性,赞赏性。
2. 重要意义:幼教法规,教育质量,儿童发展,家长素质,世界幼教。

四、评析题

教师,幼儿,家长;三性。

五、设计题

活动目标,活动准备,活动对象,活动时间,活动地点,活动主持人,活动过程(重点),活动延伸。

试 卷 八

考试形式:闭卷 满分:100 分 考试时间:120 分钟

姓名:_____ 学号:_____ 成绩:_____

一、简答题(任选六题,每题 6 分,共 36 分)

1. 自然结构型家庭的划分。
2. 家庭的功能有哪些?
3. 家庭网及其功能。
4. 社会互动的理论流派。
5. 《家长教育行为规范》的现实意义。
6. 儿童家庭教育的主要特点。
7. 幼儿园与家庭、社区合作共育的价值。

二、比较题(1 题,10 分)

列表比较幼儿园教育和家庭教育的主要异同点。

三、论述题(任选二题,每题 15 分,共 30 分)

1. 家长应如何培养孩子的语言智能?
2. 家长应如何为孩子做好入学准备工作?
3. 家长应如何培养孩子的爱心?

四、设计题(1 题,24 分)

围绕"母亲节",设计一个幼儿园与家庭、社区合作共育活动方案。

试卷八参考答案

一、简答题

1. 核心家庭与扩大家庭,残缺家庭与健康家庭,大家庭与小家庭。
2. 生育,生产,消费,抚养,赡养,劳动,休闲,教育等功能。

3. 亲属关系,社会网络,区位共生。

4. 符号互动,角色互动,参照群体,戏剧,社交,本土方法。

5. 明确教育目标,科学教育方法,履行教育义务。

6. 时代性,亲情性,长期性,一贯性等特点。

7. 促进教师、家长、幼儿共同成长。

二、比较题

比较项目	幼 儿 园	家 庭
教育目标	刚性	弹性
教育对象	多	少
教育途径	一日活动	日常生活
教育形式	集体,小组,个别	个别

三、论述题

1. 语言兴趣,讲说技能,识字能力,书写能力。

2. 物质上的准备,心理上的准备。

3. 家庭生活,特殊活动。

四、设计题

活动目标(要简明),活动准备(要全面),活动过程(要详细),活动评价(要具体)。

试 卷 九

考试形式:闭卷 满分:100 分 考试时间:120 分钟

姓名: _____ 学号: _____ 成绩: _____

一、简答题(任选六题,每题 6 分,共 36 分)

1. 经济结构型家庭的划分。

2. 家庭生活方式的内容。

3. 社区研究的理论。

4. 社区的协调发展。

5. 《家长教育行为规范》的现实意义。

6. 儿童家庭教育的主要特点。

7. 教师与家长合作的角色扮演。

二、比较题(1 题,10 分)

列表比较幼儿园教育和家庭教育的主要异同点。

三、论述题(任选二题,每题 15 分,共 30 分)

1. 家长应如何培养孩子的数学智能。

2. 家长与教师合作的策略。

3. 家长应如何提高孩子的合作能力。

四、设计题(1 题,24 分)

围绕"父亲节",设计一个幼儿园与家庭、社区合作共育活动方案。

试卷九参考答案

一、简答题

1. 独立核算式,合作共济式。

2. 消费,休息,饮食,购物,娱乐,交往,劳动。

3. 同心圈,扇形,多核心。
4. 地域环境,人口环境,文化环境。
5. 明确教育目标,科学教育方法,履行教育义务。
6. 时代性,亲情性,长期性,一贯性等特点。
7. 迎宾者,保护者,倾听者,采纳者,合作者,指导者,研究者,评价者。

二、比较题

比较项目	幼 儿 园	家 庭
教育目标	刚性	弹性
教育对象	多	少
教育途径	一日活动	日常生活
教育形式	集体,小组,个别	个别

三、论述题

1. 认识数字,探究数学,思考数学,玩数字游戏。
2. 学习通道,有利条件,孩子发展,家庭状况。
3. 民主的亲子关系,科学的育儿态度,优化的家庭结构。

四、设计题

活动目标(要明确),活动准备(要全面),活动过程(要详细),活动评价(要具体)。

试 卷 十

考试形式:开卷　满分:100 分　考试时间:120 分钟

姓名:_____　学号:_____　成绩:_____

一、论述题(每题 20 分,共 40 分)

1. 符号互动理论对家园社区合作共育的启示。
2. 社会角色理论对家园社区合作共育的启示。

二、设计题(每题 30 分,共 60 分)

1. 围绕开放日,设计一个家园社区合作共育主题活动方案。
2. 围绕动物园,设计一个家园社区合作共育科研活动方案。

试卷十参考答案

一、论述题

1. 要充分发挥各种符号在交往中的中介作用;要深刻分析家长行为所隐含的教育观念;要创造各种条件让家长全力表现自己;要以家长为中心组织丰富多彩的活动;要全方位地了解家长对幼儿园的评价。
2. 要了解家长的文化背景;要遵守教师的职业道德;要常与家长互换角色;要多与家长相互作用。

二、设计题

1. 主题活动方案应包括以下几个部分:活动名称(要独特);活动准备(要全面);活动过程(要详细);活动评价(要简洁);后续活动(要明确)。
2. 科研活动方案应包括以下几个部分:研究背景(要说明);国内外研究现状(要规范);研究目标(要简洁);研究内容(要全面);研究方法(要适宜);研究过程(要详细);研究结果(要呈现);参考文献(要新颖)。

试 卷 十 一

考试形式：开卷　满分：100 分　考试时间：120 分钟

姓名：＿＿＿＿＿　学号：＿＿＿＿＿　成绩：＿＿＿＿＿

一、论述题（每题 20 分，共 40 分）

1. 学前儿童家庭教育的主要特点有哪些？试举例说明其中的一个特点。

2. 生物生态学理论的主要观点及给你的启示。

二、评价题（1 题，25 分）

试从幼儿园与家庭、社区合作共育的角度，对×××幼儿园见习活动中的环境布置加以评价。

三、设计题（1 题，35 分）

试围绕"消防博物馆"，设计一个幼儿园与家庭、社区合作共育的活动方案。

试卷十一参考答案

一、论述题

1. （1）时代性和社会性，（2）亲情性和感染性，（3）针对性和随机性，（4）连续性和一贯性，（5）权威性和专制性。

2. 主要观点：（1）儿童的发展受到与其有直接或间接联系的生态环境的制约，这种生态环境是由若干个相互镶嵌在一起的系统所组成的。（2）这些系统表现为一系列的同心圆：微观系统、中间系统、外层系统、宏观系统、时代系统。

重要启示：（1）要充分认识到家园社区的独特作用，（2）要重视家园社区之间的关系，（3）要加强家园社区之间的联系，（4）要不断扩大儿童认识世界的范围。

二、评价题

1. 园门围墙环境，2. 大厅环境，3. 走道环境，4. 教室环境，5. 户外活动场地环境，6. 其他环境。

三、设计题

1. 活动名称要独特，2. 活动目标要简明，3. 活动准备要具体，4. 活动过程要详细，5. 活动延伸要适当。

试 卷 十 二

考试形式：开卷　满分：100 分　考试时间：120 分钟

姓名：＿＿＿＿＿　学号：＿＿＿＿＿　成绩：＿＿＿＿＿

一、论述题（每题 20 分，共 40 分）

1. 幼儿园教师在与家长互动的过程中，主要扮演了哪几种角色？试举例说明其中的一种角色。

2. 社会角色理论的主要观点及给你的启示。

二、评价题（1 题，25 分）

试从幼儿园与家庭、社区合作共育的角度，对×××幼儿园见习活动中的家长助教活动加以评价。

三、设计题（1 题，35 分）

试围绕"消防日"，设计一个幼儿园与家庭、社区合作共育的活动方案。

试卷十二参考答案

一、论述题

1. （1）迎宾者，（2）保护者，（3）倾听者，（4）采纳者，（5）合作者，（6）指导者，（7）研究者，（8）评价者。

2. 主要观点：（1）角色是在特定场合作为文化构成部分提供给行为者的一组规范；（2）人与人的互动是角色互动；（3）互动有赖于人们扮演别人角色、预测别人反应的能力；（4）角色的扮演是在互动中完成的。

重要启示：（1）了解家长的文化背景；（2）遵守教师的职业道德；（3）常与家长互换角色；（4）多与家长

相互作用。

二、评价题

1. 教学目标，2. 教学准备，3. 教学过程，4. 教学内容，5. 教学方法，6. 教学效果。

三、设计题

1. 活动名称要新颖，2. 活动目标要简明，3. 活动准备要具体，4. 活动过程要详细，5. 活动延伸要适当。